权威·前沿·原创

皮书系列为
"十二五""十三五""十四五"时期国家重点出版物出版专项规划项目

BLUE BOOK

智库成果出版与传播平台

河南商务蓝皮书
BLUE BOOK OF HENAN COMMERCE

河南商务发展报告
（2025）

ANNUAL REPORT ON COMMERCIAL DEVELOPMENT
OF HENAN (2025)

主　编／王振利
副主编／宋玉哲

社会科学文献出版社
SOCIAL SCIENCES ACADEMIC PRESS (CHINA)

图书在版编目(CIP)数据

河南商务发展报告.2025/王振利主编.--北京：
社会科学文献出版社，2025.7.--（河南商务蓝皮书）.
ISBN 978-7-5228-5615-5

Ⅰ.F727.61
中国国家版本馆CIP数据核字第2025HB5813号

河南商务蓝皮书
河南商务发展报告（2025）

主　　编／王振利
副 主 编／宋玉哲

出 版 人／冀祥德
责任编辑／王玉山　徐崇阳
文稿编辑／张　爽
责任印制／岳　阳

出　　版／社会科学文献出版社·生态文明分社（010）59367143
　　　　　地址：北京市北三环中路甲29号院华龙大厦　邮编：100029
　　　　　网址：www.ssap.com.cn
发　　行／社会科学文献出版社（010）59367028
印　　装／天津千鹤文化传播有限公司

规　　格／开本：787mm×1092mm　1/16
　　　　　印张：29　字数：439千字
版　　次／2025年7月第1版　2025年7月第1次印刷
书　　号／ISBN 978-7-5228-5615-5
定　　价／128.00元

读者服务电话：4008918866
▲ 版权所有 翻印必究

《河南商务发展报告（2025）》
编辑委员会

主　任　王振利

副主任　孙敬林　丁昌盛　王　军　宋玉哲　井　鹏
　　　　张　艳　费全发　王耀良　秦小康　周子存
　　　　周　彤　张　秀

编　委　（排名不分先后）
　　　　薛革新　刘　洁　张大幸　李伟华　张海波
　　　　王卫红　李文才　张玉国　程永安　张红军
　　　　李玉瑞　尚利军　吕同航　宋玉星　李梅香
　　　　连俊凯　李　晋　张　伟　刘海涛　张　峰
　　　　李祥卿　杨常见　许建军　张金祥　张　巍
　　　　谷廷伟　王保来　王海燕　祖良军　李　博
　　　　赵留平　李红生　李　进　任立宏　运壮志
　　　　郑　璐　刘　剑　张　华　段云泉　刘　伟
　　　　耿党恩　代元辉　张媛媛　杨　清

摘　要

《河南商务发展报告（2025）》由河南省商务厅主持编撰，全书坚持以习近平新时代中国特色社会主义思想为指导，深入贯彻党的二十大和二十届二中、三中全会精神，贯彻落实党中央、国务院和省委、省政府决策部署，全面总结了2024年河南商务领域发展成效，研究和分析了商务领域的理论和实践问题，科学研判了2025年全省商务发展趋势，系统性、综合性、时效性突出，旨在为河南商务发展提供决策参考。

全书由总报告、主题报告、分报告、专题报告、案例篇和区域篇六部分组成。该书综合运用数据分析法、案例分析法、文献研究法与实地调研法，对河南商务发展情况展开多维度研究。

总报告《2024~2025年河南省商务发展形势分析与展望》全面总结了2024年河南省商务运行情况，并分析研判2025年商务发展态势。该报告认为，2024年，面对复杂严峻的国内外形势，全省商务系统坚持以习近平新时代中国特色社会主义思想为指导，在省委、省政府坚强领导下，扎实推进制度型开放，着力稳外贸稳外资促消费，商务发展保持良好态势，为全省经济持续回升向好做出积极贡献。2025年是"十四五"规划收官之年、谋划"十五五"发展之年，也是进一步全面深化改革的重要一年。2025年，要以习近平新时代中国特色社会主义思想为指导，全面贯彻党的二十大和二十届二中、三中全会精神，深入学习贯彻习近平总书记对河南工作的重要论述精神，认真落实党中央、国务院和省委、省政府决策部署，聚焦"两高四着力"，围绕"商务高质量发展"，推进"更大力度提振消费扩内需、奋力扩

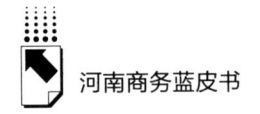

大高水平开放"两大重点任务，立足商务工作"三个重要"定位，统筹用好国内国际两个市场两种资源，更好统筹发展和安全，千方百计扩消费促开放稳外贸抓招商，积极融入服务新发展格局和全国统一大市场建设，为奋力谱写中原大地推进中国式现代化新篇章贡献商务力量。

主题报告《深入实施自贸试验区提升战略　更大力度为高水平开放探索新路径》提出，河南自贸试验区贯彻落实党的二十届三中全会精神和省委、省政府工作部署，加快实施自贸试验区提升战略，贸易投资便利化水平不断提升，金融服务、多式联运服务、法律服务、政务服务体系建设扎实推进，改革开放综合试验平台作用进一步增强，更大力度为高水平开放探索新路径。

分报告重点分析了2024年河南省商务各行业发展情况，特别是重点行业发展的新亮点和新变化，分析各行业面临的机遇与挑战，预测2025年各行业发展态势，并提出发展思路和对策建议。

专题报告着力研究了在融入新发展格局和全国统一大市场建设上奋勇争先、拓展利用外资渠道、经开区零碳园区建设、数字商务、一刻钟便民生活圈、区域网络零售、首发经济、夜间经济等河南商务发展的重点、难点、热点问题，并提出了有针对性的发展建议。

案例篇重点总结了创新数据回流机制激发古城开封发展新活力、南阳聚力"三链融合"赋能外资招引、打造地域特色农产品名片培育农业国际合作竞争新优势、加快推进高质量建设跨境电商综试区、探索标准化厂房"分割登记+土地分摊"新模式、跨境电商"敏货"空运全链条安全管控、奏凯科技农产品上行等范例，探讨其对河南商务发展的重要启示。

区域篇全面反映了2024年河南各地商务工作取得的成效，分析总结商务工作中存在的问题和采取的针对性措施，展示了河南各地商务发展的亮点和特色。

关键词： 商务高质量发展　全国统一大市场　制度型开放　消费　河南省

Abstract

Annual Report on Commercial Development of Henan (2025) is presided over and compiled by the Department of Commerce of Henan Province. Guided by Xi Jinping Thought on Socialism with Chinese Characteristics for a New Era, the Report thoroughly implements the guiding principles of the 20th CPC National Congress and the second and third plenary sessions of the 20th CPC Central Committee. It fully aligns with the strategic decisions and deployments of the CPC Central Committee, the State Council, as well as the CPC Henan Provincial Committee and the People's Government of Henan Province. The Report provides a comprehensive summary of the achievements in Henan's commerce sector throughout 2024, explores key theoretical and practical issues, and scientifically evaluates the development trend of Henan's commerce in 2025. Featuring systematic analysis, comprehensive coverage, and timely insights, the report aims to serve as a valuable reference for policymaking and strategic planning in Henan's commercial development.

The Report consists of six parts: the general report, the thematic report, the topical reports, the special reports, the case studies, and the regional reports. It employs a comprehensive range of research methods, including data analysis, case studies, literature review, and field investigations, to conduct a multidimensional study of commerce development in Henan.

The general report, Analysis and Outlook of Henan's Commerce Development from 2024 to 2025, comprehensively summarizes the situation of Henan's commerce operation in 2024 and analyzes and predicts its commerce development trend in 2025. The Report concludes that in 2024, despite facing a complex and challenging domestic and international environment, Henan's commercial sector-

guided by Xi Jinping Thought on Socialism with Chinese Characteristics for a New Era and under the strong leadership of the CPC Henan Provincial Committee and the People's Government of Henan Province-steadily advanced its institutional opening-up strategy. By focusing on stabilizing foreign trade and investment while promoting consumption, the province maintained a positive trajectory in commerce development, making a significant contribution to Henan's continued economic recovery and growth. The year 2025 marks the final year of the 14th Five-Year Plan, a pivotal moment for formulating the 15th Five-Year Plan, and a critical year for deepening comprehensive reforms. In 2025, efforts should continue to be guided by Xi Jinping Thought on Socialism with Chinese Characteristics for a New Era. Full implementation of the guiding principles of the 20th CPC National Congress and the second and third plenary sessions of the 20th CPC Central Committee is essential, along with thorough implementation of General Secretary Xi Jinping's important remarks on Henan's development and the strategic decisions and policies of the CPC Central Committee, the State Council, and the CPC Henan Provincial Committee and the People's Government of Henan Province. Focusing on the "Two Highs and Four Key Efforts", centering on the high-quality development of commerce, we will advance the two key tasks of boosting consumption and expanding domestic demand with greater intensity, and striving to expand high-level opening-up. Based on the "Three Important" positioning of commercial work, we will coordinate the use of both domestic and international markets and resources, better balance development and security, make every effort to expand consumption, promote opening-up, stabilize foreign trade, and attract investment. We will actively integrate into and serve the new development pattern and the construction of a national unified big market, contributing commercial strength to writing a new chapter in advancing the Chinese path to modernization in the Central Plains.

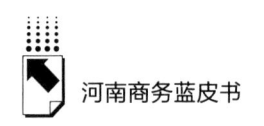

The thematic report titled *Deepening the Free Trade Zone Enhancement Strategy: Exploring New Paths for High-Level Opening-Up with Greater Effort* states that the Henan Pilot Free Trade Zone has been earnestly implementing the guiding principles of the third plenary session of the 20th CPC Central Committee, as well as the directives of the CPC Henan Provincial Committee and the People's

Abstract

Government of Henan Province. The zone is accelerating the rollout of its enhancement strategy, with continuous improvements in trade and investment facilitation. Solid progress has been made in building robust systems for financial services, multimodal transport, legal services, and administrative services. As a result, the zone's role as a comprehensive reform and opening-up pilot platform has been further strengthened, actively exploring new avenues to advance high-level opening-up.

The topical reports focus on the analysis of Henan's commercial development in various industries in 2024, especially on the new highlights and changes in the development of key industries. Based on these, they study and discuss the opportunities and challenges faced by each industry, predict the prospect of commerce related to various industries in 2025, and put forward the development ideas and suggested countermeasures.

The special reports focus on key, challenging, and emerging issues in Henan's commercial development, including proactively integrating into the new development paradigm and the construction of a unified national market, expanding channels for utilizing foreign investment, building zero-carbon industrial parks in economic development zones, advancing digital commerce, developing 15-minute community life circles, enhancing regional online retail, and promoting first-launch and nighttime economies. They also offer targeted suggestions for addressing these areas and fostering further development.

The case study section highlights key examples that offer valuable insights for the development of Henan's commercial sector. These include: Kaifeng's innovative return mechanism revitalizing the ancient city; Nanyang's focus on integrating industrial, innovation, and talent chains to attract foreign investment; creating region-specific agricultural product brands to build new competitive advantages in international agricultural cooperation; accelerating the high-quality development of cross-border e-commerce pilot zones; exploring a new model for standardized factory buildings through "divided property registration + shared land use"; implementing full-chain security control for the air transport of sensitive cross-border e-commerce goods; and Zoukai Technology's efforts in facilitating the upward mobility of agricultural products. These cases collectively shed light on effective strategies and practices to support Henan's commerce development.

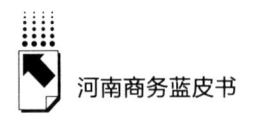

The regional reports comprehensively reflect achievements made in commercial work throughout Henan Province in 2024, analyze the existing problems and targeted measures in commercial work, and show the new highlights and characteristics of commercial development in various regions of Henan Province.

Keywords: High-Quality Commerce Development; Unified National Market; Institutional Opening-Up; Consumption; Henan Province

目 录

Ⅰ 总报告

B.1 2024~2025年河南省商务发展形势分析与展望
　　………………………………………… 河南省商务厅课题组 / 001

Ⅱ 主题报告

B.2 深入实施自贸试验区提升战略　更大力度为高水平开放探索新路径
　　………………………… 张　峰　贾　茹　杨凌波　郑战龙 / 018

Ⅲ 分报告

B.3 2024~2025年河南省对外开放形势分析与展望
　　…………………………………… 张海波　李　虹　贾春奇 / 029

B.4 2024~2025年河南省区域经济协作形势分析与展望
　　…………………………………… 尚利军　杜　进　刘金源 / 039

B.5 2024~2025年河南省利用外资形势分析与展望
　　…………………………………… 李玉瑞　孟　悦　陈炫竹 / 048

001

B.6 2024~2025年河南省对外贸易形势分析与展望
　　……………………………………………………… 程永安　蔡晓宁 / 057
B.7 2024~2025年河南省对外投资合作形势分析与展望
　　………………………………………………… 李　晋　魏克龙　潘菊芬 / 068
B.8 2024~2025年河南省消费品市场运行分析与展望
　　……………………………………………………… 张玉国　李雨青 / 074
B.9 2024~2025年河南省电子商务发展形势分析与展望
　　………………………… 刘海涛　张　巍　曾　瑛　袁文卓　王　凯 / 084

Ⅳ　专题报告

B.10 在融入新发展格局和全国统一大市场建设上奋勇争先
　　……………………………………………………… 河南省商务厅课题组 / 096
B.11 河南省现代服务业发展现状和对策研究
　　………………………………………… 张红军　李艳艳　罗　欢 / 104
B.12 河南省对非经贸合作研究 ………… 张海波　王振飞　王淑娟 / 111
B.13 河南省拓展利用外资渠道研究 …… 李玉瑞　周　磊　王笑雨 / 120
B.14 河南省风电光伏及新型储能产业发展的思考 ………… 宋玉星 / 129
B.15 河南经开区零碳园区建设可行性研究
　　……………………………………………… 金　川　张　伟　李永兵 / 139
B.16 河南省数字商务发展研究 ……………………… 刘海涛　宋嘉楠 / 153
B.17 打造一刻钟便民生活圈　绘出高品质生活新画卷
　　………………………………………… 王卫红　任秀苹　李云江 / 162
B.18 河南省区域网络零售发展现状及其对策建议
　　…… 张　巍　付玉杰　亚西尔·阿不力克木　胡　杨　任秀苹 / 173
B.19 河南省加快发展首发经济的对策研究 ……… 王笑阳　王　梁 / 187
B.20 传统实体零售业创新转型的难点与对策建议 ………… 任秀苹 / 200
B.21 河南省夜间经济发展研究 ……………………………… 贾万聪 / 213
B.22 河南省汽车出口扩量提质的对策建议 ………………… 申政永 / 227

Ⅴ 案例篇

B.23 创新数据回流机制　激发古城开封发展新活力
　　………………… 周利民　王海燕　戴一楠　王静雅 / 240

B.24 聚力"三链融合"赋能外资招引
　　——南阳市外资提质增效经验启示
　　………………… 刁晓英　詹青浩　李　行　马丽爽　潘雨白 / 248

B.25 打造地域特色农产品名片　培育农业国际合作竞争新优势
　　　　　　　　　　　　　　　马文景　曹亚军　苏　宇　李　漠 / 256

B.26 加快推进高质量建设跨境电商综试区　向"买全球、卖全球"
　　不断迈进 ……………………………………… 刘海涛　郭夏杰 / 262

B.27 探索标准化厂房"分割登记+土地分摊"新模式　助力破解
　　企业发展难题 ………………… 李祥卿　唐媛媛　陈　阳 / 271

B.28 跨境电商"敏货"空运全链条安全管控
　　　　　　　　　　　　　　　　　朱从茂　蔡梦云　贾　茹 / 277

B.29 奏凯科技农产品上行的经验启示
　　………………… 薛　雷　于朝海　王卫红　宋军鹏　韩晓天 / 283

Ⅵ 区域篇

B.30 2024~2025年郑州市商务发展回顾与展望 ………… 倪　永 / 289
B.31 2024~2025年开封市商务发展回顾与展望
　　　　　　　　　　　　　　　　　　　　　苏　慧　牛永强 / 297
B.32 2024~2025年洛阳市商务发展回顾与展望
　　　　　　　　　　　　　　　　　　　　　闫利涛　金婷婷 / 306
B.33 2024~2025年平顶山市商务发展回顾与展望 ……… 郭昀录 / 314
B.34 2024~2025年安阳市商务发展回顾与展望
　　　　　　　　　　　　　赵留平　刘新凯　常　剑　王　超 / 323

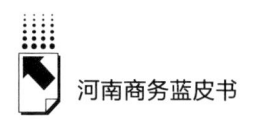

B.35　2024~2025年鹤壁市商务发展回顾与展望
　　……………………………………… 李红生　赵玉磊　李　颖 / 330
B.36　2024~2025年新乡市商务发展回顾与展望
　　………………………………………………… 李　进　王霖霖 / 339
B.37　2024~2025年焦作市商务发展回顾与展望
　　………………………………………………… 任立宏　冯雪蒙 / 346
B.38　2024~2025年濮阳市商务发展回顾与展望
　　………………………………………………… 杨　宁　张理廷 / 353
B.39　2024~2025年许昌市商务发展回顾与展望
　　………………………………………………… 郑　璐　杜向伟 / 361
B.40　2024~2025年漯河市商务发展回顾与展望
　　………………………………………………… 刘　剑　张天伟 / 370
B.41　2024~2025年三门峡市商务发展回顾与展望
　　………………………………………………… 段甲历　詹　艺 / 379
B.42　2024~2025年南阳市商务发展回顾与展望
　　……………………………………………………………… 郭天盾 / 386
B.43　2024~2025年商丘市商务发展回顾与展望
　　………………………… 段云泉　雷小锋　杨　飞　王奥杰 / 393
B.44　2024~2025年信阳市商务发展回顾与展望
　　………………………………………… 李林玉　张惠清　焦晨祥 / 402
B.45　2024~2025年周口市商务发展回顾与展望
　　………………………………………… 耿党恩　白新明　蒋金奖 / 409
B.46　2024~2025年驻马店市商务发展回顾与展望
　　………………………………………………… 钟　平　戴垣名 / 416
B.47　2024~2025年济源示范区商务发展回顾与展望 …… 黄静静 / 425
B.48　2024~2025年郑州航空港经济综合实验区商务发展
　　回顾与展望 ……………………… 杨　清　梁隽昕　王啸钰 / 431

皮书数据库阅读使用指南

CONTENTS

I General Report

B.1 Analysis and Prospect of Henan's Business Development from 2024
to 2025　　*Research Group of the Department of Commerce of Henan Province* / 001

II Thematic Report

B.2 Deepening the Free Trade Zone Enhancement Strategy: Exploring New
Paths for High-Level Opening-Up with Greater Effort
Zhang Feng, Jia Ru, Yang Lingbo and Zheng Zhanlong / 018

III Topical Reports

B.3 Analysis and Outlook of Henan's Opening-up Situation from 2024
to 2025　　*Zhang Haibo, Li Hong and Jia Chunqi* / 029

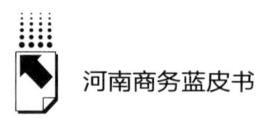

B.4　Analysis and Outlook of Regional Economic Cooperation
　　　in Henan Province from 2024 to 2025
　　　　　　　　　　　　　Shang Lijun, Du Jin and Liu Jinyuan / 039

B.5　Analysis and Outlook of Henan's Foreign Investment Utilization
　　　from 2024 to 2025　　　*Li Yurui, Meng Yue and Chen Xuanzhu* / 048

B.6　Analysis and Outlook of Henan's Foreign Trade from 2024 to 2025
　　　　　　　　　　　　　　　　　Cheng Yong'an, Cai Xiaoning / 057

B.7　Analysis and Outlook of Henan's Foreign Investment and
　　　Economic Cooperation from 2024 to 2025
　　　　　　　　　　　　　　Li Jin, Wei Kelong and Pan Jufen / 068

B.8　Analysis and Outlook of Henan's Consumer Market Operation
　　　from 2024 to 2025　　　　　　　　　　*Zhang Yuguo, Li Yuqing* / 074

B.9　Analysis and Outlook of Henan's E-Commerce Situation
　　　from 2024 to 2025
　　　　Liu Haitao, Zhang Wei, Zeng Ying, Yuan Wenzhuo and Wang Kai / 084

IV　Special Reports

B.10　Taking the Lead in Integrating into the New Development Paradigm
　　　 and Advancing the Unified National Market
　　　　　Research Group of the Department of Commerce of Henan Province / 096

B.11　Research on the Development Status and Countermeasures
　　　 of Modern Service Industry in Henan Province
　　　　　　　　　　　　　　Zhang Hongjun, Li Yanyan and Luo Huan / 104

B.12　Research on Henan's Economic and Trade Cooperation with Africa
　　　　　　　　　　　　Zhang Haibo, Wang Zhenfei and Wang Shujuan / 111

B.13　Research on Expanding Channels for Utilizing Foreign Investment
　　　 in Henan Province　　　*Li Yurui, Zhou Lei and Wang Xiaoyu* / 120

CONTENTS

B.14 Thoughts on the Development of the Wind Power, Photovoltaic, and New Energy Storage Industries in Henan Province
Song Yuxing / 129

B.15 Feasibility Study on the Construction of Zero-carbon Parks in Henan's Economic Development Zones
Jin Chuan, Zhang Wei and Li Yongbing / 139

B.16 Research on the Development of Digital Commerce in Henan Province
Liu Haitao, Song Jianan / 153

B.17 Building 15-Minute Community Life Circles: Painting a New Blueprint for High-Quality Living *Wang Weihong, Ren Xiuping and Li Yunjiang* / 162

B.18 The Current State and Policy Recommendations for the Development of Regional Online Retail in Henan Province
Zhang Wei, Fu Yujie, Yasser Ablikim, Hu Yang and Ren Xiuping / 173

B.19 Policy Research on Accelerating the Development of the First-Launch Economy in Henan *Wang Xiaoyang, Wang Liang* / 187

B.20 Challenges and Policy Recommendations for the Innovative Transformation of Traditional Brick-and-Mortar Retail
Ren Xiuping / 200

B.21 Research on the Development of Night Economy in Henan Province
Jia Wancong / 213

B.22 Policy Recommendations for Expanding and Enhancing the Quality of Automobile Exports in Henan Province *Shen Zhengyong* / 227

V Case Studies

B.23 Revitalizing the Ancient City of Kaifeng Through an Innovative Return Mechanism
Zhou Limin, Wang Haiyan, Dai Yinan and Wang Jingya / 240

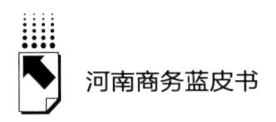

B.24　Empowering Foreign Investment Attraction Through Integrated "Three-Chain" Synergy: Insights from Nanyang's Experience in Enhancing the Quality and Efficiency of Foreign Investment

Diao Xiaoying, Zhan Qinghao, Li Xing, Ma Lishuang and Pan Yubai / 248

B.25　Building Regional Agricultural Product Brands to Foster New Competitive Advantages in International Agricultural Cooperation

Ma Wenjing, Cao Yajun, Su Yu and Li Mo / 256

B.26　Accelerating the High-Quality Development of Cross-Border E-Commerce Pilot Zones: Advancing Toward "Global Buying and Global Selling" *Liu Haitao, Guo Xiajie* / 262

B.27　Exploring a New Model of "Divided Property Registration + Shared Land Use" for Standardized Factory Buildings to Help Address Enterprise Development Challenges

Li Xiangqing, Tang Yuanyuan and Chen Yang / 271

B.28　Full-Chain Security Management for Air Transport of Sensitive Goods in Cross-Border E-Commerce

Zhu Congmao, Cai Mengyun and Jia Ru / 277

B.29　Insights from Zoukai Technology's Experience in Promoting the Upward Mobility of Agricultural Products

Xue Lei, Yu Chaohai, Wang Weihong, Song Junpeng and Han Xiaotian / 283

VI　Regional Reports

B.30　Review and Outlook of Zhengzhou's Commercial Development from 2024 to 2025 *Ni Yong* / 289

B.31　Review and Prospect of Kaifeng's Commercial Development from 2024 to 2025 *Su Hui, Niu Yongqiang* / 297

B.32　Review and Outlook of Luoyang's Commercial Development from 2024 to 2025 *Yan Litao, Jin Tingting* / 306

CONTENTS

B.33 Review and Outlook of Pingdingshan's Commercial Development from 2024 to 2025 *Guo Yunlu* / 314

B.34 Review and Outlook of Anyang's Commercial Development from 2024 to 2025 *Zhao Liuping, Liu Xinkai, Chang Jian and Wang Chao* / 323

B.35 Review and Outlook of Hebi's Commercial Development from 2024 to 2025 *Li Hongsheng, Zhao Yulei and Li Ying* / 330

B.36 Review and Outlook of Xinxiang's Commercial Development from 2024 to 2025 *Li Jin, Wang Linlin* / 339

B.37 Review and Outlook of Jiaozuo's Commercial Development from 2024 to 2025 *Ren Lihong, Feng Xuemeng* / 346

B.38 Review and Outlook of Puyang's Commercial Development from 2024 to 2025 *Yang Ning, Zhang Liting* / 353

B.39 Review and Outlook of Xuchang's Commercial Development from 2024 to 2025 *Zheng Lu, Du Xiangwei* / 361

B.40 Review and Outlook of Luohe's Commercial Development from 2024 to 2025 *Liu Jian, Zhang Tianwei* / 370

B.41 Review and Outlook of Sanmenxia's Commercial Development from 2024 to 2025 *Duan Jiali, Zhan Yi* / 379

B.42 Review and Outlook of Nanyang's Commercial Development from 2024 to 2025 *Guo Tiandun* / 386

B.43 Review and Outlook of Shangqiu's Commercial Development from 2024 to 2025 *Duan Yunquan, Lei Xiaofeng, Yang Fei and Wang Aojie* / 393

B.44 Review and Outlook of Xinyang's Commercial Development from 2024 to 2025 *Li Linyu, Zhang Huiqing and Jiao Chenxiang* / 402

B.45 Review and Outlook of Zhoukou's Commercial Development from 2024 to 2025 *Geng Dang'en, Bai Xinming and Jiang Jinjiang* / 409

B.46 Review and Outlook of Zhumadian's Commercial Development from 2024 to 2025 *Zhong Ping, Dai Yuanming* / 416

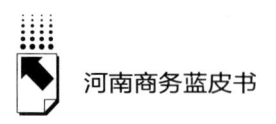

B.47　Review and Outlook of Jiyuan Demonstration Zone's Commercial

　　　　Development from 2024 to 2025　　　　　　*Huang Jingjing* / 425

B.48　Review and Outlook of Zhengzhou Airport Economy Zone's Commercial

　　　　Development from 2024 to 2025

　　　　　　　　　　　　Yang Qing, Liang Junxin and Wang Xiaoyu / 431

总报告

B.1
2024~2025年河南省商务发展形势分析与展望

河南省商务厅课题组*

摘　要： 2024年，面对复杂严峻的国内外形势，全省商务系统坚持以习近平新时代中国特色社会主义思想为指导，在省委、省政府坚强领导下，扎实推进制度型开放，着力稳外贸稳外资促消费，商务发展保持良好态势，为全省经济持续回升向好做出了积极贡献。2025年是"十四五"规划收官之年、谋划"十五五"发展之年，也是进一步全面深化改革的重要一年。2025年，要以习近平新时代中国特色社会主义思想为指导，全面贯彻党的二十大和二十届二中、三中全会精神，深入学习贯彻习近平总书记对河南工作的重要论述精神，认真落实党中央、国务院和省委、省政府决策部署，聚焦"两高四着力"，围绕"商务高质量发展"，推进"更大力度提振消费扩内需、奋力扩大高水平开放"两大重点任务，立足商务工作"三个重要"定位，统筹用好国内国际两个市场两种资源，更好统筹发展和安全，千方百

---

* 课题组组长：王振利。课题组副组长：王军、井鹏。课题组成员：史守峰、杨舒翔、刘海萌。

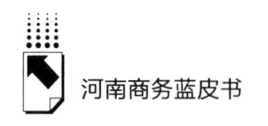

计扩消费促开放稳外贸抓招商，积极融入服务新发展格局和全国统一大市场建设，为奋力谱写中原大地推进中国式现代化新篇章贡献商务力量。

关键词： 商务　全国统一大市场　高水平开放　河南省

一　2024年河南省商务发展取得的积极成效

2024年，面对复杂严峻的国内外形势，全省商务系统坚持以习近平新时代中国特色社会主义思想为指导，在省委、省政府坚强领导下，扎实推进制度型开放，着力稳外贸稳外资促消费，商务发展保持良好态势，为全省经济持续回升向好做出了积极贡献。

（一）制度型开放呈现新局面

全省商务系统以推进自贸试验区2.0版建设为引领，稳步扩大制度型开放，加快打造更具竞争力的内陆开放高地。

一是制度创新成果涌现。持续开展贸易投资自由化、便利化改革探索，自贸试验区新总结形成53项制度创新成果，其中3项成果在全国范围内推广，24项成果在全省范围内推广。全国首创整板货物空陆联运新模式和通关物流组合申报智选模式。创新跨境电商敏货空运全链条安全管控模式，货物快检快验快放，空运出境跨境电商货物量增长1.5倍。探索将铁路运输单证作为结算和融资凭证，累计为企业提供外汇结算服务134亿元。

二是开放平台提质升级。自贸试验区2.0版建设加快推进，52项任务中有43项取得显著进展，新设企业2.3万家，增长15.4%，进出口额增长72.0%。郑州跨境电商综试区在国家考评中位列全国前十，洛阳、南阳、许昌跨境电商综试区位列第二档"成效较好"。郑州、漯河、红旗渠、许昌4家国家级经开区综合发展水平位列全国前100。

三是开放通道扩容升级。郑州新郑国际机场航空货运量创历史新高，达

82.5万吨；中国邮政航空枢纽项目落地郑州。河南中欧班列开行3890列，辐射40多个国家140多座城市，郑州铁路口岸纳入启运港退税政策实施范围。新开通郑州至达拉斯、巴黎、墨西哥城、吉隆坡等跨境电商包机，河南省120家企业建设、运营海外仓237个。建成内陆地区首个国际公路运输集结中心，TIR国际公路运输线路发展到7国17条，业务规模全国第一。扩容加密铁海联运班列和内河航运集装箱航线，郑州至青岛港、日照港铁海联运常态化运行。

四是营商环境更加优良。牵头实施外国人过境免签政策，形成"1+5+N"一揽子政策体系。河南省全面实施准入前国民待遇加负面清单管理制度，出台《河南省进一步优化外商投资环境加大吸引外商投资力度若干措施》。河南省省级召开两次外资企业圆桌会，各地完善常态化政企沟通机制，帮助解决能源准入、用地保障、人才引进、商事登记等问题300余个。

（二）商务惠民取得新成效

全省商务系统坚决落实激发消费潜能重大部署，深入实施消费促进年行动，推动消费市场活力持续迸发，人民群众获得感进一步增强。

一是以旧换新加力推进。河南省在全国率先推出支持政策和实施细则，加大政策宣传和业务培训力度，优化补贴审核发放流程。消费品以旧换新补贴总额约107亿元，惠及500余万人次，带动消费约1100亿元。

二是消费市场较快增长。2024年全省社会消费品零售总额为27597亿元，增长6.1%（见图1），高于全国平均增速2.6个百分点，增速居全国第二。其中，实物商品网上零售额增长12.5%，高于全国平均增速6.0个百分点。

三是消费活动丰富有效。承办全国消费品以旧换新行动河南站活动、全国"游购乡村·欢乐大集"系列活动启动仪式、全国农产品产销对接助力乡村振兴活动（河南），举办河南省汽车以旧换新暨"比亚迪日"、"网上年货节"、"豫鉴美食"、中国服装品牌直播季等活动，全省开展消

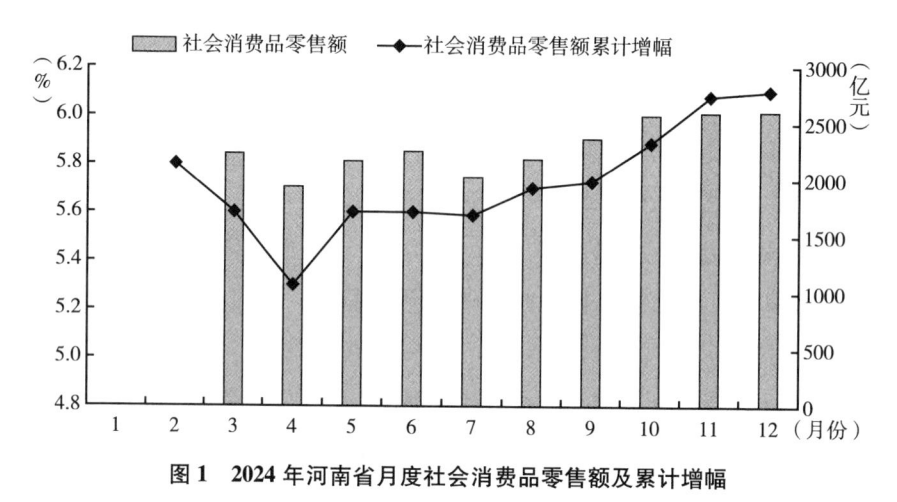

图 1 2024年河南省月度社会消费品零售额及累计增幅

资料来源：河南省统计局。

费促进活动超2000场。河南省省级首次发放金秋消费券2亿元，带动消费约6.5亿元。

四是现代商贸流通体系进一步完善。河南省人民政府出台《河南省促进内外贸一体化发展若干措施》。郑州获批全国首批现代商贸流通体系试点城市，开封入选全国第四批一刻钟便民生活圈建设试点城市，郑州、洛阳、新乡3市入选全国生活必需品流通保供体系建设重点城市，德化步行街国家级试点和7条省级示范步行街建设持续推进，新增15家中华老字号，新认定9家省级品牌消费集聚区。建设县级物流配送中心、乡镇商贸中心、农产品商品化设施等项目783个。光山县入选全国首批农村电商"领跑县"，15个县（市）入选第二批全国县域商业"领跑县"。

五是消费供给持续优化。推进零售业转型升级，胖东来被网友誉为"无淡季的6A级旅游景区"，蜜雪冰城、锅圈食汇等火爆出圈，商务部在河南省召开零售业创新提升工作座谈会。牵头培育壮大酒饮品产业链，实施"酒、饮料、乳品、茶"4个产业高质量发展专案，创新推出信阳毛尖啤酒等网红单品。在重要节假日、汛期和雨雪灾害天气加强监测和调度，确保生活必需品供应充足、价格稳定。

（三）对外经贸实现新提升

全省商务系统充分预估外贸形势，提前谋划，丰富政策工具箱，制定实施推进一般贸易、加工贸易、中间品贸易工作专案，全年货物贸易呈现前降、中稳、后扬发展态势。

一是政策支持精准有效。落实国家和省稳外贸系列政策措施，出台稳规模、促创新等支持政策，扩大出口信保规模和覆盖面，搭建跨境电商出口政治风险统保平台，推动海外仓销售险落地。建立5万元以上财政补贴资金直达企业机制，覆盖企业超千家。为企业办理进出口许可证4.6万余份，涉及金额超145亿美元。引导企业用好关税减让、原产地证书，签发RCEP原产地证书13414份。健全预警防范应对机制，有效应对龙佰集团、神马实业股份有限公司等贸易摩擦45起。

二是对外贸易韧性增强。2024年，全省货物进出口额为8202亿元，增长1.2%（见图2）。其中，出口额为5227亿元，进口额为2975亿元，贸易顺差为2252亿元。跨境电商进出口额为2666亿元，增长12.4%，其中以1210、9610、9710、9810模式进出口479亿元，增长25.0%。2024年全省

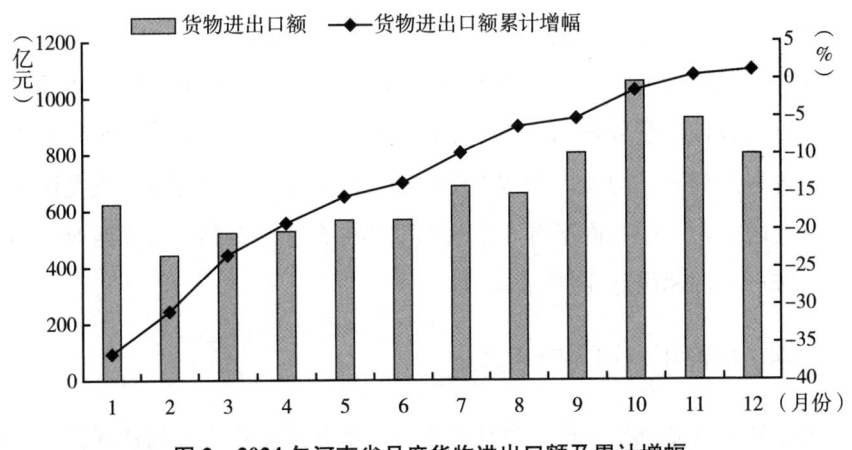

图2 2024年河南省月度货物进出口额及累计增幅

资料来源：郑州海关。

服务贸易额为71.3亿美元,增长34.4%。进出口潜力持续释放。出口汽车336.2亿元,增长30.1%,其中出口电动汽车88.5亿元,增长91.4%。出口铝材242.3亿元,增长34.1%;出口白银113.7亿元,增长25.5%。进口贵金属矿砂243.2亿元,增长28.9%;进口手机显示模组198.3亿元,增长57.0%。全年有进出口实绩企业达1.31万家,新增1265家。贸易结构在调整中优化,一般贸易及保税物流进出口额增长10.2%,占比提升至63.7%。

三是国际市场持续拓展。实施"千企百展"拓市场行动,支持1500多家企业参加德国科隆国际五金展等160场展会,新签订单超400亿元。对非洲、欧盟进出口额分别增长20.1%、13.3%,对共建"一带一路"国家进出口占比增至46.8%。

四是新业态新模式持续发展。举办郑州跨境电商大会,亚马逊在郑州设立全球开店办公室,阿里巴巴设立中部地区首个1688选品中心。举办"跨境电商+产业带"对接活动百余场,3000多家企业踊跃参加。建立服务贸易跨部门协调机制,推进国家服务外包示范城市、中医药服务出口基地等建设,开封国家文化出口基地"一带一路"中原文化欧洲行等活动入选对外文化贸易"千帆出海"行动计划。

五是对外投资合作取得新进展。全省对外直接投资额达15.2亿美元,对外承包工程及劳务合作完成营业额52.6亿美元,增长19.3%(见图3),对外承包工程带动货物出口14.2亿元。洛钼集团、河南国际、河南省地质矿产勘查开发局第二地质矿产调查院等加强海外矿产资源开发。飞龙汽车部件股份有限公司、中原内配等6家汽车零部件企业到泰国、马来西亚投资建厂,汽车产业加速国际布局。

(四)招商引资增添新活力

河南省商务系统把招商引资作为培育发展新质生产力、构建现代化产业体系的重要抓手,开展以商招商、产业链招商、驻地招商、小分队招商等,积极招引知名企业和重点产业链、供应链配套项目。

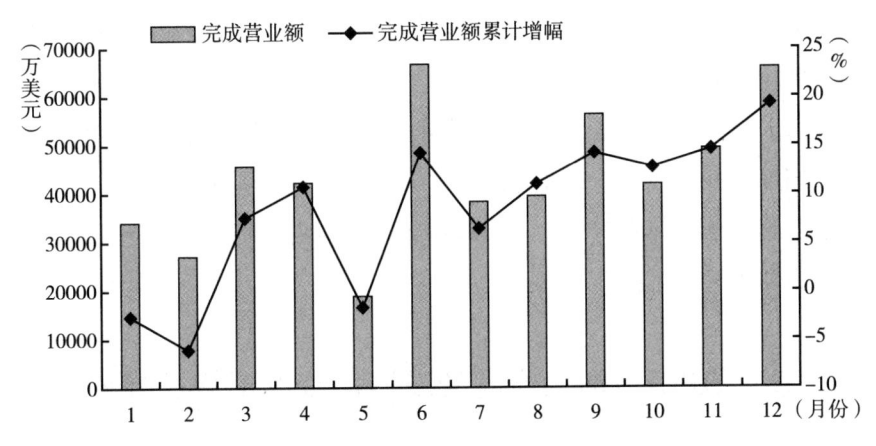

图3　2024年河南省月度对外承包工程及劳务合作完成营业额和累计增幅

资料来源：河南省商务厅。

一是招商引资稳步发展。全省实际利用境内外资金1.29万亿元，增长6.2%。新增林德气体等3家世界500强、阳光电源等7家中国500强在豫投资。全年谋划招商项目8834个，滚动开展"三个一批"，4期签约项目2841个。其中，先进制造业、战略性新兴产业、未来产业投资总额达1.97万亿元，占比为89%。

二是经贸活动务实举办。河南省召开跨国公司合作交流会，有193家跨国公司参会，签约项目46个。豫商大会吸引530余名海内外知名豫商豫才参会，签约项目89个。在卢森堡举办经贸文化交流活动，签约项目14个。组团参加第十三届中国中部投资贸易博览会，举办中部地区枢纽经济建设对接会，举办中国（河南）—泰国经贸文旅推介会，开展2024年豫港企业家春茗活动，扩大经贸合作。

三是跟踪服务项目落地。健全项目谋划、发布、洽谈、签约、落地"五步法"全周期服务管理机制。台账式跟踪推进100个重点外资项目。截至2024年底，全省履约54个项目、开工33个项目、投产12个项目。泰国正大开工建设信阳百万头生猪生态养殖、漯河超级食品工厂项目，总投资2.8亿美元；香港华润等3家企业增资9039万美元。比亚迪全球模具中心、格力中原

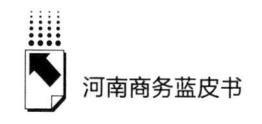

总部、宁德时代洛阳基地、鹏辉能源驻马店锂电池、隆基绿能三门峡光伏砂等项目进展顺利。

同时，河南省商务发展还存在一些问题，如现代商贸流通体系建设有待加强；制度型开放战略还需加力推进，对外贸起支撑作用的骨干企业数量有限，实际利用外资规模有待扩大；面临新业态新模式提出的新课题新要求，工作能力和水平仍需提升。

二 2025年河南省商务发展面临的形势及展望

商务发展贯通国内国际，深度关联三次产业发展，广泛辐射社会民生领域，并处于对外开放的前沿地带。2025年是"十四五"规划收官之年、谋划"十五五"发展之年，也是进一步全面深化改革的重要一年。2025年河南省商务发展面临国内外复杂形势，需精准识变应变，把握发展主动权。

（一）深刻认识不利因素

从国际来看，世界百年变局加速演进，贸易保护主义、单边主义和地缘政治冲突交织，提高了世界经济运行的不确定性。全球贸易复苏动能偏弱，订单转移和产业外迁压力增大。跨国投资规模整体萎缩，国际引资竞争激烈，跨国公司推进"中国+1""中国+N"布局，招引外资难度进一步加大。

从国内来看，内需不足，部分企业生产经营困难，就业增收面临压力，消费者捂紧"钱袋子"，消费者信心指数持续位于90以下。各省市在经济发展中竞相发力，加速布局新兴产业赛道，区域间招商引资竞争越发激烈。

从河南省来看，美国仍是河南省出口第一市场，富士康份额仍占河南省货物贸易的45%左右，多极支撑的外贸局面还未形成；以旧换新政策提前释放了部分耐用品需求，作为消费升级新重点的服务消费优质供给相对不足。

（二）抢抓发展先机

我国经济基础稳、优势多、韧性强、潜能大，长期向好的支撑条件和基本趋势并未改变，超大规模市场优势突出，产业链供应链完整且持续迭代升级，宏观政策调控空间充足。党中央提出加强超常规逆周期调节，实施更加积极的财政政策和适度宽松的货币政策，打好宏观政策"组合拳"，政策红利进一步释放，将形成投资贸易和扩大内需的新优势。在新一轮科技革命和产业变革的驱动下，实体经济与数字经济、先进制造业与现代服务业正在融合发展，新业态和新模式蓬勃涌现，将塑造商务发展新动能。

（三）河南商务发展大有可为

河南省区位条件优越、物产丰富、市场潜力巨大，在全国统一大市场建设中大有可为。一是制度型开放战略深入实施，高水平对外开放格局加速形成。经过多年开放发展，项目建设、产业升级已由势能积蓄阶段进入集中显效期，诸多涉外企业在国际市场的深度参与中积累了丰富经验，增强了竞争力。2025年，河南省汽车尤其是新能源汽车产量将大幅增长，成为外贸重要增长极。二是消费潜力持续释放。河南省人口规模大，随着城镇化推进和数字化推动，以"Z世代"为代表的年轻消费群体，以"50后""60后"为代表的新一代"银发族"，以"小镇青年"为代表的县域农村消费群体等日益活跃，商品和服务需求多样化，消费潜力将进一步释放。2025年，河南省商务发展挑战与机遇相互交织，产业升级趋势与政策利好叠加自身的产业优势引领河南省商务发展，河南省商务将持续发力、稳中有进、争先进位。

三 2025年河南省商务发展重点任务

2025年，河南省将以习近平新时代中国特色社会主义思想为指导，全面贯彻党的二十大和二十届二中、三中全会精神，深入学习贯彻习近平总书记对河南工作的重要论述精神，认真落实党中央、国务院和省委、省政府决策部署，聚焦"两高四着力"，推进"更大力度提振消费扩内需、奋力扩大高水平开放"两大重点任务，立足商务工作"三个重要"定位，统筹用好

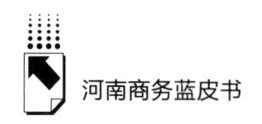

国内国际两个市场两种资源，更好统筹发展和安全，千方百计扩消费促开放稳外贸抓招商，积极融入服务新发展格局和全国统一大市场建设，为奋力谱写中原大地推进中国式现代化新篇章贡献商务力量。

（一）抓好促消费专项行动，更大力度激发消费潜能

"大力提振消费、提高投资效益，全方位扩大国内需求"是2025年经济工作的首要任务。习近平总书记考察河南时指出，文旅融合前景广阔，要推动文旅产业高质量发展，真正打造成为支柱产业、民生产业、幸福产业。[①] 我们要深入贯彻落实习近平总书记关于文旅产业的重要讲话精神，强化政策协同和工作联动，把促消费和惠民生更好结合，着力稳住重点、培育热点、打造场景、激发活力，不断增加高品质商品和服务供给，更好满足人民群众消费需求，更好发挥消费对经济循环的牵引带动作用。

一是加力扩围实施消费品以旧换新。消费品以旧换新是繁荣消费市场的重要举措，更与民生福祉紧密相连。其一，跟进落实政策。出台河南省实施细则，落实扩领域、扩品类、扩规模的要求，进一步提升消费者参与换新的便利度、获得感。其二，严格规范管理。加强资金统筹使用，科学把控工作节奏。加强资金监管，禁止挤占挪用资金，及时清退违规违法企业。完善内贸流通监测体系，形成长效机制。

二是创新多元消费场景。指导各地因地制宜，把丰富消费场景作为提振消费的关键一招，推动场景化改造、鼓励融合型商业、创新时尚型商业、培育主题式商业、完善社区型商业，以消费场景的迭代升级为消费注入新活力。支持郑州对标创建国际消费中心城市。加快标志性都市商圈建设，探索建设首发经济集聚区，用好市内免税店、外国人过境免签等政策，打造具有国际竞争力的消费目的地；推动商业会展、文博美术、高水平体育赛事、高品质演出落地。推动批发零售业提质扩容。坚持引育并举，做强做优限上企

---

① 《习近平在河南考察时强调坚定信心推动高质量发展高效能治理 奋力谱写中原大地推进中国式现代化新篇章》，人民网，2025年5月21日，http://jhsjk.people.cn/article/40484261。

业，发展壮大限下单位。进一步推广胖东来等流量商超经验，引导实体零售企业以消费者需求为核心，提供高品质商品、极致化服务。鼓励百货店和购物中心开展"一店一策"改造，培育"小而美""专而精"特色店铺。鼓励各地积极推进步行街、商业综合体等业态升级，打造品牌消费集聚区，完善一刻钟便民生活圈。积极发展首发经济，吸引区域首店、旗舰店入驻，开展首秀、首演、首映、首展。力争2025年培育10个省级品牌消费集聚区、5条省级步行街、5个夜经济集聚区。

三是培育消费热点。牵头实施服务消费提质惠民工程。健全城市社区服务设施，鼓励各类经营主体和社会力量提供多元化服务，加强服务消费品牌培育。顺应消费变革新趋势，培育壮大数字、绿色、智能等消费热点。实施数字消费提升工程。加大品质电商培育力度，完善电商促消费长效机制，积极发展直播电商、即时零售等新业态，培育一批电商特色品牌和直播电商基地，举办"数商兴农进河南"活动。推动老字号焕发新机。2025年争取培育20个中华老字号、100个河南老字号，推动更多老字号国货潮品进街区、进社区、进景区、进平台、进校园、进免税店。开展消费促进活动。鼓励各地精心谋划、务实开展各类促消费活动，通过商文旅体展融合、吃住行游购贯通、线上线下协同，打造特色促消费品牌，将更多的活动流量转化为消费增量。

四是完善现代商贸流通体系。支持郑州建设首批国家现代商贸流通体系试点，提升流通数智化、标准化、绿色化水平。健全生活必需品流通保供体系，落实好商务领域"平急两用"政策，布局一批流通保供重大项目，壮大保供骨干企业队伍。高标准推进县域商业体系建设，扩大支持范围，实现县（市）全覆盖，再争创10个以上全国县域商业"领跑县"，以供应链物流配送、商品和服务下沉以及农产品上行为主线，加快补齐农村商业流通短板，更好服务乡村振兴。完善再生资源回收体系，科学布局社区回收点前端投放、街道中转站枢纽回收、区县分拣中心末端分拣的全链条三级回收体系，发展"互联网+回收"等新模式。加快推进内外贸一体化，加强内外贸规则衔接、市场渠道对接，开展"外贸优品中华行河南

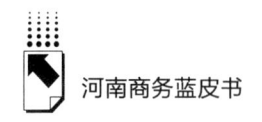

站"活动，在相关展会中设置外贸优品专区，支持外贸企业开拓内销市场。加强汽车流通、成品油流通、散装水泥、酒饮品等重点行业管理。

（二）实施高水平开放专项行动，更好服务高质量共建"一带一路"

牢记习近平总书记"坚定不移扩大高水平对外开放"殷殷嘱托，坚持改革赋能、创新驱动，推动开放平台能级持续提升，完善投资贸易便利化服务体系，进一步拓展链接全球的广度和深度，打造更高水平内陆开放高地。

一是进一步做强开放平台。推动自贸试验区提质增效。落实《关于实施自由贸易试验区提升战略的意见》，对接30条制度型开放试点措施，丰富河南省试点试验场景，台账式、项目化、实操化推进，放大自贸红利。持续开展首创性集成式差异化探索，推动多式联运、智能制造、文化贸易、跨境数据流动等重点领域率先突破。各片区立足区位、产业等优势，因地制宜、精准施策，系统谋划开放型经济高质量发展。郑州片区聚焦"丝路自贸"，提升枢纽量级；开封片区聚焦"文化自贸"，推动文化产业国际化；洛阳片区聚焦"科创自贸"，发展智能制造产业。支持首批10个自贸联动创新区发挥先行示范作用，构建自贸经验复制长效机制，结合区域特色开展制度创新。提升经开区发展效能。各经开区以持续深化改革激发创新活力和内生动力，进一步提升招商引资专业化水平，持续扩大国际交流合作，加快构建企业集聚、产业集群、要素集约、系统集成、服务集中的产业生态体系，发挥好经济发展主阵地作用。

二是巩固提升通道优势。坚持拓展空、陆、网、海"四条丝绸之路"，持续完善开放通道布局，构建立体互联互通网络，发展壮大枢纽经济、通道经济。高水平建设郑州—卢森堡"空中丝路"，积极推进郑州—吉隆坡、郑州—墨西哥城等"双枢纽"建设，加快建设中国邮政航空枢纽。高质量建设中欧班列（郑州）集结中心，建成投用郑州国际陆港核心功能区，拓展欧洲、中亚、东盟线路。提升7个跨境电商综试区建设水平，争取再扩围1~2个跨境电商综试区，加密郑州至更多国际城市跨境电商专线。拓展向东、向南铁海联运国际通道，加强与沿海省份航运通道合作，畅通中原出海新通道。同时，顺应数字化加速转型趋势，谋划建设"数字丝绸之路"，建立完善数字贸易促进体系，培育贸易数字化综合服务提供商，支持企业拓展数字贸易应用场景，发展数字产品贸易、数字服务贸易、数字技术贸易和数据贸易。

三是拓展开放合作空间。实行更加积极主动的开放战略，积极把握中国—东盟自贸区3.0版建设、RCEP、中非"十大伙伴行动"、新时代亚拉陆海新通道等国际经贸合作机遇，重点加强与东盟、东欧、中东、非洲、拉美等合作，构建紧密型产业合作关系，激发经贸合作潜力。更加主动参与促进中部地区崛起、黄河流域生态保护和高质量发展等国家战略，积极向东融入长三角、向北对接京津冀、向西联通成渝地区双城经济圈、向南挺进粤港澳大湾区和海南自由贸易港，服务全国统一大市场建设。

四是办好经贸交流合作活动。举办全球豫商大会、全球跨境电子商务大会、日本大阪世博会中国馆河南活动周、第十五届中国河南国际投资贸易洽谈会、第十八届中国—拉美企业家高峰会。在阿联酋、德国、马来西亚、坦桑尼亚等国举办经贸合作交流会。同时，借助中国国际进口博览会、中国国际消费品博览会、中国国际服务贸易交易会、中国国际投资贸易洽谈会、中国国际供应链促进博览会、中国—东盟博览会等国家级展会平台，举办河南省经贸对接活动。

（三）实施对外贸易投资联动专项行动，加快培育外经贸发展新动能

对外贸易与投资一体化，成为推动产业全球布局、实现高质量发展的重要趋势。支持企业以外贸为基础拓展对外投资，合理有序跨境布局，以对外投资带动贸易向上下游延伸，增强河南省产业链韧性和国际竞争力。

一是推动货物贸易稳中提质。聚焦重点企业。支持外贸龙头企业争取订单增量，筑牢发展根基；对百亿元以上进出口骨干企业和亿元以上潜力企业分级包联，"一企一策"精准服务，积极帮助企业争取进出口配额、资质，力争百亿元以上企业增加3家，亿元以上企业增加30家。聚焦重点

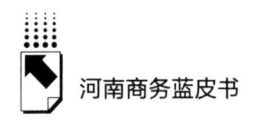

产业。强化贸易政策和财税、金融政策等协同，加强进出口信贷和出口信保等支持，巩固和扩大重点产业出口规模。聚焦重点市场。持续开展"千企百展"拓市场活动，发布国际性展会名录，开发利用更多优质展会资源，为企业参展提供便利。拓展中间品出口渠道，围绕重点国别筛选83场展会，并将其纳入一类展会范围，支持3000家以上企业参展，深度拓展市场空间。积极扩大进口规模。指导企业对照新版《鼓励进口技术和产品目录》，做好项目申报，用活国家进口贴息政策。适时研究出台省级重点进口商品贴息政策。

二是提升境外投资合作水平。建立产业链供应链海外布局厅际工作协调推进机制，研判分析境外贸易投资国别、产业等，研究制定对外投资"一国一策""分业施策"相关政策。加强对企业"出海"统筹布局和规范引导，推动矿产资源、装备制造、工程建设、农业等重点领域企业抱团出海，建设工厂、布局营销网络和海外仓，便于生产贸易，形成规模效应。优化海外仓支持办法，鼓励有条件的企业加快布局海外仓，发展公共海外仓，支持海外仓信息化建设、智能化改造，力争海外仓总量达到300个。支持企业积极承建标志性国际工程、国际项目和"小而美"民生项目，带动机电设备、工程装备等出口。推动现有7个境外经贸合作区提质升级，积极推进在东南亚等地建设经贸合作区，更好发挥经贸合作区在促进对外贸易方面的支点枢纽功能。

三是培育新模式新业态。加力推动跨境电商优势再造。编制全省跨境电商产业地图，发布300家"源头工厂"名录，推广"跨境电商+产业带"模式，举办100场对接活动，培育壮大30个特色产业带。加大知名跨境电商企业招引力度，争取拼多多、希音等平台企业布局区域中心仓、分拨仓、前置仓。持续推动跨境电商监管服务模式创新。发展跨境电商直播，支持企业利用人工智能技术重构运营方式。扩大市场采购规模。大力推广"报关双抬头"通关模式，促进市场采购贸易试点政策红利全省共享共用，推动"市场采购+跨境电商"融合发展，力争全年完成出口额50亿元。落实国家保税维修和保税再制造政策，推动更多企业开展保税维修业务。

四是发展服务贸易和绿色贸易。加快旅行、运输、建筑等传统服务贸易发展，积极发展国际金融、会计、法律咨询等知识密集型服务贸易，推动中医药、文化等特色服务贸易扩量提质，加快推动微短剧"出海"。推动动漫、软件、工业设计等服务外包转型升级。研究出台绿色贸易发展促进政策。组织1000家以上企业参加绿色低碳转型类培训，支持企业开展绿色标准体系建设。

五是密切部门协作。各地商务部门要密切与财政、海关、税务、金融、保险等部门常态化联系。用足用好外经贸专项发展资金，推动惠企政策直达快享。支持符合条件的企业纳入海关AEO（经认证的经营者）和出口退税一类、二类企业范围，持续提升通关和退税效率。引导企业用好RCEP等自贸协定"工具箱"，扩大出口信用保险承保规模和覆盖面，推动小微外贸企业政策性贷款增点扩面，帮助企业提升汇率风险管理水平。鼓励各地结合实际出台配套政策，力争全年新增1000家以上进出口实绩企业。

六是提升安全风险防控水平。加强对外贸易管理，做好管制类产品出口政策指导。完善贸易救济预警体系和法律服务机制，引导企业增强合规意识和应诉能力，指导企业妥善处理重点案件。完善海外综合服务体系，为企业投资决策、融资、保险、税收、法律、安保等提供全方位的咨询、服务和保障，保护境外企业项目人员安全。

（四）实施招商引资提质行动，助力现代化产业体系建设和新质生产力发展

强化产业思维、项目意识，突出重点、创新方式、营造环境，以招商新成效推动项目建设提质增效。

一是完善项目推进机制。围绕加快传统产业改造提升、新兴产业培育壮大、未来产业布局，按照"谋划一批、论证一批、建设一批"的要求，力争全年全省谋划发布8000个重大招商项目，洽谈论证7000个项目，签约建设6000个重大项目。要健全招商项目库，掌握各地在谈重大项目、对接重点企业情况，适时提请省领导高位推动，招引更多知名企业落地河南。

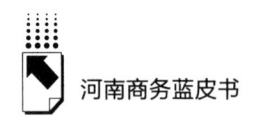

二是创新招商方式。引导各地摒弃比拼优惠政策、搞政策洼地的传统招商思维，积极探索招商引资新路子。加强产业研究、链群分析，精准开展产业链招商，重点招引链主型企业，引进一个、带来一批、集成一群。围绕新业态培育、新技术引进、新模式构建，着力招引"瞪羚"企业、独角兽企业、专精特新企业，加快补齐现有产业链短板。强化资本招商，将金融资金、政府产业引导基金与产业资本融合，发挥协同优势，运用投行思维招引企业、培育产业。探索场景招商，围绕低空经济、量子信息、人形机器人、生成式人工智能等产业，梳理场景需求，开展场景设计，发布招商信息，举办场景应用对接会，推进企业新技术、新产品、新项目落地。加强与境内外知名商协会和中介机构联系，拓展招商渠道，开展专业招商、以商招商。

三是更大力度吸引外资。落实制造业领域外资准入限制措施"清零"要求，聚焦重点产业链群，面向国际资本重点推介，推进跨国股权并购，鼓励上市公司引进境外战略投资者。推动电信、互联网、教育、文化、医疗等服务业领域有序扩大开放，积极争取增值电信业务、外商独资医院等试点，推广境外有限合伙人（QFLP）业务，扩大国际金融、会计、法律、咨询及国际商事调解、商事仲裁等高端服务业利用外资规模。

四是营造良好投资环境。健全招商项目全周期管理服务机制，将地方所能和企业所需精准结合，坚持要素跟着项目走、服务围绕项目转，加强用地、用能、用工、资金等支持，打好要素保障政策"组合拳"。聚焦投资、贸易、消费、人员往来、物流畅通等方面，扎实推进"一件事情一次办"。加大外国人过境免签政策推介力度，为境外客商来豫投资、贸易、旅游提供便利。规范招商引资，系统出台合法合规、务实便利的政策举措，如对企业人才引进、发明专利、科研成果、股权融资、并购重组等方面给予扶持。完善政企常态化沟通交流机制，及时回应、协调解决外商合理诉求，保护外资企业合法权益，做好招商引资"后半篇文章"，让各类市场主体放心投资、安心经营、专心创业。

参考文献

《中央经济工作会议在北京举行 习近平发表重要讲话》,新华网,2024年12月12日,http://www.news.cn/politics/leaders/20241212/f47e778630ec4ff6b51c99d55cef6f43/c.html。

《省委十一届八次全会暨省委经济工作会议在郑州召开》,河南省人民政府网站,2024年12月19日,https://www.henan.gov.cn/2024/12-19/3101058.html。

《全国商务工作会议在京召开》,中国政府网,2025年1月12日,https://www.gov.cn/lianbo/bumen/202501/content_6998057.htm。

主题报告

B.2
深入实施自贸试验区提升战略
更大力度为高水平开放探索新路径

张峰　贾茹　杨凌波　郑战龙*

摘　要： 自2024年以来，河南自贸试验区贯彻落实党的二十届三中全会精神和省委、省政府工作部署，加快实施自贸试验区提升战略，贸易投资便利化水平不断提升，金融服务、多式联运服务、法律服务、政务服务体系建设扎实推进，改革开放综合试验平台作用进一步增强，更大力度为高水平开放探索新路径。2025年，河南将深入学习贯彻习近平总书记关于自贸试验区建设的重要指示精神，贯彻落实党的二十届三中全会决策部署，深入实施自贸试验区提升战略，开展首创性、集成式探索，主动对接国际高标准经贸规则，加大制度型开放力度，进一步增强改革开放综合试验平台作用。

关键词： 自贸试验区　提升战略　制度创新

---

* 张峰、贾茹、杨凌波、郑战龙，河南省商务厅。

一　2024年自贸试验区建设情况

（一）高位部署系统推进

党的二十届三中全会强调实施自贸试验区提升战略，鼓励开展首创性、集成式探索。中央全面深化改革委员会第六次会议审议通过《关于实施自由贸易试验区提升战略的意见》，为自贸试验区改革发展提供重要遵循。省委、省政府高度重视自贸试验区工作，省委深改委听取2.0版建设情况汇报，省委主要负责同志赴郑州片区和航空港区联动创新区专题调研并召开座谈会，省政府主要负责同志调研开封片区建设工作。省自贸办、省委改革办围绕《中国（河南）自由贸易试验区2.0版建设实施方案》52项重点任务，会同省直部门和片区建立台账、联动推进。目前，23项已完成、23项进展明显、6项正在推进，任务显著进展率超过88%。

（二）开放型经济发展态势良好

2024年，中国（河南）自由贸易试验区（以下简称"河南自贸试验区"）新设企业2.3万家，增长15.4%，累计达到14.7万家，是挂牌前的5.4倍；进出口额达867.0亿元，增长72.0%，占全省的10.6%；实际使用外资1.5亿美元，占全省的33.0%；对外投资中方实际投资额达2.7亿美元，增长38.0%，占全省的17.8%；税收421.0亿元，增长5.5%，占全省的8.0%。2025年1~2月，河南自贸试验区新设企业2736家，增长4.2%；进出口额达136.4亿元，增长27.9%；实际使用外资5357万美元，增长67.4%。开封综保区进出口额为75.5亿元，占全市进出口总额的36.9%。洛阳综保区进出口额达52.5亿元，增长86.4%，占全市的比重提升8.3个百分点。

（三）跨境贸易便利度持续提升

郑州海关和匈牙利机场海关签署合作计划，开展查验、知识产权保护等跨境通关合作试点。创新"海铁直运"通关模式，减少物流手续、衔接环节和等待时间，将"内陆港"变成"出海口"。探索班列"车边监管"模式，无须在郑州换装倒箱即完成监管，通关时间压缩90%。首创TIR跨境公路运输"属地—在途—口岸"全程监管模式，国内首次实现双向贯通，线路发展到9国19条，建成全国第三个国际公路运输集结中心、除北京之外第二个TIR证签发点，培育国际道路货运企业21家，TIR规模居全国第一。推动RCEP企业服务中心建设，为287家企业签发原产地证书4606份，货值超15亿元。2024年底，河南自贸试验区有实绩的进出口企业有1000家，AEO高级认证企业有12家，进出口额在1亿元以上的企业有85家，同比增长113%。

（四）投资自由化水平进一步提高

在自贸试验区率先推进经营主体档案迁移登记一次办等11项改革试点，7项改革措施推广至全省。推进"高效办成一件事"，开封片区"简化项目审批服务流程"入选国务院办公厅典型经验。洛阳片区"'三评一审'专利运营模式"入选国家促进专利产业化优秀案例。在全国率先实现将"水电气暖网"报装纳入企业开办平台。外籍人员移民事务服务中心为外籍高层次人才提供停居留便利，累计办理外籍人员工作类居留许可2000多人次。探索食品领域"一业一证"改革，在超市、饭店等10个行业推行"准营承诺即入制"。郑州数据交易中心迭代升级全流程数据交易系统，编制交易规则、交易细则等。建立黄河流域自贸试验区联盟咨询专家库，举办智库联盟研讨会，发布44项促联盟企业合作事项。

（五）国际多式联运枢纽提速发展

郑州新郑国际机场完成货邮吞吐量82.5万吨，同比增长35.8%，年货邮吞吐量为郑州新郑国际机场历史新高。航空电子运单业务持续开展，电子货运信息平台应用企业达380家，实现在郑运营航空物流企业全覆盖。全省中欧班列开行量突破1.3万列，数量位居全国第三。欧洲方向新开行郑州—

塞尔维亚贝尔格莱德、荷兰赫仑 2 条线路，开辟郑州跨里海至阿塞拜疆巴库和跨"两海"至土耳其伊斯坦布尔 2 条南线通道，班列运行线路持续扩大，形成"25 个境外直达站点、8 个出入境口岸"的国际物流网络。首趟公铁联运"一单制"货物列车开行。中国邮政航空枢纽项目落地郑州，郑州铁路口岸成功纳入启运港退税政策实施范围。郑州国际陆港项目建设加快推进，专用铁路建成通车，新址核心功能区全面开工。中豫航空集团与马来西亚机场控股公司签署《谅解备忘录》，河南首个辐射 RCEP 地区的海外货站落地吉隆坡。

（六）金融领域创新持续推进

本外币合一银行结算账户业务在河南自贸试验区落地，实现人民币交易 6.9 亿元、外汇交易 1895 万美元。河南首单知识产权证券化产品"华泰—洛阳国宏产融知识产权资产支持专项计划（专精特新）"在深圳证券交易所成功发行，为科技企业开辟多元融资渠道。以"物权化"为切入点推动多式联运提单融资，省内首单"一单制"数字铁路提单物权化 5000 万元融资业务落地。郑州商品交易所新上市交易红枣、玻璃期权，瓶片期货和期权，品种工具数量居国内首位，PTA（精对苯二甲酸）提高境外交易参与度，成为聚酯产业链上下游品种国际贸易定价重要参考。支持各类金融机构在自贸试验区设立营业性机构，截至 2024 年末营业性银行机构达 218 家，金融机构超过 340 家。支持自贸试验区内 NRA（境外机构境内外汇账户）账户资金可结汇境内使用，区内银行为 164 家境外机构办理 NRA 账户，开展跨境交易 4913 笔。

（七）法律服务能力明显提升

全国首个省级涉外法律服务中心在郑州片区挂牌运行，提供法律咨询、仲裁服务、商事调解、公证服务、企业风险管理等一站式服务，持续营造市场化、法治化、国际化一流营商环境。出台省内律所与港澳地区律所合伙联营实施办法，2 家联营律所获批运营。郑州片区人民法院挂牌成立外国法查明研究中心（郑州中心），与华东政法大学合作共建涉外法治人才协同培养创新基地。推动郑州片区人民法院集中管辖三个自贸片区的涉外商事案件，统一涉外商事案件裁判标准。洛阳仲裁委员会（国际）知识产权仲裁院在洛阳片区揭牌成立。设立郑州片区知识产权工作站，健全知识产权侵权纠纷案件举报投诉机制，优化受理转办流程，全年处理各类咨询业务326件。加强国家海外知识产权纠纷应对指导中心河南分中心建设，已建设分中心工作站16个。

（八）产业项目引育并重加快集聚

郑州片区超聚变赴港投资，盒子智行科技新能源整车实现量产，郑煤机智能制造示范基地、金域医学华中区域总部投产运行。超聚变、瞻航保税物流服务（郑州）有限公司、中大门国际物流服务有限公司、中铁装备等重点企业进出口规模增势良好，4家企业在综保区内开展保税维修业务。开封片区中原文化欧洲行入选国家"千帆出海"重点行动。奔腾智能装备产业园（一期）达产，汽车及零部件外贸产业基地、中日（开封）国际合作产业园等加快建设。河南汴欧进出口贸易有限公司在综保区内开展汽车极寒版保税改装，首批改装汽车出口海外。洛阳片区现代农机产业入选国家先进制造业集群，中部规模最大的普莱柯P3实验室投入运营。瑞昌国际控股登陆港交所，双瑞特装首发上市深交所。麦斯克硅外延片、氢能汽车装备产业园等项目开工建设，周山智慧岛项目加快运营。

（九）平台联动建设稳步推进

2021年底，河南省人民政府办公厅印发《中国（河南）自由贸易试验区开放创新联动区建设实施方案》。经过各地申报、前期辅导、完善方案、联合评估，2023年河南省政府批复同意在航空港区、郑州、开封、洛阳、新乡、焦作、许昌、三门峡、南阳和济源示范区设立10个自贸试验区联动创新区。建立市级联席会议或推进机制、出台实施方案，4个联动创新区的创新成果在全省推广。中国（河南）自由贸易试验区南阳联动创新区成立工作办公室。济源示范区将联动创新区建设作为全区十大改革事项之一，纳入2024年全面深化改革重点任务。

二 制度创新情况

2024年，河南自贸试验区形成制度创新成果53项，向商务部推荐上报9项制度创新成果，其中整板货物空陆联运新模式和通关物流组合申报智选模式，获得部委一致认可。研究起草《中国（河南）自由贸易试验区制度创新实施保障办法》，纳入省政府立法项目，是全国首部关于促进自贸试验区制度创新的省政府规章。推动国务院关于自贸试验区对接国际高标准推进制度型开放试点措施落地实施，明确部门职责分工，建立台账推进督促机制。复制推广国家层面的349项制度创新成果，省内整体推广实施率达96.7%。全面复制推广国家第七批改革试点经验，省内推广率达95.0%。省自贸办联合省委改革办印发河南自贸试验区第六批24项最佳实践案例，涵盖交通运输、监管创新、数字经济、金融开放、法律服务、政务服务等领域。

（一）交通运输领域

《空陆联运厢式运输半挂车技术要求》《货物多式联运运量计算方法》两项标准上升为国家标准，实现河南省运输领域国家标准零的突破。"郑州航空货运枢纽提升空陆联运转运效率"入选交通运输部物流降本提质增效典型案例。郑渝高铁货运班列开通，列车快件批量运输试点工作正式启动。创新郑州—卢森堡航空物流"双枢纽"合作模式，2013~2023年郑州新郑国际机场货运量增长6倍，跻身全球货运机场40强，卢森堡机场世界综合排名从第9位升至第5位。开展铁路运输单证金融服务创新，利用企业订舱数据确定授信额度，将铁路运输单证作为结算和融资可接受单证，向企业提供外汇结算服务金额总计133.82亿元，有效解决企业融资难题。优化铁海联运运输组织模式，简化铁海联运空箱调运环节，打造铁海联运精品线路，助力企业降本增效，发运业务量同比增长56.8%。

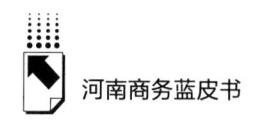

（二）监管创新领域

探索TIR国际公路运输新模式，信息一次申报、沿途海关共享，创新全流程监管模式，建成内陆地区首个TIR运输集结中心，6项业务成为全国首例，总体规模居全国第一，形成河南省新的陆路跨境通道。创新综合保税区危化品联合监管模式，厘清各方权责、打通信息共享渠道、建立"四库一目录"，实现危化品快验快放，口岸危化品平均在库时长压缩77%。首创跨境电商敏货空运全链条安全管控模式，搭建跨境电商敏货数据共享平台，跨境电商敏货货证一致性前置审核，货物快检快放，全年空运出境的跨境电商货运量增长1.5倍。创新设立国际（开封）文化驿站，提供海外文物回流一站式专业化服务，降低文物回流成本，运输清关时效较行邮方式提高3~5倍。

（三）数字经济领域

探索数据元件生产、确权、交易模式，将公共数据与社会数据加工成数据元件，创新数据确权和定价方式，建立数据元件交易规则，促进数据要素生态发展。探索数据经纪从业人员管理新模式，明确从业人员定位，建立准入制度、监督机制和正向激励方案，建立从准入执业到监督激励的全链条管理制度，实名认证数据经纪从业人员432人。率先开展企业数据资产入表实践，探索数据资源资产化可行路径，增强数字资源企业市场竞争力，助力河南省首笔数据资产无抵押融资落地，企业获得银行授信800万元。

（四）金融开放领域

创新期货市场保证金管理模式，在国内期货市场首推组合保证金业务，首创符合国际惯例的组合保证金算法模型，相关做市商保证金平均减收70%以上，实现次日风险100%覆盖。开展银行外汇展业全流程改革，将外汇业务管理从聚焦事中审查拓展至事前、事中、事后全流程管理，有效减轻事中审核压力，优质企业外汇结算"秒申请、分钟办"，业务处理时间减少90%。开展QFLP基金试点，由河南省发展改革委牵头，联合多部门印发省级管理办法，建立试点联合会商工作机制，探索外汇便利进出，打通外商投资渠道，河南省首只 QFLP 试点基金正式设立。

（五）法律服务领域

河南自贸试验区郑州片区人民法院建立"析触网外"涉外审判工作机制，探索域外法查明新途径，建立多元化解国际商事纠纷机制和智慧化审判模式，提升涉外商事审判质效，累计受理涉外案件 233 件，涉及美国、德国、英国、日本等 34 个国家和地区。开封城乡一体化示范区人民法院创新建立财产保全诉前提醒、信息反馈和案件执行协调联动机制，促进财产保全在立案、审判、执行三个环节的有效实施，从源头上减少执行案件。2024年，河南省民事裁判申请执行率为 46.0%，较上年同期下降 20.5%。

（六）政务服务领域

洛阳片区构建"三评一审"专利运营模式，促使高校存量专利与企业技术需求进行匹配，促成"高纯高导铜及其制备方法"等 594 项专利转化，企业产业化收入超 329 亿元。实行食品、药品、医疗器械"一件事、一窗办"改革，形成"一件事"清单，制定"一件事"指南，打造"一件事、一窗办、一揽子、全流程"办事场景。开封片区联合市场监管部门创新推出"放心消费险"，明确维权索赔流程，畅通保险理赔通道，有效破解消费纠纷责任界定难、维权难问题，减少消费纠纷维权成本。探索准营许可事项"智能速办"政务服务模式，梳理"智能速办"事项清单、开发"智能速办"系统模块、在线提交申请即刻办结。

（七）联动创新区制度创新情况

中国（河南）自由贸易试验区三门峡联动创新区探索税费业务异地跨区域办理，联合陕西渭南、山西运城等地税务部门建立协作机制和争议化解工作机制，优化办税流程，实现税费业务"跨省、跨市通办"。中国（河南）自由贸易试验区郑州联动创新区中牟片区在全省率先探索标准化厂房"分割登记+土地分摊"新模式,精简按幢(层、间)分割登记程序,创新土地分摊方式,盘活标准化厂房存量资源,登记审批时长由2个月压缩到1天。中国(河南)自由贸易试验区南阳联动创新区创新远程异地评标"双盲"模式,建立远程异地评标规范,实行专家盲抽、副场随机选择、项目盲评,确保专家分散独立评标,有效提高评标公平性。中国(河南)自由贸易试验区新乡联动创新区中原农谷片区探索"研发中心+域外基地"全链条种业创新模式,以"基地"助力"中心"成果转化,创建国家级创新平台14家,在全省建成"育繁推"用地80万亩,110个植物新品种在全国范围推广。

三　下一步工作思路

深入学习贯彻习近平总书记关于自贸试验区建设的重要指示精神,贯彻落实党的二十届三中全会决策部署,深入实施自贸试验区提升战略,深化首创性、集成式探索,主动对接国际高标准经贸规则,加大制度型开放力度,进一步增强改革开放综合试验平台作用。

(一)深入实施自贸试验区提升战略

贯彻国家实施提升战略意见,会同相关部门细化落实举措,台账督促推进、做好跟踪问效。持续推动自贸试验区2.0版建设,加强部门协同,各项任务有序推进。高水平建设郑州自贸试验区法院和金融、涉外商事专业法庭,培育引进涉外仲裁机构,支持自贸片区开展宜商环境评估。完善多式联运信息服务平台,与河南国际贸易"单一窗口"互联互通。深化铁路运输单证金融服务试点,拓展多式联运单证融资。推广本外币合一银行结算账户体系,扩大账户使用范围。

(二)加快对接高标准经贸规则

推动自贸试验区对接国际高标准推进制度型开放30项试点任务落地,促进贸易、投资、资金流动、交通运输、人员往来自由便利和数据安全有序流动。在多式联运、数字经济、文化贸易、涉外法律服务等领域先行先试。争取自贸试验区审发《外国高端人才确认函》试点，建立境外职业资格认可清单。探索建立自贸试验区数据出境负面清单和分类分级管理规则，在数字贸易、服务贸易、离岸贸易等方面开展探索。

（三）促进片区高质量发展

培育壮大外贸市场主体，推动三个片区科技创新和产业创新融合发展，促进智能制造、生物医药、跨境电商、国际物流等重点产业规模壮大、质量提升。支持在自贸试验区探索保税维修、保税混矿业务，开展新型易货贸易试点，建立生物医药企业研发用物品、药食同源商品进口"白名单"制度。健全联动创新机制，推进自贸试验区与联动创新区政策联动、功能互补、优势叠加。持续推动申建自贸试验区空港新片区，支持航空港区打造现代化国际化世界级物流枢纽。

（四）强化制度创新和复制推广工作

贯彻落实制度创新实施保障办法，进一步完善保障机制和配套支持政策，提升改革系统集成、协同创新水平。会同有关部门、地方积极推进复制推广措施落地见效，释放更多改革红利，形成更多经验做法。学习借鉴先进地区自贸试验区创新举措，加强自贸试验区制度创新成果向全省复制推广，同步推进联动创新区创新工作。组织评选、发布河南自贸试验区第七批最佳实践案例，在全省推广。

（五）加强国内外区域合作

学习借鉴国际高水平园区建设，加强与境外园区的交流合作，探索建立与迪拜、新加坡、伊基克等国际自贸区的合作机制，扩大经贸合作。积极对接海南自由贸易港、中国（上海）自由贸易试验区临港新片区等前沿自贸试验区，加强黄河流域自贸试验区联盟建设，推动与京津冀、粤港澳大湾区等交流合作，强化区域协同发展。

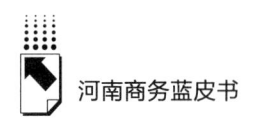

参考文献

《中央经济工作会议在北京举行　习近平发表重要讲话》，新华网，2024年12月12日，http：//www.news.cn/politics/leaders/20241212/f47e778630ec4ff6b51c99d55cef6f43/c.html。

《省委十一届八次全会暨省委经济工作会议在郑州召开》，河南省人民政府网站，2024年12月19日，https：//www.henan.gov.cn/2024/12-19/3101058.html。

《全国商务工作会议在京召开》，中国政府网，2025年1月12日，https：//www.gov.cn/lianbo/bumen/202501/content_6998057.htm。

分 报 告

B.3
2024~2025年河南省对外开放形势分析与展望

张海波　李虹　贾春奇[*]

摘　要： 近年来，河南全省上下深入学习贯彻习近平总书记关于河南工作的重要论述，加快构建开放型经济新体制，统筹推进开放通道、平台、环境建设，更大力度招商引资，创新推动对外贸易，开放型经济实现高质量发展，对外开放综合带动作用显著提升，在高质量共建"一带一路"中的参与度、链接度和影响力不断提升，为打造更具竞争力的内陆开放高地奠定了坚实基础。本报告回顾了2024年河南省对外开放成绩，分析了存在的问题和2025年面临的新形势，并提出了下一步推进高水平开放的对策与措施。

关键词： 对外开放　制度型开放　河南省

---

[*] 张海波、李虹、贾春奇，河南省商务厅。

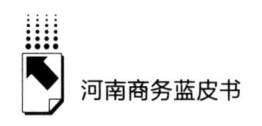

2024年，面对严峻挑战，河南省深入学习贯彻习近平总书记关于河南工作重要论述，加快构建开放型经济新体制，大力实施全方位、宽领域、深层次对外开放，统筹推进开放通道、开放平台、开放环境建设，积极扩大招商引资、创新推动对外贸易，开放型经济平稳发展，在高质量共建"一带一路"中的参与度、链接度和影响力显著提升，为打造更具竞争力的内陆开放高地奠定了坚实基础。

一　2024年河南省对外开放基本情况

（一）开放平台扩容提质

积极推动中国（河南）自由贸易试验区（以下简称"河南自贸试验区"）2.0版建设，持续开展贸易投资自由化、便利化改革探索，累计形成615项制度创新成果，"航空货运电子信息化"等25项成果在全国推广、101项在全省推广；累计入驻企业14.4万家、注册资本1.5万亿元，分别是设立前的5.3倍、5.7倍，河南自贸试验区成为全省制度型开放的"排头兵"。全国首创"通关模式智选菜单"，通关时效提升20%，获海关总署备案认可，已推广至郑州铁路口岸、机场口岸和郑州新郑综合保税区。首创跨境电商敏感货物（含锂电池）空运全链条安全管控模式，货物快检快验快放，通关时长压缩50%，有效扩大敏感货物出口规模，郑州新郑国际机场跨境电商全年货物量增长1.5倍。经开区综合发展水平持续提升，开放型经济承载能力进一步增强，全省形成"9个国家级+36个省级经开区"的格局。自2002年建设郑州出口加工区以来，河南省共建成3个国家一类口岸、9个功能性口岸、5个综合保税区、4个保税物流中心，郑州获批建设第4个全国重要国际邮件枢纽口岸，河南成为功能性口岸数量最多、功能最全的内陆省份之一。

（二）招商引资提速增效

积极承接境内外产业转移，利用境内外资金规模越来越大、方式不断创新，质量与水平持续提升。2022~2024年，全省实际到位省外资金36048.7亿元。截至2024年底，在豫世界500强达201家，中国500强达186家。实体化专业化运作港资、台资、日韩、世界500强四个外资专班，常态化开展粤港澳大湾区驻地招商。强化产业招商，制定实施家电、低空经济、新能源、超硬材料、人工智能等专项招商方案。搭建招商平台，境外举办泰国、卢森堡、港澳地区经贸交流活动，省内举办跨国公司合作交流会、全球豫商大会等重大活动，达成一系列务实合作成果。狠抓项目落地，举办15期"三个一批"签约活动，累计签约项目8343个，比亚迪、宁德时代、正大、华润、益海嘉里等跨国公司持续增资扩股，吉利、金风科技、协鑫、京东方等知名企业入驻，一大批高质量项目落地，有力支撑现代化产业体系建设。

（三）对外经贸稳定增长

在对外贸易方面，近年来，河南省对外贸易高质量发展步伐越走越快、越走越实。进出口规模实现跨越式发展，从2010年的不足2000亿元增长到2024年的8201.7亿元。商品结构持续优化，从以资源类、初级加工产品为主向以机电产品、高新技术产品为主转化；贸易市场越来越多元，从中国香港、欧美、日韩传统市场到东盟、拉美、非洲等新兴市场。自2023年以来，河南省持续完善重点外贸企业常态联系机制，建立"企业+外综服+跨境电商+展会"联动促进机制，帮助中小微企业出海，引导企业多元化开拓市场，截至2024年底，全省进出口实绩企业超1.2万家，累计签发超1.8万份RCEP原产地证书。在对外投资合作方面，河南省严格按照鼓励类、限制类、禁止类对境外直接投资行为进行合规性、真实性审查，规范海外经营行为，防范化解安全风险，促进对外投资和合作健康发展。河南省对外经济合作进入高质量发展时期，规模不断扩大、层次日益提高、领域持续拓宽。2022~2024年，全省对外直接投资金额达46.97亿美元，对外承包工程及劳务合作完成营业额达138.2亿美元。

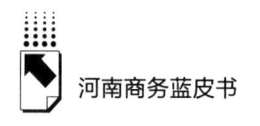

（四）开放通道持续拓展

"空中丝路"辐射力持续增强，成功举办第二届郑州—卢森堡"空中丝绸之路"国际合作论坛暨中国（河南）—卢森堡经贸文化交流活动，达成多项务实合作成果。郑州—卢森堡航空"双枢纽"模式加快复制推广。郑州—吉隆坡"榴莲专线"开通。中国邮政航空枢纽项目落地郑州。郑州新郑国际机场货邮吞吐量从 2012 年的 15 万吨，到 2024 年突破 80 万吨，创下自 1997 年通航以来的最高纪录，郑州入选全球性国际邮政快递枢纽承载城市。郑州新郑国际机场累计开通国际地区货运航线 37 条，通航 27 个国家 41 个城市。"陆上丝路"扩量提质，河南省加快完善国际化物流网络，构建了"25 个境外直达站点、8 个出入境口岸"的国际物流网络，辐射 40 多个国家 140 多个城市。获批中欧班列（郑州）集结中心，累计开行超 1.3 万列，创新"运贸一体化发展""冷链班列"等班列品牌。成功举办中欧班列（郑州）博览会。郑州铁路口岸纳入启运港退税政策实施范围。建成内陆地区首个国际公路运输集结中心，海关监管 TIR 车辆规模居全国第一。首次开通中欧跨里海直达快运线路。"网上丝路"更加顺畅，洛阳、南阳、焦作、许昌先后获批跨境电商综试区，首创 1210 网购保税进口模式，获国务院批准实行跨境电商零售进口药品试点，率先探索"网购保税+线下自提"模式，跨境电商零售进口退货中心仓模式在全国推广。连续 8 年举办跨境电商大会。新开通法国巴黎、保加利亚索非亚、马来西亚吉隆坡电商包机，建设 237 个海外仓、面积达 210 万平方米。"海上丝路"实现无缝衔接，铁海联运班列和内河航运集装箱航线扩容加密，郑州至青岛港、日照港铁海联运班列常态化运行。淮河、沙颍河等内河高等级航道建成通航，实现通江达海，打造 9 条通达东南亚、欧洲、非洲的近远洋航线。

（五）营商环境不断优化

聚焦市场准入、公平竞争、法治保障、环境便利等企业重点关注的领域，深入实施营商环境综合配套改革，河南省营商环境步入全国第一方阵。常态化开展"万人助万企"活动，累计帮助企业解决难题11万余个，全省经营主体数量超过1100万户。出台《河南省进一步优化外商投资环境加大吸引外商投资力度若干措施》，陆续建立政府直通车、企业服务日、服务专员、外企圆桌会议等机制，政企交流常态化平台成功搭建。

在看到成绩的同时，我们还应清醒地认识到，全省对外开放工作还存在一些问题，开放型经济质量有待提升，自贸试验区、综合保税区等开放平台联动发展不足，开放环境仍需优化。我们要直面问题，坚定信心、鼓足干劲，全力干好工作，完成高水平开放目标任务。

二 2025年对外开放形势分析

2024年9月召开的中共中央政治局会议指出，我国经济的基本面及市场广阔、经济韧性强、潜力大等有利条件并未改变。同时，当前经济运行出现一些新的情况和问题。要全面客观冷静看待经济形势，正视困难、坚定信心，切实增强做好经济工作的责任感和紧迫感。

从河南省情况来看，在实施制度型开放战略方面取得了积极成效，但也存在一些差距与不足之处。特别是在对接国际高标准经贸规则上，与上海、广东等先进地区相比，推出的首创性、引领性改革举措还不够多，在制度创新和经验复制推广方面还需进一步加力。具体到开放型经济发展方面，还面临以下困难。

（一）稳外贸形势严峻

一是全球经济增长乏力、外部需求不足。国际货币基金组织、世界银行等预测，2025年全球经济增长2.6%，国际货币基金组织预测未来5年国际贸易增速低于过去20年4.9%的平均增速。二是西方国家的遏制打压。美国是我国及河南省第一大出口市场，特朗普再次上台对我国加征关税、取消最惠国待遇、管制高技术出口、限制跨境电商等，影响河南省手机、铝材、汽

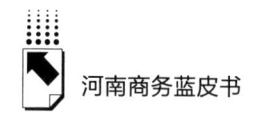

车零部件、人发制品出口和跨境电商业务。受西方国家政策影响，一些跨国公司开始转移、备份产能。三是贸易摩擦频发。涉我国贸易摩擦在全球的占比始终保持在40%左右。2024年涉及河南省贸易摩擦41起，涉及企业128家，金额达5.8亿美元。四是国家产业政策调整。2024年12月1日，国家取消铝材、铜材出口退税，将影响河南省传统优势产品出口。

（二）引资稳资压力明显增大

一是国际投资整体低迷。2024年全球直接投资下降8.0%，我国实际吸收外资大幅下降，河南省下降幅度也较大。二是西方国家限制对我国投资。西方国家对我国实施"回岸、近岸、友岸"三岸分流，胁迫跨国公司布局"中国+1""中国+N"，严控对我国高技术项目投资。三是美国引资力度加大。日本、韩国、中国台湾对外投资布局向北美供应链靠拢现象日益明显。特朗普将企业所得税税率由21%降至15%，将对全球资金形成虹吸效应。四是周边引资竞争加剧。越南、印度等新兴经济体采取加速折旧、土地使用费减免、企业所得税减免等方式争抢外资。

（三）对外投资风险上升

一是发达经济体普遍加强外资安全审查。全球有37个国家建立外资安全审查制度，发达经济体对中国投资的安全审查力度持续加大，美国阻止我国通过投资获取创新资源、先进技术。二是发展中经济体投资环境日益复杂。非洲、东南亚、中亚等地区的发展中经济体投资机会大、风险也大。

虽然，世界经济复苏缓慢、遭遇逆流，国际形势严峻复杂，河南省经济发展还面临一些困难。但是，经济全球化潮流不可阻挡，河南省经济运行总体平稳、稳中有进，中国的开放大门越开越大，河南省的开放路子越走越宽。我们身处开放前沿，绝不能被逆风和回头浪所阻，要站在历史正确的一边，坚定不移全面扩大开放。越是形势复杂，越要主动开放，河南省始终以开放的确定性应对国际形势的不确定性。

三 对策与措施

2025年,河南省将深入贯彻落实习近平总书记关于河南工作的重要论述,聚焦"两高四着力",积极服务和融入新发展格局,加快融入全国统一大市场建设,坚持对外开放机制、主体、平台、通道、环境"五位一体"同向发力、同题共答、同频共振,力争以更高水平开放推动经济高质量发展,打造更具竞争力的内陆开放高地。

(一)构建系统化开放体制机制,提升开放凝聚力

党的二十届三中全会强调,坚持以开放促改革,建设更高水平开放型经济新体制。下一步,将聚焦开放主责主业,发挥综合协调督导服务职能,省委、省政府协调省直相关单位,推进对外开放重大政策实施、重大项目服务、重大问题解决,推出"十五五"高水平开放创新性举措。完善对外开放政策体系,探索成立投资贸易政策咨询委员会,提高科学决策水平;研究出台年度全省开放要点、相关领域开放专案和对非经贸合作要点,进一步扩大开放领域,形成政策合力。探索发布河南省对外开放指数,科学测评开放发展质量和水平。强化干部队伍建设,定期赴发达省份学习,常态化开展年轻干部赴先进地区跟班学习,每年举办对外开放高级研修班,提升河南省领导干部驾驭对外开放工作的能力和水平,建设面向国际的开放队伍。主动强化对内开放,积极融入服务全国统一大市场,向北对接京津冀,向东融入长三角地区和深化豫鲁合作,向南挺进粤港澳大湾区和海南自由贸易港,向西联通成渝地区双城经济圈和新亚欧大陆桥。

(二)推动开放型经济高质量发展,提升开放驱动力

2019年,习近平总书记在郑煤机调研时强调,我们现在制造业规模是世界上最大的,但要继续攀登,靠创新驱动来实现转型升级,通过技术创

新、产业创新,在产业链上不断由中低端迈向中高端。[①] 下一步,河南省将统筹"引进来""走出去",加强财税、金融、产业、贸易政策衔接,促进外贸外资外经联动,加快构建现代化产业体系,增强开放型经济竞争力。加快培育外贸新动能,实施"千企百展拓市场"行动,支持企业参加300个境外商品展;实施外贸主体培育行动,每年新增外贸实绩企业1000家;推广"跨境电商+产业带"模式,2025年培育500家跨境电商源头工厂,开展100场"跨境电商+产业带"对接活动,打造30个特色产业带;优化出口产品结构,扩大新能源汽车、锂电池、光伏产品"新三样"出口规模,积极培育AI服务器、人造金刚石、生物柴油等出口新增长点。创新发展服务贸易和数字贸易,研究出台服务贸易提质发展行动方案。更大力度吸引外资,围绕打造体现河南特色的现代化产业体系,储备8000个招商项目,推进7000个在谈项目,力促签约6000个项目。聚焦港澳、东南亚等重点区域,强化产业链招商、资本招商、以商招商,境内办好全球豫商大会、第十五届中国河南国际投资贸易洽谈会、中国—拉美企业家高峰会等,境外办好中国(河南)—东盟(马来西亚)经济合作交流会暨中国(郑州)—马来西亚经贸洽谈会、日本大阪世博会中国馆河南活动周等,推动一批重点产业链关键环节企业来豫投资。有序推进"走出去",鼓励省内企业探索投建营一体化,带动设备、技术出口,拓展海外市场。建立产供链海外布局厅际工作协调推进机制,搭建海外投资合作综合服务平台,加强企业境外投资审查和海外安全风险防控。

(三)巩固立体开放通道优势,提升开放通达力

党的十八大以来,习近平总书记多次就河南开放工作做出重要指示,强调支持建设郑州—卢森堡"空中丝绸之路"。河南省应努力建成连通境内外、辐射东中西的物流通道枢纽,为丝绸之路经济带建设多做贡献,朝着

---

① 镜头丨郑州煤机:向高端制造迈进——要闻——中央纪委国家监委网站 https://www.ccdi.gov.cn/yaowen/201909/t20190919_200879.html。

"买全球、卖全球"的目标迈进。下一步，河南省将积极融入国家"海陆天网"一体化布局，谋划建设"数字丝绸之路"，更好服务构建"一带一路"立体互联互通网络。增强"空中丝绸之路"辐射力，持续打造郑州机场国际客货运"双枢纽"，巩固郑州—卢森堡"双枢纽"优势并加快复制推广，推进郑州与吉隆坡、墨西哥城等"双枢纽"项目合作。推动中欧（亚）班列扩量提质，加快郑州国际陆港核心功能区建设，增设河南中欧班列、国际跨境公路运输（TIR）至欧洲、中亚、东盟的线路。推进跨境电商创新突破，推广"跨境电商+产业带"模式，支持布局重点枢纽城市海外货站和海外仓。实现铁海联运无缝衔接，拓展向东、向南铁海联运通道，深度融入西部陆海新通道，加强与山东、江苏、广西、天津等省份航运通道、港口集团战略合作。探索建设"数字丝绸之路"，加强数字基础设施建设，积极参与共建"一带一路"国家和地区的"数字丝绸之路"建设，培育壮大人工智能、大数据、区块链、云计算、网络安全等数字产业，加快推进产业数字化和数字产业化，拓展"丝路电商"全球布局，促进数字贸易创新发展，深入推进数字化治理，大力培育数据要素市场。

（四）强化开放平台载体建设，提升开放支撑力

河南省要积极融入共建"一带一路"，用好河南自贸试验区等国家级战略平台，加快打造内陆开放高地。下一步，河南省将打破区域、部门壁垒，推动河南自贸试验区与郑州航空港区、各类开发区等开放平台资源共享、优势互补。深入实施自贸试验区提升战略，主动对接国际高标准经贸规则，开展首创性、集成式探索，支持自贸试验区、联动创新区开展新能源汽车、文化贸易等全产业链创新，推动航空港区与自贸试验区融合发展。开展功能区提质行动，发挥开发区主阵地、主战场、主引擎作用，做大做强优势主导产业。推动省级开发区晋升国家级开发区。建好中德、中日等国际合作产业园区，探索建设"两国双园"。推进绿色园区建设。支持综合保税区内企业开展高技术、高附加值、符合环保要求的保税维修和再制造业务。

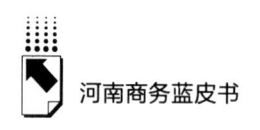

（五）打造国际化营商环境，提升开放竞争力

党的二十届三中全会提出，营造市场化、法治化、国际化一流营商环境，提高境外人员入境居住、医疗、支付等生活便利制度。下一步，河南省将着眼于推进高效能治理，优化提升政府治理效能，为高水平开放提供制度保障。优化国际化政务环境，依法保障企业参与政府采购活动，平等参与标准制定、享受支持政策。支持企业、行业协会等加强与国际产业组织、国际标准化组织合作，推动更多的规则、规制、标准互认。完善外资企业圆桌会议等政企常态化沟通机制，加强权益保护。提升投资贸易便利化水平，深化"智慧海关"建设，提升通关效率，降低企业成本。大力发展国际金融、会计、法律、咨询以及国际商事调解、商事仲裁等服务业。支持各地加快推进240小时过境免签政策落实，创新打造宜居宜业的国际化场景，为境外客商来豫投资、贸易、文旅、交流提供出入境、停居留便利。

参考文献

《中央经济工作会议在北京举行　习近平发表重要讲话》，新华网，2024年12月12日，http：//www.news.cn/politics/leaders/20241212/f47e778630ec4ff6b51c99d55cef6f43/c.html。

《省委十一届八次全会暨省委经济工作会议在郑州召开》，河南省人民政府网站，2024年12月19日，https：//www.henan.gov.cn/2024/12-19/3101058.html。

《全国商务工作会议在京召开》，中国政府网，2025年1月12日，https：//www.gov.cn/lianbo/bumen/202501/content_6998057.htm。

B.4
2024~2025年河南省区域经济协作形势分析与展望

尚利军　杜进　刘金源*

摘　要： 区域经济协作是扩大高水平开放的重要内容，对发展新质生产力和谱写中国式现代化河南篇章发挥重要作用。自2024年以来，在构建全国统一大市场的背景下，河南省委、省政府准确把握发展面临的新形势，积极融入服务全国统一大市场建设，全省商务系统认真贯彻落实省委、省政府工作部署，创新方式抓招商，"项目为王"扩投资，优化服务促落地，推动承接产业转移，全力服务河南省经济发展大局。面对2025年复杂严峻形势和困难挑战，河南省将从完善工作机制、创新招商方式、深化区域合作、完善平台建设、优化营商环境等方面着力推动区域经济协作高质量发展。

关键词： 区域发展　经济协作　招商引资　河南省

一　2024年河南省区域经济协作情况

2024年，面对复杂多变的外部环境和艰巨繁重的发展任务，河南省商务系统深入贯彻国家建设全国统一大市场、促进招商引资高质量发展等决策部署，抢抓新时代推动中部地区崛起、黄河流域生态保护和高质量发展等国家重大战略机遇，引项目、办活动、搭载体、强产业，持续加强区域经贸交

---
* 尚利军、杜进、刘金源，河南省商务厅。

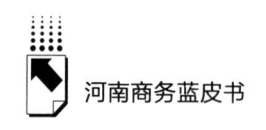

流合作，积极承接产业转移，引进省外资金提质增效，产业结构持续优化，区域竞争力显著提升，为全省经济社会高质量发展提供了有力支撑。

（一）实际到位省外资金情况

据不完全统计，2024年河南省实际到位省外资金1.29万亿元，同比增长6.2%。其中，制造业实际到位省外资金同比增长10.3%，占全省的比重较上年增加2.5个百分点。

从引资来源看，京津冀地区（主要指北京、天津、河北）、长三角地区（主要指上海、江苏、浙江）、粤港澳大湾区（主要指广东）等地到资总额超7000亿元，占全省的比重近六成；广东、江苏、北京、浙江、上海、山东的到资金额居前6位。从产业分布情况来看，一、二、三产业融合发展，产业结构持续优化，其中第二产业到资增速较快，占全省到资比重最高。第一产业实际到位省外资金424.6亿元，占全省的3.3%；第二产业实际到位省外资金9239.5亿元，占全省的71.8%，同比增长18.0%，其中，制造业实际到位省外资金8579.6亿元；第三产业实际到位省外资金3197.1亿元，占全省的24.9%。从项目质量来看，项目含"新"量、含"绿"量较高，合作进展顺利。例如，金风科技的风电装备产业基地项目、中煤电力的风光新能源工程项目、沙钢集团的钢铁整合重组升级项目、中国建材集团的光伏电池封装材料生产项目、鹏辉能源的大圆柱锂离子电池生产项目、隆基绿能的100万吨光伏砂项目、华润医药集团的中药制剂新产业链项目等。

（二）区域经济现状

1.完善工作推进体系

以服务新质生产力发展、服务现代化产业体系建设为重点，紧盯国家政策方向、瞄准产业趋势谋划项目，坚持高位推动、省市县联动开展重点区域招商合作，新增京津冀地区企业投资项目超800个，北京铭镓半导体制造项目、中交感知智汇产业园项目、三峡能源锂离子电池高性能硅碳负极材料项目等落地。长三角地区重点产业链群招商专班对接复星集团、路易达孚、甲骨文等40余家世界500强企业，远景能源等30余家行业龙头企业、御风未来等70余家高成长性科技企业，推动中金资本、中信证券等头部金融机构与省内国有平台公司开展金融合作等。健全项目谋划、发布、洽谈、签约、落地"五步法"全周期服务管理机制，推动签约项目早开工、早投产、早达效，比亚迪、宁德时代、海康威视等与河南省深度合作，带动新能源汽车、数字经济等产业发展。建立"签约一批"项目常态化走访跟踪机制，帮助解决能源准入、用地保障、人才引进、商事登记等问题近300个，增强投资信心、稳定发展预期。

2. 务实举办招商活动

瞄准重点客商、重点产业、重点区域，有针对性举办全球豫商大会、跨国公司合作交流会等招商活动，为境内外客商搭建投资合作平台，打造"投资河南·共赢发展"品牌。2024全球豫商大会在郑州举办，530余名海内外知名豫商豫才应邀参会，签约89个项目，总投资810.9亿元，其中豫商合作项目数量和投资额占比均在七成以上，为河南省现代化产业体系建设注入新活力。举办郑州都市圈产业对接会，发布郑开汽车产业带等8条都市圈重点产业带，郑州、开封、洛阳等8个郑州都市圈城市发表《郑州都市圈城市产业招商合作宣言》。2024河南与跨国公司合作交流会在郑州举办，193家跨国公司应邀参会，中国区副总裁以上嘉宾有78人，其中世界500强中国区副总裁以上重要嘉宾有29人，签约46个项目，总金额达335.8亿元，涵盖新材料、新能源、装备制造、电子信息、现代食品、文化旅游、商贸零售等领域。同期举办现代医药产业圆桌对接会、食品产业圆桌对接会、绿色产业圆桌对接会3场专题活动，深化河南与跨国公司在生物医药、食品、绿色产业等领域的务实合作，推动与会企业与河南省达成一批合作意向，助推河南省经济高质量发展。

3. 持续深化区域经济协作

提升中国中部投资贸易博览会影响力，打造内陆高水平开放平台。第十三届中国中部投资贸易博览会在湖南省长沙市举办，由商务部，山西、安徽、江西、河南、湖北、湖南等省人民政府及中国工业经济联合会共同主

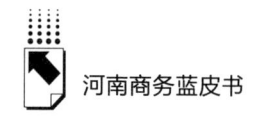

办。河南省组成800人代表团参会参展。重点参加巡馆、中部投资促进推介会等4场重大活动，投资中国·外国投资促进机构圆桌会、绿色中国·绿色产业投资合作主题活动等多场专题活动。牵头举办"中部地区枢纽经济建设对接会"，签约46个项目，总投资额达403.5亿元。精心筛选63家企业的100多件实物展品，在中央展区、河南优势产业链展区及酒类食品专题展区展示，受到广泛关注和好评。利用经贸活动平台，积极开展区域交流合作、项目对接、产品推广。组团参加第五届中国辽宁国际投资贸易洽谈会、第三十届中国兰州投资贸易洽谈会、第25届中国·青海绿色发展投资贸易洽谈会；协助兄弟省（区）在豫开展经贸对接活动，组织省属、地市相关知名企业高管30余人参加甘肃特色优势产业推介会，配合新疆生产建设兵团第十三师、新星市在豫开展考察活动。

4. 签约一批合作项目

聚焦新旧动能加速转换，新质生产力加快发展，基础领域迭代升级，民生和社会事业改善，研究谋划生产及战略性、示范性、引领性招商项目，全年共谋划招商项目9000个，总投资额达8.2万亿元，利用"河南省投资促进网"及重大招商活动平台，分批筛选发布全省重点招商项目。2024年，4期"三个一批"项目建设活动累计签约项目2841个，总投资额达2.2万亿元。其中，总投资额在10亿元以上项目数量占比超25%，新材料、新能源汽车、电子信息、先进装备、现代医药等重点产业链群项目投资占比超70%，华能、比亚迪、宁德时代、海尔集团、中国建材集团、鹏辉能源等知名企业在河南省扩大投资规模，金风科技、阳光电源、中煤电力等一批企业落地布局，为加快构建现代化产业体系持续注入新动能。

二 2025年河南省区域经济协作发展面临的形势

2025年是"十四五"规划收官之年、谋划"十五五"发展之年，也是进一步全面深化改革的重要一年。外部环境变化带来的不利影响持续加深，国内经济运行仍面临不少困难和挑战，全省区域经济协作面临形势依然严峻，总体上看，机遇大于挑战。

（一）不利因素

当前，世界百年未有之大变局加速演进，局部冲突和动荡频发，单边主义、保护主义加剧。外部环境变化带来的不利影响持续加深，国际投资整体低迷，国内经济运行面临不少困难和挑战。

1. 外部经济不确定性增强

国际货币基金组织4月发布的《世界经济展望报告》，受政策不确定性加剧、贸易紧张局势以及需求势头减弱等不利因素影响，将2025年全球经济增长预期下调至2.8%。其中，发达经济体增速预计为1.4%，新兴市场和发展中经济体增速为3.7%。外部需求不足，多边贸易体制不健全，关税壁垒增多，地缘政治紧张局势与经济不确定性仍是我国经济发展面临的主要挑战。

2. 区域竞争压力增大

各省（区、市）都在加紧推进招商引资、承接产业转移，"前有标兵、后有追兵"的形势严峻，特别是区域间产业同质化竞争加剧。

3. 传统产业转型与新兴技术瓶颈

传统制造业占比较高，智能化改造需要资金和技术支持，而本土创新能力相对薄弱，引入的一些高科技领域项目，其核心技术仍依赖外部合作。

（二）有利条件

河南省区域经济协作仍具备坚实基础和有利条件。

1. 经济长期向好的基本面没有变

全球经济展现出一定的韧性和复苏势头。我国经济长期向好的基本趋势没有改变，随着制度型开放持续深化，超大规模市场优势、完备产业体系优势、丰富人力人才资源优势更加凸显。河南省拥有巨大的市场规模优势、优越的区位交通条件、坚实的产业基础支撑、良好的经营便利环境，正紧紧围

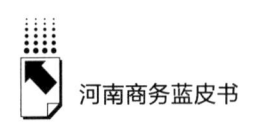

绕融入服务全国统一大市场，加快推进互联互通，提升内外开放能级，推动生产要素畅通流动、发展资源高效配置、市场潜力充分释放，为区域经济协作工作创造更有利的环境。

2. 产业升级与新兴领域布局正在加速推进

河南省产业体系完备，已成为众多产业链的支撑点、结合点，传统产业、新兴产业、未来产业互为补充，培育新质生产力，形成新型材料、先进装备、现代食品三个万亿级产业集群，智能终端、新能源汽车等一批千亿级产业链，能够有效与外部经济融合发展，找准与引进企业的结合点，切实提高自主创新能力。

3. 营商环境持续优化

新形势对招商引资工作提出更高的要求，招商引资工作重点已由比拼优惠政策、搞政策洼地向优化营商环境、创改革高地转变。河南省建成全国首个省级涉外法律服务中心，为企业提供信息咨询、纠纷解决、风险防范等涉外法律服务。政策直达和诉求响应平台实现惠企政策一网直达、免审即享。加快推进"高效办成一件事"，提供一表申请、一次提交、一网联办、统一反馈集成式服务，最大限度利企便民。

三 2025年工作展望

2025年，河南省商务系统坚持把习近平总书记关于河南工作的重要论述作为各项工作的根本遵循，锚定奋力谱写中国式现代化河南篇章目标，聚焦"两高四着力"，切实健全政策体系、谋实招商项目、抓好专题对接，持续创新方式、打造载体、优化环境，着力提升开放平台能级，着力深化区域经济协作，着力提高招商引资质效，进一步培育发展新质生产力，加快构建现代化产业体系，以高质量区域经济协作扩大高水平开放、推动高质量发展。

（一）完善工作机制，优化政策体系

积极适应招商引资新形势、新要求、新变化，立足特色产业发展，加强部门统筹协调，健全联动机制，加强要素支撑，强化基础建设，发展平台经济，实施绿色转型。通过创新用地供应模式、加强资金支持、建立产业人才政策等，将地方所能与企业所需精准结合，着力降低企业生产运营的综合成本，降低企业融资、用电、用气、物流成本，提升产业配套能力、打造企业投资的成本"洼地"。强化市场化招商引资导向，通过建立专业化招商引资团队、搭建"园区+公司"等招商平台、委托专业第三方招商公司招商、以商招商、中介招商等方式，进一步完善市场化招商机制，深入研究本地产业优势和未来发展方向，加强市场调研。依托中原城市群、郑州都市圈等区域一体化发展战略，建立高层次的区域间和区域内产业协同发展机制，鼓励各地发挥优势，按照城市功能聚合互补、产业体系错位布局、公共服务共建共享，确定主导产业和招商重点，构建梯次配套产业圈，优化区域产业布局。

（二）创新招商方式，提升招商质效

因地制宜探索招商引资的新路径、新模式和新手段。一是注重场景招商。聚焦数字经济、社会事业、企业生产、文旅文创等领域场景机会，创设场景项目，推行"市场+资源+应用场景"招引模式，加大智能工厂、人工智能、低空经济等超级应用场景开发力度，吸引企业新技术、新产品、新项目落地。二是精准开展产业链招商。加强产业研究、链群分析，重点聚焦新一代信息技术、新材料、高端装备、生物制造、低空经济，延链补链强链，紧盯头部企业和细分行业领军企业、隐形冠军企业，重点招引链主型企业，引进上下游企业、配套服务企业、研究机构等，形成"引进一个、带来一批、集成一群"的效果。三是强化资本招商。鼓励金融资金、政府产业引导基金与产业资本融合，运用投行思维招引企业、培育产业，完善"招投联动""投贷联动""投孵联动"机制，撬动社会资本，引导、培育、孵化一批重点招商项目。四是做好以商招商。加强与境内外知名商协会和中介机构联系，强化市场牵引，拓展招商渠道，开展以商招商，借助已有企业的信息渠道、商务渠道、人脉资源，依托地方商会、行业协会、同乡联谊会等媒介载体增强现有项目投资示范效应，吸引更多关联企业落地。五是抓好招才

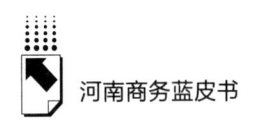

引智。由"项目带人才"向"人才带项目"转变,着力招引领军团队、创新人才,积极营造创新生态,探索构建产业立体、企业一体、人才主体、科技解题的协同机制。

(三)深化区域合作,加强项目对接

积极融入新发展格局和全国统一大市场建设,更加主动参与长三角一体化发展、粤港澳大湾区建设、促进中部地区崛起、黄河流域生态保护和高质量发展等国家战略,向北对接京津冀、向东融入长三角、向南挺进粤港澳大湾区和海南自由贸易港、向西联通成渝地区双城经济圈,深化跨区域协作,积极承接产业转移。强化"项目为王",围绕加快传统产业改造提升、新兴产业培育壮大、未来产业前瞻布局,以产业链专场项目路演、资本项目对接等,聚力招引产业链供应链关键企业、独角兽企业、瞪羚企业、专精特新企业等。务实办好2025全球豫商大会、2025郑州跨境电商大会、第十五届中国河南国际投资贸易洽谈会等河南省主场投资与合作经贸活动,支持各地举办特色招商活动,借助活动平台谋划发布一批、洽谈论证一批、签约建设一批招商项目,打造"投资河南·共赢发展"品牌。

(四)完善平台建设,建强招商载体

实施产业园区招商行动计划,发挥国家级、省级开发区招商引资主阵地、主引擎作用,加强园区的规划、管理、建设,完善考评指标体系,进一步提升招商引资专业能力,加快形成企业集聚、产业集群、要素集约、系统集成、服务集中的产业生态。推动经开区建设无碳园区、绿色园区,打造承接招商引资、产业转移新高地,将经开区建设成为实体经济高质量发展的示范区、链式反应的阵地。深入推进河南自贸试验区2.0版建设,出台外向型经济促进政策,鼓励外资企业优先布局自贸试验区,应享尽享自贸试验区优惠政策。聚焦建设国家创新高地和重要人才中心目标,发挥"两城一谷"平台的科技创新优势,强化与国内外知名企业、科研院所、高校合作,在河南省设立研究机构、研发中心、研发基地,鼓励省内企业与高校、科研院所共建创新载体和成果转化平台，开展"双招双引"，坚持以科技创新引领产业创新。

(五)优化营商环境，提升投资便利度

摒弃依靠优惠政策的传统招商模式，适应新趋势新变化，推动招商引资从比拼优惠政策转变为优化营商环境。深化营商环境综合配套改革，打造市场化、法治化、国际化一流营商环境。聚焦投资、贸易、消费、资金流动、人员往来、物流畅通等方面，扎实推进"一件事情一次办"，持续打造办事效率高、开放程度高的营商环境。用好过境免签政策，聚焦便利外国人出入境、促进国际交流与合作、拓展国际旅游市场等方面，持续优化服务保障措施，推动更多国外客商来豫参会参展、商务考察、项目洽谈。要大开开放之门，完善投资便利服务体系，落实制造业领域外资准入限制措施。

参考文献

《中央经济工作会议在北京举行 习近平发表重要讲话》，新华网，2024年12月12日，http://www.news.cn/politics/leaders/20241212/f47e778630ec4ff6b51c99d55cef6f43/c.html。

《省委十一届八次全会暨省委经济工作会议在郑州召开》，河南省人民政府网站，2024年12月19日，https://www.henan.gov.cn/2024/12-19/3101058.html。

《全国商务工作会议在京召开》，中国政府网，2025年1月12日，https://www.gov.cn/lianbo/bumen/202501/content_6998057.htm。

《IMF下调全球经济增速预期 警示贸易战风险》，中国日报网，2025年4月23日，https://baijiahao.baidu.com/s?id=1830148205598276437。

B.5
2024~2025年河南省利用外资形势分析与展望

李玉瑞　孟悦　陈炫竹*

摘　要： 2024年，全省上下全面贯彻党中央、国务院和省委、省政府稳外资决策部署，努力克服复杂严峻外部环境的不利影响，认真落实利用外资政策，不断提升服务外资水平，持续加大吸引和利用外资力度，利用外资平稳发展。2025年是全面完成"十四五"规划目标的收官之年，是谋划"十五五"发展之年，也是进一步全面深化改革的重要一年，更大力度吸引和利用外资工作任重道远、责任重大。2025年，全省上下要坚持以习近平新时代中国特色社会主义思想为指导，全面贯彻党的二十大和二十届二中、三中全会及中央经济工作会议精神，深入贯彻习近平总书记关于利用外资工作的重要论述，准确把握当前引资工作面临的新形势，更大力度吸引和利用外资，努力开创外资工作新局面。

关键词： 利用外资　招商引资　以进促稳　河南省

　　2024年，全省上下全面贯彻党中央、国务院和省委、省政府稳外资决策部署，努力克服复杂严峻外部环境的不利影响，认真落实利用外资政策，不断提升服务外资水平，持续加大吸引和利用外资力度。2023年，全省外资企业利润总额为500.6亿元，增长8.3%；纳税总额为333.7亿元，增长6.5%。河南省现存外资企业经营稳定、发展态势良好。

＊ 李玉瑞、孟悦、陈炫竹，河南省商务厅。

一 2024年河南省利用外资回顾

（一）利用外资平稳发展

1. 市场主体运行平稳，在豫持续投资

2024年，全省实际使用外资4.6亿美元，新设外商投资企业428家。全省新设投资额1000万美元以上的外资企业57家，投资总额达26亿美元，占全省新设企业投资总额的85.8%。香港华润在洛阳、焦作、三门峡、南阳共新设5家外资企业，投资总额达2亿美元。香港Hong Kong Ride Tech Limited在平顶山、安阳、焦作、信阳设立4家外资企业，投资额达1700万美元。香港亚荣鞋业有限公司在许昌、南阳、信阳设立3家外资企业，投资额达983.2万美元。存量企业增资扩股。商丘鸿翔科技有限公司增加合同外资9000.0万美元，商丘凯莱商贸有限公司增加合同外资6420.6万美元，河南姚孟能源投资有限公司增加合同外资9824.6万美元。

2. 产业结构更趋优化，外资企业来源地相对集中

分行业来看，2024年，全省新设高技术企业148家，占新设企业总数的59.7%，较上年增加1.4%，其中科技成果转化类企业有85家、信息服务类企业有31家、研发与设计服务类企业有15家。高技术企业占比较上年有所提升，结构不断优化。从来源地来看，2024年，有46个国家和地区在河南省新设外资企业，其中排前5位的是中国香港（198家）、中国台湾（65家）、美国（14家）、韩国（13家）、巴基斯坦（12家），合计302家，占全省的70.6%。有23个国家和地区在河南省有资金到位，其中排前5位的是中国香港（3.50亿美元）、萨摩亚（0.30亿美元）、英属维尔京群岛（0.20亿美元）、百慕大群岛（0.15亿美元）、新加坡（0.14亿美元），合计4.29亿美元，占全省的93.3%。中国香港是河南省主要外资来源地。

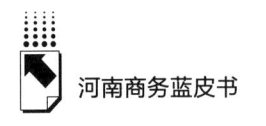

（二）招商活动务实有效

1."走出去"洽谈合作

坚持"走出去"，寻找合作机遇，洽谈合作。2024年2月，赴香港、澳门地区开展2024豫港澳企业家春茗活动，开展11场商务活动，在港澳分别举办春茗活动暨招商对接会；赴泰国、马来西亚、越南开展系列拜访交流和宣传推介活动，举办中国（河南）—泰国经贸文旅推介会，现场集中签约合作项目18个；赴卢森堡参加中国（河南）—卢森堡经贸文化交流活动，约60家欧洲企业与河南省参会企业对接交流，现场签约重大合作项目14个；还以小分队形式赴肯尼亚、埃及、摩洛哥等地开展招商活动。各地市积极组建各种形式的招商团组，赴目标国家和地区开展招商推介活动，并取得较好的效果。

2."请进来"宣传推介

郑州举办2024全球豫商大会，初步达成89个合作项目，涵盖装备制造、生物医药、电子信息、绿色食品等领域；举办2024河南与跨国公司合作交流会，193家跨国公司应邀参会，其中中国区副总裁以上嘉宾有78人，签约46个合作项目，全面展示河南省开放合作和创新发展的新成就、新形象。

3.发挥国家级展会平台作用

积极参加中国国际投资贸易洽谈会、中国中部投资贸易博览会等国际性展会，组织洽谈活动，促进企业交流，提高招商实效。参加第十三届中国中部投资贸易博览会，签约46个项目；参加第二十四届中国国际投资贸易洽谈会，考察企业近60家，举办产业推介、项目对接活动20多场，达成合作意向项目8个、采购意向项目3个。

（三）推进外资专班工作

围绕"7+28+N"产业链群和现代服务业，明确重点区域、目标企业、招商路径，制定实施家电、低空经济、新能源、超硬材料、人工智能等多个专项招商方案。有针对性地选择17个产业链，筛选97个对华有合作意向的世界500强企业和知名跨国公司，逐个研究分析其行业地位、核心业务、在华投资情况，开展客商拜访、合作洽谈和活动邀商工作。选派年轻招商干部，赴粤港澳大湾区、上海等地开展驻地招商工作。2024年，4个外资专班及粤港澳大湾区招商专班动态跟踪在谈项目165个，新签约项目120个。

（四）投资环境不断优化

1. 落实外资政策举措

通过深入企业调研、开展重大外资活动、组织外资企业圆桌会议等方式，广泛宣传和解读国务院印发的《关于进一步优化外商投资环境 加大吸引外商投资力度的意见》。印发《河南省进一步优化外商投资环境加大吸引外商投资力度若干措施》，从提高利用外资质量、保护外资企业合法权益、优化外商投资服务环境、加大财税支持力度、完善外商投资促进方式5个方面，推出23项政策措施，更大力度吸引和利用外资。同时落实国家过境免签相关政策，印发《河南省实施外国人144小时过境免签政策工作方案》，围绕加大宣传力度、优化服务、促进发展、深化交流4个方面，明确15项重点举措，从通关、支付、消费、交通等方面，为外国客商来豫考察投资、旅游体验、合作交流、日常生活等提供全方位服务。培育、指导外资企业申建跨国公司地区总部、功能性机构、外资研发中心等，落实外资企业适用国家鼓励发展的外商投资项目进口设备减免税等惠企政策，充分释放政策红利。编印《河南外商投资指引》（2024版），为外国投资者和外商投资企业提供政策信息等便利。

2. 建强外资平台载体

全省9个国家级经开区是吸引外资的主阵地、主战场。开封经开区引导基金招商，利用资本的催化和杠杆作用，以股权投资吸引企业落户，针对装备制造产业发展现状，成功引进金风风电产业园项目。洛阳经开区通过"以商招商，以企引企"的模式，引入人工智能领域头部企业深圳市讯方技

术股份有限公司投资建设深圳华为云全球服务中心、数字化人才培养及认证基地。红旗渠经开区积极探索基金招商新模式，推动优质项目与产业资金有效匹配，通过基金招商，引进投资8.5亿元的年产200万套新能源智能电控系统项目。

3. 全面服务外资企业

一是以圆桌会议推动问题解决。组织年度首场外资企业圆桌会议，有关省直部门与肯德基、安利、圣戈班、益海嘉里、洛阳北方易初等20余家外企座谈交流，推动直营连锁餐饮企业总部实行"承诺制"办理食品经营许可证等便利化政策落地。召开德资企业圆桌会议，组织欧绿保、普赫姆、吉特利等20余家德资企业参会，德国工商会上海代表处、有关省直部门等现场宣讲政策，深入沟通交流，达到"政企同心、共商共享"的预期效果。二是加强要素保障，推动项目落地。与河南省发展改革委共同举办全省重点外资项目投资计划发布暨银企对接活动，发布60多个重点外资项目，有针对性地开展金融服务。三是对商务部外资企业问题诉求收集系统实施闭环管理。截至2024年底，已处理5起问题诉求，并全部办结。从所属行业来看，2起涉及电力、热力生产和供应业，其他3起分别涉及生态保护和环境治理业、有色金属矿采选业、教育；从问题类别来看，4起涉及政策兑现，1起涉及行政审批。

二 2025年河南省吸引外资形势分析

面对复杂的外部环境，河南省将全面贯彻中央经济工作会议、全国外资工作会议精神，落实党中央、国务院和省委、省政府关于稳外资决策部署，着力稳存量、挖增量、优结构，高质量、高标准推进全省利用外资工作。

（一）国内外形势复杂严峻，引进外资挑战与机遇并存

一是国际投资持续低迷。根据国际货币基金组织（IMF）预计，受地缘冲突加剧、保护主义抬头等因素影响，2025年全球GDP增速为3.2%，比

20世纪前20年平均水平低0.6个百分点。其中，美国经济增速将放缓至2.2%，欧元区、日本仅能实现约1%的弱增长。世界经济仍将在中低速增长轨道上运行，全球跨国投资难以实现大幅增长。在全球经济增速放缓、债务风险加大、地缘政治风险加剧等不利因素影响下，跨境投资的波动会显著加大。

二是西方国家的投资壁垒。部分西方国家在贸易和投资政策上对我国采取保护主义立场。如美国联合部分西方国家对我国市场尤其是制造业进行投资限制，导致我国企业引资困难，特别是制造业项目引进更加困难。

（二）河南吸引外资优势显著

面对困难和挑战，我们要深刻认识稳外资的极端重要性，进一步坚定做好稳外资工作的信心。

1. 创新能力起势跃升

当前，科技创新已经成为河南省发展的第一动力。中原科技城拥有23个国家级科研平台，河南省科学院在人工智能、先进材料、量子科技等领域取得一批重大科技成果。中原医学科学城启动建设智能医学研究设施和质子医疗中心，国家医学中心（中医类）落地。中原农谷集聚53支种业研发团队，培育161个优良品种。

2. 新兴产业加速成长

全省累计培育414家国家级专精特新"小巨人"企业，51家制造业"单项冠军"企业，2.8万家规模以上工业企业，1.3万家高新技术企业，2.9万家科技型中小企业。河南省现有3家全球"灯塔工厂"、10家国家卓越级智能工厂、14家国家级智能制造示范工厂。智能应用场景覆盖82.4%的规模以上制造企业。2024年，超聚变国产化服务器销售额居全国首位，汽车整车产量超140万辆，新能源汽车产量超70万辆。获批建设国家数据要素综合试验区，揭牌投运河南空港智算中心。

3. 人力资源质量提升

截至2024年底，河南省拥有1950万名技能人才，其中高技能人才有

634万名。2024年,全省开展363万人次职业技能培训,新增273万名技能人才（取证）,其中高技能人才（取证）有125万名。同时,河南作为人力资源大省,拥有近1亿人口,适龄劳动人口有5700多万人。全省职业教育规模居全国首位,仅技工院校在校生就有30多万人。应届普通高校毕业生、中职和高职教育在校生数量均居全国第一,为外商投资企业在豫投资发展提供了坚实的人才人力支撑和广阔的市场。

4. 消费市场潜力提升

2024年,随着一系列促消费措施的实施,河南省消费品市场总体呈现稳中向好的发展态势,全省实现社会消费品零售总额2.76万亿元,增长6.1%。居民人均可支配收入增长5.4%。城镇居民人均可支配收入为42027元,同比增长4.46%；农村居民人均可支配收入为21330元,同比增长6.37%。近6年河南省城镇居民人均可支配收入与农村居民人均可支配收入逐年增长。市场规模大、消费潜力大是河南省持续吸引外资的巨大优势。

三　2025年河南省利用外资展望

2025年是全面完成"十四五"规划目标的收官之年,是谋划"十五五"发展之年,也是进一步全面深化改革的重要一年,更大力度吸引和利用外资工作任重道远、责任重大。全省上下要坚持以习近平新时代中国特色社会主义思想为指导,全面贯彻党的二十大和二十届二中、三中全会及中央经济工作会议精神,深入贯彻习近平总书记关于利用外资工作的重要论述,准确把握当前引资工作面临的新形势,更大力度吸引和利用外资,努力开创外资工作新局面。

1. 贯彻党中央决策部署

落实全面取消制造业领域外资准入限制措施,围绕"7+28+N"产业链群,加大制造业外资招引力度。推动电信、互联网、教育、文化等领域在河南省有序开放。以国家进一步放宽外国投资者战略投资上市公司的限制为契机,梳理河南省境外上市公司情况,强化跟踪服务,拓宽投资渠道,引导更多优质外资进入资本市场。以《鼓励外商投资产业目录》修订为契机，开展有针对性的外资招引活动，引导更多境外资金投向河南省优势产业。

2. 优化外资政策体系

加强对《河南省进一步优化外商投资环境加大吸引外商投资力度若干措施》的宣传解读；适时修订《河南省外资研发中心认定办法》《河南省省级招商引资专项资金管理办法》《河南省国际合作园区认定与管理暂行办法》《鼓励跨国公司设立地区总部和功能性机构的暂行规定》等政策，健全外资政策支持体系。

3. 创新招商方式

加强产业研究、链群分析，精准开展产业链招商，重点招引链主型企业，引进一个、带来一批、集成一群。围绕新业态培育、新技术引进、新模式构建，着力招引瞪羚企业、独角兽企业、专精特新企业。充分发挥资本招商优势，将政府产业基金、金融资金和产业资本融合，运用投行思维招引企业、培育产业。探索场景招商，吸引新技术、新产品、新项目落地。加强与境内外知名商协会和中介机构联系，拓展招商渠道，开展专业招商、以商招商。

4. 跟踪抓实项目

围绕加快传统产业改造提升、新兴产业培育壮大、未来产业布局，结合河南省优势产业，征集发布储备一批招商项目。梳理50个1000万美元以上未到资企业和签约、在谈项目，定期跟踪、调研走访，推动项目尽快落地。健全招商项目全周期管理服务机制，将地方所能与企业所需精准结合，坚持要素跟着项目走、服务围绕项目转，打好要素保障政策"组合拳"。

5. 以服务稳定信心

通过"外资企业问题诉求收集办理系统"、外资企业走访等渠道，及时掌握、协调解决外资企业在项目落地、生产经营中存在的问题和困难。同时，适时举办外资企业圆桌会议，了解企业情况、回应企业关切，现场协调解决问题、进行政策宣讲，不断完善常态化政企沟通交流机制，及时回应、协调解决外商合理诉求，保护外资企业合法权益，稳定企业信心，增强投资

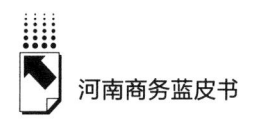

预期。以简便、实用、国际化为原则，全面修订《河南外商投资指引（2025版）》，为境外投资者在豫投资提供指导和帮助。

参考文献

《中央经济工作会议在北京举行 习近平发表重要讲话》，新华网，2024年12月12日，http：//www.news.cn/politics/leaders/20241212/f47e778630ec4ff6b51c99d55cef6f43/c.html。

《省委十一届八次全会暨省委经济工作会议在郑州召开》，河南省人民政府网站，2024年12月19日，https：//www.henan.gov.cn/2024/12-19/3101058.html。

《全国商务工作会议在京召开》，中国政府网，2025年1月12日，https：//www.gov.cn/lianbo/bumen/202501/content_6998057.htm。

B.6
2024~2025年河南省对外贸易形势分析与展望

程永安 蔡晓宁*

摘　要： 2024年，面对复杂严峻的外贸形势和诸多困难挑战，河南省商务系统承压而行、迎难而上，在育主体、拓市场、抓创新、挖潜力等方面精准施策，河南省外贸"稳规模""优结构"取得明显进展，为全省经济高质量发展做出积极贡献。本报告回顾了2024年河南省对外贸易发展情况，分析了2025年面临的新形势，并提出下一步河南省外贸改革方向及重点任务。

关键词： 对外贸易　外贸改革　河南省

一　2024年河南省对外贸易基本情况

据海关统计，2024年河南省进出口总额为8201.7亿元，同比增长1.2%，低于同期全国平均增速（5.0%）3.8个百分点。其中，出口额为5227.0亿元，下降1.0%；进口额为2974.7亿元，增长5.2%；贸易顺差为2252.3亿元，收窄8.1%。从外贸规模来看，2024年河南省进出口总额居全国第10位、中部地区第2位，比安徽（全国第9位、中部地区第1位）少446.8亿元、比天津（全国第11位）多86.1亿元。从增速来看，2024年，河南省进出口总额增长1.2%，增速居全国第23位、中部地区第4位，低于湖北省（9.6%）、安徽省（7.4%）和山西省（3.1%），高于湖南省（-8.7%）、

---

* 程永安、蔡晓宁，河南省商务厅。

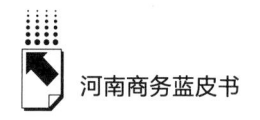

江西省（-17.2%）。从月度分布情况来看，2024年下半年河南省进出口总额连续6个月增长。

（一）运行特点

从地市情况来看，郑州市、济源示范区、洛阳市等10个地市进出口总额超过百亿元，合计占全省进出口总额的93.7%。其中，郑州市进出口总额为5565.8亿元，增长0.8%，占全省进出口总额的67.9%，占比较2024年减少0.3个百分点。

从增速来看，开封市、济源示范区、商丘市、洛阳市、安阳市、三门峡市、新乡市、焦作市、郑州市、濮阳市、周口市等11个地市进出口总额实现正增长，其中，增速排前5位的是开封市（80.4%）、济源示范区（20.7%）、商丘市（5.6%）、洛阳市（4.9%）、安阳市（4.6%）。从增量来看，开封市进出口总额增加91亿元，增量居全省之首；济源示范区进出口总额增加78.3亿元，增量位居第二；郑州市进出口总额增加44.2亿元，增量位居第三；洛阳市进出口总额增加11.8亿元，增量位居第四；商丘市进出口总额增加3.7亿元，增量位居第五。

从贸易方式来看，一般贸易进出口占比提升。2024年，以一般贸易方式进出口3314.4亿元，增长3.9%，占全省进出口总额的40.4%，占比较上年同期增加1.1个百分点。同期，以加工贸易方式进出口2939.4亿元，下降20.0%，占全省进出口总额的35.8%；以保税物流方式进出口1911.3亿元，增长60.9%，占全省进出口总额的23.3%；二者合计进出口4850.7亿元，下降0.2%，占全省进出口总额的59.1%。

从外贸经营主体及企业性质来看，进出口企业数量增加超一成，民营企业为第一大经济类型。2024年，河南省有进出口实绩的外贸企业数量达13110家，净增加1265家。民营企业进出口总额为5782.3亿元，占全省进出口总额的70.5%，占比增加11.0个百分点。外商投资企业进出口总额占全省的22.2%，占比减少8.5个百分点。国有企业进出口总额占全省的6.7%，占比减少2.1个百分点。从重点企业来看，富士康进出口总额为

3830.3亿元，下降5.4%，占同期全省进出口总额的46.7%，占比减少3.2个百分点，拉低全省进出口总额增速2.7个百分点。其中，出口额为2279.6亿元，下降8.8%；进口额为1550.7亿元，增长0.04%。同期，非富士康企业拉高全省进出口总额增速3.9个百分点。

从进出口市场来看，美国、东盟、欧盟、中国台湾、韩国是河南省五大进出口市场，进出口总额合计占全省的57%，占比减少2.4个百分点。对共建"一带一路"国家进出口额为3838.7亿元，增长3.6%；对RCEP成员国进出口额为2402.3亿元，下降2.2%。

（二）主要工作

全省商务系统充分预估外贸形势，提前谋划，丰富政策工具箱，制定实施推进一般贸易、加工贸易、中间品贸易工作专案，全年货物贸易呈现前降、中稳、后扬的趋势。

一是落实稳外贸政策。落实国家和河南省稳外贸政策措施，扩大出口信保规模和覆盖面，搭建跨境电商出口政治风险统保平台，推动海外仓销售险落地。完成2023年下半年和2024年上半年中小企业国际市场开拓资金和出口信用保险项目审核与资金兑现工作，建立财政补贴资金直达企业机制，覆盖企业超千家。引导企业用好关税减让、原产地证书，签发RCEP原产地证书13414份。健全预警防范应对机制，帮助企业有效应对贸易摩擦。

二是积极做好外贸企业服务工作。研究出台郑州新郑综合保税区稳外贸专项政策，稳定外贸基本盘。支持郑州新郑综合保税区内企业开展保税维修产品目录未列明税号产品保税维修业务。为宇通客车股份有限公司、河南少林客车股份有限公司申请汽车临时出口许可。帮助洛阳炼化宏达实业有限责任公司获批成品油（燃料油）非国营贸易进口资质。

三是深挖进出口商品潜力。研究支持新能源汽车出口的政策措施，培育外贸新增长点。河南省为65家车企申请出口资质和汽车临时出口许可，出口汽车价值336.2亿元，增长30.1%，其中出口电动汽车价值88.5亿元，增长91.4%。出口铝材242.3亿元，增长34.1%。完成二手车出口企业资质审核超137家，指导河南省企业出口二手车超1.5万台，出口额超3.1亿美元。汽车、铝材、白银和家具出口额合计增加170.4亿元，拉动全省外贸出口额增长3.2个百分点。出台支持郑州航空港区国家进口贸易促进创新示范区建设指导意见，指导郑州航空港区做好示范引领工作。

四是抓好国际市场开拓。发布2024年度国际性展会推荐名录，重点推荐289个展会，指导企业开拓国际市场。指导企业重点参加香港国际珠宝展、2024国际产业合作大会（新加坡）暨中国机电产品品牌展览会、德国科隆国际五金工业展览会等多个国际专业展会，新签订单超400亿元。组织企业参加第135届、第136届广交会，指导其利用平台开拓国际市场。对非洲、欧盟进出口额分别增长20.1%、13.3%，对共建"一带一路"国家进出口额占比增至46.8%。组织企业参加广交会，指导其借助平台拓展国际市场。

五是大力发展新业态新模式。举办郑州跨境电商大会，亚马逊在郑州设立全球开店办公室，阿里巴巴设立中部地区首个1688选品中心。举办"跨境电商+产业带"对接活动超百场，3000多家企业踊跃参加。研究出台支持许昌市场采购贸易方式试点政策，促进新业态发展，带动中小微企业开拓市场。推进国家服务外包示范城市、中医药服务出口基地等建设，开封国家文化出口基地"中原文化欧洲行"等活动入选全国"千帆出海"行动。

六是推动投资贸易联动发展。探索"投资+贸易"模式，重点推动河南省优势产业加快海外布局，鼓励企业通过对外投资开拓市场，建设营销网络。加强企业境外投资真实性、合规性、安全性审查，管控产业链集群式外迁、整厂外迁，防止国家管制类产品通过对外投资绕道出口，防止关键环节和核心技术外溢。指导洛钼集团、河南国际合作集团有限公司、河南省地质矿产勘查开发局第二地质矿产调查院等开发海外矿产资源。飞龙汽车部件股份有限公司、中原内配等6家汽车零部件企业到泰国、马来西亚投资建厂，汽车产业加速国际布局。

二 当前河南省外贸发展面临的形势

从国际来看，世界百年变局加速演进，贸易保护主义、单边主义和地缘政治冲突交织，加大了世界经济运行的不确定性，全球贸易复苏动能偏弱，跨国投资规模整体萎缩。

（一）国际方面

一是贸易保护主义加剧。全球范围内贸易保护主义、资源保护主义问题日益严峻，全球供应链碎片化更加严重，通胀恐在波动中持续，将加剧金融货币风险、供应链风险、合规运营风险和成本风险。

二是地缘冲突还在持续。地缘冲突升级为战争的阈值变得更加模糊，极端、宗教和恐怖活动增多且呈现扩散趋势。

（二）国内方面

一是外贸龙头企业数量偏少。现阶段，河南省进出口额达百亿元以上的企业数量偏少，市场主体以中小微企业为主，呈现"头部企业规模庞大但数量稀少，中小微企业规模较小却数量众多"的结构特征。尽管近年来通过招商引资以及内生培育等措施，河南省涌现出一批新兴外贸企业，但这些企业在规模与体量上大多仍处于较低水平，同时，大型的外向型项目引入不足，强有力的多点支撑格局还没有形成。构建"头雁引领、雁阵驱动、群雁齐飞"的外贸发展格局任重道远。

二是商品结构仍需优化。除手机、汽车及机械设备等机电产品外，出口商品中资源型及劳动密集型产品占比较高，且呈现技术含量低、附加值不高、自主品牌匮乏和市场竞争力弱等特征。在新兴产业领域，如高科技产业、生物制药等出口培育力度不足。进口商品主要集中于金属矿砂、原油等资源能源类产品以及化妆品等日用消费品，高端装备、关键零部件等进口相对较少。这一商品结构对河南省在技术引进后的消化吸收再创新，以及产业

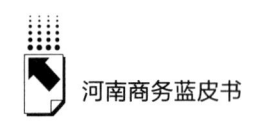

向高端化转型升级的支撑作用有限。

三是新型业态发展不够充分。以跨境电商领域为例，产品同质化问题显著，众多企业的品牌建设与知识产权保护意识淡薄，致使品牌在国际市场的竞争力欠缺。在海外仓布局方面，部分企业缺乏科学合理的规划，未能充分考量区位优势与市场需求，导致核心竞争力不足，且本土化运营程度较低，难以有效融入当地市场。市场采购贸易方式亦存在政策与实践的衔接问题。顶层政策设计在落地过程中，与基层的探索实践契合度欠佳，企业经营行为缺乏长效性与规范性引导，亟待构建更为完善的政策执行与监管体系，以推动外贸新业态、新模式的健康可持续发展。

在看到不利因素的同时，也要看到"危中有机"。总体来看，我国经济基础稳、优势多、韧性强、潜能大，长期向好的基本趋势没有变，我们拥有超大规模市场，产业链供应链完整且持续迭代升级，政策空间充足。在新一轮科技革命和产业变革驱动下，新业态和新模式蓬勃涌现，将塑造商务发展新动能。具体到河南省，其区位优越、物产丰富、市场潜力巨大，在全国统一大市场建设中大有可为。制度型开放战略深入实施，高水平对外开放格局加速形成。经过多年开放发展，项目建设、产业升级积蓄势能进入集中显效期。河南省人口规模大，随着城镇化推进和数字化推动，消费潜力将进一步释放。

三　河南省外贸改革方向

党的二十届三中全会审议通过的《中共中央关于进一步全面深化改革　推进中国式现代化的决定》提出，完善高水平对外开放体制机制，对"深化外贸体制改革"提出了具体要求。结合党中央全面改革要求和河南省实际，河南省对外贸易应重点关注以下六个改革方向。

（一）培育具有国际竞争力的外贸主体

支持企业做大做强，打造一批在国际市场有影响力的跨国企业。坚持大中小企业协同发展，鼓励有实力的企业提高国际化经营水平，加快培育一批具有跨国经营能力的龙头企业；提高外贸公共服务水平，鼓励创新型、创业型及劳动密集型中小企业发展，促进其与大企业协同发展。引进和培育新型贸易主体，摸排引导一批产品适合外销的生产型企业开展外贸业务，推动更多企业走向国际市场，增强外贸发展后劲。

（二）提升贸易质量和效益

鼓励企业加大研发创新力度，提高产品附加值，优化贸易结构，实现从规模扩张向质量提升的转变。鼓励企业加大技术创新力度，提高智能制造、绿色制造水平，积极推动大型成套设备开拓国际市场，提升机电产品和高新技术产品出口占比，提升纺织服装等传统劳动密集型产品出口质量、档次和技术含量，提升农产品精深加工能力、扩大高附加值农产品出口规模，大力发展高技术、高附加值、高质量的绿色低碳产品贸易。持续扩大先进技术、关键零部件、重要设备进口规模，扩大能源资源产品及国内紧缺农产品进口规模，鼓励优质消费品进口。

（三）完善贸易服务保障体系

增强金融、物流、法律等服务在外贸中的支撑作用。全面落实国家和河南省稳外贸安排部署，加强财税、金融、产业、贸易等政策衔接，持续推进政策落地见效，高质量打好稳外贸"组合拳"，激发市场主体活力。推动政府性融资担保机构加大对外贸企业融资增信支持力度。鼓励各地创新稳外贸配套举措。开展外汇普惠供给和精准服务，指导市场主体用足、用好便利化政策。加强外贸领域诚信体系建设，推动部门实施联合奖惩措施。加强外贸知识产权保护，持续开展外贸领域打击侵权假冒专项行动，加强境外知识产权争端解决和维权援助机制建设，支持进出口企业应对境外知识产权纠纷。

（四）强化贸易风险防控

建立健全应对贸易摩擦、汇率波动等风险的机制，增强外贸抗风险能

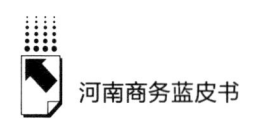

力。健全贸易摩擦预警防范和应对机制，优化贸易预警和法律服务，及时发布经贸摩擦预警信息，加强对重点企业分类指导，支持企业积极应对反倾销、反补贴调查，全面提高贸易摩擦应对能力。常态化开展断链断供风险排查，强化产业应对外部冲击的风险预警与防控，确保产业链供应链安全。健全出口管制工作协调机制，落实出口许可制度，加强精准管控，有效打击出口管制违法行为。

（五）推动贸易数字化转型

加强数字技术在外贸领域的应用，以适应全球贸易发展新趋势。推动外贸企业数字化转型升级，加快传统制造方式向个性化定制、智能化生产、网络化协同、服务型制造转变。鼓励企业利用线上平台和外贸大数据，提升客户开发维护及市场分析能力，拓宽获客渠道。大力发展数字展会、社交电商、产品众筹、大数据营销等，建立线上线下融合、境内境外联动的营销体系。推动国际贸易"单一窗口"功能向国际贸易管理全链条拓展，建设智能通关系统，不断提升贸易便利化水平。

（六）推动贸易绿色化转型

搭建绿色贸易的政策通道，积极融入全球绿色贸易新格局。支持进口贸易促进创新示范区、外贸转型升级基地、国家级经济技术开发区、加工贸易产业园等开放平台绿色转型，强化评价体系绿色发展导向。建立绿色贸易发展促进政策体系。指导各地培育低碳贸易双循环企业和低碳大型骨干外贸企业，加大绿色低碳贸易主体支持培育力度，加快经验复制推广。

四　河南省外贸重点任务

以习近平新时代中国特色社会主义思想为指导，全面贯彻落实党的二十大和二十届二中、三中全会精神，坚决贯彻落实中央经济工作会议、全国稳外贸工作推进会、省委十一届八次全会暨省委经济工作会议和全省商务工作会议决策部署，认真贯彻落实国家促进外贸稳定增长政策措施，把贸易高质量发展作为工作的长期主线，聚焦重点市场、重点产业、重点企业、重点商品，发挥海外园区、海外仓作用，"促""管"结合，积极应对贸易摩擦，努力促进外贸稳中提质。

（一）推动货物贸易稳中提质

一是聚焦重点企业。对进出口骨干企业、潜力企业分级包联，"一企一策"精准服务，稳住基本盘。二是聚焦重点产业。推进贸易政策和财税、金融政策等协同，加强进出口信贷和出口信保等支持，扩大重点产业出口规模。三是聚焦重点市场。持续开展千企百展拓市场活动，发布国际性展会名录，开发利用更多优质展会资源，为企业参展提供便利。四是积极扩大进口规模。指导企业对照新版《鼓励进口技术和产品目录》，做好项目申报工作，用好国家进口贴息政策。

（二）提升境外投资合作水平

建立产供链海外布局厅际工作协调推进机制，研判分析境外贸易投资国别、产业等，研究对外投资"一国一策""分业施策"。加强对企业"出海"统筹布局和规范引导，推动矿产资源、装备制造、工程建设、农业等重点领域企业抱团出海，建设工厂，布局营销网络和海外仓。支持企业积极承建标志性国际工程、国际项目和"小而美"民生项目，带动机电设备、工程装备等出口。推动现有境外经贸合作区提质升级，积极推进在东南亚等地建设合作区。

（三）培育新模式新业态

一是推动跨境电商优势再造。绘制全省跨境电商产业地图，发布"源头工厂"名录，推广"跨境电商+产业带"模式，举办对接活动，培育壮大特色产业带。持续推动跨境电商监管服务模式创新。发展跨境电商直播。二是扩大市场采购规模。促进市场采购贸易试点政策红利全省共享共用，推动

"市场采购+跨境电商"融合发展。落实国家保税维修和保税再制造政策，推动更多企业开展保税维修业务。

（四）发展绿色贸易

采取贸易数字化工作举措，提升贸易全链条数字化水平，支持企业拓展数字贸易应用场景。引导第三方碳服务机构与外贸企业对接，推动企业利用现代技术改造轻纺、食品等传统产业，降低出口产品碳排放量，提升其在国际市场的竞争力。鼓励各地培育低碳贸易双循环企业和低碳大型骨干外贸企业。

（五）加强部门协作

各地商务部门要密切与财政、海关、税务、金融、保险等部门常态化联系，推动惠企政策精准直达快享，持续提升通关和退税效率。引导企业用好RCEP等自贸协定"工具箱"，扩大出口信用保险承保规模和覆盖面，推动小微外贸企业政策性贷款增点扩面，帮助企业提升汇率风险管理水平。鼓励各地结合实际出台配套政策，力争全年新增1000家以上有进出口实绩的企业。

（六）提升安全风险防控水平

加强对外贸易管理。完善贸易救济预警体系和法律服务机制，指导企业妥善应对重点案件。完善海外综合服务体系，为企业投资决策、融资、保险、税收、法律、安保等提供全方位的咨询、服务和保障，保护境外企业项目人员安全。

参考文献

《中央经济工作会议在北京举行 习近平发表重要讲话》，新华网，2024年12月12日，

http://www.news.cn/politics/leaders/20241212/f47e778630ec4ff6b51c99d55cef6f43/c.html。

《省委十一届八次全会暨省委经济工作会议在郑州召开》，河南省人民政府网站，2024年12月19日，https://www.henan.gov.cn/2024/12-19/3101058.html。

《全国商务工作会议在京召开》，中国政府网，2025年1月12日，https://www.gov.cn/lianbo/bumen/202501/content_6998057.htm。

《扩大高水平对外开放　促进外贸稳定增长》，商务部网站，2025年1月17日，https://www.mofcom.gov.cn/tj/zc/art/2025/art_6e415b0bcd194d35b661bb7bfbf12ad1.html。

B.7
2024~2025年河南省对外投资合作形势分析与展望

李晋 魏克龙 潘菊芬[*]

摘　要： 2024年，面对复杂多变的国际形势，河南省对外投资合作业务保持平稳发展。2025年，对外投资合作面临的外部环境依然充满不确定性，但是"走出去"是我国经济社会发展的必然，是企业融入全球产业链和供应链、拓展发展空间的必须。2025年河南省对外投资合作有望保持向好发展势头。河南省对外投资合作坚持以习近平新时代中国特色社会主义思想为指导，贯彻落实党的二十大和二十届二中、三中全会以及中央经济工作会议精神，按照商务部和省委、省政府关于对外投资合作工作决策部署，统筹高质量发展和高水平安全，增强河南省企业的国际竞争力和影响力，全面提升对外投资合作质量与水平，增强国内国际两个市场、两种资源联动效应。

关键词： 对外投资　经济合作　河南省

一　2024年河南省对外投资合作情况

截至2024年底，河南省430多家境内投资主体在境外共设立约660家企业，覆盖17个行业大类，分布在全球94个国家（地区），对外直接投资存量达220亿美元，居全国第10位。2024年，全省对外直接投资金额达

---

[*] 李晋、魏克龙、潘菊芬，河南省商务厅。

15.18亿美元，同比下降15.53%，低于全国平均水平28.00个百分点，绝对额居全国第14位。其中，对共建"一带一路"国家和地区投资1.68亿美元，同比增长387.6%，境外企业主要分布在新加坡、泰国、沙特阿拉伯、塞尔维亚等。

2024年，全省对外承包工程及劳务合作完成营业额52.6亿美元，同比增长19.3%，居全国第10位。其中，对共建"一带一路"国家和地区投资1.86亿美元，同比增长350%；对共建"一带一路"国家和地区对外承包工程完成营业额38亿美元，同比增长11.8%。对外承包工程项目主要分布在沙特阿拉伯、塞拉利昂、乌干达、刚果（金）、赞比亚，涉及石油化工、矿山基建、交通运输、电力工程等领域。通过对外承包工程业务派出各类劳务人员16697人，带动出口额12.4亿元，雇用项目所在国人员3.5万人。2024年，全省外派劳务人员27334人，同比增长37.7%，居全国第5位。

二 2024年河南省提升对外投资合作水平的主要措施

（一）抓好基础工作

河南省商务厅加强真实性审查及风险把控，全年办理对外投资备案136个，对外承包工程项目备案299个。提高统计分析质量，加强对外直接投资、对外承包工程、外派劳务合作3项统计制度的学习、宣传和培训，做好数据统计和分析工作。组织调研、召开座谈会，围绕加强合作区标准体系建设、提升合作区标准等方面展开交流，加大对河南省境外经贸合作区建设的支持力度。梳理业务情况及工作举措，向省政府报送对外投资合作专报。

（二）办好重要活动

筹备举办全省外贸外经重点企业座谈会，省主要领导及分管领导出席并讲话，河南省商务厅、河南省发展改革委等部门负责同志及24家企业负责人参加会议。河南省商务厅与塞拉利昂驻华使馆共同举办塞拉利昂—中国（河南）投资经贸论坛，河南省委常委、省政府副省长张敏，塞拉利昂外长卡巴出席论坛并讲话，140余家企业代表参会。与河南省工业和信息化厅共同举办"河南装备走出去"产业推介对接会，助推装备产品出海寻商机、拓市场。与中国出口信用保险公司、国家发展改革委主办共建"走出去"平台政策宣讲会。

（三）做好服务保障

河南省商务厅与河南省财政厅联合印发《关于做好2023年度对外投资合作项目资金申报工作的通知》，进一步提高支持比例，助企纾困。组织河南省企业参加中非博览会走进肯尼亚专场活动、中俄博览会、亚欧博览会、南亚博览会、中非企业家大会等活动，做好服务保障工作。协助多家企业与银行、驻外经商处沟通，解决对外投资合作项目备案及资金入账等问题。

（四）加强风险防控

持续抓好外经企业海外安全风险防控，重点摸排在以色列、巴基斯坦、缅甸等国家境外企业项目人员情况，加强风险研判、形势分析及预警工作。开展对外承包工程领域合规经营风险排查，协助商务部做好"双随机、一公开"检查，及时发现问题、解决问题。指导河南省企业国际合作协会举办"开展合规经营，提升海外业务能力"专题培训。

三 河南省对外投资合作形势研判

一方面，对外投资合作面临挑战。一是全球经济增速放缓，贸易保护主义抬头，部分国家升级投资安全审查，企业对外投资阻力增加。二是地缘政治冲突影响全球供应链，能源价格波动，加上全球通货膨胀导致钢材、水泥等大宗商品价格上涨，企业对外投资合作成本上升。同时，商业银行投融资政策收紧，企业融资困难，制约对外投资的发展。三是部分国家政治局势不稳定，政权更迭、社会冲突等问题时有发生，可能导致对外投资合作项目被迫中断，威胁境外企业项目人员安全。四是全球基础设施建设市场竞争激烈。欧盟、美国、日本、韩国等发达经济体的企业凭借技术优势和品牌影响力占据中高端市场。中低端市场竞争异常激烈，存在低价竞标现象，导致项目利润被严重挤压。五是中资企业普遍面临国际化经营水平不高的问题。企业开展对外投资合作业务，既需要遵守本国法律法规，还需遵守东道国投资、税务、劳工等法律法规，熟悉当地文化，明确当地标准。大部分企业对国际贸易规则、标准的主动研究和对接力度不够，制约其国际化发展。

另一方面，对外投资合作面临机遇。许多发展中国家处于快速城镇化进程中，对建筑、交通、能源、通信等基础设施需求巨大，为河南省传统优势领域提供了广阔的市场。中国始终坚持高水平对外开放，不断完善企业"走出去"综合服务体系，与越来越多国家签署了双边投资合作协定，促进区域内贸易和投资自由化、便利化，为企业"走出去"提供了政策支持。此外，为有效利用两种市场、两种资源，积极融入国际产业链和供应链，扩大市场份额，企业"走出去"意愿较强烈。

综合分析，2025年，对外投资合作业务面临的挑战依然严峻，但"走出去"是我国经济社会发展的必然，是企业融入全球产业链和供应链、拓展发展空间的必须。

四 2025年河南省提升对外投资合作水平的重点举措

2025年，对外投资合作坚持以习近平新时代中国特色社会主义思想为指导，贯彻落实党的二十大和二十届二中、三中全会以及中央经济工作会议精神，按照商务部和省委、省政府关于对外投资合作工作决策部署，统筹高质量发展和高水平安全，增强河南省企业的国际竞争力和影响力，全面提升对外投资合作质量与水平，增强国内国际两个市场、两种资源联动效应。

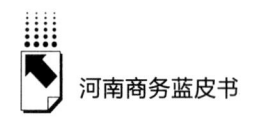

（一）建立工作机制

贯彻落实省政府主要领导在全省重点外贸外经企业座谈会上提出的有关要求，拟建立河南省相关工作协调推进机制，由河南省商务厅牵头，河南省委外办、河南省发展改革委、河南省工业和信息化厅、河南省国资委等单位为成员。主要职责是制定企业对外投资合作发展规划，定期召集相关部门研究解决重大问题。

（二）提升活动实效

谋划举办央企豫企对接活动。搭建平台，引导河南省企业与央企资源共享、优势互补、抱团出海，加强投资合作。此外，组织河南省外经贸企业参加中国—非洲经贸博览会、哈尔滨国际经济贸易洽谈会、中国—俄罗斯博览会、中国—亚欧博览会、中国—南亚博览会等区域性国际展会，深化经贸合作，开拓国际市场。

（三）抓好基础工作

加强真实性审查及风险把控，做好对外投资、对外承包项目备案，做到全流程服务、全周期管理。持续抓好企业海外安全风险防控，加强风险研判、形势分析及预警工作，压实企业主体责任，确保境外项目人员安全。提高统计分析质量，加强统计培训，做好数据统计和分析。利用商务部业务系统统一平台，结合实地调研，及时掌握企业对外投资意愿、投资目标及重大对外承包工程项目建设等情况，有针对性地服务企业更好"走出去"。加强日常监管，开展非法外派劳务专项整治，规范市场秩序。落实"双随机、一公开"制度，强化事中事后监管。

（四）加强服务保障

密切关注国际政治经济形势变化，参照国家有关规定，引导企业选准国别、产业、时机和方式，稳健实施跨国经营。加强海外综合服务，为企业投资决策、融资、保险、税收、法律、安保等提供全方位的咨询、服务和保障。制定激励政策，加大政策引导、支持力度。完善抱团出海引导机制，发挥行业协会等平台作用，引导企业更多通过产业联盟、链主带动等方式，实现资源共享和优势互补，避免单打独斗、各自为战；坚持相互支持、良性互动、共同发展，杜绝低价竞争、恶意竞争。开展政策和合规经营培训，提高企业海外合规经营能力和水平。

参考文献

《中央经济工作会议在北京举行　习近平发表重要讲话》，新华网，2024年12月12日，http：//www.news.cn/politics/leaders/20241212/f47e778630ec4ff6b51c99d55cef6f43/c.html。

《省委十一届八次全会暨省委经济工作会议在郑州召开》，河南省人民政府网站，2024年12月19日，https：//www.henan.gov.cn/2024/12-19/3101058.html。

《全国商务工作会议在京召开》，中国政府网，2025年1月12日，https：//www.gov.cn/lianbo/bumen/202501/content_6998057.htm。

《商务部对外投资和经济合作司负责人解读〈对外承包工程项目备案和立项管理办法〉》，商务部网站，2024年5月20日，http：//www.mofcom.gov.cn/zcjd/tzhz/art/2024/art_18a278784fc343409a25ca709063d340.html。

B.8
2024~2025年河南省消费品市场运行分析与展望

张玉国　李雨青[*]

摘　要： 2024年，河南省坚决落实激发消费潜能重大部署，深入实施消费促进年行动，推动消费品以旧换新、创新开展消费活动、完善商贸流通体系、持续优化消费供给，全省消费品市场稳中向好。2025年，经济长期向好的基本面没有变，全国统一大市场建设加速推进，消费环境持续改善，消费市场呈结构性复苏态势，在存量和增量政策加持下，消费扩容升级得到有力支撑。

关键词： 消费品市场　消费品以旧换新　消费供给

一　2024年河南省消费品市场运行特点

2024年是实施"十四五"规划的关键一年，中央经济工作会议着重强调高质量发展，提出包括以科技创新引领现代化产业体系建设、着力扩大国内需求等在内的九大重点工作任务。河南省以习近平新时代中国特色社会主义思想为指导，全面贯彻党的二十大和二十届二中、三中全会以及中央经济工作会议精神，深入贯彻习近平总书记关于河南工作的重要论述，统一思想行动，加强决策部署，坚持稳中求进，紧抓战略机遇，落实存量政策、强化增量政策，全省经济运行稳中向好、稳中向新、稳中向优。2024年，全省

---

[*] 张玉国、李雨青，河南省商务厅。

地区生产总值为63589.99亿元，按不变价格计算，同比增长5.1%。全省地区生产总值增速逐季加快，全年增速比第一季度、上半年、前三季度分别加快0.4个百分点、0.2个百分点、0.1个百分点。分产业来看，第一产业增加值为5491.40亿元，增长3.3%；第二产业增加值为24346.17亿元，增长6.8%；第三产业增加值为33752.42亿元，增长4.1%。

（一）消费品市场总体向好

2023年12月31日，河南省人民政府办公厅印发《推动2024年第一季度经济"开门红"若干政策措施》，切实提升经济活力、改善社会预期，巩固和增强经济回升向好态势。全省各地抢抓新春消费旺季，开展促销活动，发放汽车、家电、百货等消费券，促进消费扩容提质。1~2月，全省社会消费品零售总额同比增长5.8%，高于全国平均增速0.3个百分点。第一季度，全省社会消费品零售总额增速与1~2月基本持平，同比增长5.6%，高于全国平均水平0.9个百分点。4月，随着春季消费热潮逐渐褪去，全省消费增速有所放缓，当月社会消费品零售总额同比增长4.4%，1~4月社会消费品零售总额累计增长5.3%。5~6月，消费品以旧换新政策落地实施，全省上下积极跟进，在汽车、家电、家装厨卫以旧换新三大工程带动下，全省消费水平加快提升。1~6月，全省社会消费品零售总额同比增长5.6%，高于全国平均水平1.9个百分点。第三季度，全省"活动+政策"效果持续显现，市场需求逐步释放，消费品市场平稳增长。前三季度，全省社会消费品零售总额同比增长5.7%，限额以上单位消费品零售额增长7.0%。第四季度，消费品以旧换新政策全面实施，全省上下抢抓机遇、奋勇争先，消费市场活力持续进发。2024年，全省社会消费品零售总额达到27596.69亿元，同比增长6.1%，高于全国平均增速2.6个百分点，增速位于中部6省第一、全国第二。

（二）部分地区增速突出

从增速来看，2024年，全省各省辖市和济源示范区社会消费品零售总额均保持正增长。许昌、驻马店、信阳、焦作、新乡、漯河、周口、开封、鹤壁、濮阳、安阳、洛阳、三门峡、南阳等14个地市社会消费品零售总额增速均高于全省平均水平。许昌、驻马店、信阳、焦作4个地市社会消费品零售总额增速领先全省，分别达到8.2%、7.5%、7.1%、7.0%，分别高于全省平均增速2.1个百分点、1.4个百分点、1.0个百分点、0.9个百分点。从总量来看，社会消费品零售总额达到2000亿元以上的地市有4个，分别为郑州、洛阳、南阳、周口，合计占全省社会消费品零售总额的47.57%；其中，郑州社会消费品零售总额为5884.62亿元，占全省总量的21.32%。分城乡来看，城镇市场份额较大，乡村市场增速较快，2024年，城镇社会消费品零售总额为22937.31亿元，同比增长6.0%，占全省的83.12%；乡村社会消费品零售总额为4659.38亿元，增长6.6%，占全省的16.88%。

（三）以旧换新政策显效

自消费品以旧换新政策实施以来，河南省完善支持政策，优化补贴流程，始终走在全国前列，带动大宗商品回升向好。汽车、家电销售额快速增长。9~11月，全省汽车零售额增幅分别为0.9%、6.2%、13.5%，家电零售额增幅分别为13.7%、59.7%、41.2%。绿色消费需求旺盛，2024年有超过60%和90%的消费者购买了新能源汽车和1级能效绿色家电。全省限额以上新能源汽车零售额增长30.8%；家电和音像器材零售额增长15.7%，其中1、2级能效分别增长27.6%、19.8%。

（四）消费升级态势延续

2024年，在限额以上单位的23类商品中，有19类商品零售额实现增长，增长面达82.6%。部分升级类消费快速增长，照相器材、智能手机、金银珠宝、饮料、粮油食品零售额增速均超10%，分别达到42.8%、31.3%、19.0%、15.8%、17.2%。文旅市场持续活跃，2024年，全省接待游客量首次突破10亿人次、旅游综合收入首次突破1万亿元。网上消费增势迅猛，2024年全省网上零售额达4788.9亿元，同比增长14.8%，高于全省社会消费品零售总额增速8.7个百分点，其中实物商品网上零售额为3915.0亿元，同比增长12.5%。在河南省85个电商平台上实现交易额4961.6亿元，同比增长2.4%；其中郑州实现电子商务交易额4124.5亿元，占全省的83.1%。

二 河南省消费品市场发展特点

（一）以旧换新加力推进，相关产业受益明显

2024年，河南省深入落实党中央、国务院关于加力推动消费品以旧换新的决策部署，稳住了大宗消费基本盘。全省汽车报废更新24万辆、置换更新16万辆，家电427万台，家装厨卫25万台（套），电动自行车4万辆，多项指标居全国前列，带动直接消费约1100亿元。据各地市初步核算，合计使用补贴资金107亿元，真金白银惠及500万名消费者。消费品以旧换新政策切实带动了经济增长，10~12月，全省社会消费品零售总额累计增速分别为7.1%、7.8%、6.5%，其中限额以上消费品零售额增幅分别达到10.9%、12.9%、8.6%。2024年，全省限额以上新能源汽车零售额增长30.8%，家电和音像器材增长15.7%。全省报废机动车回收54.4万辆，增长104.2%；二手车交易量为146.5万辆，增长4.0%，其中，新能源二手车交易量为11.4万辆，增长45.3%。"四机一脑"废弃电器规范拆解887.1万台，家电销售企业借助换新平台、销售网点等形成"换新+回收"新模式。2024年，新能源汽车产业、新一代信息技术产业、新材料产业增加值同比分别增长30.3%、11.8%、11.6%。比亚迪"迪空间"落户郑州，格力空调在郑州扩产投资，奥克斯空调郑州上街项目加快推进，京东郑州超级体验店建设加速、拟在商丘新建云仓，苏宁新增两家大型门店，淘宝天猫家电销售主体公司落户郑州。

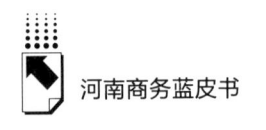

（二）商贸体系持续完善，商圈消费人气高涨

2024年，河南省着力打造高质量城市商业体系，出台《河南省促进内外贸一体化发展若干措施》，郑州获批全国首批现代商贸流通体系试点城市，开封入选全国第4批一刻钟便民生活圈建设试点城市，郑州、洛阳、新乡3市入选全国生活必需品流通保供体系建设重点城市。德化步行街全国步行街改造升级试点和7条省级示范步行街建设持续推进，郑州二七商圈、郑州万象城入选第2批全国示范智慧商圈、智慧商店，新认定9家省级品牌消费集聚区。全省113家品牌消费集聚区2024年度营业额合计605.99亿元，同比增长3.49%；客流量合计6.81亿人次，同比增长1.74%。持续推进县域商业体系建设，实施县域商业体系建设三年行动，西平县等15个县（市）入选第2批全国县域商业"领跑县"，光山县入选全国首批农村电商"领跑县"，县、乡、村商业网点承载力进一步提升。鹤壁淇县通过建设县域商贸中心、电子商务公共服务中心和电商物流配送中心，实现电商设施在县、乡、村三级全覆盖，有效推动商品和服务下沉，丰富了农村消费市场。

（三）消费供给不断优化，消费潜力持续释放

零售业转型升级，胖东来被网友称为"没有淡季的6A级旅游景区"，重要节假日日均客流量超30万人次，永辉超市调改门店营业收入实现较大幅度增长，真正让"流量"变成"留量"。蜜雪冰城、锅圈食汇等火爆出圈，商务部在河南省召开全国零售业创新提升座谈会。老字号焕发新活力，2024年新增"杜康""仰韶""怀山堂""赊店""皇沟""天赐一木""黄塔膏药""仲景"等15家中华老字号，全省中华老字号达到36家、省级老字号272家、市级老字号434家。实施"酒、饮料、乳品、茶"4个产业高质量发展专案，酒饮品产业链不断培育壮大，信阳毛尖啤酒等网红单品备受追捧。消费场景不断丰富，河南省出台促进夜经济持续健康发展的指导意见，多地打造沉浸式、交互式、体验式消费模式，推动商贸、餐饮、文娱、旅游等消费业态集聚集约发展。"醉美·夜郑州"、开封"一城宋韵·东京

梦华"、洛阳"古都夜八点"等夜消费品牌出圈出彩；郑州磨街文创园、油化厂创意园等集社交、消费、娱乐于一体的"老厂区"焕发新活力。

（四）消费活动丰富多彩，餐饮消费依旧火热

2024年，全省以"消费促进年"为指引，制定印发活动方案，承办全国消费品以旧换新河南站、"游购乡村·欢乐大集"、农产品产销对接助力乡村振兴等全国性活动。举办全省家电家居换新进社区、汽车以旧换新暨比亚迪日、"豫鉴美食"、老字号嘉年华等一系列重点活动。省市县联动、政银企协同，支持企业、行业协会等市场化举办中原国际车展、大河国际车展、家博会等消费促进活动超2000场。2024年一季度，全省各地积极发放汽车、家电、家居、农产品、零售、餐饮、住宿等消费券近2亿元，拉动消费超60亿元。2024年10月，省级层面围绕餐饮、住宿、电影等领域，分4批发放金秋消费券，每批次安排资金5000万元，合计发放2亿元，累计核销1.7亿元，带动直接消费6亿元。在一系列促消费活动和消费券的带动下，全省餐饮零售市场活跃。2024年，全省限额以上商品零售额达6759.66亿元，同比增长8%；餐饮收入达474.31亿元，同比增长8%。

三 2025年河南省消费品市场分析和展望

当前河南省高质量发展扎实推进，经济形势稳中向好，消费市场活力十足。但也应该看到当前外部环境的不确定性在增加，国内需求不足，消费潜力释放不充分的问题还比较突出。从国际来看，世界百年变局加速演进，贸易保护主义、单边主义和地缘政治冲突交织，加大了世界经济运行的不确定性，全球贸易复苏动能偏弱，跨国投资规模整体萎缩。从国内来看，就业增收困难制约"能消费"、信心预期偏弱束缚"敢消费"、消费环境不优抑制"愿消费"。从河南省来看，河南省居民消费能力不足，2024年人均可支配收入仅为全国平均水平的3/4；现代商贸流通体系建设有待加强，城市商业体系存在同质化明显、吸引力不足等问题，农村流通短板也亟须加快补齐。

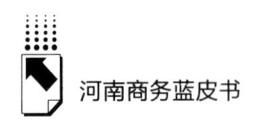

但总体来说，经济长期向好的基本面没有变，全国统一大市场建设加速推进，消费环境持续改善，传统消费和新型消费协同发展，"国潮"产品日新月异，服务消费供给升级，消费者个性化、多样化需求被不断满足，消费市场呈结构性复苏态势，在存量和增量政策的加持下，消费不断扩容升级。

自 2025 年以来，国家对提振消费再次做出部署，强调要以消费提振畅通经济循环，以消费升级引领产业升级。中央经济工作会议将大力提振消费、全方位扩大国内需求列为 2025 年九项重点任务之首，2025 年《政府工作报告》从大力提振消费、提高投资收益等 10 个方面对做好经济社会发展工作做出系统部署。2025 年 3 月 16 日，中共中央办公厅、国务院办公厅印发《提振消费专项行动方案》，从增收减支、能力保障、消费供给、环境改善等多维度发力，旨在全方位激发消费潜力，推动经济高质量发展。商务部开展扩消费四大工程，从商品消费升级、服务消费提质、新型消费培育、消费场景创新 4 个方面入手，细化 21 条举措，着力提振消费。河南省高度重视，全力以赴抓经济、促发展、惠民生。2025 年 1~2 月，全省社会消费品零售总额增速同比增长 6.8%，比上年全年、上年同期分别加快 0.7 个百分点、1.0 个百分点，高于全国平均水平 2.8 个百分点。7 个地市社会消费品零售总额增速达到 7% 及以上，许昌社会消费品零售总额增速稳居全省第一，达到 9.4%；在全省限额以上单位的 23 类商品中，有 21 类商品零售额实现同比增长，增长面达 91.3%，比 2024 年扩大 8.7 个百分点，其中有 8 类商品零售额增速超 20%。

四　促进河南省消费品市场发展的政策建议

（一）稳定就业提升收入，增强居民消费能力

多措并举提升城乡居民收入。实施就业支持计划，发挥国有企业就业引领作用，发挥中小微企业、个体工商户吸纳就业的作用，促进高校毕业生、农民工、退役军人等重点群体就业，对稳定和增加就业的产业和企业给予奖

励、补贴。积极拓展数字经济、平台经济等就业空间，开展重点领域、重点群体专项技能培训，做好职业技能等级评定。健全最低工资标准合理增长机制，科学提高最低工资标准。加大力度实施居民减负行动。建立生育补贴制度，鼓励有条件的地方探索发放婚庆消费券、托育券等。优化教育供给，提高部分学生资助补助标准，推动高等学校提高学科专业设置和社会发展需要的适配程度。健全基本养老保险待遇合理调整机制，适当提高退休人员基本养老金，全面实施个人养老金制度，增加旅游、养老金融、居家守护等助老产品供给。

（二）推进大宗商品消费，稳定消费基本盘

推动消费品以旧换新加力扩围。用足用好超长期特别国债资金，推动汽车、家电等大宗商品换新、换智，将符合条件的手机、平板、智能手表（手环）等数码产品纳入补贴购新范围。支持金融机构推出多样化消费金融产品，提高贷款首付比例、信贷额度和延长贷款期限等，补贴消费者。更好满足居民改善性住房需求。加大力度实施城中村和危旧房改造，鼓励各地扩大住房公积金使用范围，降低贷款利率。拓展汽车消费链条，积极开展汽车流通消费试点改革，促进汽车改装等汽车后市场消费。推进报废机动车回收证明电子化，打通新车、报废车等各环节的数据，构建涵盖汽车全生命周期的平台；促进二手车跨区域交易便利化，破除汽车消费的障碍。

（三）积极扩大服务消费，深入挖掘市场潜力

增加优质服务供给，满足居民服务消费需求。实施服务消费提质惠民行动，开展"服务消费季"，围绕贴近群众、需求量大、带动性强的重点领域，开展系列活动。加强服务供给能力建设，结合自身优势打造服务消费新场景、培育新业态、创建新品牌、建设新标准。推动家政服务消费扩容升级，持续实施家政服务员技能提升行动，完善家政信用信息平台。鼓励家政企业数字化转型，举办招聘活动，促进家政供需适配。促进餐饮业高质量发展，举办"豫鉴美食"系列促消费活动，各地结合自身情况开展特色餐饮

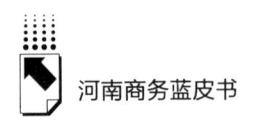

促销活动。鼓励各地培育名菜、名厨、名店，打造"美食名镇""美食名村"。扩大文体旅消费规模，支持景区景点拓展多样化服务项目，结合实际情况延长经营时间。增加体育赛事、演出等特色文旅产品供给，优化大型群众性活动和巡演项目审批流程。

（四）优化提升消费载体，完善消费基础设施

郑州、洛阳对标创建国际消费中心城市，加快标志性都市商圈建设，打造具有国际竞争力的消费目的地。各地构建分层分类的城市消费载体，加快推进步行街、商业综合体等业态升级，打造布局合理、主体多元、业态多样的品牌消费集聚区，持续完善一刻钟便民生活圈。补齐乡村商业短板，加快"千集万店"改造提升，支持乡镇集（农）贸市场、商贸中心、特色大集和村级便民商店等流通基础设施硬软件提档升级。拓展农村电商应用新场景，推动冷链配送、即时零售等新业态、新模式向乡镇延伸。

（五）加快推动消费升级，培育新型消费热点

积极发展首发经济，出台推进首发经济指导意见、认定标准等政策文件，指导各地因地制宜探索发展路径，培育一批具有全球影响力的首发平台。各地要支持企业举办首发、首店、首秀、首展等系列活动，因地制宜打造首发地标，建设首发经济集聚区。大力发展数字消费，加大品质电商培育力度，积极发展直播电商、即时零售等新业态，培育一批电商特色品牌和直播电商基地，举办"数商兴农进河南"活动。推动"老字号"焕发"新活力"，完善老字号"有进有出"的动态管理机制，持续举办"老字号嘉年华"活动，举办品牌展销、技艺展示、文化体验等特色活动，培育消费新增长点。

（六）创新举办促销活动，营造良好消费氛围

紧跟中央扩内需促消费的决策部署，将促消费和惠民生充分结合，用好

增加法定节假日天数等政策，统筹谋划全年活动安排，打造特色促消费品牌。打造商文旅体展融合、吃住行游购贯通、线上线下协同的多元消费场景，提升消费者的沉浸感、体验感、参与感。保障劳动者的休息休假权利。加大带薪休假力度，鼓励错峰休假、弹性休息。加强对各单位休息休假制度执行情况的常态化监督，应休未休的年休假天数依法支付工资报酬。鼓励开展职工疗休假活动，打造一批特色疗休假基地。

参考文献

《中央经济工作会议在北京举行　习近平发表重要讲话》，新华网，2024年12月12日，http：//www.news.cn/politics/leaders/20241212/f47e778630ec4ff6b51c99d55cef6f43/c.html。

《省委十一届八次全会暨省委经济工作会议在郑州召开》，河南省人民政府网站，2024年12月19日，https：//www.henan.gov.cn/2024/12-19/3101058.html。

《全国商务工作会议在京召开》，中国政府网，2025年1月12日，https：//www.gov.cn/lianbo/bumen/202501/content_6998057.htm。

《中共中央办公厅　国务院办公厅印发〈提振消费专项行动方案〉》，中国政府网，2025年3月16日，https：//www.gov.cn/zhengce/202503/content_7013808.htm。

B.9
2024~2025年河南省电子商务发展形势分析与展望

刘海涛　张 巍　曾 瑛　袁文卓　王 凯*

摘　要： 电子商务在数字经济中具有发展规模大、增长速度快、覆盖范围广、创新能力强、运营模式新等显著特点，是数字化转型在商务领域的有效运用。2024年，全省持续推动电子商务健康快速发展，在大力提振消费、培育外贸增长点、助力乡村振兴等方面发挥了独特作用。2025年，电子商务在释放消费潜能、推动产贸融合、扩大数字消费、赋能产业转型和创新购物体验等方面效应将持续显现，为全省融入服务全国统一大市场注入新动能。

关键词： 电子商务　网络零售　河南省

一　2024年河南省电子商务发展情况

2024年，河南省深入贯彻落实党中央、国务院决策部署，扎实推进电子商务高质量发展和商务各领域数字化转型，电子商务发展稳中向好。根据国家统计局电子商务交易平台统计数据，2024年河南省商品、服务类电子商务交易额为14026.2亿元，增长5.3%。

（一）网络零售市场表现活跃，线上消费快速增长

在各项促消费政策和众多新消费模式的带动下，2024年，全省线上消

---

* 刘海涛、曾瑛，河南省商务厅；张巍、袁文卓、王凯，河南省商务厅电子商务事务中心。

费发展势头良好，实现网上零售额4788.9亿元，增长14.8%，其中实物商品网上零售额为3915.0亿元，增长12.5%，增速分别高于全国平均水平7.6个百分点和6.0个百分点。

1. 从省辖市来看，区域发展不均衡

郑州网络零售额占全省的43.21%，位列第一。洛阳、商丘、南阳、新乡位列第二至第五，占比分别为7.67%、5.88%、5.60%、4.39%。许昌、周口、安阳、开封、焦作位列第六至第十，占比分别为4.23%、3.80%、3.30%、3.02%、2.97%（见图1）。

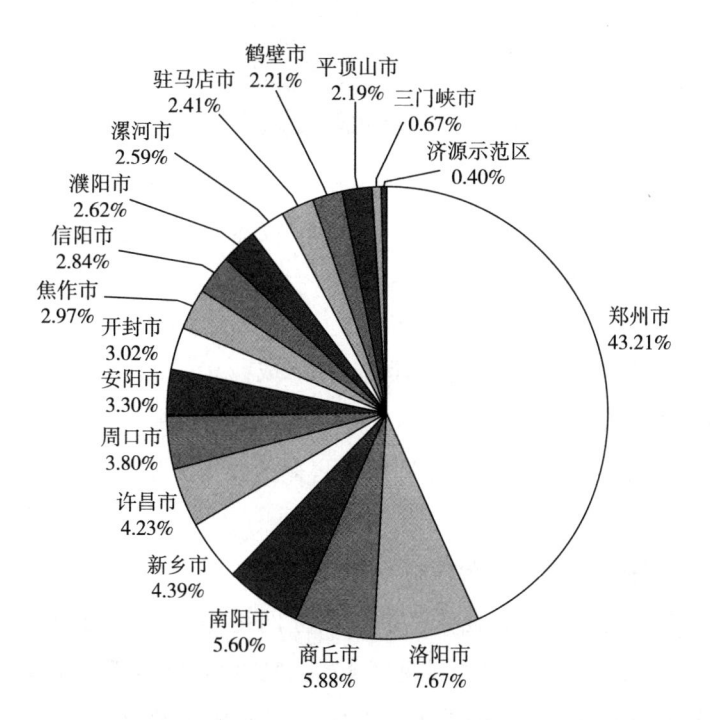

图1 2024年河南省各省辖市和济源示范区网络零售额占比

资料来源：河南省商务厅。

2. 从电商平台来看，五大平台合计占比超六成

抖音、淘宝、京东、拼多多、天猫的网络零售额居前5位，占比分别为19.1%、15.7%、11.0%、10.2%、10.1%（见图2）。

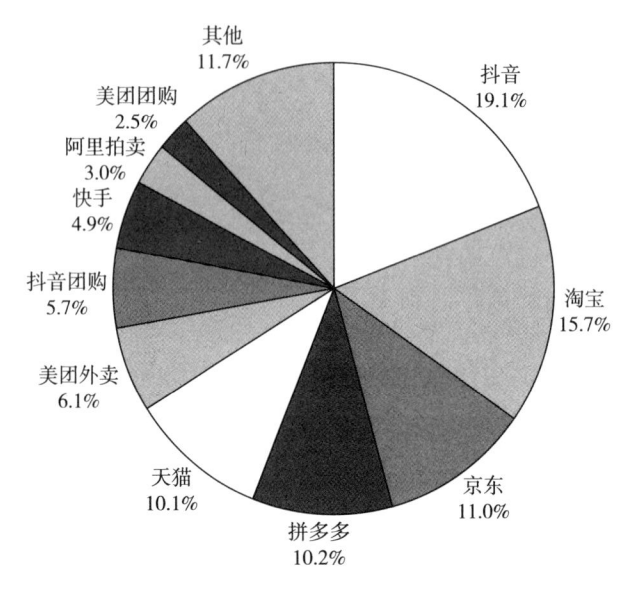

图 2　2024 年河南省各电商平台网络零售额占比

资料来源：河南省商务厅。

3. 从实物行业来看，前5类合计占比超六成

服装鞋帽针纺织品、粮油食品、日用品、家用电器音像器材、化妆品网络零售额位列前五，占实物商品网络零售额的比重分别为 14.5%、13.7%、13.6%、12.0%、7.2%（见图3）。

4. 从非实物行业来看，餐饮服务占比过半

餐饮服务、居民生活服务、电信服务网络零售额位列前三，占比分别为 55.2%、11.7%、7.1%（见图4）。餐饮服务网络零售额排名前三的省辖市分别为郑州市、洛阳市、商丘市，占比分别为 36.1%、9.3%、5.8%；居民生活服务网络零售额排名前三的省辖市分别为郑州市、洛阳市、焦作市，占比分别为 32.9%、7.9%、6.3%；电信服务网络零售额排名前三的省辖市分别为洛阳市、郑州市、濮阳市，占比分别为 29.2%、23.0%、10.8%。

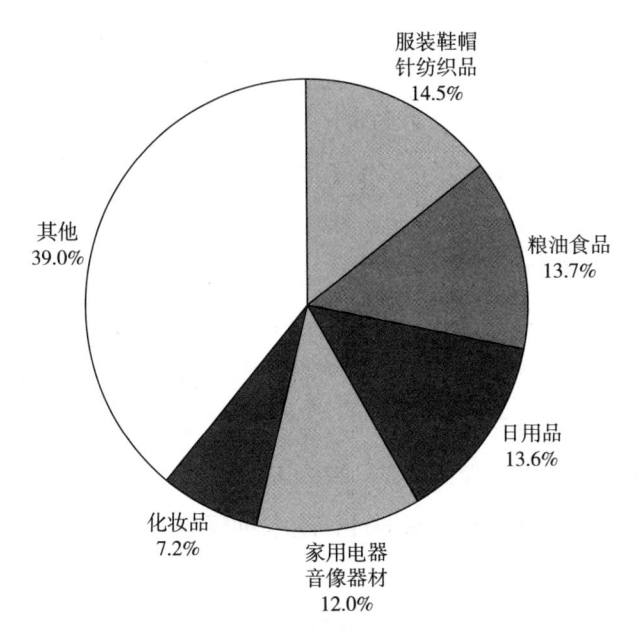

图 3　2024 年河南省实物商品网络零售额占比

资料来源：河南省商务厅。

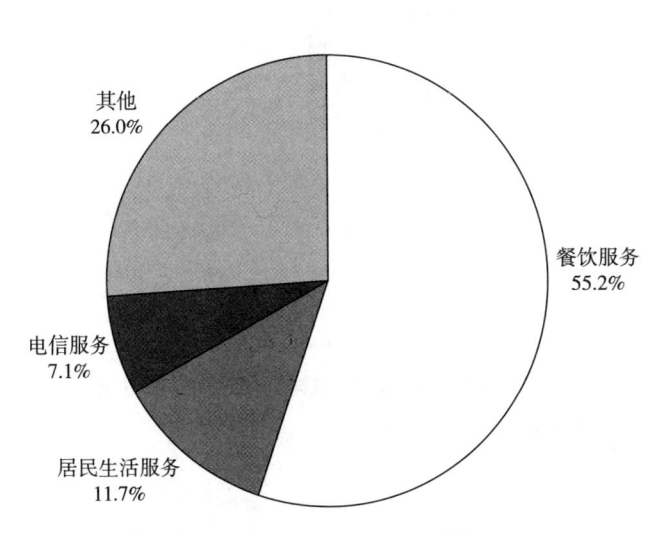

图 4　2024 年河南省非实物商品网络零售额占比

资料来源：河南省商务厅。

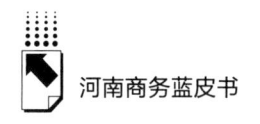

（二）直播电商发展势头强劲，本土网络主播持续助力

2024年，全省直播电商势头强劲，通过直播实现网络零售额1105.9亿元。从三大直播电商平台来看，抖音、快手和淘宝通过直播实现网络零售额分别占全省的69.5%、17.9%和12.6%（见图5）。从网络主播来看，郑州"郑州小郑姐手机"、濮阳"董艳颖"、洛阳"张白鸽·金其父女走全球"等主播月销售额超亿元；安阳"麦小登"、商丘"幸福一家人 周甜丽"、濮阳"农村会姐"等粉丝量常年保持在1300万人以上。从产业来看，许昌的发制品、郑州的家电和女装、南阳的珠宝和艾制品等在直播间持续热销。从品牌来看，逸阳作为全国女裤行业领军品牌，常年保持较高月销售额；白象、宛禾、豫道、德佑等品牌旗下的多个单品，在其官方直播间月销售额长期保持在500万元以上。

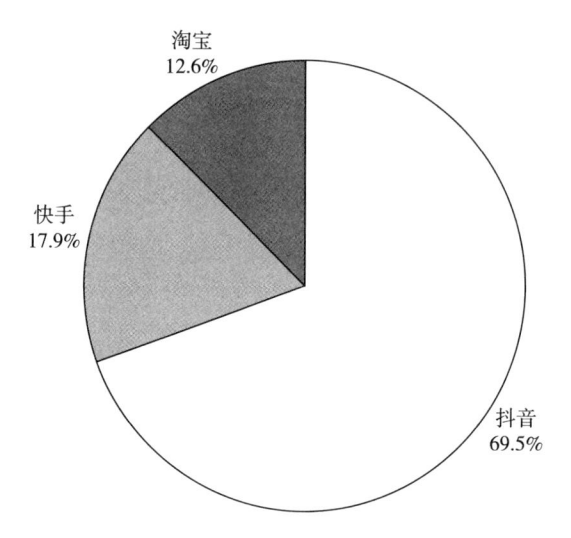

图5 2024年河南省直播电商网络零售额占比

资料来源：河南省商务厅。

（三）农村电商蓬勃发展，农村网络零售额居全国第六

2024年，全省农村网络零售市场持续向好，实现零售额1459.5亿元，增长13.0%，占全国的4.9%，为助力河南省乡村振兴增添了强大动力。

2024~2025年河南省电子商务发展形势分析与展望

从省辖市来看,郑州农村网络零售额占全省的21.9%,商丘、南阳、周口和新乡农村网络零售额占比分别为10.3%、9.7%、7.3%和6.7%(见图6)。

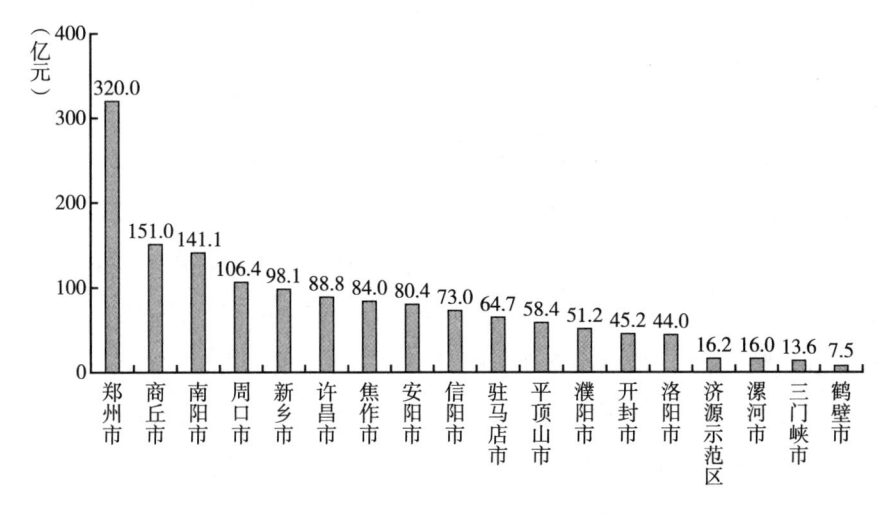

图6 2024年河南省各省辖市和济源示范区农村网络零售额

郑州市 320.0；商丘市 151.0；南阳市 141.1；周口市 106.4；新乡市 98.1；许昌市 88.8；焦作市 84.0；安阳市 80.4；信阳市 73.0；驻马店市 64.7；平顶山市 58.4；濮阳市 51.2；开封市 45.2；洛阳市 44.0；济源示范区 16.2；漯河市 16.0；三门峡市 13.6；鹤壁市 7.5（单位：亿元）

资料来源：河南省商务厅。

从县域来看,新郑市、中牟县、镇平县农村网络零售额位列全省前三,长葛市、新密市、夏邑县、虞城县、沁阳市、滑县、项城市紧随其后(见图7)。

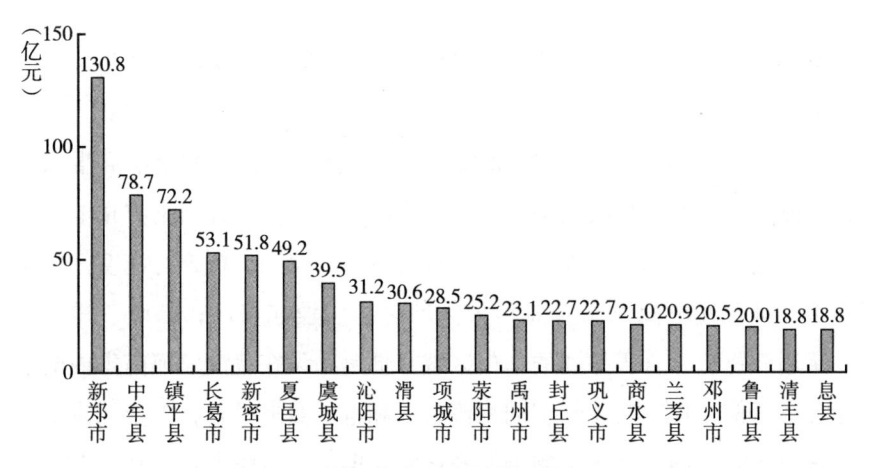

图7 2024年河南省县域网络零售额TOP20

新郑市 130.8；中牟县 78.7；镇平县 72.2；长葛市 53.1；新密市 51.8；夏邑县 49.2；虞城县 39.5；沁阳市 31.2；滑县 30.6；项城市 28.5；荥阳市 25.2；禹州市 23.1；封丘县 22.7；巩义市 22.7；商水县 21.0；兰考县 20.9；邓州市 20.5；鲁山县 20.0；清丰县 18.8；息县 18.8（单位：亿元）

资料来源：河南省商务厅。

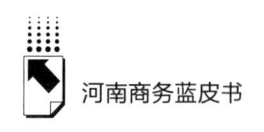

（四）跨境电商持续增长，综试区建设成效显现

各地实施跨境电商优势再造行动，积极探索形成可复制可推广的创新模式，加快布局跨境电商贸易平台和海外仓，促进跨境电商与特色产业融合发展。郑州、洛阳、南阳、许昌、焦作5个跨境电商综试区加快建设，成为引领全省跨境电商发展的主阵地。在商务部跨境电子商务综合试验区考核中，郑州跨境电子商务综合试验区重获第一档"成效明显"；洛阳、许昌、南阳跨境电子商务综合试验区获评第二档"成效较好"，焦作跨境电子商务综合试验区获评第三档"成效初显"。落地全国首批跨境电商零售进口税款担保电子化改革试点和跨境电商企业所得税核定征收政策，搭建省级跨境电商出口政治风险统保平台。根据河南省跨境电子商务综合试验区建设工作办公室监测，全省跨境电商进出口额为2665.5亿元（含快递包裹）。其中，出口额为1962.8亿元，进口额为702.7亿元。

二 河南省电子商务发展形势分析和展望

（一）市场主体是电子商务高质量发展的基础

2024年，河南省累计活跃店铺65.3万家，累计关联企业9.7万家，从业人数达107.1万人。亚马逊在郑州设立华中地区首个全球开店办公室，阿里巴巴设立中部地区首个1688选品中心，环太汉默建立跨境电商生态产业园，致欧科技成为欧洲线上销量最大的家居卖家。但是，河南省在电子商务领域缺少龙头企业和区域性总部，北京有京东、美团，杭州有淘宝，上海有拼多多，且上述电商龙头企业华中区域总部均设在武汉；邮政、顺丰、京东、圆通等物流综合服务商的华中区域总部也都设在武汉。河南省内电子商务业务主要依托现有实体经济的物流渠道和电子商务平台，如依托淘宝、抖音开设直播间，利用京东、顺丰等现有物流渠道进行收发货，缺乏电商和物流龙头企业，限制电商产业的发展规模和速度。为此，全省各地重视电商和物流企业招引工作，同时支持本土电商和物流企业做大做强，推动"个转企、小升规"，体现补短板、强弱项的意愿与决心。

（二）新模式新技术引领发展趋势

目前，河南省在直播带货、微短剧、短视频等领域发展迅速，各地积极建设直播电商产业园、微短剧产业基地。全省涌现出多位月销售额在千万元甚至上亿元的带货达人，河南海一云商实业集团有限公司、河南秀集文化传媒有限责任公司等本土电商企业持续做大做强直播业务板块。郑州着力打造中部直播电商之城和微短剧创作之都，2024年过审的"竖屏"短剧数量位居全国第二。在580多家文化传媒公司中，有一半从事微短剧、短视频制作，涌现出天桥短剧、日新阅益、三笙万物、乐不可吱、风华正茂等知名平台或公司，天桥短剧跻身全国微短剧行业第一矩阵。但是综合来看，部分企业仍停留在传统电商技术层面，缺乏对大数据、人工智能等新兴技术的应用，使得其在精准营销、客户服务、供应链管理等方面不尽如人意，无法满足消费者日益多样化、个性化的需求，缺乏创新和差异化竞争策略。随着以DeepSeek为代表的人工智能在千行百业中的加速渗透，电商企业越来越重视采用高效率、精准化营销手段，纷纷开发新模式、应用新技术，河南省电子商务必将呈现新的发展趋势。

（三）农村电商助力乡村振兴

作为农业大省，近年来，河南省深入开展农村电商示范创建工作，农村电子商务发展经历了从无到有、从小到大、从弱到强的过程，全省电商进农村综合示范县达99个，打造出209个淘宝村、144个淘宝镇，涌现出"浚鲜妙荟""中原美范""豫见灵宝"等近百个县域电商公共品牌，淇县小米、西峡猕猴桃、兰考蜜薯等初级农产品通过网络营销变为高品质、高附加值的特色商品。电子商务为助力乡村振兴、带动农民增收做出巨大贡献。同时，还存在留不住人才，农产品生产、加工、包装、运输各环节缺乏统一规范导致产品质量参差不齐，优质农产品品牌影响力偏弱难以形成品牌效应等现实问题。2024 年，河南省出台《豫农优品天下行活动实施方案（2024—2026年）》，举办全国农产品产销对接、"与辉同行阅山河"主题直播带货等活动，新乡等地相继出台推动农村电商高质量发展的实施方案，汤阴、临颍、柘城、光山等地积极举办农村电子商务培训，农村电子商务政策、物流、人才等基础要素正在不断完善，推动河南省从"国人粮仓"向"国人厨房""世人餐桌"转变。

（四）跨境电商承压前行

从国际来看，外贸形势依然复杂严峻，相比传统外贸，跨境电商面临诸多挑战，特别是对美贸易面临前所未有的压力。如出口主要市场持续出台或酝酿出台一系列限制性措施，美国反复调整对华小额包裹关税政策，巴西对 50 美元以下跨境电商进口包裹征收 20% 关税，欧盟考虑取消 150 欧元以下小包裹免税进口政策。企业合规要求更加严格，欧盟根据《数字服务法》，将 SHEIN、Temu 等平台认定为超大型在线平台，企业在欧盟营销推广成本持续增加。从国内来看，2024 年广东省跨境电商进出口总额为 7454 亿元，占全国的比重超过 1/3，具有显著优势，率先实现境外资金结汇后智能清分，打通"关—税—汇—清"全链路，为跨境电商企业提供一站式综合服务，还引导优质外贸综合服务示范企业进入"跨境电商+产业带"新赛道。从河南省来看，外向型产业基础较弱，纺织服装、家具家居、轻工五金等适合跨境电商的产业未形成线上出海优势。传统制造企业在设计研发、品牌培育等方面，与先进省份存在较大差距。加之，生态圈不够完善，缺少创意设计、运营推广、金融支付、供应链、结汇退税等综合服务企业，预计全省跨境电商进出口额增速趋缓。

2025 年是"十四五"规划收官之年，河南省电子商务行业面临严峻复杂的国际环境和艰巨繁重的改革发展稳定任务，既充满挑战，也蕴含机遇。一方面，全球经济增速放缓，经济形势不佳，国内经济受到影响，消费者和企业对经济前景持谨慎态度，消费和投资信心不足。另一方面，各地促消费活动热度不减，存量政策和一揽子增量政策加力实施，消费补贴持续加码，效果持续显现，有力地拉动了网络消费持续增长。预计全省电子商务交易额和网络零售额将保持平稳增长态势。

三 推动河南省电子商务发展的对策建议

（一）引育并重壮大市场主体

鼓励电商企业在豫设立全球总部、区域总部、功能性总部和具有集中研发、运营决策、集中销售、财务结算等管理服务职能的机构，对能够达到总部企业标准的，支持其认定为总部企业，并根据相关政策给予奖补。支持各地招引电子商务头部平台企业，鼓励致欧家居、小魔兽等企业平台化发展。对符合条件的商贸类平台企业，纳入省级服务业发展专项资金使用范围。支持本土电商企业做大做强，推动电商企业"个转企、小升规"。建立跨境电商"种子选手"企业库，培育自主品牌，引导企业合规运营。

（二）鼓励发展和推广新业态新模式

鼓励电商企业在新技术应用、经营模式创新、线上线下融合发展、带动传统产业转型升级、扩大消费等方面创新发展。鼓励电商企业积极运用5G、云计算、物联网、大数据、区块链、虚拟现实、人工智能、数字孪生、超高清视频、无人机、机器人等创新技术，提升数字消费体验。支持电商企业针对选品、营销等环节开发软件服务系统，借助电商数字化升级，推动商贸主体向数字化、网络化、智能化、服务化等方向发展。支持各地发展直播电商、即时电商、社区电商，遴选一批优秀案例，总结推广典型经验。

（三）推动产贸融合

鼓励电商与制造业融合发展，鼓励生产、销售环节建立B2B采购和销售平台，提高行业整体采购销售数字化、网络化、集约化水平。鼓励企业加强与B2B平台对接，开展供需对接等场景应用，推动研发、采购、生产、销售、服务等各环节变革，使企业具备快速响应和柔性高效的供给能力。编

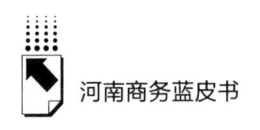

制跨境电商产业带地图，发布"源头工厂"名录，鼓励有条件的地方建设线上线下选品中心，常态化开展"跨境电商+产业带"对接活动，支持平台、服务商提供多样化、数字化出海方案，打造特色产业带。

（四）深入推进跨境电商综试区建设

指导5个跨境电商综试区对标先进，复制成熟经验做法，补短板、强弱项、促创新，推动跨境电商综试区提质增效、竞相进位。推动跨境电商综合试验区与自贸试验区、海关特殊监管区联动发展，发挥好政策叠加优势，面向跨境电商行业发展新需求持续深入开展政策便利化创新，在通关、退税、结汇等环节以及物流、金融、人才等领域形成跨境电商综试区的集成优势，提升跨境电商综试区各项服务对不同类型跨境电商企业的吸引力。指导国际贸易"单一窗口"推进海外仓智慧服务平台建设。支持各地建设跨境电商产业园区、人才培训暨企业孵化平台，争取Temu跨境电商区域中心仓落户郑州。支持各类主体布局重点枢纽城市海外货站和海外仓，鼓励安美安仓、联钢实业等公共海外仓做大做强，对符合条件的海外仓，给予适当奖励。

（五）推动跨境电商创新发展

加强部门协作，持续开展监管方式、商业模式、金融服务等制度性创新，探索B2B出口退税、结汇便利化，开展零售出口跨关区退货试点，完善海关企业信用数据库，拓展"单一窗口"平台综合服务功能，发展跨境直播，探索形成可复制可推广的创新成果。探索推动"跨境电商+市场采购贸易"融合发展。

（六）办好重大活动

积极举办"网上年货节""双品网购节""数商兴农庆丰收"等活动，谋划开展"626中国服装品牌直播季"及重要节假日网上促消费活动。鼓励电商企业开展家电以旧换新活动。办好2025郑州跨境电商大会，发挥跨境电子商务综合试验区和行业协会、会展机构、电商企业的作用，重点邀请重量级、新势力嘉宾和东南亚、非洲客商，聚焦头部平台、本土产业带和跨境电商、直播电商企业，举办跨境直播、推介对接等活动，提升办会实效和影响力。

（七）完善生态圈

加强"政校协企"联动，构建人才支撑体系，鼓励高等学校、职业学校开设电子商务相关专业，培养适应电子商务发展需要的高技能人才。支持电商企业通过校企合作、职业技能大赛等方式，培育具有河南特色的网络营销、网络主播等电商人才。加强电子商务的宣传推广、知识普及和消费引导，增强企业和公众的守法、诚信、自律意识，营造电子商务发展的良好氛围。加强部门协调联动，规范电商平台经营秩序和商家营销行为，加强电子商务交易监管，营造规范有序的市场环境。支持与电商相关的行业协会建设，推动行业协会制定行业规章，加强行业自律。完善电商信用体系，督促平台企业做好网络交易风险的防控工作，建立预警机制，制定防控预案，保障数据安全，提升平台安全性，维护企业与公众的合法权益。鼓励依法设立的信用评价机构对电子商务经营者开展信用评价，向社会提供电子商务信用评价服务，推进电子商务领域社会共治。探索编制区域电子商务发展指数，开展多渠道宽口径数据监测。

参考文献

《中央经济工作会议在北京举行 习近平发表重要讲话》，新华网，2024年12月12日，http：//www.news.cn/politics/leaders/20241212/f47e778630ec4ff6b51c99d55cef6f43/c.html。

《省委十一届八次全会暨省委经济工作会议在郑州召开》，河南省人民政府网站，2024年12月19日，https：//www.henan.gov.cn/2024/12-19/3101058.html。

《全国商务工作会议在京召开》，中国政府网，2025年1月12日，https：//www.gov.cn/lianbo/bumen/202501/content_6998057.htm。

专题报告

B.10
在融入新发展格局和全国统一大市场建设上奋勇争先

河南省商务厅课题组

摘　要： 建设全国统一大市场，是以习近平同志为核心的党中央从全局和战略高度出发做出的重大决策，是构建新发展格局的基础支撑和内在要求，对推动高质量发展具有重大意义。河南省具备区位交通优越、产业体系完备、人力资源充足、市场潜力巨大、应用场景丰富等比较优势。下一步，河南省将健全商贸流通体系，推进商品服务市场互联互通；加强产业协同合作，促进资金要素市场融通畅通；提升开放水平，促进国内国际市场高效联通。建设全国统一大市场循环枢纽，打造国内国际市场双循环支点，加快推动河南省在更好融入构建新发展格局中实现高质量发展。

关键词： 新发展格局　全国统一大市场　河南省

在融入新发展格局和全国统一大市场建设上奋勇争先

全省商务系统将深入学习和全面贯彻习近平总书记关于建设全国统一大市场的重要论述和关于河南工作的重要论述，认真落实全省融入服务全国统一大市场大会精神，提高政治站位，增强使命担当，拓宽视野格局，把握重点任务，落实好"五统一、一破除"要求，立足商务工作"三个重要"定位，充分发挥商务工作联通内外、贯通城乡、对接产销优势，大力促进投资、生产、贸易、流通、消费等各环节全过程便利化，助力畅通经济循环，在融入新发展格局和全国统一大市场建设上奋勇争先，为谱写中国式现代化河南篇章贡献新的商务力量。

一 健全商贸流通体系，推进商品服务市场互联互通

近年来，全省商务系统着力畅流通、促消费，稳外贸、优结构，促进商品要素资源在更大范围内畅通流动，河南省内外贸市场规模稳步扩大。城乡商贸流通网络更加完备。初步构建以步行街为引领、城市商圈为支撑、便民生活圈为基础的城市商业格局和以县城为中心、乡镇为重点、村为基础的县域商业网络。2024年全省社会消费品零售总额为2.8万亿元，居全国第5位。对外贸易高质量发展持续推进。货物进出口额连续4年超8000亿元，居全国前十。外贸经营主体数量持续增加，2024年有进出口实绩企业1.3万家。与共建"一带一路"国家和地区贸易持续发展，进出口额占比增至46.8%。线上线下融合发展加快。2024年全省电子商务交易额超1.4万亿元，其中实物商品网上零售额达3915亿元，增速高于全国平均水平6个百分点；跨境电商进出口额（1210、9610、9710、9810模式）为429亿元，2021~2024年年均增长8.8%。

下一步，将着力建设高效顺畅的商贸流通体系，繁荣壮大消费市场，为融入服务全国统一大市场提供重要支撑。

一是提质升级商贸流通网络。完善城市商业网络，支持各地分层分类建设改造重点商圈和特色街区，打造品牌消费集聚区，完善便民生活圈，培育"小而美"特色店铺。健全县域商业体系，再支持建设一批县乡村三级物流

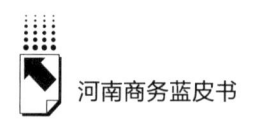

配送中心、乡镇商贸中心、农产品商品化设施项目，贯通县乡村电子商务和快递物流配送体系，畅通快递进村、农货进城渠道。建强生活必需品流通保供体系，建好郑洛新国家生活必需品流通保供试点，增强河南万邦国际农产品物流股份有限公司等保供骨干力量，布局平急两用流通保供项目，提升与周边省份联保联供能力。

二是协同推进提振消费专项行动。加力扩围实施消费品以旧换新，扩大消费品以旧换新品种和规模，扩大汽车、电子产品、家居等大宗商品消费。支持各地务实开展促消费活动，围绕春节等重要节点，举办新春消费季等节点性消费活动，举办"百县千企万店"重点促消费活动。推动郑州、洛阳对标创建国际消费中心城市，迭代升级消费场景，探索建设首发经济集聚区，打造具有国际竞争力的消费目的地、全球消费资源集聚地。指导郑州德化步行街推进国家级试点建设，培育壮大消费新业态新模式，推动商文旅体深度融合发展，打造城市消费名片。

三是提高商品和服务供给质量。进一步推广胖东来等流量商超经验，引导实体零售企业转型升级。推动丹尼斯、胖东来等连锁商超和知名家电厂商直营实体店在省内率先实行异地、异店退换货。积极培育本土消费品牌，支持老字号企业推出蕴含河南文化的联名系列、文创系列和伴手礼系列产品，形成一批国潮、原创、首发等消费新势力。培育"美豫名品"公共品牌，争创一批具备国际竞争力的"美豫名品"企业。实施服务消费提质惠民工程，加强服务消费品牌培育，围绕激发餐饮消费潜力、培育餐饮品牌、促进家政服务提质扩容等，构建内容丰富、品质精良、市场繁荣的新服务新供给品牌矩阵。顺应消费变革新趋势，培育壮大数字、绿色、智能、"国潮"等消费热点。推动传统消费场景升级和数字赋能，探索"人工智能+消费"模式，加快传统线下业态数字化改造和转型升级，加快社交电商、即时零售等新模式发展，引进培育链主型平台电商企业，打造一批"好品河南"电商直播中心。

四是循环擢转贸易大盘。持续推进优进优出，提质升级加工贸易，鼓励加工贸易企业开展技术改造和设备更新，提高生产效率和产品质量；做大做强一般贸易，聚焦重点企业、重点产业、重点市场，"一企一策"精准服务，积极帮助企业争取进出口配额、资质，强化贸易政策和财税、金融政策等协同，加强进出口信贷和出口信保等支持，持续开展千企百展拓市场活动，发布国际性展会名录，拓展中间品出口渠道。推广"跨境电商+产业带"模式，培育自主品牌，打造特色产业带。创新发展服务贸易，拓展数字贸易、绿色贸易，积极发展国际金融、会计、法律咨询等知识密集型服务贸易，推动中医药、文化等特色服务贸易扩量提质，加快推动微短剧"出海"，不断培育壮大外贸新动能。加快内外贸一体化发展，促进内外贸标准衔接、检验认证衔接、监管衔接，培育内外贸一体化平台，探索打造供应链集成服务平台和产贸融合创新示范中心。

二 加强产业协同合作，促进资金要素市场融通畅通

全省商务系统聚焦发展壮大重点产业链群和现代服务业，精准谋划推进招商引资，围绕传统产业改造升级、新兴产业培育壮大、未来产业前瞻布局，每年谋划发布重大招商引资项目。瞄准重点客商群体、重点产业企业、重点合作区域，举办全球豫商大会、跨国公司合作交流会等重大经贸活动，开展产业链招商、以商招商、小分队招商、驻地招商，积极招引知名企业和重点产业链、供应链配套项目。2021~2024年全省实际到位境内外资金4.7万亿元，年均增长5.6%。正大、华润、益海嘉里等知名企业增资扩股，比亚迪、宁德时代、京东方等知名企业布局河南。截至2024年底，在豫世界500强企业达到201家，其中境外500强企业有136家。

下一步，将进一步畅通产业链供应链，着力吸引国内国外、省内省外资本，更好服务构建现代化产业体系，适应全国统一大市场的内在要求。

一是加强招商引资。指导各地从拼优惠政策向比营商环境转变，依法平等保护各类经营主体合法权益。精准开展产业链招商，吸引更多链主企业和配套企业，不断做大产业链群体量、拉长链条、提升竞争力。强化资本招

商，鼓励金融资金、政府产业引导基金与产业资本融合，运用投行思维招引企业、培育产业，强化"招投联动""投贷联动""投孵联动"机制，撬动社会资本，引导、培育、孵化一批重点招商项目。注重场景招商，聚焦数字经济、社会事业、企业生产、文旅文创等领域场景机会，创设一批场景项目，推行"市场+资源+应用场景"招引模式，加大智能工厂、人工智能、低空经济等应用场景开发力度，吸引企业新技术、新产品、新项目落地。积极推进奇瑞乘用车技改、新紫光集团低空经济总部基地等重点项目建设。招引企业、培育产业。加强与境内外知名商协会和中介机构联系，拓展专业招商、以商招商渠道。

二是更大力度吸引外资。抓住制造业领域外资准入限制措施"清零"机遇，吸引外资投资中成药生产加工、出版物印刷等，争取设立外资功能性机构。争取国家服务业扩大开放综合试点，推动电信、互联网、教育、文化、医疗等服务业领域有序扩大开放，发挥自贸试验区先行先试和建设中原医学科学城机遇，争取在增值电信业务、外商独资医院等试点实现突破，扩大高端服务业利用外资规模。争取更多河南优势产业纳入国家鼓励外商投资产业目录。梳理在豫外资企业需求，推动省内重点外资企业增资扩股，鼓励上市公司引进新的境外战略投资者，逐步引导更多优质外资进入河南资本市场。

三是强化区域协作联动。主动融入国家战略，对接京津冀，融入长三角，挺进粤港澳大湾区和海南自由贸易港，联通成渝双城经济圈和新亚欧大陆桥，建立完善区域商务发展协同机制，加强工作会商、信息交流、数据共享，积极对接跨区域产业转移，拉紧产业合作纽带，合力推动大开放、促进大流通、形成大市场，共享发展红利。

四是搭建交流合作平台。打造"投资河南 共赢发展"品牌。持续加强与日本、韩国、德国、阿联酋和中国香港、中国澳门等重点国家和地区的交流合作。办好全球豫商大会、中国河南国际投资贸易洽谈会等经贸对接交流活动。用好中国国际进口博览会、中国国际消费品博览会、中国国际服务贸易交易会、中国国际投资贸易洽谈会、中国国际供应链促进博览会、中国—东盟博览会等国家级展会平台，举办经贸对接活动，吸引更多境内外客商来豫考察、投资、兴业。建设香港经贸联络处，探索在泰国、德国等国家设立经贸联络处，搭建河南与境外合作交流平台。支持各地"走出去"与"请进来"相结合，开展经贸交流与合作。

三 提升开放水平，促进国内国际市场高效联通

全省商务系统以推进自贸试验区2.0版建设为引领，稳步扩大制度型开放，加快打造更具竞争力的内陆开放高地。制度创新成果不断涌现。自贸试验区累计形成615项制度创新成果，其中，25项在全国范围内推广、101项在全省范围内推广。开放通道扩容升级。郑州新郑国际机场航空货运量创历史新高，郑州—卢森堡航空双枢纽模式纳入国家"一带一路"成果清单。中欧班列（郑州）累计开行突破1.3万列。建成内陆地区首个国际公路运输（TIR）集结中心。开放环境持续优化。全面实施准入前国民待遇加负面清单管理制度。河南省出台《河南省进一步优化外商投资环境加大吸引外商投资力度若干措施》。推进实施外国人过境免签政策，形成"1+5+N"政策体系。建立常态化政企沟通机制，召开外资企业圆桌会，解决能源准入、用地保障、人才引进、商事登记等问题300余个。

下一步，将深度融入共建"一带一路"和RCEP，用好国内国际两个市场、两种资源，切实提升河南省国际链接度，以高水平开放服务融入全国统一大市场。

一是做大做强开放平台。高标准实施自贸试验区提升战略。对标国际高标准经贸规则，把握RCEP、中国—东盟自贸区3.0版等机遇，提升投资、贸易、金融、交通运输、人员往来和跨境数据有序流动"五自由、一便利"水平，提升与自贸协定签约国经贸合作水平。支持各片区因地制宜做好开放发展大文章，推动多式联运、智能制造、文化贸易、跨境数据流动等重点领域率先突破。推动经开区持续深化改革创新，完善产业生态体系，加强国际交流与合作，发挥好经济发展主阵地作用。提升跨境电子商务综合试验区建

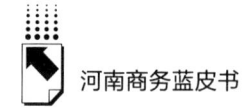

设水平，持续推动监管服务创新、业务模式创新和金融服务创新，保持郑州跨境电子商务综合试验区在全国考核中第一档的领先位次，争取跨境电子商务综合试验区扩围。

二是拓展提升开放通道。创造性推动海陆空数"丝绸之路"建设，持续完善开放通道布局，构建立体互联互通网络，集聚枢纽偏好型产业，发展壮大临空经济、临港经济、枢纽经济、通道经济。支持郑州建设现代化国际性综合交通枢纽，打造全国乃至全球供应链的关键节点，更好变"流量"为"留量"。

三是厚植跨境电商物流优势。完善高效便捷的进出口通关服务体系，拓展加密跨境电商货运航线。加快建设快递区域分拨中心等，争取引进Temu、SHEIN等头部企业设立区域中心仓，便利海外货源经豫入境、国内货源由豫出海。推动河南国际贸易"单一窗口"拓展服务功能，支持郑州建设跨境电商综合服务平台。支持企业布局海外仓，加快海外仓信息化建设、智能化改造，畅通出海新通道。

四是营造透明便利的国际化营商环境。深入实施营商环境优化提升行动，落实外商投资法及其实施条例，健全外商投资促进和服务体系，定期召开外资企业圆桌会议，建立"调解+仲裁+诉讼"国际商事纠纷多元化解决机制，加强政企常态化交流，及时协调解决企业经营和项目建设中的问题。聚焦经贸、消费、人员往来、物流畅通等方面，扎实推进"一件事情一次办"。用好过境免签政策，为境外客商来豫投资、贸易、文旅、交流提供出入境、停居留便利。

参考文献

《中央经济工作会议在北京举行 习近平发表重要讲话》，新华网，2024年12月12日，http：//www.news.cn/politics/leaders/20241212/f47e778630ec4ff6b51c99d55cef6f43/c.html。

《省委十一届八次全会暨省委经济工作会议在郑州召开》，河南省人民政府网站，2024年12月19日，https：//www.henan.gov.cn/2024/12-19/3101058.html。

《全国商务工作会议在京召开》，中国政府网，2025 年 1 月 12 日，https://www.gov.cn/lianbo/bumen/202501/content_6998057.htm。

《国家发展改革委关于印发〈全国统一大市场建设指引（试行）〉的通知》，中国政府网，2024 年 12 月 4 日，https://www.gov.cn/zhengce/zhengceku/202501/content_6996676.htm。

B.11
河南省现代服务业发展现状和对策研究

张红军　李艳艳　罗欢*

摘　要： 近年来，我国经济高速增长，科学技术迅猛发展，新模式新业态层出不穷，现代服务业内涵不断丰富拓展，已成为国民经济的重要组成部分、推动产业结构转型的重要动力，对扎实推进高质量发展具有重要意义。本报告在分析现代服务业特点的基础上，深入研究河南省现代服务业发展现状，提出完善政策体系、升级生活性服务业、扩容生产性服务业、促进现代服务业与制造业融合发展等发展壮大现代服务业的对策建议。

关键词： 现代服务业　新质生产力　河南省

一　现代服务业的内涵及特点

《现代服务业统计分类》明确现代服务业包括信息传输、软件和信息技术服务业，科学研究和技术服务业，金融业，现代物流服务业，现代商贸服务业，现代生活服务业，现代公共服务业，融合发展服务业等8个大类39个中类139个小类。从功能的角度划分，现代服务业可分为生产性服务业、生活性服务业、公益基础性服务业。

伴随我国近30年的高速发展，现代服务业的内涵不断丰富，既包含服务业的一般发展规律，又凝结了我国的特殊国情，具有以下特点。

---

* 张红军、李艳艳、罗欢，河南省商务厅。

（一）以集群化方式促进区域经济发展

从国际来看，以美国硅谷为例，除了集聚大量科创企业外，还集聚众多风投机构、中介服务、科技服务、信息服务等服务提供商，形成围绕科技创新的服务业集群，为硅谷成为世界创新策源中心提供坚实支撑。从国内来看，以深圳前海合作区为例，依托深港两地优势，面向粤港澳大湾区高新技术产业集群需求，大力承接香港服务业迁移，形成以现代金融、现代物流、信息服务、科技和专业服务为主导的服务业集群，有力促进深圳乃至整个粤港澳大湾区跻身国际一流的科技创新中心、区域合作中心。

（二）与制造业不断融合

伴随科技革命与产业变革向纵深推进，现代服务业与先进制造业的融合日益紧密。一方面，制造业企业积极拓展产业链条，向研发设计、市场营销、售后服务等前后端服务环节延伸，推动产业价值链不断攀升，从单一的提供产品向提供"产品+服务"转变、向提供一揽子解决方案转变，制造业呈现服务化趋势。另一方面，服务业的专业化、精细化程度越来越高，以中间投入的方式深度嵌入制造环节，为制造业赋能增效。例如，生物医药领域的合同委托研发生产/生产服务（CDMO/CMO）和合同营销组织（CSO）等服务外包模式逐渐兴起，为生物医药生产商的降本增效提供了强大助力。

（三）与消费结构升级同步发展

近年来，随着我国经济持续发展，人均GDP突破1.3万美元，人民对美好生活的需求从"有没有"向"好不好"转变，消费结构的不断升级推动健康医疗、养老育幼、现代家政、文化娱乐、旅游服务等生活性服务业蓬勃发展，催生了电子竞技、低空飞行、剧本娱乐等一批生活服务新业态新模式。

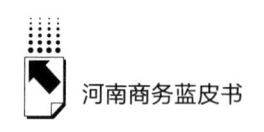

（四）具有新质生产力的性质

新质生产力是以创新驱动为核心，突破传统发展路径的先进生产力形态。它聚焦高科技、高效能、高质量发展，契合新发展理念，强调劳动者素质、劳动资料革新、劳动对象拓展及其组合优化，以全要素生产率显著提升为关键表征，核心在于通过创新实现发展质的飞跃。现代服务业中的信息传输、软件和信息技术服务业，科学研究和技术服务业等生产性服务业都是高度依赖创新驱动，以推动科学技术迭代进步和推广利用为主要手段，为服务对象提供科学技术研发、资源要素配置、功能优化升级等服务，助力服务对象提升效率、降低成本，符合新质生产力的特征，具有新质生产力的性质。

二 河南省现代服务业的发展情况

（一）发展现状

近年来，河南省顺应技术革命、产业变革、消费升级趋势，围绕构建优质高效的服务业新体系，以推动服务业高质量发展为主题，着力提升传统服务业，培育壮大新兴服务业，加快推进服务业与制造业融合发展，服务业规模不断扩大、质效日益提升，成为拉动河南省经济增长的重要引擎。

1. 服务业规模不断扩大

河南省服务业增加值于2018年超过第二产业，跃升为省内国民经济第一大产业。2024年，河南省服务业实现增加值33752.42亿元，是2014年的2.62倍。从增速来看，2014~2024年河南省服务业增加值年均增长10.1%，比全省地区生产总值和第二产业增加值增速分别高4.7个百分点和8.0个百分点。从经济结构来看，三次产业增加值占比由2014年的11.5∶49.6∶38.9转变为2024年的8.6∶38.3∶53.1。从增长贡献来看，服务业增加值对河南省地区生产总值的贡献率由2014年的37.0%提升至2024年41.7%。

2. 现代服务业发展步伐明显加快

近年来，河南省紧抓新一代信息技术带来的经济社会转型机遇，加快推动以信息传输、软件和信息技术服务业，科学研究和技术服务业等现代服务业发展。2014~2024年，信息传输、软件和信息技术服务业增加值年均增长15.6%，科学研究和技术服务业增加值年均增长18.7%。同时，随着现代服务业的快速发展，服务业产业结构持续优化。2023年，信息传输、软件和信息技术服务业，金融业，科学研究和技术服务业，租赁和商务服务业，文体和娱乐业，教育，卫生等现代服务业蓬勃发展，在地区生产总值中的占比达20.8%。与之形成对比的是，批发零售业，交通运输、仓储和邮政业，住宿餐饮业等传统服务业，其占比仅为15.1%。

3. 现代服务业创新活力强劲

依托数字技术迭代与市场需求变革，服务业各领域积极拥抱大数据、云计算等新一代信息技术，推动业态模式不断革新，加速向数字化、智能化转型，网络购物、在线医疗、在线教育、数字文旅等新业态新模式发展迅速。2024年，河南省商品、服务类电子商务交易额为14026.2亿元，同比增长5.3%；服务类电子商务交易额为3861.1亿元，同比增长10.4%，保持快速增长态势。通过深化服务业与制造业的融合发展，重点培育工业设计、供应链管理、节能环保服务等新业态，成功孵化并培育出一批具有行业标杆意义的国家级、省级服务型制造示范企业，有效推动产业融合向纵深发展。

（二）存在问题

现代服务业的发展与地区产业发展层次、产业结构、营商环境水平、科技教育的基础条件等诸多方面都有直接关联，同发达地区相比，河南省在这些领域存在较大差距，现代服务业发展存在一些短板。

1. 整体产业层次不高

河南是农业大省、工业大省，传统产业占比较大，制造业整体大而不强、全而不精，处在价值链的中低端，新兴产业及未来产业方兴未艾，仍处在产业体系跃升、新旧动能转换的攻坚阶段，现代化产业体系还未形成，对

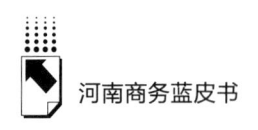

科学技术研发、知识产权、技术推广、市场营销等高附加值服务的需求有限，制约了河南省现代服务业发展水平的提升。

2. 服务业发展水平不高

根据河南省统计局数据，2024年河南省服务业增加值占全省地区生产总值的53%，低于全国服务业增加值占比3.5个百分点，服务业对河南省经济的带动作用低于全国平均水平。批发零售、住宿餐饮等传统服务业规模可观，其增加值在全省服务业增加值中的占比约为30%。信息传输、软件和信息技术服务业，租赁和商务服务业增加值仅占河南省服务业增加值的9.5%，占全省地区生产总值的4.5%，分别低于全国平均水平6.2个百分点和4.4个百分点，新兴服务业的发展相对滞后。

3. 现代服务业与制造业融合发展不充分

目前，河南省在资本市场服务、技术研发服务、专业咨询服务等领域规模偏小、专业能力不强，缺乏高端服务供给，阻碍制造业高端化、异质化升级。

4. 存在人才瓶颈

现代服务业由于知识、技术密集型的特点，需要大量的人才投入和人才储备，高素质的人才是保证现代服务业核心竞争力的关键。目前，河南省高校相对较少，顶尖学府更少，本土培育的高端人才本就匮乏，加上人才择业分流，引才入豫规模有限，存在很大的人才瓶颈，制约了河南省现代服务业的高质量发展。

三 对策建议

河南省顺应产业发展规律和现代服务业特征，深刻领会把握党中央、国务院有关发展现代服务业的决策部署，锚定"两高四着力"，聚焦构建现代化产业体系、提振扩大消费、循环摆转贸易大盘等重大举措，通过推进"一升级（升级生活性服务业）、一扩容（扩容生产性服务业）、一促进（促进现代服务业与制造业融合发展）"，引领现代服务业规模扩大、提质升级。

（一）完善政策体系

顺应发展潮流，尊重发展规律，强化河南省现代服务业顶层设计，明确发展重点、核心目标、空间布局与实施路径，为新一代信息技术与服务业深度融合提供方向指引；推进制度体系建设，完善现代服务业领域法律法规，健全知识产权保护、信息安全管理、市场竞争规范及监管制度，持续优化行业发展环境。实施更加开放的人才政策，健全人才使用和激励政策，加大人才培养培训力度，集聚一批适应现代服务业创新发展要求的专业技术人才和高技能人才队伍。

（二）升级生活性服务业

适应消费方式转变的要求，全面实施生活服务业数字化升级。推动餐饮、零售、住宿、家政等传统业态开展数智化改造，提升商贸服务业数字化水平；加速交通基础设施智能化转型，推进智能铁路、智慧公路、智慧民航建设；丰富数字化文化和旅游体验产品，推动场所设施数字化改造，发展数字艺术、虚拟展示、智慧导览等新业态新模式，加快文旅领域数字化转型升级；推进医疗健康领域数字化应用，优化在线健康咨询、健康管理、互联网医院和远程医疗等功能，提升"互联网+医疗健康"服务品质。

（三）扩容生产性服务业

围绕支撑产业结构转型升级，推动生产性服务业向专业化、价值链高端延伸，深入实施换道领跑战略，加快发展工业设计、节能环保、检验检测等高附加值生产性服务业；依据未来产业高成长性、先导性特点，布局发展自然科学、农业科学、工程技术等科学技术服务业；依托中介机构的专业知识，大力发展科技服务、咨询服务、法律服务等中介服务；提升金融服务实体经济效能，着力培育引进优质金融机构，优化资本市场服务、保险服务等现代金融服务；凭借河南省区位交通优势，重点发展航空、冷链、快递等物流业态，加快智慧物流建设，全力打造区域性、全国性乃至国际性物流枢纽。

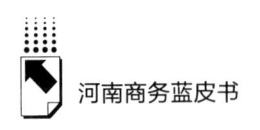

（四）促进现代服务业与制造业融合发展

以制造业为现代服务业发展基石，深化两业融合发展。一方面，推动制造业企业向"生产+服务"模式转型，增强服务供给能力；另一方面，引导服务业企业适度向制造环节延伸，贯通产业链条。通过双向赋能，构建制造业与现代服务业协同发展生态，驱动产业整体提质升级。推动服务型制造业发展，引导制造业企业向产业链上下游拓展，强化创意孵化、研发设计与售后服务等环节；鼓励制造业龙头企业提供市场调研、工程总包、系统控制等服务；鼓励服务业企业利用信息、营销渠道、创意等方面的优势，向制造环节拓展业务，实现服务产品化发展；依托省内制造业集聚区，聚焦共性生产服务需求，搭建服务制造融合平台，加快建设生产服务支撑平台。

参考文献

《中央经济工作会议在北京举行 习近平发表重要讲话》，新华网，2024年12月12日，http：//www.news.cn/politics/leaders/20241212/f47e778630ec4ff6b51c99d55cef6f43/c.html。

《省委十一届八次全会暨省委经济工作会议在郑州召开》，河南省人民政府网站，2024年12月19日，https：//www.henan.gov.cn/2024/12-19/3101058.html。

《全国商务工作会议在京召开》，中国政府网，2025年1月12日，https：//www.gov.cn/lianbo/bumen/202501/content_6998057.htm。

B.12 河南省对非经贸合作研究

张海波 王振飞 王淑娟*

摘 要： 2024年9月，习近平主席在中非合作论坛北京峰会开幕式上宣布，将中国同所有非洲建交国的双边关系提升到战略关系层面，将中非关系整体定位提升至新时代全天候中非命运共同体，为深化对非经贸合作奠定基础，也为河南省开展对非经贸合作提供了新指引。本报告将结合河南省实际，深入探讨在当前形势下，河南省对非合作现状、面临的机遇和挑战，提出全方位深化对非合作的思路和举措，助力河南省建设更具竞争力的内陆开放高地。

关键词： 对非合作 命运共同体 河南省

近年来，河南省对非合作不断深化，双边贸易快速增长，合作领域持续拓宽。在当前形势下，河南省抓住机遇，深入贯彻落实习近平总书记"真、实、亲、诚"对非政策理念，深度参与中非携手推进现代化"十大伙伴行动"，结合地方实际，推动传统领域务实合作扩大规模、优化结构，拓展和深化新兴领域合作，加强务实合作制度性安排，着力深化产业链供应链融合，不断拓展河南省参与国际合作新空间。

一 河南省对非经贸合作情况

（一）双方贸易情况

我国对非贸易持续快速增长，自2009年起，连续15年保持非洲第一大

---

* 张海波、王振飞、王淑娟，河南省商务厅。

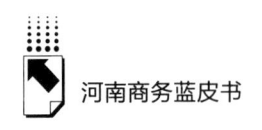

贸易伙伴地位，中非贸易额占非洲整体贸易额的比重稳步上升。2024年，双边贸易额达21032亿元，同比增长6.1%。中国自非进口农产品（坚果、花卉等）和对非出口"新三样"（新能源汽车、锂电池、光伏产品）增长显著。自2024年12月1日起，对原产于同中国建交的最不发达国家100%税目产品适用税率为零的特惠税率，非洲产品对华出口空间广阔。

河南省对非贸易覆盖面广、规模不断扩大。近年来，在全球经济增长放缓、欧美等西方国家贸易壁垒不断增加的情况下，在全省进出口面临较大下行压力的背景下，河南省进一步加大对包括非洲市场在内的新兴市场的开拓力度，对非贸易呈现持续增长态势，取得显著成效。2020~2024年，河南省对非洲进出口额由182.5亿元上升到308.2亿元，年均增长14%。2024年，河南省同非洲54个国家均有贸易往来，贸易额同比增长20.1%，占河南省进出口总额的3.8%。其中，出口额为230.2亿元，增长10.1%；进口额为78.0亿元，增长64.3%。

从国家来看，河南省对非贸易额在10亿元以上的国家有8个，占河南省对非贸易总额的比重达65.7%。其中，河南省对刚果民主共和国贸易额为45.4亿元（占比为14.7%）、对尼日利亚贸易额为42.2亿元（占比为13.7%）、对南非贸易额为36.7亿元（占比为11.9%）、对加纳贸易额为23.7亿元（占比为7.7%）、对埃及贸易额为16.4亿元（占比为5.3%）、对摩洛哥贸易额为13.6亿元（占比为4.4%）、对坦桑尼亚贸易额为13.0亿元（占比为4.2%）、对赞比亚贸易额为11.6亿元（占比为3.8%）。2024年刚果民主共和国进出口额增长124.1%，增速在非洲国家中排名第一，主要是由进口增长带动。阿尔及利亚和摩洛哥进出口额增速均较快，分别达89.6%和44.2%。

从产品来看，河南省对非洲出口商品主要为人发制品、钛白粉、盾构机、混合调味品等。2024年河南省人发制品对非出口48.1亿元，占河南省对非出口额的20.9%，占全国人发制品对非出口额的80.3%。在出口商品中高新技术产品成为新的增长极，河南省对非机电产品出口额占全省对非出口额的比重近五成。从非洲进口商品主要为未锻轧精炼铜阴极、铜矿砂及其精矿、钛矿砂及其精矿、服装、锌矿砂及其精矿、铅矿砂及其精矿、铬矿砂及其精矿等。同时，非洲特色农产品进口额快速增长。2024年，河南省自非洲进口芝麻2.6亿元、花生0.94亿元，占全省芝麻和花生进口额的87.3%和100%。

河南省与非洲跨境电商快速发展，凭借其独特的物流枢纽优势与产业基础，河南省正成为中非跨境电商合作的关键节点。2024年，河南省跨境电商进出口额突破241亿元，同比增长26%，其中郑州—达拉斯、郑州—巴黎等全货机专线加密，形成覆盖欧盟、美国和非洲的72小时物流圈。埃塞俄比亚首个电商物流中心依托亚的斯亚贝巴博莱国际机场建设，与郑州枢纽形成双核联动。河南省探索"跨境电商+产业带"模式，推动制造业与非洲市场需求对接，如许昌假发、洛阳钢制家具等特色产品通过数字化平台进入非洲市场。

（二）河南省在非洲投资合作情况

随着"一带一路"倡议的深入推进，中非经贸合作领域不断拓宽，豫非投资也保持稳步增长态势。河南省对非投资领域涵盖制造业、建筑业、采矿业、科学研究和技术服务业等多个领域，有力促进了非洲国家经济社会发展和民生改善。宇通客车为打造全球产业链供应链，深度开拓非洲市场，在埃塞俄比亚、尼日利亚、肯尼亚、埃及等非洲国家通过KD（散件组装）方式进行本土化客车生产。河南瑞贝卡发制品股份有限公司在尼日利亚、加纳、莫桑比克设有3家生产基地，并在非洲注册了自主品牌，非洲市场的收入已占公司外贸收入总额的四成左右。洛阳栾川钼业集团股份有限公司在非洲从事矿业勘探与开发多年，目前在刚果（金）拥有TFM铜钴矿和KFM铜钴矿两大矿区，其中TFM铜钴矿是全球前五大铜矿山、第二大钴矿山，KFM铜钴矿是全球最大的单体钴矿山。截至2024年末，河南省对非直接投资存量为12.4亿美元，有110余家河南企业对非投资，主要分布在尼日利亚、坦桑尼亚、几内亚、加纳、科特迪瓦、赞比亚、南非、埃塞俄比亚等地。

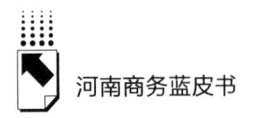

在非洲承揽各类建设项目是河南省企业开拓非洲市场的主要途径。河南国际作为"豫企出海"的龙头企业，40多年来，该公司先后在非洲20多个国家和地区实施800多个国际承包工程项目，累计完成近1万公里道路建设和300余座桥梁工程，并积极参与非洲水运工程建设，畅通物流通道，降低交易成本，促进域内贸易。洛阳栾川钼业集团股份有限公司与刚果（金）卢阿拉巴电力公司签订了Nzilo II水电站合作协议，加速推进电力项目开发，为企业新一轮产能跨越提供稳定的电力保障。2022~2024年，河南省对非承包工程及劳务合作新签合同额分别达到34.6亿美元、39.7亿美元、27.0亿美元，占全省的比例分别为69.6%、58.8%、56.5%。在对非外派劳务方面，近3年人员数量稳步增长。2022~2024年，河南省向非洲外派劳务人员数量分别为3007人、5264人、6025人。截至2024年底，河南省在外劳务人员数量超过1万人。

二 河南省对非经贸合作面临的机遇和挑战

当前，全球普遍面临经济下行压力，但非洲逆势而上，得益于其丰富的自然资源和巨大的人口红利。非洲成为全球增长最快的经济体之一，展现出巨大的市场潜力和发展空间，深化对非合作，为河南省扩大高水平对外开放带来了难得机遇。

从国际来看，一是发展前景向好，近年来非洲各国采取一系列支持政策和改革措施，经济保持复苏态势。2024年，非洲GDP增长率为3.7%，增速连续3年高于全球平均水平，预计到2025年增速将达到4.3%。[1] 非洲大陆自贸区已覆盖54国，13亿人口，通过削减90%商品关税、统一原产地规则，预计到2035年将拉动区域内贸易额增长81%[2]，形成规模超3.4万亿美元的一体化市场。二是市场空间广阔，非洲拥有全球最年轻的人口结构，

---

[1] 数据来自非洲开发银行。
[2] 联合国非洲经济委员会预测。

年龄中位数为 20 岁，15 岁以下人口占比达 40%，未来 10 年将新增 1.7 亿劳动人口，年轻劳动力将为非洲经济发展注入新活力，也将形成更广阔的消费市场，并推动消费结构从基础日用品向智能家电、新能源汽车等升级。三是发展需求旺盛，非洲工业化和城市化进入快速发展期，对公路、铁路、航空、市政等基础设施建设和改造升级需求迫切。非洲基础设施融资缺口高达每年 680 亿~1080 亿美元[①]，其工业化与城市化进程急需系统性基建支撑。在交通领域，非洲铁路密度仅为全球平均水平的 1/6，中国参与建设的蒙内铁路、亚吉铁路使东非货运成本下降 40%，并带动钢铁、建材等产业集群发展；在能源领域，非洲 6 亿人尚未通电，中国承建的埃塞俄比亚复兴大坝光伏项目、南非红石 100MW 塔式光热电站等项目，有效改善了非洲国家电力供应短缺的局面，也为非洲国家应对气候变化以及绿色转型发展提供有力支持；在数字基建方面，中企承建非洲 60% 以上的 4G 网络，华为与埃及共建的北非最大数据中心已服务 5000 家企业上云。对我国而言，这类项目推动工程承包向"投建营一体化"转变，带动金融、技术、标准协同出海，实现价值链上移。

从国内来看，习近平主席提出中非携手推进现代化十大伙伴行动，为中非加快全方位合作吹响了号角、指明了方向。同时，河南省具有对非合作的优势，一是发展互补性强，非洲能源资源储备丰富，是全球能源、粮食和矿产资源的重要供应地，随着新一代信息技术、高端装备制造等战略性新兴产业快速发展，河南省对包括战略性矿产在内的各类资源需求将维持高位，与非洲开展资源合作有利于保障河南省产业持续发展。二是产业契合度高。河南省产业和产品门类齐全、规模效应明显，在基础设施建设、装备制造、商贸物流、现代农业、服装纺织、电子信息、金属冶炼、作物供种、技能人才培养等领域具有突出优势，拥有一大批实力雄厚且具备国际发展经验的公司，非洲工业化城市化发展需求与河南省的产业优势高度契合。三是合作基础良好，河南省的机电产品、假发制品、纺织服装

---

① 数据来自世界银行。

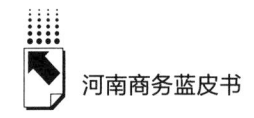

等，深受非洲市场的喜爱，非洲的未锻轧铜和金属矿砂等也源源不断地运往河南省，河南国际、宇通客车等众多企业深耕非洲多年，得到非洲市场高度认可。

当然，对非合作也存在一定的不确定性。一是政治稳定性与政策连续性的风险。部分非洲国家政局动荡、政权更替频繁以及政策连续性不足。撒哈拉以南地区约40%的国家在过去10年发生过重大政治危机，导致中资企业面临合同中止、资产冻结等风险。此外，非洲国家普遍存在"选举经济周期"特征，新政府可能推翻前任政策，政策不连贯对合作项目造成负面影响。二是货币与汇率风险。部分非洲国家汇率波动，2020~2024年加纳塞地兑人民币累计贬值60%，直接导致中资企业汇兑损失。货币超发引发的恶性通胀风险进一步加剧，2023年津巴布韦通胀率达21.63%，苏丹镑年贬值率超300%，严重侵蚀项目利润。三是社会文化差异风险。中非文化差异较大，社会文化多元且复杂，宗教、民族传统与我国差异显著，"走出去"企业普遍存在对非洲市场认识不足、本土运营人才紧缺等困难。

三 下一步工作重点

2025年，河南省将全面贯彻落实党的二十大和二十届二中、三中全会精神，立足新形势，落实商务部对非经贸合作新要求，统筹国家部署和河南省实际，坚持服务大局、以点带面、系统集成，围绕3个维度、聚焦10个方面，全方位深化河南省对非经贸合作，进一步扩大对非贸易规模，激发对非双向投资活力，助力河南省建设更具竞争力的内陆开放高地。

（一）提升政策服务保障水平

强化企业服务。加大政策、金融和信保支持力度，指导企业用好现有支持政策。针对企业面临痛点、难点和堵点，研究出台支持三外联动发展新政策。联合有关部门加强对"走出去"企业在安全、税收、汇兑、金融等方面的指导和培训，帮助企业提高国际化经营水平。完善境外综合服务体系，继续加强各部门工作联动、信息沟通和共享，加强与我驻外使领馆经商处对接，强化安全风险评估和防范。拓宽境外安保信息收集渠道，做好境外安全风险信息分析和研判工作，指导和督促企业守住安全风险防范底线。

积极参与标准对接。主动对接国家"中非质量提升计划"，发挥企业标准创新优势，支持人发制品、农业机械等领域龙头企业加强与高校、科研院所的合作，争取河南省技术标准被国外标准引用、转化，被境外工程建设和产品采用，在国际贸易、双边合作以及推动中国技术、产品和服务"走出去"方面发挥重要作用。

支持中小企业发展。积极对接中非经贸深度合作服务基金，引导河南省企业加大对非投资力度。支持银行、商协会等举办多场河南省企业与非洲中小企业对接活动，加强交流互信，共享"一带一路"发展新机遇。支持中小企业参加非洲展会，开拓非洲市场，持续提升河南省中小企业国际化服务水平，进一步推进"引进来""走出去"，帮助更多中小企业释放创新活力。

（二）激发开放型经济活力

扩大对非贸易。推动车辆设备、假发制品、农机、电缆、磨具等河南省传统优势特色产品对非出口。依托河南省企业在非工程承包、矿产开发等项目，积极推动河南省工程机械产品对非出口。有针对性地开发时效性和竞争力强的特色产品，力争推出更多如假发和客车等具有河南特色和优势的"爆款产品"。持续增加铝、铁、铜等关键矿产资源产品进口。充分利用国家对非洲最不发达的33个国家100%税目产品零关税政策及农产品进口"绿色通道"，支持咖啡、可可、腰果、蜂蜡等非洲国家潜力大、竞争力强，同时河南省需求大的产品进口。

深入开展产能合作。推动有条件的企业在非进行医药产业投资，提升非洲药品、疫苗、器械、医用耗材等产品的本地生产能力。支持企业参与中非清洁能源和绿色发展项目，包括非洲可再生能源、动力电池等项目投资开发。积极参与国家中非产业合作增长圈行动，鼓励豫非企业产贸融合和园区联动。选择经贸基础好的非洲国家，探索建设1~2家中非加工产业园区。支持出口

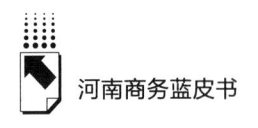

龙头企业在埃塞俄比亚等主要交通枢纽国家建立集仓储（海外仓）、商品展示、物流配送等于一体的经贸物流园区。支持省内大型物流企业在非洲国家建设海外货站（海外仓），为中小企业提供仓储、物流等服务。

实施豫企出海行动。向商务部、国家国际发展合作署等汇报，强化省级层面对境外合作信息的统筹。发挥河南"一带一路"矿业产业联盟等平台作用，推动相关企业协同发展。围绕河南省重点"走出去"产业链上下游，推动"海外投资+工程承包+成套设备"的多产品联动，支持河南国际等企业通过投融建营一体化整合省内优势资源，推动企业抱团"走出去"。推动宇通客车、郑煤机等企业加大对非投资力度，支持河南国际、平高电气等积极承建非洲标志性工程，争取国家援非"小而美"民生项目。

（三）增强平台通道支撑能力

深化电商合作。非洲国家在中国"丝路电商"合作先行区设立国家馆，组织国家馆商品参展，促进非洲优质商品和服务进入中国市场。依托自贸试验区、航空港区、跨境电子商务综合试验区等设立非洲产品贸易馆，探索建设非洲非资源性产品集散交易中心，培育非洲产品品牌。鼓励支持"直播带货"等数字经济新模式发展，建设中非直播电商孵化中心，举办非洲产品直播电商节、非洲好物网购节等活动。培育一批在信息化建设、智能化发展、多元化服务、本地化经营方面具有代表性的公共海外仓。加强在跨境电商仓储物流、金融、供应链、人才培训等方面务实合作，引导企业积极拓展非洲市场。

搭建豫非合作特色平台。利用河南省文化和农业资源等优势，争取在河南高校落地非洲国别和区域研究中心，分享经济、文化、文明、农业农村等领域的治理经验，促进中非经济和人文交流。积极承接国家级对非交流合作项目，争取实现高层次对非平台机制落地河南省。中国（河南）国际投资贸易洽谈会、郑州跨境电商大会等国际经贸平台积极组织非洲企业参展、参会，举办专场推介展览活动。非洲各国组团参加第四届中非经贸博览会等国家级经贸活动。谋划在非洲举办两场专题推介活动。鼓励支持省内企业在河南省交往合作较多的非洲国家举办河南商品主题展会，赴非洲参展、设立产品展厅。发挥在非各国河南商会的作用，组织引导产业链上下游中小企业对非开展业务。

畅通对非物流通道。探索开通郑州至非洲国家的客货运航线，加强与当地物流服务商合作，拓展豫非航空物流渠道。拓展中欧班列、西部陆海新通道，加强沿海港口等多式联运，拓展豫非铁海联运、河海联运物流通道，加强与全球知名航运企业合作，整合各方资源，推动实现全程提单、一票到底。

支持河南自贸试验区创新发展。利用河南自贸试验区制度型开放政策，吸引非洲贸易类企业落户。加强对非洲大陆自贸区政策研究，支持河南自贸试验区与非洲企业进行制度层面合作，鼓励企业用好有关政策红利，开展贸易投资合作。河南省加强与非洲在农业领域产贸一体化合作。

参考文献

《中央经济工作会议在北京举行　习近平发表重要讲话》，新华网，2024年12月12日，http：//www.news.cn/politics/leaders/20241212/f47e778630ec4ff6b51c99d55cef6f43/c.html。

《省委十一届八次全会暨省委经济工作会议在郑州召开》，河南省人民政府网站，2024年12月19日，https：//www.henan.gov.cn/2024/12-19/3101058.html。

《全国商务工作会议在京召开》，中国政府网，2025年1月12日，https：//www.gov.cn/lianbo/bumen/202501/content_6998057.htm。

《扩大高水平对外开放　促进外贸稳定增长》，商务部网站，2025年1月17日，https：//www.mofcom.gov.cn/tj/zc/art/2025/art_6e415b0bcd194d35b661bb7bfbf12ad1.html。

《商务部召开中非经贸深度合作先行区专题新闻发布会》，商务部网站，2024年2月1日，http：//www.mofcom.gov.cn/zcjd/zhsw/art/2024/art_5164b6471cff4f2596ac30ab3301945b.html。

B.13
河南省拓展利用外资渠道研究

李玉瑞 周磊 王笑雨*

摘　要： 当前，国际形势日趋复杂严峻，国内招商引资进一步规范，为稳住外资基本盘，河南省亟须通过拓展多元化外资渠道，加大外资吸引力。本报告系统梳理了河南省吸引外资的主要渠道，如直接引资（绿地投资、跨国并购、股权并购等）、平台引资（自由贸易试验区、国际合作园区等）、创新引资（资本运作、返程投资、合格境外有限合伙人、战略投资、利润再投资），并进行案例分析。研究指出，在利用外资方面，河南省依然存在"结构不优、渠道不畅"等短板，通过拓展引资渠道、打造平台载体、优化资本运作等方式，提高全省吸引和利用外资质量与规模。

关键词： 利用外资　招商引资　渠道研究

一　外资在河南省高质量发展中的重要意义

在全球产业链、价值链加速重构，新发展格局建立的背景下，全国利用外资呈现质量有所改善、存量企业基本稳定等特点。河南省作为内陆开放新高地，利用外资存在产业结构不优、存量企业较少、引资来源地单一等问题。随着国家要求"规范地方招商引资法规制度，严禁违法违规给予政策优惠行为"，过去盲目拼资源、拼政策、拼税收的"内卷式"招商已经难以为继。

---

* 李玉瑞、周磊、王笑雨，河南省商务厅。

在此形势下，研究拓展利用外资渠道，对河南省提高吸引和利用外资质量十分必要。从内部来看，一是外资的资本赋能与技术溢出可加速全省产业升级，为构建"双循环"新发展格局注入活力，为融入全国统一大市场提供动能。二是外资的产业链整合效应，能够推动传统产业智能化升级与战略性新兴产业发展，助力河南省构建现代化产业体系。从外部来看，一方面，通过承接高端制造与服务业外资，强化河南省在新能源汽车、超硬材料等领域优势，发挥全球供应链节点功能，提高全省重点产业链韧性；另一方面，依托河南省与卢森堡的"空中丝绸之路"以及中欧班列枢纽优势，可深化与欧洲、RCEP区域交流合作，为稳定多双边经贸关系提供支撑。

二　利用外资渠道分析

（一）直接引资渠道

1. 绿地投资

绿地投资又称创建投资或新建投资，是指跨国公司等境外投资者设立的外资企业，负责从企业设立、购置土地、建设厂房、安装设备、招聘员工，一直到企业投产、经营，对项目建设、生产经营具有完全的决策权，其优势在于投资者具有绝对的自主权，可以避免并购中的文化冲突或者管理整合难题，便于投资者独立享受政策红利。而且随着企业的设立，其在带来资金的同时，往往会引入先进技术、管理经验，产生技术、管理溢出效应。但这种方式往往面临高成本、高风险，如初始投资额较大、建设周期较长、本土化适应等挑战。

鸿富锦精密电子（郑州）有限公司（河南省引进重大外资项目）是典型的绿地投资。该公司由鸿海精密工业股份有限公司直接投资，是富士康落户河南省的首家企业，投资额高达59亿美元，注册资本为20亿美元。从选择厂址、开工，再到购买和安装生产设备、招聘并培训员工等，均由投资方

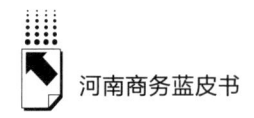

直接负责。富士康的到来，除了为河南省带来20多亿美元的利用外资规模外，还推动河南省外贸规模和质量大幅提升，高峰期带动近30万人就业。随后，富士康先后布局主板、摄像头模组、显示屏模组、零组件的研发与生产，已陆续在济源、鹤壁、兰考等地投资建厂，带动了全省智能终端产业链高速发展。

2. 跨国并购

跨国并购是跨国公司常用的投资方式，是跨国兼并、跨国收购的总称。跨国公司通过买下境内目标企业的所有资产或达到控股标准的股份，从而实现对该企业的经营管理控制，包括直接向目标企业投资和通过子公司进行并购两种形式。

近期，巴西BRF集团在周口西华县投资收购的贝沃（河南）食品有限公司正式开业，这是典型的跨国并购。此次收购总投资额达8000万美元，将扩建两条生产线，年产能将达到6万吨。这是巴西BRF集团在华投资建设的第一家工厂，也是巴西在河南省规模最大的投资，标志着双方在食品产业上的合作进入"资源互补+本地化深耕"的新阶段。

3. 股权并购

股权并购是指境外投资者通过购买境内非外商投资企业（以下简称"境内公司"）股东的股权或认购境内公司增资，使该境内公司变更为外商投资企业。境外投资者并购境内公司，应符合中国法律、行政法规和规章，以及遵守当地的产业、土地、环保等政策。

2021年，根据企业发展规划，郑州市独角兽企业超聚变数字技术有限公司（以下简称"超聚变公司"）的控股股东河南超聚能科技有限公司将超聚变公司10%股权转让给阿联酋人工智能公司G42。此次并购，省、市商务部门成立专班推进，提供全程服务，协调省市市场监管、外汇等部门，确保并购顺利完成，推动阿联酋人工智能公司G42股权转让对价交易8.94亿美元，一次性出资到位。2022年，河南省实际使用外资金额达到17.8亿美元，同比增长118%，外资规模和增幅实现历史性突破。

（二）平台引资渠道

1. 自由贸易试验区

自由贸易试验区（以下简称"自贸试验区"）是推进高水平开放的前沿阵地，以"先行先试"为原则，推出了一系列创新举措，有效降低了外商投资的制度性成本，提升了投资便利化水平。随着规则、规制、管理、标准等制度型开放不断推进，产业集聚效应更加显著，对外资的吸引力进一步增强，也为境外投资者提供了更多机遇。例如，自贸试验区的外商投资准入负面清单比全国版外商投资准入负面清单要短。在投资环境方面，由于自贸试验区的开放优势、环境优势、制度优势，其比其他区域对外资更具吸引力。中国（河南）自由贸易试验区（以下简称"河南自贸区"），涵盖郑州、开封、洛阳三个片区，是全省构建现代化产业体系、探索实施制度型开放积累新经验的先行者、试验田。

河南自贸区开封片区与河南中日（开封）国际合作产业园、开封经济技术开发区、开封综合保税区、开封国际陆港等国家级、省级开放平台区域叠加，围绕汽车农机及零部件、食品及农副产品深加工、生物医药大健康三大优势主导产业，坚持以制度创新为核心、以产业发展为目标，全面实施自贸试验区提升战略，不断促进重点产业项目集聚、外资外贸快速增长，累计入驻外资企业48家。2023年，河南自贸区开封片区引进的河南澳蓝卓睿电子有限公司，由深蓝科技参与投资，是开封市第一家保税检测维修企业，河南自贸区开封片区在招引保税维修企业方面实现零的突破。

2. 国际合作园区

国际合作园区是指以特定国家（地区）或产业为合作对象，通过高起点规划、高标准建设、高质量招商，推动世界500强、跨国公司、龙头企业、关联企业及研发机构集聚，打造具有较强竞争力和影响力的国际化合作平台，实现特色优势产业发展，形成外资企业集聚效应。2023年2月，河南省首批4个国际合作园区正式认定，分别为河南中日（开封）国际合作产业园、河南鹤壁电子信息国际合作产业园、河南漯河食品国际合作产业

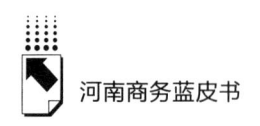

园、河南中德（许昌）国际合作产业园，开启了河南省国际合作园区建设的新篇章。

其中，河南中德（许昌）国际合作产业园比较有代表性，是首批国际合作园区中唯一以对德（欧）合作为主要方向的园区，包括中德（欧）再生金属生态城、建安区产业园北区、建安区产业园南区、中原电气谷东拓区、保税物流中心和经开区产业园西南园区6个片区。随着对德（欧）合作不断加强，园区先后吸引了德国欧绿保、德国百菲萨、德国埃贝赫等一批优质企业投资，目前已设立德（欧）企业14家，累计利用德（欧）资金8308.39万美元，已成为许昌市吸引外资的主阵地，也成为全省重要的德（欧）企业集聚地。

（三）创新引资渠道

1. 资本运作

资本运作是新形势下出现的一种全新的招商方式，由地方政府利用多重金融手段，采取设立政府投资基金等方式，筛选优质项目招引投资者投资本地。目前，通常有政府产业直投基金、政府引导基金（创业引导基金）两大类，以政府引导基金为主。随着国家防止招商引资"内卷"等相关政策的出台，已经不允许单纯依靠税收减免、土地优惠等政策开展招商。在资本招商模式下，地方政府通过政府产业基金入股参股，改变优惠、补贴、减税等传统的财政支持措施，进行股权投资，既能够有效解决企业前期启动资金问题，又可以扩大政府在企业经营决策过程中的话语权，引导龙头企业及其配套企业共同投资，更具针对性和灵活性，可以增强招商目的性。目前，上海、安徽、深圳等地在资本招商方面走在前列，也都取得了积极的成效和丰富的经验。

郑州航空港经济综合实验区（以下简称"航空港区"），通过不断为区属国有企业兴港投资集团（以下简称"兴港投资"）投资赋能，增强其综合实力和提升其外部形象，打造出一个强有力的政府投资平台。近年来，兴港投资瞄准航空港区重点发展的集成电路、新型显示等产业板块，综合运用合资、参股、委贷等多种资本运作方式，开展重点企业的招商引资，成功引进上海合晶、华锐光电等一批填补"产业空白"的项目，控股了北斗系统应用领域重点上市公司合众思壮，实现了产业资本"双回报"。以上海合晶项目为例，航空港区由兴港投资下属产业发展投资基金出资7亿元，以增资扩股方式入股上海合晶（入股后兴港投资持股37.6%），推动上海合晶在航空港区投资12亿元的单晶硅片生产项目，目前该项目已按期投产。

2. 返程投资

返程投资是指境内居民通过特殊目的公司进行跨境融资，再以该公司对境内开展直接投资活动，是利用外资过程中的一种特殊情况。主要形式包括购买或置换境内企业中方股权；在境内设立外商投资企业，通过该企业购买或协议控制境内资产；协议购买境内资产，以该项资产投资设立外商投资企业；向境内企业增资等。在现实中，返程投资动机比较复杂，一部分企业是为了享受针对外资企业的税收减免、土地等优惠政策，以及借用外债、资本汇出方面的便利政策；部分企业是基于境外上市融资需求，将境内资产权益转移至境外特殊目的公司，完成融资后再返程投资到境内，实现资本的有效运作。

龙佰集团在香港成立全资子公司，并通过龙佰集团总部担保向香港多家境外银行融资3亿美元。2022年，焦作市积极引导和鼓励龙佰集团返程投资，推动龙佰集团在焦作市新设3家外资企业，注册资本金共计3亿美元。目前，年产50万吨电池材料级磷酸铁项目一期、二期、三期已全面建成投产，形成20万吨磷酸铁产能，规模跻身行业前列。后续，龙佰集团还将根据市场情况，再规划建设30万吨磷酸铁项目，届时年产能达到50万吨，磷酸铁产品生产规模将跻身行业前三，可实现营业收入近50亿元，年利税超10亿元。通过推动龙佰集团的返程投资，焦作市磷酸铁产业实现高速发展，也为当地稳外资工作做出积极贡献。

3. 合格境外有限合伙人

合格境外有限合伙人（QFLP）是近年来新兴的利用外资方式，是指境

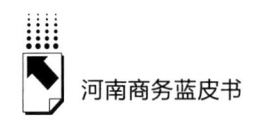

外投资机构在经过资格审批、外汇资金监管等程序后，将境外资本汇兑为人民币，用于国内的私募股权投资、风险投资等。外商投资股权投资类企业（以下简称"QFLP 企业"），包括外商投资股权投资管理企业（以下简称"QFLP 管理企业"）、外商投资股权投资企业（以下简称"QFLP 基金"）两类。QFLP 企业可推动资本市场开放，拓宽资金来源，引进先进管理理念，促进技术、资金、人才等创新要素汇聚。在逆全球化和贸易保护主义背景下，相比传统的外商投资，境外投资者通过 QFLP 渠道投资，可以享受更灵活的结换汇机制、更宽泛的投资范围，能够有效提升资产的流动性。2023年 1 月，《河南省合格境外有限合伙人试点暂行办法》施行，在中国（河南）自由贸易试验区、航空港区率先开展 QFLP 试点，可为河南省经济发展提供外部资金支持，增强其经济抗风险能力。

2023 年 5 月，河南民航发展投资集团有限公司（以下简称"河南航投"）领投的河南省首只 QFLP 基金试点获批；同时，河南航投旗下河南民航产业基金管理有限公司，获批成为河南省首家 QFLP 基金管理人试点，河南省在开辟外资入豫新通道、促进河南省金融领域高水平对外开放方面取得了新突破。2023 年 8 月，河南郑卢空铁双枢纽私募股权投资基金合伙企业（有限合伙）在航空港区注册落地，标志着河南省首只 QFLP 基金试点正式设立，将有助于河南省引入境外长周期、低成本资金，推动河南省航空经济发展。截至 2024 年底，基金已实缴 1600 万元，其中境外资金约合 700 万元。

4. 战略投资

战略投资是指境外投资者直接取得并中长期持境内上市公司股份的投资行为，具备灵活性、协同效应等独特优势，与外商直接投资形成互补，让外资通过持股参与产业链的整合，起到资本注入、技术溢出的双重效果。党的二十大报告指出要健全资本市场功能，提高直接融资比重，党的二十届三中全会要求提高外资在华开展股权投资、风险投资便利性。2024 年 11 月，商务部、中国证监会等部门修订《外国投资者对上市公司战略投资管理办法》，降低了投资资格门槛、扩大了投资者范围、缩短了锁定期等，通过制度创新，以及"资本+管理+技术"的全方位立体赋能，促进资本市场进一步开放，推动本土企业"走出去"与外资"引进来"相结合，促进更多高质量外资投资上市公司。

5. 利润再投资

利润再投资是指境外投资者以其在外商投资企业取得的利润（包括已分配和未分配利润）转增注册资本，或者以其在中国境内直接投资设立的其他外商投资企业分配的利润（未汇出境外）转入外商投资企业，作为注册资本。国家为鼓励境外投资者持续扩大在华投资，将境外投资者从中国境内居民企业分配的利润用于境内直接投资，凡符合规定，暂不征收预提所得税。利润再投资可以说是一种双赢的利用外资渠道，境外投资者扩大投资的同时享受了税收红利，当地政府扩大了利用外资的规模，促进了当地产业可持续发展。目前，利润再投资已经成为境外投资者重要的投资方式之一。

目前，河南省外资企业年利润高达数百亿元，为利润再投资提供了大量的资金支持，积极推动外资企业利润再投资，促使其把更多利润转化为在豫投资，这将成为未来利用外资最重要的一种形式。2023~2024年，河南省通过利润再投资方式，累计利用外资1.6亿美元，占全省实际使用外资的13%。2022~2024年，济源示范区通过利润再投资的形式挖潜存量外资企业，推动豫港（济源）焦化集团有限公司［以下简称"豫港（济源）焦化"］境外投资者英国金辉化工（控股）有限公司，先后利用在豫港（济源）焦化7130万美元利润，持续注资河南金港国际能源集团有限公司，稳定了当地外资基本盘。

除了以上的投资渠道，还有对外借款、发行债券、股票上市融资、设备投资、知识产权投资、技术投资等。而且，随着对外开放水平不断提高、利用外资领域的进一步放开，河南省还需要持续不断探索和挖掘新的利用外资渠道，引进更多优质外资企业，提升全省利用外资规模和质量，为河南省扩大制度型开放、融入服务全国统一大市场建设做出积极贡献。

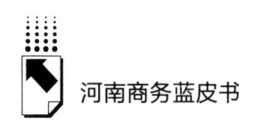

参考文献

《中央经济工作会议在北京举行 习近平发表重要讲话》，新华网，2024年12月12日，http：//www.news.cn/politics/leaders/20241212/f47e778630ec4ff6b51c99d55cef6f43/c.html。

《省委十一届八次全会暨省委经济工作会议在郑州召开》，河南省人民政府网站，2024年12月19日，https：//www.henan.gov.cn/2024/12-19/3101058.html。

《全国商务工作会议在京召开》，中国政府网，2025年1月12日，https：//www.gov.cn/lianbo/bumen/202501/content_6998057.htm。

《国务院办公厅关于印发〈扎实推进高水平对外开放更大力度吸引和利用外资行动方案〉的通知》，商务部网站，2024年4月24日，https：//www.mofcom.gov.cn/zcfb/zgdwjjmywg/art/2024/art_57f5969cf3374fa7bb89d552ca87190a.html。

B.14
河南省风电光伏及新型储能产业发展的思考

宋玉星[*]

摘　要： 我国风电光伏装机规模不断扩大，新型储能产业发展迅猛。河南省积极发展相关产业，但面临产业链条相对薄弱、产业发展不均衡、品牌竞争力弱等问题。未来，需从提升产业链韧性、推动产业链上下游协同发展、开展品牌价值提升行动、重构创新突破体系等方面入手，推动新型储能产业发展，实现能源清洁低碳转型。

关键词： 风电光伏　新型储能　能源转型　河南省

一　我国风电光伏及新型储能产业发展现状

近年来随着新能源装机规模的提升，加上分布式能源政策支持，以及发电设备投资成本下降，我国分布式能源装机容量呈上升趋势。全国电力工业统计数据显示，截至2024年12月，全国累计发电装机容量为33.5亿千瓦，同比增长14.6%。其中，太阳能发电装机容量为8.9亿千瓦，增长45.2%；风电装机容量为5.2亿千瓦，增长18.0%。2024年，全国6000千瓦及以上电厂发电设备累计平均利用3442小时；全国主要发电企业电源工程完成投资11687亿元，增长12.1%；电网工程完成投资6083亿元，增长15.3%。

据统计，2021年，新增分布式光伏发电装机容量首次超过集中式光伏。

---

[*] 宋玉星，河南省商务厅。

截至 2024 年底，分布式光伏发电累计装机容量达到 3.7 亿千瓦，是 2013 年底的 121 倍，占全部光伏发电装机容量的 42%，占全国发电总装机容量的 11%。在新增装机方面，2024 年分布式光伏发电新增装机容量达到 1.2 亿千瓦，占当年新增光伏发电装机容量的 43%；分布式光伏发电量达到 3462 亿千瓦，占光伏发电总量的 41%，在超越水电装机容量后，继续巩固第二大电源的领先优势。2023 年，全国风电利用率达 97.3%，光伏发电利用率达 98.0%，均保持了较高水平。截至 2024 年 6 月，我国风电累计并网容量达 4.67 亿千瓦，已提前 5 年完成"到 2030 年实现风电、光伏发电装机容量达到 12 亿千瓦"的目标。截至 2024 年底，包括风电、太阳能发电以及生物质发电在内的新能源发电装机容量达到 14.5 亿千瓦，首次超过火电装机规模。中国风电光伏发电行业快速进入存量和增量并重的阶段。能源企业需要通过设备升级改造、降低运维成本、拓展商业模式等方式，提高资产价值，拓展行业生存空间。能源企业亟须从"跑马圈地式的增量扩展"转向"精耕细作的存量运营"。

二 我国风电光伏及新型储能产业发展方向

近几年我国新能源产业发展提速，截至 2024 年 9 月，全国全口径发电装机容量达 31.6 亿千瓦，其中可再生能源装机容量达到 17.3 亿千瓦，同比增长 25%，约占我国总装机规模的 54.7%，消纳需求大幅增加。为适应新能源产业的高速发展，保障新能源产业高质量发展，需进一步完善新能源电量的消纳政策，以高质量消纳工作促进新能源供给消纳体系建设。近年来，国家能源局大力推进跨省（区、市）输电通道、主干网架及配电网建设，不断提升电力系统调节能力，增加新能源市场化交易电量，不断推进新能源消纳工作，推动新能源快速发展、高效利用。

新能源在持续发展方面面临诸多挑战，储能技术的突破是其中之一。截至 2024 年底，我国新型储能装机规模已达 73.8 吉瓦，同比增长 126.5%。其中，华北地区累计装机规模达 22.2 吉瓦，占全国的 30.1%；西北地区累计装机规模达18.7吉瓦，占全国的25.3%。华东地区、华中地区、南方地区、东北地区累计装机规模分别为12.5吉瓦、10.8吉瓦、9.2吉瓦、0.4吉瓦。100兆瓦及以上项目装机容量占比为62.3%，较2023年提高约10个百分点；10兆瓦（含）~100兆瓦项目装机容量占比为32.8%；10兆瓦以下项目装机容量占比为4.9%（见图1）。据有关机构预测，2025年中国新型储能累计装机规模将达到131.3吉瓦。由于新能源具有间歇性和不稳定性，如何确保有效存储能量成为一个亟待解决的问题。此外，新能源相对分散，要求建立更为完善的能源传输和配送体系。同时，需要提升公众对新能源的认知。

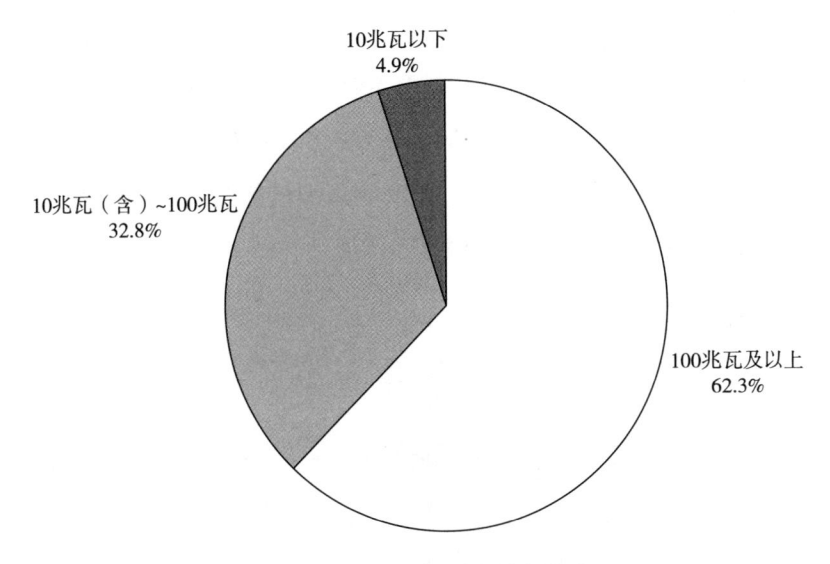

图1　不同规模项目装机容量占比

资料来源：国家能源局。

三　河南省风电光伏及新型储能产业发展情况

"十四五"期间，河南省新能源产业呈现快速发展态势，绿色低碳转型和经济可持续发展不断推进，绿色能源供应与消费正在迅速成为主流。截至

2023年底，河南省新能源装机容量为5909.2万千瓦，占总装机容量的42.5%。截至2024年12月，全省总装机容量为14831万千瓦。其中，水电装机容量为563万千瓦，占比为3.8%；火电装机容量为7421万千瓦，占比为50.0%；风电装机容量为2334万千瓦，占比为15.7%；太阳能装机容量为4349万千瓦，占比为29.3%；储能装机容量为164万千瓦，占比为1.1%（见图2）。2024年，河南省可再生能源发电装机容量超7500万千瓦，实现可再生能源发电装机容量超越火电、新能源发电装机容量超越煤电的"双超越"，可再生能源发电装机容量占比突破50%、全年发电量突破1000亿千瓦时的"双突破"，达到1158亿千瓦时，占全省电源发电量的比重超过30%，占全社会用电量的比重超过1/4。未来几年，河南省的新能源发展将继续保持快速增长。预计到2027年，分布式光伏发电装机容量将达到4920万千瓦，分散式风电装机容量将达到680万千瓦。此外，河南省还在积极推进新型储能电站建设，2024年新建成19座新型储能电站，累计投运84座新型储能电站，总装机容量达到164万千瓦。

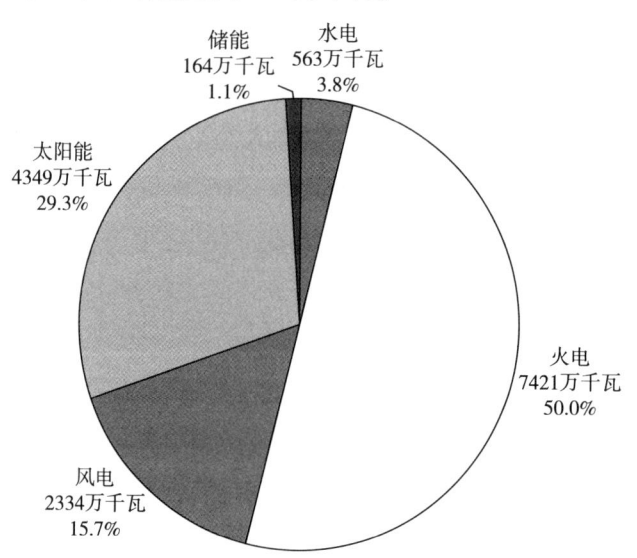

图2 2024年河南省不同能源类型装机容量

资料来源：河南能源监管办。

在资源分布方面，河南省是中部地区风电开发具有潜力的省份之一，风能资源主要分布区域如下。一是豫北太行山东部安阳、鹤壁、新乡的山地及山前丘陵高地，海拔200~700米的低山丘陵区开发价值最高。济源、焦作的局部山体也是重要的分布区域。二是豫西山地三门峡、洛阳境内的崤山山脉、黄河南岸山体，以及伏牛山、熊耳山、外方山等局部山地。三是叶县保安镇等伏牛山脉与桐柏山脉交界处。四是郑州、平顶山、南阳、驻马店的山区与平原过渡带山体及丘陵。五是大别山区、桐柏山局部区域，如南阳盆地东部的唐河县，风能资源丰富且适合分散式开发。六是豫东平原虞城附近等平原区域，虽连片风场较少，但具备局部开发潜力。

在产业结构方面，河南省企业在太阳能、风能、生物质能、地热能等多个领域崭露头角。一是太阳能领域。河南华顺阳光新能源有限公司依托清华大学科研实力，集研发、生产、销售等于一体，产品多样且应用广泛。阿特斯光伏电力（洛阳）有限公司作为头雁企业，主导产品涵盖太阳能光伏组件等，产值突破50亿元。二是风能领域。华能汤阴风电场、华润河南安阳内黄润电风电场等项目纷纷落地，许昌许继风电科技有限公司作为本土整机企业，技术创新突出，机组年可利用率超99%。全省风电装机规模不断扩大，像安阳区域内风光新能源发电装机容量已占当地发电总装机容量的65.8%。三是生物质能方面。河南天冠企业集团有限公司历史悠久，是国内重要的乙醇生产企业，拥有燃料乙醇、工业沼气、生物柴油生产线，在新能源研发与生产上成果显著。四是地热能开发利用，河南走在前列。万江新能源股份有限公司研发多项技术，入选世界地热大会技术方案，其"取热不取水"等技术应用广泛，助力多地建成地热能供暖连片示范区，供暖面积超1亿平方米。

四 河南省风电光伏及新型储能产业发展面临的挑战

（一）产业链条相对薄弱

一是原材料供应方面，风电主轴轴承用特种合金钢、碳纤维叶片材料

90%依赖进口。光伏 N 形硅片所需电子级多晶硅、银浆等关键材料本土化率不足 30%；储能锂电隔膜、电解液添加剂等高附加值材料依赖省外采购。二是核心零部件制造方面，风电主轴承、变桨系统等高端部件省产化率低于 15%。针对光伏 TOPCon 电池用 PECVD 设备、智能逆变器 IGBT 芯片，省内不具备规模化生产能力；储能电池管理系统（BMS）核心算法、液冷系统温控模块等技术依赖引进。三是后端服务方面，风电运维预测性维护技术缺失，省内企业仅承担 30% 风电场运维；光伏回收组件回收技术停留在物理拆解阶段，硅材料再利用率不足 40%。四是储能集成方面，缺乏系统集成商，80% 储能项目由省外企业总包。

（二）产业发展不均衡

一是技术水平存在差距。光伏组件产能过剩（省内产能利用率为 65%），同质化现象严重；压缩空气储能、全钒液流电池等技术处于实验室阶段，产业化滞后 3~5 年；智能电网调度系统、虚拟电厂平台等支撑能力不足。二是区域发展水平存在差距。如洛阳（风电装备）、许昌（光伏玻璃）新能源产值占全省的 60%；豫东地区新能源企业密度仅为全省平均值的 1/3；信阳、南阳等风光资源富集区本地化消纳能力不足，外送通道建设滞后。

（三）品牌竞争力弱

一是市场影响力方面，全省无企业进入全球新能源企业 50 强，在国内市场占有率前 10 名中，仅有 1 家豫企；光伏组件出口量占全国的比重不足 2%，海外自主销售渠道覆盖率低于 20%。二是品牌认知度方面，省内 80% 风电整机企业以 OEM 代工为主，自主品牌溢价率低于行业均值 5 个百分点；在储能系统集成商中，具有 EPC 总包资质的省内企业不足 10 家。

（四）创新能力不足

一是技术研发方面，新能源企业平均研发投入占比为 2.1%，低于全国平均水平（3.5%）；在储能领域，高价值专利数量仅占全国总量的 4%，且集中在非核心环节。二是成果转化方面,从实验室到产业化的周期长达5~8年,低于江苏、广东等地的3~5年;全省仅3个新能源专用中试平台,难以满足钙钛矿、固态电池等技术验证需求。

(五)政策体系不健全

一是执行层面,在土地政策方面,新能源项目用地审批平均周期为8个月;在财政补贴方面,30%的市级补贴因财政压力延迟兑现,影响企业现金流。二是机制设计层面,河南省缺乏储能容量电价机制,导致80%储能电站处于亏损状态,绿电交易规则不完善,省内新能源发电参与市场化交易比例不足15%。

(六)人才结构性短缺

一是高端人才方面,新能源领域院士、长江学者等顶尖人才数量比其他省份少,仅为山东的1/3;储能系统架构师、光伏材料研发带头人等岗位空缺率达40%。二是技能人才方面,高压电工、储能安全运维等持证技工缺口达2万多人;职业院校新能源专业培养规模仅能满足企业60%的需求。

(七)国际市场竞争激烈

一是技术壁垒,欧盟碳边境调节机制(CBAM)影响光伏组件出口成本,省内企业尚未建立碳足迹追溯体系;美国《通胀削减法案》导致省内锂电材料企业海外订单量下降。二是供应链风险,风电轴承用稀土材料受国际价格波动影响,省内库存周转周期缩短至20天(安全线为45天)。

五 推动河南省风电光伏及新型储能产业发展的对策建议

通过以上分析可见,河南省新能源产业发展面临的问题具有系统性和复杂性,需要构建"全链条优化、多维度协同"的治理体系。建议围绕产业

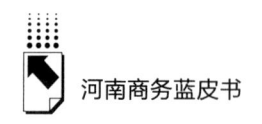

强链、区域协同、品牌战略、政策供给四大板块，实施"强链补链、梯度跃升、生态重构"三维突破战略，构建"技术突破+场景驱动+要素聚合"的产业发展新模式，为中部地区能源转型提供"河南方案"。

（一）提高产业链韧性

开展太阳能、风能、储能与智能电网领域等核心产业强链延链深度研究。加快风能资源规模化开发利用，特别是在京广铁路以西及大别山区域，优先采用风电与传统电源、抽水蓄能电站一体化开发模式，打造多能互补示范项目，推进集中式风电规模化开发。结合工业园区、经济开发区、油气矿井及周边地区，因地制宜引导分散式风电规范建设。探索风电与传统电源、抽水蓄能电站一体化开发模式，提升风能资源的灵活调节能力和利用效率，促进能源结构的优化升级。

（二）制订产业生态协同发展计划

构建"郑州—洛阳双核驱动，安阳、信阳特色增长极，其他地市配套协同"的空间格局，实施产业转移"飞地园区"模式，建立雁阵式发展梯队，打造雁阵式空间布局。推动新能源装备与智能矿山机械、农业机械等优势产业融合发展，形成郑汴洛濮氢走廊等特色产业带。

（三）开展品牌价值提升行动

一是实施"豫新名品"培育计划，设立 50 亿元产业并购基金，推动优势企业兼并重组，打造风电整机、光伏逆变器等 5 个世界级单品冠军，制定风电整机、光伏组件等细分领域"河南标准"，举办国际新能源装备博览会，打造"中原绿能"会展品牌，实施"百厂千村"示范工程，建设可视化新能源应用场景体验网络。二是实施企业梯队培育计划，遴选 10 家"链主企业"给予"一企一策"支持，冲刺全球新能源 500 强，培育 30 家"单项冠军"，重点发展风电变桨系统、光伏跟踪支架等细分产品，建立专精特新企业加速器，发展储能系统集成、微电网控制等新兴领域。建设"数字孪生"平台,搭建新能源产业云展厅,运用区块链技术建立产品质量溯源体系,实现"河南智造"可视化展示。

(四)重构创新突破体系

一是创建黄河新能源实验室,实行"学术带头人+产业导师"双负责人制,设立"基础研究特区",布局钙钛矿光伏、固态电池等前沿方向,实行"揭榜挂帅+赛马制"攻关模式。二是构建"产学研用"创新联合体,推动郑州大学、河南大学等高校学科重组,建设储能技术研究院等新型研发机构,形成"一课题一专利池"成果转化机制。

(五)完善政策供给体系

一是制定"政策适配度"评价体系,建立新能源产业政策仿真实验室,构建新能源政策仿真模型,开发政策效果预评估模型,充分发挥土地评估、税收等政策组合效应,实施"年度政策体检和动态调整"制度。二是创新"碳金融+产业"支持工具,设立中原绿色产业发展风险补偿基金,推出可再生能源确权贷款、碳收益质押融资等金融产品,推出省级新能源开发"设备融资租赁+保险"组合产品,推广"绿电贷"金融工具,将碳减排量纳入授信评估体系。

(六)实施人才生态引育行动

一是制订"英才入豫"计划,编制新能源人才需求热力图,绘制全球顶尖专家分布图谱,设立海外引才联络站,对顶尖团队实行"一人一策"定制化引进。二是发展产教融合共同体,重组郑州大学能源学科群,设立储能科学与工程交叉学科,建设新能源现代产业学院,推行"教室在车间、教师含师傅"培养模式与"双导师制"学徒培养模式。

(七)推动数字能源融合工程

一是建设中原新能源云脑,整合全省新能源电站数据资源,构建覆盖"源网荷储"的智能调度系统,开发数字孪生运维平台,实现风机、光伏板等设备的预测性维护。二是实施"区块链+绿电"行动，在郑州建立绿电溯源认证中心，实现分布式能源绿证数字化管理。推出基于智能合约的绿电交易平台，连接省内 2000 家重点用电企业。

（八）推动区域能源产业协同发展

一是构建中原城市群"绿电共同体"，建立豫晋鲁三省边际绿电交易市场，实现跨省域新能源消纳，推进黄河流域生态保护区风光储一体化项目，打造沿黄生态能源带。二是创建县域新能源微网示范，探索在兰考、新县等 20 个县（市、区）建设"光储直柔"新型电力系统，推广"光伏+农业"县域经济模式，建设智慧能源特色小镇。

（九）支持循环经济发展

一是建设新能源材料闭环体系，在平顶山建立光伏组件回收再生基地，实现硅材料 90%循环利用，开发退役风机叶片破碎再利用技术，推出公路隔音屏障等产品。二是打造零碳产业园区，在郑州经开区实施"风光氢储"多能互补工程，构建园区级虚拟电厂，推行新能源企业碳足迹核算认证，建立产品全生命周期碳标签制度。三是实施"千万家庭光伏计划"，推出户用光伏消费信贷产品，3 年内覆盖 100 万户农村屋顶，开发"光伏管家"App，实现家庭电站智能运维和余电交易。

参考文献

《国家能源局关于印发〈2025 年能源工作指导意见〉的通知》，国家能源局河南监管办公室网站，2025 年 3 月 4 日，https：//henb.nea.gov.cn/xxgk/zcfg/202503/t20250304_277477.html。

《国家发展改革委　国家能源局　国家数据局　关于印发〈加快构建新型电力系统行动方案（2024—2027 年）〉的通知》，国家能源局河南监管办公室网站，2024 年 8 月 23 日，https：//henb.nea.gov.cn/xxgk/zcfg/202408/t20240823_268339.html。

B.15 河南经开区零碳园区建设可行性研究

金川 张伟 李永兵*

摘 要： 地球是人类赖以生存的共同家园。目前，全球面临碳排放过量引发的气温持续升高、极端气候频发等严重威胁人类生存的局面，实现碳中和成为全人类的共同使命。建设零碳园区成为一项必然选择。本报告从零碳园区提出的背景、内涵、意义等方面论述了建设零碳园区的必要性，并梳理了目前国内外零碳园区的建设现状。从河南经开区零碳园区建设基础、绿色发展优秀案例、零碳园区建设意愿方面，分析河南经开区建设零碳园区的必然性。进而提出河南经开区建设的工作路径和具体实施方案，为河南经开区建设零碳园区提供理论依据和落地指导。

关键词： 零碳园区 建设可行性 河南省

人类工业文明发展、化石能源大规模应用、碳排放量持续增加，导致全球气温持续升高，冰川消融、海平面上升、极端气候频发等威胁人类生存，实现碳中和成为全人类的共同使命。

一 零碳园区提出的背景

为应对全球气候变暖，减少碳排放，展现大国担当，全球130多个国家提出碳中和目标。中国既是全球最大的发展中国家，也是全球最大的碳排放

---

* 金川、张伟、李永兵，河南省商务厅。

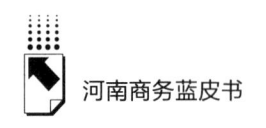

国家。我国在第 75 届联合国大会上提出，力争在 2030 年前实现二氧化碳排放达到峰值，努力争取在 2060 年前实现碳中和。这是我国应对全球气候变化、推动经济高质量发展、实现绿色转型的内在需求，彰显了大国担当，受到国际社会广泛关注和赞誉。

产业园区是碳排放的主要来源地，贡献了全国 37% 的碳排放，是"双碳"目标的核心应用场景。建设零碳园区，为中国绿色发展注入新动能，成为经开区增强竞争力、打造绿色产业生态、实现可持续发展的必然选择。近年来，全国多个省份抢滩布局、加快建设各类零碳园区、近零碳园区、低碳园区和绿色园区。

2024 年 12 月 12 日，中央经济工作会议首次提出"建立一批零碳园区"，明确将零碳园区建设纳入我国碳达峰、碳中和目标，经开区建设零碳园区成为河南省实现低碳发展的重要方向。

二　零碳园区的内涵

（一）零碳园区的概念

零碳园区指为适应园区产业绿色高质量发展和碳中和需要，将"绿色低碳""碳中和"等发展理念系统性融入园区建设的新建、改建或扩建的各个阶段，推动区域内产业结构、能源利用、生态保护、建筑设计、交通出行、建设管理等多个方面实现零碳发展，促进产业绿色化发展、能源低碳化转型、设施集聚化共享、资源循环化利用，实现生产、生态、生活深度融合的新型园区。通俗来说，零碳园区指在一定时间内，园区核算范围内直接或间接排放的含碳温室气体排放总量，通过增汇、减源、负碳技术及管理方式创新等抵消，实现碳的"零排放"。因此，零碳园区建设的核心是实现"产碳"和"消碳"之间的平衡。

低碳园区是指根据低能耗、低排放原则，从建设规划、节能减排、制度管理等方面，采取措施减少碳源，形成低碳排放发展模式的园区。近零碳排放园区指全方位系统性融入碳中和理念，整合节能、减排、固碳、碳汇等碳中和措施，实现园区碳排放与吸收的平衡。

（二）零碳园区评价标准

目前国家层面尚未出台零碳园区创建或评价技术标准，对于零碳园区的创建或评价多参考相关的团体标准或地方标准，如中国工业节能与清洁生产协会发布的《零碳园区评价通则》、上海市节能环保服务业协会发布的《零碳园区创建与评价技术规范》等相关团体标准，内蒙古自治区发布的《零碳产业园区建设规范》、天津市出台的"零碳示范单元标准体系"等地方标准，均可作为零碳园区建设参考的标准规范。

三 零碳园区建设的意义

产业园区率先实现零碳转型既是实现美丽中国建设和碳达峰、碳中和目标的内在要求与重要途径，更是产业园区智慧转型的必由之路和重塑城市发展格局的现实需要。

（一）实现"双碳"目标的需要

产业园区作为工业集聚区，是我国推动产业升级与绿色高质量发展的主阵地、主战场、主平台，也是我国推进改革开放和布局未来经济的试验田和引领区。产业园区提供大量基础设施和公共服务，同时是碳排放主要来源地。将产业园区作为"精准减排"的引领区、落脚点和攻坚区，是我国实现碳达峰、碳中和目标的必然要求和重要途径。

（二）产业园区智慧转型的需要

产业园区实现零碳智慧转型的关键是促进绿色、零碳、循环发展。零碳智慧园区建设将引领新一轮产业供给侧改革，不断激发绿色技术创新、驱动

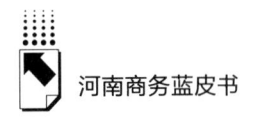

绿色设备研发、促使绿色制造壮大及绿色服务成长，而建设零碳园区成为产业园区智慧转型的必由之路。

（三）重塑城市发展格局的需要

在"双碳"目标的推动下，零碳园区可以更进一步成为发展战略科技力量、推进供给侧改革、引领产业转型升级、提升城镇化发展质量和构建新发展格局的核心力量。从产业体系来看，零碳园区可作为承接产业转移的关键平台。通过加速战略性新兴产业集聚，推动企业开展低碳化改造，强化低碳技术创新供给，逐步培育形成绿色低碳产业集群。从城市发展角度出发，建设零碳园区有助于智能化调配城市资源，优化城市宜居环境，极大地提升城市可持续发展能力。

四 零碳园区建设的现状

（一）国外零碳园区建设现状

目前，国际零碳园区建设探索主要集中在欧美等发达经济体，主要特点有以下几个方面。

一是加速能源结构转型，提高清洁能源使用率。如德国的 EUREF 零碳科技园，构建了一体化的能源生产、使用和存储智能电网系统，实现可再生能源利用最大化；美国得克萨斯州的休斯敦建设了该国最大的清洁氢能中心；英国政府在亨伯工业集群区域重点发展氢能和风能，HornSea One 项目成为全球最大的海上风力中心。

二是加速研发与应用碳捕获、利用与存储（CCUS）技术。英国亨伯、提赛德两个地区的工业集群联合开发海上二氧化碳运输和离岸储存设施；德国 EUREF 零碳科技园内全部是绿色节能建筑，建筑外壁的藻类生物反应器可增强碳汇能力。

三是加强智能化改造。如德国 EUREF 零碳科技园通过加强储能基础设施建设、采用智能化能源管理系统提高园区能源利用效率。园区所有建筑物的智能电表连接到电网，通过日光传感器自动控制办公照明系统。同时，建设能源消耗管理平台，利用小型热电联供能源中心系统，完成园区内制冷、供暖和供电任务，能源管理过程实现智能化、可视化。

四是加大政策支持力度。如英国政府为支持零碳产业集群化发展，设立产业战略挑战基金（ISCF），建设和投资净零排放产业集群；成立共同基金，加大碳存储技术设施的资本性支出分摊力度，在设施投入运营后，根据每吨碳减排给予差价合约补贴；建立碳交易市场。

（二）国内零碳园区建设情况

近年来，为实现"双碳"目标，各地纷纷探索建设绿色园区、低碳园区、近零碳园区和零碳园区。其中，内蒙古、安徽、福建、广东等地先行一步，出台政策鼓励产业园区开展零碳工业园建设试点示范项目。在建设成果方面，北京、广东、内蒙古、江苏、重庆、上海、浙江、广西等地部分零碳示范园区已建成，部分正在建设中。同时，宁德时代、联想集团、元气森林等大型企业相继宣布零碳工厂建设计划。此外，河北、山东、山西、江苏、重庆、四川、云南、青海等地正通过出台政策文件，全力推动近零碳工程或园区建设，在不同层面助力绿色发展目标的实现。

目前，国内已有多个园区在零碳园区建设方面取得显著成效，如青岛经济技术开发区积极发展并推广可再生能源、天然气等清洁能源，建设国家整区屋顶分布式光伏开发试点，利用屋顶或闲置用地发展分布式光伏，打造光伏式新能源发电的零碳智慧工业园区；上海闵行经济技术开发区发布《闵行开发区零碳示范园区创建行动方案》，依托水生园升级改造、集中供热、光伏发电等多个项目，园区力争实现2030年左右碳中和的美好愿景；南昌经济技术开发区在全区大范围多点建设储能电站，用于电源侧储能以及电网侧调频，建成欣旺达产业园"光储零碳园区"基地。

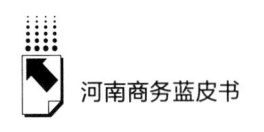

五 河南经开区零碳园区建设的基础

（一）绿色发展现状

经开区作为经济功能区，既是"试验田"，也是"风向标"。近年来，经开区积极响应省委、省政府关于绿色发展的战略要求，依据出台的多项政策文件，不断提升绿色发展水平，已成为引领河南省经济绿色发展的重要载体，在加快产业转型升级方面，突出培育主导产业、以创新驱动发展、完善基础设施建设、推动绿色集约发展等。

一是经开区已成为河南省绿色零碳建设领域的主阵地。目前，河南省15个国家级绿色工业园区有11个在经开区，占全省的73%；在河南省发展改革委发布的10个碳达峰试点园区中，有7个在经开区，占全省的70%；有92家"绿色工厂"企业，占全省的50%；有14家"绿色供应链企业"，占全省的60%。除此之外，经开区还有5个国家级循环化改造示范试点园区、16家"绿色设计产品"企业、5家"工业产品绿色设计示范企业"。河南省唯一一个国家生态工业示范园区是郑州经开区。

二是经开区能源绿色转型已走在全国前列。经开区能源利用率较高，规模以上工业单位增加值能耗平均值仅为西部地区国家级经开区的50%。全省经开区清洁能源发展势头强劲，其中兰考经开区清洁能源占比达到96%，国家级经开区的清洁能源占比是全国清洁能源占比的2倍。

（二）经开区绿色发展优秀案例

一是郑州经开区。遵循绿色、低碳、循环发展理念，深入实施绿色制造提升行动，加快产业结构优化升级，大力推进制造业高端化、智能化、绿色化发展，获评"国家生态文明建设示范区"、河南省首批"碳达峰试点园区"、"河南省绿色园区"，以提高发展"含绿量"提升产业"含金量"，走出一条绿色高质量发展之路。郑州经开区以占全市约2%的国土面积、不足

2%的能源消耗，贡献了郑州市10%以上的地区生产总值和26.3%的工业增加值，综合经济实力位居国家级经开区前列。郑州经开区用尽可能小的环境容量，创造出尽可能大的经济价值，为探索绿色、节能、低碳、智慧的新发展模式提供了"郑州经开方案"。

二是鹤壁经开区。促进资源协同利用，助力实现"双碳"目标。为促进工业绿色发展，推动工业固体废物资源综合利用，引进一系列资源综合利用项目，依靠节能和优化能源结构，鼓励企业使用清洁能源，提高气化率，大力推广清洁生产技术。近年来鹤壁经开区成功创建天海电器、淇花食用油、仕佳光子、天海电子4家国家级绿色工厂，天海环球1家省级绿色工厂，河南淇花食用油省级绿色供应链企业，以开发区管委会为主体成功申报国家级绿色园区。

三是兰考经开区。坚持绿色低碳发展理念，以产业为引领，以项目为支撑，大力发展循环经济，园区清洁能源占比达到96%，着力打造"无废城市""绿色工业园区""农村能源革命试点"。依托格林美建立废旧家电、报废汽车、废五金和锂电池拆解再利用体系，积极打造"城市矿山"；依托光大生活垃圾焚烧发电项目建立城乡生活垃圾"收—储—运—用"体系，生活垃圾得到无害化处理；依托瑞华电力、鼎丰木业等企业，建立农林废弃物处理体系，成功获批"全国循环经济产业示范基地"。同时，引入杭萧钢构企业项目，积极与欧本德弗公司、上海宝冶集团等装配式建筑的龙头企业合作，争创国家级装配式建筑示范城市。"高耗能、高排放"传统产业不断"调优调绿"。

（三）经开区零碳园区建设意愿

部分经开区已经出台或正在出台促进绿色产业发展的相关政策，如郑州经开区制定《郑州经开区"十四五"时期"无废城市"建设实施方案》，以助力郑州经开区全面绿色转型；新安经开区发布《新安经济技术开发区"十四五"绿色低碳发展专项规划》，注重绿色低碳产业发展；长垣经开区出台《长垣经济技术开发区循环化改造实施方案》，助力经开区循环经济

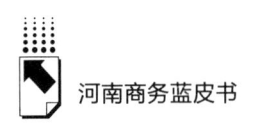

发展。

可以看出，郑州、兰考、巩义、长垣等经开区在绿色发展方面有较好的基础，同时有较强的意愿进行绿色低碳园区创建工作。

六 经开区开展零碳园区建设的必然性

（一）经开区开展零碳园区建设是落实党中央、国务院碳达峰碳中和决策部署的必然要求

要坚定不移贯彻新发展理念，坚持系统观念，处理好发展和减排、整体和局部、短期和中长期的关系，以经济社会发展全面绿色转型为引领，以能源绿色低碳发展为关键，加快形成节约资源和保护环境的产业结构、生产方式、生活方式、空间格局，坚定不移走生态优先、绿色低碳的高质量发展道路。经开区作为经济建设的"主阵地、主战场、主引擎"，建设零碳园区是践行绿色发展理念的具体体现。

（二）经开区开展零碳园区建设是聚焦河南省"两高四着力"的必然要求

省委、省政府高度重视经开区高质量发展工作，将"实施绿色低碳转型战略"作为"十大战略"之一，在出台的多项政策文件中，均提出做好建设绿色低碳园区、绿色工业园区、碳达峰试点园区、碳中和园区工作的要求。先后在财政资金补贴、税收优惠、绿色金融、政府绿色采购、双碳科技人才培养等方面出台相关政策，提出具体要求。《河南省人民政府办公厅关于开展企业技术改造提升行动促进制造业高质量发展的实施意见》提出，对获得国务院或工业和信息化部认定的国家新型工业化产业示范基地、绿色工业园区，一次性奖励200万元；《河南省碳达峰实施方案》《河南省碳达峰试点建设实施方案》《河南省工业领域碳达峰实施方案》等文件提出，加大财政资金统筹力度，逐步加大对碳达峰、碳中和重大项目的支持力度。严格落实绿色采购制度，加大政府绿色采购力度。落实支持碳达峰、碳中和税收政策，按规定对企业开展绿色低碳领域基础研究给予税收优惠。完善绿色金融体系，引导金融机构为绿色低碳项目提供长期限、低成本资金。推广节能环保服务政府采购，确保节能环保产品政府强制采购和优先采购制度执行。

（三）经开区被赋予建设零碳园区的使命

国家先后印发《2030年前碳达峰行动方案》《国务院关于加快建立健全绿色低碳循环发展经济体系的指导意见》《工业领域碳达峰实施方案》等，推动产业园区绿色低碳转型发展。在商务部印发的《国家级经济技术开发区综合发展水平考核评价办法（2021年版）》中，绿色发展指标权重为15%，重点包括单位碳排放及碳排放增长率指标。经开区零碳园区建设有助于贯彻新发展理念、推动园区绿色低碳转型、突出开放平台特色。

（四）助力河南省应对绿色贸易壁垒、推动外向型经济绿色高质量发展

2023年河南全省45个经开区拥有企业超22万家，实际使用外资占全省的51%，进出口额占全省的19%。经开区是全省外资总部经济集聚区，也是河南省外向型经济高地。近年来，世界各国采取各种措施，绿色贸易壁垒加速形成，这将影响河南省的对外贸易和相关产业发展。建设零碳园区有利于探索建立河南省出口产品全生命周期的碳足迹追踪体系，加快推进河南省重点产业全产业链降碳能力建设，有助于河南省更好应对全球绿色贸易壁垒。

七　经开区零碳园区建设的工作路径

在充分考虑资源禀赋、发展定位等因素的基础上，河南省探索因地制宜、分类推进、引领带动的零碳发展模式，在郑州经开区、兰考经开区、鹤

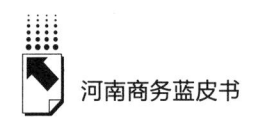

壁经开区等绿色发展基础好、产业体系完善、低碳发展意愿强的经开区开展创建工作，总结形成可复制可推广的经验，发挥引领带动作用。

（一）产业规划

根据国家、省、市和所在县（市、区）地方产业规划，结合所在城市总体规划，综合利用所在地资源优势和市政基础设施，围绕主导产业、战略性新兴产业和未来产业发展优化产业布局，推进高碳产业向低碳产业转型，突出发展低碳产业，在园区内逐步探索零碳产业发展模式；统筹协调项目近期建设与产业远期发展的关系，为减碳产业发展及汇碳装备设施预留足够的发展空间；充分考虑产业链上下游的衔接，提升能源、资源利用效率；持续提高土地集约利用水平，尽力降低单位面积温室气体排放强度。

（二）基础设施

园区内企业每年开展温室气体排放情况盘查，并持续改进；建立用能重点企业能源管理体系，能源审计率达100%；企业通过清洁生产审核比例超过50%，达到清洁生产水平二级的企业占比在80%以上。园区内公共交通、环卫等车辆100%使用新能源车辆；机动车停车位建设预留充电基础设施比例超过30%；园区内出行采用非机动车、公共交通、步行等低碳方式；建立完善碳普惠激励机制；开展碳主题宣传活动和相关的教育、培训；生活垃圾分类收集率达到100%。

（三）能源利用

优先利用绿色能源替代化石等传统能源；充分考虑园区内用能单位能源互补情况，建设配套储能系统、"源网荷储"一体化电力系统；建立能源循环利用梯级体系，开展余压、余冷、余热、余气的回收利用；建设分布式光伏发电场景，就近接入绿色电力系统；鼓励园区内企业购买国家核证自愿减排量、国际认可核证减排量、政府批准备案的碳普惠项目减排量、政府核证节能项目碳减排量。

（四）低碳建筑

新建建筑应符合国家最新要求；新建民用建筑应按照国家有关标准进行碳排放计算，单位建筑面积碳排放量应满足国家有关标准；公共区域全部采用节能照明，并采取分组、分区与自动调光等措施；新建工业建筑和公共建筑均采用自然通风和地道通风等技术，排出室内余热，建筑外壁立体绿化增加碳汇。

（五）智慧管理

建立健全零碳园区建设管理体系，建设能源利用和碳排放智慧管理平台，实现能源利用的实时监控管理和优化调度配置、碳排放全生命周期管理，制定严格的项目落地、企业入园和零碳生产标准，强制淘汰高产碳落后产能，支持节能、减排、低碳技术研发。建立完善碳核算评价机制、碳排放核算标准体系等。

八 经开区建设零碳园区的具体实施方案

（一）指导思想

以习近平新时代中国特色社会主义思想为指导，深入贯彻绿色发展理念，以碳达峰、碳中和为目标，推动经开区绿色低碳转型，打造零碳园区，为实现河南省乃至全国的绿色发展贡献力量。

（二）总体要求

按照经济建设主阵地、主战场、主引擎的定位要求，充分发挥经开区引领带动作用，以高质量的绿色零碳发展为核心任务，积极培育建设零碳园区，争取两到三年内建成2~3个零碳园区，平均园区产值达到10亿元。通过创建零碳园区，河南省经开区逐步实现碳中和目标，为构建绿色低碳、可持续发展的经济体系做出积极贡献。

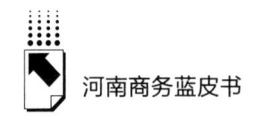

（三）遵循原则

一是科学规划，合理布局。根据园区的产业特点、资源禀赋和生态环境条件，制定科学合理的零碳园区发展规划。

二是政府引导，市场主导。政府提供政策支持和引导，发挥市场在资源配置中的决定性作用。

三是技术创新，机制改革。加强技术研发和引进，推动低碳技术的创新和应用；建立健全绿色低碳发展的长效机制。

四是引领带动，逐步推广。选择条件成熟的开发区先行先试，形成可复制、可推广的经验和模式。

（四）实施路径

一是制定发展规划，建立长效机制。明确零碳园区的建设目标、任务和时间表，确保各项任务有序推进。完善政策体系和市场机制，推动绿色低碳发展的长效化和制度化。

二是推动园区能源结构转型。推动能源多元化，通过发展地热能、生物质能，建设风电场、太阳能等发电设施，增强绿色能源的供应能力，积极推广太阳能、氢能、风能等绿色能源，提升绿色能源占比，构建多元化的能源供应体系。

三是提高能源利用效率。鼓励园区内企业采用节能技术和设备，提高能源利用效率，减少能源浪费。对园区内现有的工业设备、建筑等进行节能改造，提高能效。推广节能技术和设备，鼓励企业降低能源消耗和碳排放。鼓励企业采用绿色生产方式，减少生产过程中的能源消耗和废弃物排放。发展电动汽车、混合动力汽车等低碳交通工具，减少交通领域的碳排放。

四是实施碳减排综合策略。建设碳捕捉设施，对工业过程中产生的二氧化碳进行捕捉和储存。加强碳捕捉技术的研发和应用，提高碳捕捉效率和安全性。建立碳排放权交易机制，鼓励企业通过碳排放权交易实现碳减排目标。实施碳税政策，对高碳排放的企业和产品征收碳税，通过经济手段推动企业减少碳排放。通过植树造林、森林抚育等措施，加强森林保护和恢复，发展林业碳汇项目，增强森林碳汇能力。加大技术创新与人才培养投入力度，推动绿色低碳技术研发和应用，加强碳中和相关人才的培养和引进，增强园区内企业和管理人员的碳中和意识与能力。

（五）政策支持

一是支持土地集约节约利用。完善产业用地政策，新增工业用地向零碳园区建设倾斜。通过依法收回、协议置换等，促进腾退出清，提高土地利用效率。支持零碳园区建设科学有序开展，探索增加混合产业用地供给。

二是加大创新和产业政策支持力度。优先支持零碳园区创建国家级开发区。支持零碳园区产业项目和创新平台建设，将其优先纳入省重点项目管理，在省级专项资金安排、环境容量配置、用能指标等方面给予倾斜。加大地方政府专项债券对零碳园区公共配套设施建设项目的支持力度，同等条件下优先满足零碳园区资金需求。强化企业项目申报指导，推动零碳园区承建开发区平台公司与国内外知名基金机构、产业龙头企业合作设立产业投资基金，支持创新型企业孵化培育和重大招商项目落地。

三是探索优化园区服务。支持零碳园区承建经开区纵深推进"放管服"改革，复制推广自由贸易试验区、国家自主创新示范区创新经验，赋予更多市级行政审批权限。创新环评机制，简化项目环评程序。

（六）工作开展

一是开展调研摸底。通过问卷调查，对经开区的产业现状、能源结构、碳排放情况进行全面调研和分析，为制定零碳园区发展规划提供科学依据。召开座谈会，充分听取经开区建设零碳园区的意愿，采取自愿报名和指定的方式，选取2~3家经开区作为零碳园区建设区。争取2~3年内建成1~2个零碳园区，平均园区产值达到10亿元以上。

二是编制规划。根据调研结果，制定零碳园区发展规划和实施方案，明确建设目标、任务和时间表。

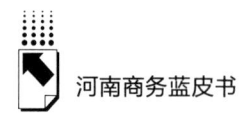

三是建设实施。按照规划要求和时间表，逐步推进各项建设任务，确保零碳园区顺利建成。结合河南省自然资源厅和河南省生态环境厅意见划定园区零碳园区范围。河南省发展改革委、河南省生态环境厅共同制定零碳园区产业发展规划。河南省发展改革委、国家能源局河南监管办公室、河南省生态环境厅等部门出台专门针对零碳园区建设的支持政策。引入第三方机构或者组建零碳园区建设指导专家团队，为零碳园区建设提供技术支持。

四是评估总结。对零碳园区的建设成果进行评估和总结，形成可复制、可推广的经验和模式，为其他经开区建设零碳园区提供借鉴和参考。

参考文献

《习近平对国家级经济技术开发区工作作出重要指示强调：不断激发创新活力和内生动力 以高水平对外开放促进深层次改革高质量发展》，商务部网站，2024年10月22日，https：//hntb.mofcom.gov.cn/szyw/art/2024/art_b47fe78ffc5b44c58f7c793da959b051.html。

《零碳园区将迎建设潮》，"中国城市报"百家号，2025年2月6日，https：//baijiahao.baidu.com/s？id=1823310676364319349&wfr=spider&for=pc。

B.16
河南省数字商务发展研究

刘海涛 宋嘉楠[*]

摘 要： 数字商务是数字经济发展最迅速、创新最活跃、应用最丰富的重要组成，是数字经济在商务领域的具体实践，也是商务各领域数字化发展的实施路径。本报告在介绍我国数字商务发展情况的基础上，结合河南省发展现状，针对当前存在的问题，提出了对策建议。

关键词： 数字商务 电子商务 河南省

党的十八大以来，习近平总书记多次强调要发展数字经济。国家顺应信息革命的时代潮流和发展大势，从全局出发，将发展数字经济上升为国家战略，先后出台《网络强国战略实施纲要》《数字经济发展战略纲要》《数字中国建设整体布局规划》等。中国共产党河南省第十一次代表大会将数字化转型列入"十大战略"，河南省人民政府印发《河南省"十四五"数字经济和信息化发展规划》，提出建设数字河南，做大做强数字经济。数字商务是数字经济发展最迅速、创新最活跃、应用最丰富的领域，是数字经济在商务领域的具体实践，也是商务领域数字化发展的实施路径。全省商务系统认真贯彻党中央关于加快发展数字经济的决策部署和商务部、省委、省政府工作要求，努力为河南省打造数字经济发展新高地做出商务贡献。

---

[*] 刘海涛、宋嘉楠，河南省商务厅。

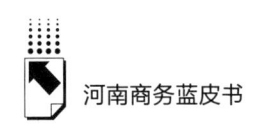

一 数字商务发展概况

（一）全国情况

近年来，我国数字经济规模持续扩大，从2012年的11.2万亿元增至2023年53.9万亿元，占GDP的比重从20.4%提升至41.6%，成为拉动经济增长的核心引擎。数字商务作为数字经济的重要组成部分，呈现蓬勃发展态势。从国内消费来看，全国网上零售额从2012年的1.3万亿元增长至2024年的15.5万亿元，连续12年位居全球最大网络零售市场，其中，实物商品网上零售额占社会消费品零售总额的比重由2015年的10.8%提升至2024年的26.8%；从对外贸易来看，全国跨境电商进出口额占货物贸易进出口额的比重由2015年的不到1%增长至2024年的6%。

在规模不断扩大的同时，数字商务推动商业模式的深刻变革。通过互联网、物联网、无线通信和云计算、大数据等技术的广泛应用，数字商务将传统商业的渠道、营销、运营等流程数字化、网络化、智能化，催生了众多新业态新模式，如无人零售、社交电商、直播带货、智慧供应链等。

（二）河南省情况

2024年，全省网上零售额达4788.9亿元，同比增长14.8%，其中实物商品网上零售额达3915.0亿元，同比增长12.5%，增速分别高于全国平均水平7.6个百分点和6.0个百分点，均居全国前列；2012年全省网上零售为390.0亿元，2012~2024年年均增长23.2%。2024年，全省跨境电商进出口额（含快递包裹）为2665.5亿元，2015年为368.0亿元，2015~2024年年均增长24.6%。

二 河南数字商务发展实践

（一）推动商贸领域数字化转型

一是促进网络消费。2024年，全省组织抖音、阿里巴巴、美团、云书网、聚爱优选等省内外平台开展"豫"你一起过大年——河南网上年货节活动，举办10场全省性活动和1000余场配套活动，河南省做法获央视宣传报道。举办第六届双品网购节河南专项活动，推动消费品以旧换新，举办11场全省性活动，指导各市举办18场配套活动，释放消费活力。组织电商企业及主播赴山东省潍坊市青州市参加"2024数商兴农庆丰收"暨金秋双节直播季电商促消费活动。举办"丝路云品电商节"活动，助力品质好物引进，国货品牌出海。开展"2024年迎双节消费帮扶新春行动"，设立线上活动专区，推介脱贫地区优质农副产品。在新乡市获嘉县同盟古镇举行全国"游购乡村·欢乐大集"系列活动启动仪式，围绕名优年货、特色美食、非遗和文创产品等十大主题，设200多个特色摊位。据第三方统计，2024年，全省农村网络零售额为1939亿元，同比增长13.4%，其中，农产品网络零售额为1018亿元，同比增长10.8%。

二是加大主体培育力度。持续壮大电商主体规模，创新商业模式，为消费者提供更多元的产品和更优质的服务，丰富其网上购物体验。截至2024年，全省共获批国家级电子商务示范基地8家、示范企业4家，培育认定省级电子商务示范基地96家、示范企业324家。2024年，全省新增备案电商企业29528家，累计备案100390家。培育了销售额超百亿元的海一云商家电直播基地、超40亿元的大观国贸和银基商贸城服装直播基地；阿里巴巴1688河南选品中心落户郑州，更多省内源头工厂直连全国消费者。联合省有关部门印发《关于推动农村电商高质量发展的实施方案（2024年—2026年）》，持续推动农村电商发展。全省累计认定电商进农村综合示范县99个，培育淘宝村209个、淘宝镇144个。

三是推动数字化转型。河南省指导鹤壁市入选首批全国城市一刻钟便民生活圈全域推行先行区试点城市，开封市入选全国第四批试点城市，"鹤壁模式"被商务部纳入典型案例汇编，被央视新闻专题报道；周口川汇区经验被央视"焦点访谈"采编报道；洛阳、商丘、郑州建设的示范生活圈多次被省级媒体宣传报道。郑州二七商圈、郑州万象城被商务部认定为第二批全国示范智慧商圈、智慧商店。推动传统老字号企业数实融合发展，举办全

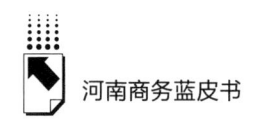

省老字号专题培训会，鼓励探索"实体销售+平台外卖+电商零售+视频形式"全渠道矩阵，助力平顶山弘宝汝瓷、开封福兴斋桶子鸡、白记花生糕等老字号产品亮相"与辉同行"河南行直播活动，建成老字号数字博物馆，展示中华老字号、河南老字号。

四是开展产销对接。2024年举办各类产销对接活动520余场次，成交近12亿元。4月举办"抖音金产地计划·漯河食品招商选品会"，350多家食品企业参与对接。联合头部直播团队"与辉同行"在河南省围绕"与辉同行阅山河"主题进行直播带货，580款地标农产品入选，观看人数近4500万人，交易总额超2亿元；8月，在新疆维吾尔自治区哈密市举办第二届"豫见新疆"农特产品交易会，500余家企业参会，客流量达6万人次，线上线下签约近60亿元，现场直播交易额突破300万元；9月，会同河南省农业农村厅开展"河南省2024年脱贫地区消费帮扶产销对接专项行动"，联合河南省电子商务协会开展"中国农民丰收节"电商直播活动；11月，在鹤壁市浚县召开全国农产品产销对接助力乡村振兴活动，320余家参展商、80余家采购商到会参展采购，达成意向成交额3.2亿元。

五是强化物流支撑。推动商贸流通领域物流数字化发展。河南省印发《河南省加快农村寄递物流体系建设实施方案》，将电商与寄递物流融合发展列入《河南省贯彻落实稳住经济一揽子政策措施实施方案》。联合省有关部门持续推动农村电商发展，支持各地建设县乡村三级快递物流配送体系。推动京东（邓州）智慧物流港建成开园，成为京东在河南省落地的首个县域智慧物流港项目。

（二）提升贸易数字化发展水平

一是发展数字贸易。制定数字贸易改革创新发展任务清单，明确任务分工，推进数字贸易发展。组织参加中国国际服务贸易交易会、全球数字贸易博览会、中国国际数字和软件服务交易会等国际性展会。2024年，中国国际服务贸易交易会期间，河南省举办主题形象展，组织地市经贸代表团拜访考察企业22家、达成意向合作项目9个；在第十届中国（上海）国际技术进出口交易会上，河南省荣获最佳组织奖。二是提升贸易数字化水平。全国首批开展零售进口税款担保电子化改革试点，保函办理时间由线下的3~5天缩短至线上的"秒批"。探索实施重点领域"一单制"改革，郑州国际陆港搭建"一单制"信息化平台，加快推进多式联运"一单制"落地见效；郑州新郑国际机场空陆联运"一单制"入选首批交通强国综合运输服务试点项目，推广空陆联运"一单制"服务规范。三是促进跨境电商快速发展。举办了2024郑州跨境电商大会，开展亚马逊河南跨境电商对接活动，近千名企业代表参加，线上近8000人次观看直播，30余家企业提交开店申请。促成亚马逊全球开店设立郑州办公室，为河南省卖家提供全周期服务。指导支持河南省邮政公司、亚马逊全球开店、阿里巴巴速卖通、Temu、TikTok等电商平台和郑州易赛诺数字科技有限公司等综合服务企业，在全省举办100场"跨境电商+产业带"对接活动，选育跨境电商"种子选手"，打造跨境电商产业带。依托中国（河南）国际贸易"单一窗口"，开发"河南省海外仓综合服务平台"，免费为海外仓企业和外贸企业提供海外仓供需信息发布与对接撮合服务。全省累计培育认定省级跨境电商示范园区36家、人才培训暨企业孵化平台25家、海外仓示范企业12家。四是拓展服务贸易数字化内容。将"一带一路"中原文化欧洲行、中华传统文化杂技艺术"走出去"、弘宝—法国卢浮宫汝瓷文化交流展等纳入2024年"千帆出海"重点活动（项目）清单。指导各地借助对外文化贸易"千帆出海"行动，推动文化产品和服务"走出去"。

（三）推动数字领域高水平开放

一是促进"丝路电商"地方合作。2024郑州跨境电商大会期间，河南省连续5年举办"丝路电商"国际合作对接会，柬埔寨商业部副国务秘书、白俄罗斯和越南驻华大使馆商务参赞、哥伦比亚驻华大使馆商务处高级贸易顾问等出席并分享了本国参与"丝路电商"合作的政策环境和业务需求，郑州航空港经济综合实验区围绕"丝路电商"国际合作进行推介，达成了多个合作项目。二是开展数字规则先行先试。河南自贸试验区探索形成

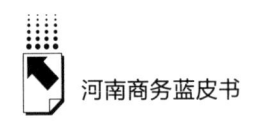

"数据经纪人管理新模式""数据元件便利数据市场生产与应用"两个数据领域创新案例。

（四）健全商务领域数字治理体系

一是不断完善监测评价体系。修订《河南省电子商务示范创建规范》，印发《河南省统计局关于同意建立河南省跨境电子商务监测报表制度的函》，研究编制《河南省网络零售发展指数》。二是促进市场规范化发展。多部门联合开展2024年"诚信兴商宣传月"活动，深入开展"诚实守信利企惠民"主题宣传活动。

三 扎实推进数字商务高质量发展

当前，河南省聚焦推动高质量发展、扩大高水平开放、创造高品质生活、实施高效能治理，着力建设全国统一大市场循环枢纽、打造国内国际市场双循环支点。全省商务系统要立足商务工作"三个重要"定位，深入贯彻"两高四着力"重大要求，认真落实省委、省政府工作部署和商务部《数字商务三年行动计划（2024—2026年）》要求，促进数字经济与实体经济深度融合，赋能消费促进、内贸流通、对外贸易、对外投资等商务领域数字化转型，推动河南省更好融入服务全国统一大市场。

（一）加强"数商强基"

充分发挥数字商务联通千万生产、流通环节经营主体和亿万消费者的先天优势，扎实推进数实融合，通过赋能传统生产和流通企业，实现线上线下融合发展，提升资源配置效率和生产协同水平。一是积极引进龙头平台企业，加强与重点平台企业的常态化沟通交流和服务。持续做好服务业新供给标杆企业培育认定工作。继续争创全国农村电商"领跑县"，打造一批县域直播电商基地，培育一批县域数字商贸龙头企业、农村电商带头人。二是继续做好典型电商服务企业统计调查、跨境电商运行监测工作；依托消费品以旧换新工作，动员各地将新能源汽车、家电销售企业纳入消费市场监测序列。完善市场监测质量评价机制，逐月计算、每季通报、年度总评，调动各地开展监测工作的积极性。建立健全全省商务领域数据分类分级保护制度，保障商务领域数据安全。三是认真做好电子商务领域规则、标准宣贯、推广工作，发挥高校、商协会、龙头企业等作用，指导有关单位制定《跨境电子商务人才培训平台服务指南》《生鲜食品电商基地运营规范》《花生电子商务现货交易仓储管理规范》等地方标准。四是积极落实有关诚信建设的方针、政策，弘扬"诚信兴商"时代精神，助力营造良好的营商环境。

（二）促进"数商扩消"

实施数字消费提升行动，确认一批智慧商圈、智慧商店，加快生活服务数字化赋能。一是积极举办网上年货节、双品网购节、数商兴农庆丰收等活动，谋划开展"626 中国服装品牌直播季"及重要节假日网上促消费活动。引导老字号企业数字化转型，运用现代信息技术提升专业化经营水平。二是全面落实《河南省全面推进城市一刻钟便民生活圈建设三年行动实施方案（2023—2025 年）》，指导各地全面启动一刻钟便民生活圈建设工作，争取 2025 年在城市建成区居民小区覆盖率超过 70%，居民综合满意度达到 90%以上。三是向商务部申请举办 2025 全国农产品产销对接助力乡村振兴活动。指导各地利用节庆日和应季农产品上市良机，开展"直播+产品展销""直播+乡村旅游""直播+采摘体验"等农村电商展销促销活动和直播大赛，开展品牌自播、村播、走播等特色直播活动。四是会同省有关部门做好跨境电商零售进口药品试点评估，争取试点政策延续，增加试点药品品类，放宽目录品规限制，扩大业务规模。五是持续加强"邮快合作""快快合作""交邮合作"，开展共同配送。持续推动快递包装减量化、规范化和可循环化，实现电商与快递物流协同发展、绿色发展。

（三）推进"数商兴贸"

推动贸易全链条数字化发展，推动数字贸易改革创新发展，大力发展跨境电商，持续举办郑州跨境电商大会。一是推动跨境电商高质量发展，加强部门协同、政企联动，在跨境电子商务综合试验区建设、改革创新、活动筹办、主体引育、产贸融合、生态涵养等方面取得突破。精心筹办2025郑州跨境电商大会，开展推介对接、研讨交流等，同期举办外贸优质商品展销活动，提升办会实效和影响力。修订《河南省跨境电子商务海外仓示范企业扶持资金项目暂行管理办法》，对符合条件的海外仓给予奖励。二是推动出台河南自贸试验区提升行动方案，支持自贸片区推进贸易数字化有关工作。三是指导开封市高标准建设国家文化出口基地，推动自贸试验区开封片区国家文化出口基地参与国家对外文化贸易"千帆出海"行动，推动太极拳等河南特色文化"走出去"。建立数字贸易跨部门协作联动机制，持续组织企业参加中国国际服务贸易交易会、中国国际大数据产业博览会、中国（上海）国际技术进出口交易会等展会。推动展会活动利用云计算、物联网、人工智能、大数据等数字技术，提升展会数字化水平。

（四）推动"数商兴产"

依托电子商务产业集聚区打造一批数字化产业带，出台数字供应链发展专项行动计划，建设一批数字国际供应链平台，扩大数字领域对外投资合作。一是搭建引资合作平台，有针对性地举办、参与国内外重大招商活动，吸引外资企业投资河南省数字产业；编印中英文《河南外商投资指引（2025版）》，为境外投资者投资数字产业提供指导和帮助；引入德国欧瑞府零碳科技园与法国施耐德能源管理体系；应用腾讯云微瓴智慧能效系统，打造洛阳伊滨区数字碳中和示范基地。二是全面落实跨境服务贸易负面清单，进一步推动电信、互联网、教育、文化、医疗等领域有序扩大开放，加快推动服务贸易、数字贸易高质量发展。推动出台自贸试验区数据出境负面清单。三是健全涉外法律服务机制，开展法律服务日、"送法入企"等活动，为企业提供贸易摩擦应对、涉外纠纷等领域的法律服务。整理形成河南省外贸外资外经企业名录，发布涉外律师白名单，引导供需对接。及时发布

"两反一保"案件法律需求，开展精准涉外法律服务对接活动。做好对外投资电子证照的应用推广工作。

（五）加快"数商开放"

深化数字商务领域的国际合作，开展"数商开放"行动，进一步丰富合作层次、拓展合作渠道、建设合作载体，以商务领域数字化引领国际合作。拓展"丝路电商"合作空间。一是积极与商务部电子商务和信息化司、中国国际电子商务中心对接，谋划举办2025年"丝路电商"国际合作对接活动。二是加强与白俄罗斯、越南、柬埔寨等"丝路电商"伙伴在电商领域的合作，鼓励河南省企业通过跨境电商拓展海外市场、布局海外仓。三是推动出台河南自贸试验区提升行动方案，支持自贸片区开展数据交易、数据资产登记等，力争形成制度性创新成果。

参考文献

《中央经济工作会议在北京举行　习近平发表重要讲话》，新华网，2024年12月12日，http：//www.news.cn/politics/leaders/20241212/f47ec778630ec4ff6b51c99d55cef6f43/c.html。

《省委十一届八次全会暨省委经济工作会议在郑州召开》，河南省人民政府网站，2024年12月19日，https：//www.henan.gov.cn/2024/12-19/3101058.html。

《全国商务工作会议在京召开》，中国政府网，2025年1月12日，https：//www.gov.cn/lianbo/bumen/202501/content_6998057.htm。

《扩大高水平对外开放　促进外贸稳定增长》，商务部网站，2025年1月17日，https：//www.mofcom.gov.cn/tj/zc/art/2025/art_6e415b0bcd194d35b661bb7bfbf12ad1.html。

《中共中央办公厅　国务院办公厅印发〈提振消费专项行动方案〉》，中国政府网，2025年3月16日，https：//www.gov.cn/zhengce/202503/content_7013808.htm。

B.17
打造一刻钟便民生活圈绘出高品质生活新画卷

王卫红 任秀苹 李云江*

摘 要： 建设一刻钟便民生活圈是践行以人民为中心的发展思想的生动实践，对满足居民生活需求、扩大消费、推动经济增长、提升城市功能品质等具有重要的现实意义。自2021年以来，河南省加强顶层设计，统筹谋划一刻钟便民生活圈试点建设，建设工作取得积极成效，居民生活更加便捷、商业业态不断丰富、智慧化水平逐步提升、社区经济活力增强等。同时，针对建设过程中存在的业态功能有待完善、线上冲击不容忽视、建设资金短缺、管理机制不完善等问题，河南省坚持问题导向。本报告提出如下对策建议：强化试点引领，推广成功经验；优化业态布局，完善公共服务功能；强化服务赋能，提升运营效能；拓宽融资渠道，加大资金投入力度；完善管理机制，加强监督评估；加大推广力度，提高居民参与度。

关键词： 一刻钟便民生活圈 高品质生活 河南省

一 一刻钟便民生活圈建设的重要意义

（一）是践行以人民为中心的发展思想的生动实践

以习近平同志为核心的党中央坚持以人民为中心，坚持在发展中保障和

---

* 王卫红、李云江，河南省商务厅；任秀苹，河南省社会科学院高级经济师，研究方向为商贸流通、消费、电子商务等。

改善民生，不断实现人民对美好生活的向往。一刻钟便民生活圈围绕居民日常生活，打造涵盖购物、餐饮、养老等多元服务的生活圈，居民在家门口即能轻松满足各类生活需求；在建设过程中，问需于民、问计于民，充分尊重民意；建成后，改善消费环境，创新消费场景，极大地提升居民生活品质，让改革发展成果更多更公平惠及全体人民，增强人民群众的获得感、幸福感和安全感，彰显为民初心。

（二）是扩大消费、推动经济增长的重要抓手

研究数据表明，城市居民一半以上的日常消费支出集中在社区周边1公里范围内，即步行15分钟的距离，社区服务产业已形成10万亿级以上的消费市场。一刻钟便民生活圈，一站式满足居民多频次、多样化消费需求，可有效激发居民消费潜力。建设一刻钟便民生活圈涉及商业零售、物流配送、信息技术、社区服务等多个领域，将促进不同产业之间的融合发展，催生新的商业模式和业态。多元化商业业态有效吸引居民消费，提高商品及服务流通效率，为拉动内需、繁荣市场注入强劲动力。同时，生活圈的繁荣带动零售、餐饮、家政服务、维修等小微企业发展和个体工商户成长，创造就业岗位，提升居民收入，形成经济发展的良性循环。

（三）是优化商业布局、提升城市功能品质的重要举措

一刻钟便民生活圈建设与老旧小区改造、腾退空间利用等城市更新紧密结合。在建设过程中，通过对城市空间的合理规划与利用，优化商业网点布局，完善城市功能配套，使城市空间得到更高效的利用。老旧小区经过改造，引入便民商业业态，改善居民生活环境。同时，利用腾退空间建设便民服务设施，完善城市服务功能，提升城市品质和整体形象，推动城市从注重规模扩张向注重内涵提升转变，实现城市的可持续发展，为建设和谐宜居、富有活力的现代化城市奠定基础。

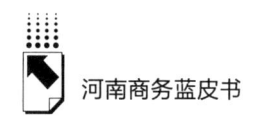

（四）是增强社区凝聚力、促进社会和谐的有益探索

一刻钟便民生活圈为居民提供了更多的购物、社交与互动场所，居民在购物、休闲、娱乐的过程中，增进了邻里关系。社区内的各类商业和服务设施，如社区党群服务中心、养老驿站、儿童服务站等，有助于促进邻里关系的和谐，增强社区的凝聚力和向心力。

二　河南省一刻钟便民生活圈建设的主要做法

河南省高度重视一刻钟便民生活圈建设工作，认真落实商务部部署和省委、省政府领导批示精神，将城市一刻钟便民生活圈作为民生工程的重要载体、城市转型的有力抓手，省、市、区、县分层试点，一体推进。

（一）加强顶层设计，统筹谋划发展

自《商务部等12部门关于推进城市一刻钟便民生活圈建设的意见》《全面推进城市一刻钟便民生活圈建设三年行动计划（2023—2025）》等国家相关政策发布以来，河南省积极响应，出台了一系列政策文件推动一刻钟便民生活圈建设。2023年，河南省商务厅等13部门联合印发《河南省全面推进城市一刻钟便民生活圈建设三年行动实施方案（2023—2025年）》，明确了"十四五"期间的建设目标、重点任务和保障措施。配套建立厅际协调会商机制，明确相关单位具体职责和责任人，深化协同，确保工作任务不重叠、不遗漏。各地市也结合自身实际，制定了相应的实施细则和配套政策，为一刻钟便民生活圈建设提供了有力的政策支持。

（二）上下试点联动，分批探索推进

一是积极创建全国试点。目前，河南省已有鹤壁、商丘、洛阳、开封4市分列全国第一至第四批城市一刻钟便民生活圈试点。其中，指导首批试点城市鹤壁市编制并发布了全国首个一刻钟便民生活圈"术语、标志、建设"

三项地方标准。指导鹤壁市主动拓展试点范围，加速补齐下辖的36个社区基础设施短板，在全国率先实现两县城区一刻钟便民生活圈全覆盖。在商务部发布的全国首批城市一刻钟便民生活圈试点地区22项典型经验做法中，鹤壁市有8项经验做法在全国范围内推广，一刻钟便民生活圈建设走在全省乃至全国前列。2024年，鹤壁市获批全国首批全域推进先行区试点。

二是启动省级试点建设。2023年，河南省商务厅结合河南郑州实际，创新举措，以市辖区、县为创建主体，认定了郑州市中牟县、郑州经济技术开发区等12个县（市、区）为首批省级试点。指导省级试点县（市、区）与国家级试点城市点面结合，齐头并进，多层级、多点位铺开一刻钟便民生活圈建设工作，探索成功经验。其他城市主动作为，千方百计推进一刻钟便民生活圈建设。例如，周口市川汇区虽然不是试点，但已经建成一刻钟便民生活圈65个，覆盖小区729个，服务居民24.18万人。周口市川汇区经验被央视"焦点访谈"栏目采编报道。

（三）加强分类施策，提升建设品质

三个国家级试点城市围绕提高便利化程度、提升满意度目标，结合不同社区情况分类推进。一是规划先行、配套建设。对新规划设计社区和小区，规划时预留"城市一刻钟便民生活圈"用地。二是置换改造、废旧利用。对土地、用房不足的老旧小区，以置换改造为主、新建为辅，满足群众生活需求。三是整合归并、设施共用。对规模小、服务功能少的老旧小区，整合服务用房，合理布局服务设施。四是提质提标、打造精品。针对服务功能较全但质效不高的社区，在提质增效上下功夫，优化商业网点的功能布局。

（四）加大创新力度，探索建管新模式

鹤壁市坚持把健全制度机制作为基础工作来抓，探索"四制三化"建管模式。一是规划设计实行"共议制"，通过业主会议、调查问卷等形式广泛征求群众意见，优先提供群众最需要的服务。二是项目建设推行"共建制"，由市、城区、街道、社区共同确定建设项目，凝聚各方力量，确保项

目顺利推进。三是社区管理实行"圈长制",由城区、街道、社区三级干部担任社区一刻钟便民生活圈三级"圈长",共同推动一刻钟便民生活圈建设和管理。四是治理格局为"共享制",引导社区居民参与管理,形成人人参与、人人关心、人人享有的治理新格局。确保实现社区建设项目化、社区管理智慧化、社区服务便民化,着力打造城市一刻钟便民生活圈建设"鹤壁样板"。

(五)整合部门力量,强化协作共建

一是将国家关于老旧小区改造、社区养老、教育等支持政策与城市一刻钟便民生活圈建设结合起来,集中财力统筹推进。二是坚持上下左右联动,向上最大限度争取上级支持,向下推动各县(市、区)跟紧全市工作步伐,横向加强部门工作衔接,做到各司其职、各负其责。三是坚持政府引导、市场运营,吸引社会力量共同参与城市一刻钟便民生活圈建设,形成政府搭台、企业运营、市民满意、示范推广的良性循环。

(六)加强政策集成,统筹资金投入

河南省商务厅、河南省财政厅等多部门协同,整合各类支持资金。从省级层面,出台一系列专项政策,在用地、用房、金融等方面给予扶持。同时,引导各地因地制宜,设立专项资金,吸引社会资本参与。鹤壁市将生活圈建设与城镇老旧小区改造、完整社区建设同谋划、同推进,多方筹措,累计投入各类资金70.7亿元。周口市川汇区由政府投入3000万元,将资金按事项清单分配到每个小区、每个项目,戴帽拨付,确保资金不挪用、不流失。

三 河南省一刻钟便民生活圈建设取得的成效

(一)居民生活更加便捷

河南省商务厅数据显示,前3批国家试点已有408个社区完成一刻钟便民生活圈建设,覆盖率约为60%;12个省级试点县(市、区)已有240个社区

完成一刻钟便民生活圈建设，覆盖率约为40%。一刻钟便民生活圈能满足居民买菜、就餐、购物、"小修小补"等生活需求，还能享受医疗康养、休闲娱乐、体育运动、政务服务等品质服务。例如，鹤壁市居民步行5分钟可到达社区综合服务中心、日间照料中心等；步行10分钟可享社区卫生服务、全托养老服务等；步行15分钟可见购物中心、大型商超等。

（二）商业业态不断丰富

在一刻钟便民生活圈建设中，河南省注重补齐基本保障类业态，发展品质提升类业态，实施即时配送、智能零售、电商直播等便民项目，丰富社区商业业态和服务内容。便利店、早餐店、菜市场、"小修小补"等基本业态不断完善，文化、娱乐、休闲、康养等品质业态逐渐丰富。例如，济源示范区沁园街道在试点建设中，推动商业网点专业化运营，实现布局合理、业态丰富，为居民生活提供了较为全面、便捷的服务。鹤壁市通过大数据分析，将高频服务项目纳入15分钟可达范围，实现老年助餐、幼儿托管等12项服务的精准投放。商丘市注重业态融合，打造了集购物、餐饮、娱乐、文化于一体的综合性便民生活圈。沈丘县以3个社区为试点，新增相关店铺40余家，理发店、洗衣店和药店等70余家，优化便民项目16项。

（三）智慧化水平逐步提升

河南省推进一刻钟便民生活圈"智慧化"发展，引导线上线下资源融合，提升便民生活圈服务能力。各地支持发展"平台下单+就近门店配送""就近门店下单+即时配送"等线上线下融合的即时零售模式，赋能实体门店，拓展服务半径。同时，引导购物、餐饮等主要消费场所配置智能终端设备，发展智慧商店、共享书店、智能快件箱等业态。鹤壁市围绕应急管理、信息报送、平安建设、养老医疗、社区课堂等重点应用场景，搭建"1+6+N"智慧服务体系，配套开发"小邻通"生活圈小程序、"淇澳+"生活圈App等，实现居民"小需求不出家、大需求不出圈"。商丘市推出"商丘生活"线上平台，录入各类便民服务站点信息2815条，绘制线上便民地图。

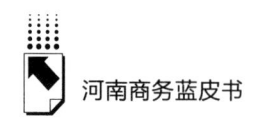

洛阳市开发了一刻钟便民生活圈全景导视图、"小修小补"便民地图等，方便居民快速找到所需服务。

（四）社区经济活力增强

河南省积极拓展连锁经营企业、知名品牌下沉渠道，不断壮大社区商业队伍。洛阳市通过"红色文旅+科技探索"模式，联合博物馆、电竞乐园等开展研学活动，并推动社区电商平台线上线下融合消费，引入网红店和特色市集，有效激发一刻钟便民生活圈消费潜力，显著提升社区人气与烟火气，一刻钟便民生活圈成为消费新增长点。鹤壁市则通过"夜经济"打造朝歌里步行街等夜间消费集聚区，并引入连锁便利店、品牌商超，满足品质化消费需求。河南省商务厅统计数据显示，全省各地共举办一刻钟便民生活节活动270余场，覆盖一刻钟便民生活圈7450个，共有3.3万家企业或其他经营主体参与，全省活动销售额突破61.62亿元。

四 河南省一刻钟便民生活圈建设存在的问题

（一）业态功能有待完善

部分地区业态布局不合理，存在某些区域业态过于集中，而某些区域业态缺失的情况。社区商业资源闲置与供给不足现象并存，在一些老旧小区，由于空间有限，商业设施不足，难以满足居民的生活需求；而在一些新开发的区域，虽然商业设施较为完善，但是业态同质化现象严重、缺乏特色。此外，公共服务功能也有待完善，部分一刻钟便民生活圈在养老、托育、医疗等公共服务方面存在短板，如老年人占比较高的社区，助餐助浴、康复护理等服务不足，无法满足特殊群体的生活需求。

（二）线上冲击不容忽视

数字时代，电商凭借价格、品类、便捷配送等优势快速崛起，消费者足不出户就能选购来自各地的商品，享受送货上门服务，这对传统社区商业造成强烈冲击，社区小店、农贸市场等首当其冲。社区小店因进货渠道受限，商品种类不及电商丰富，且难以在价格上与电商竞争。部分社区小店经营困难，被迫拓展快递收发、社区团购等多元业务。

（三）建设资金短缺

一刻钟便民生活圈建设涉及商业设施建设、公共服务设施完善、智慧化改造等多个方面，需要大量的资金投入。中央财政一直未安排专项扶持资金，无法对社会资金形成引导、带动作用；部分地区由于财政紧张，资金投入不足，建设进度缓慢。此外，社会资本参与度不高，缺乏有效的融资渠道和激励机制，制约建设资金的筹集。

（四）管理机制不完善

城市一刻钟便民生活圈建设涵盖对老旧小区供电、水、气等配套设施的改造提升，以及特色餐饮、生活购物、运动健身、幼儿托管、养老服务、培训教育等各类设施和商业业态的布局与优化，涉及住建、体育、民政、教育、交通、市场监管等多个部门。目前，一刻钟便民生活圈建设缺乏统一的管理机制，存在协调不畅等问题。在公共服务设施管理方面，存在设施维护不及时、服务不规范等问题。同时，缺乏有效的监督评估机制，难以对建设成效进行科学评价。

五 促进河南省一刻钟便民生活圈建设的对策建议

（一）强化试点引领，推广成功经验

一是加强对试点地区的指导和支持，鼓励试点地区大胆创新，探索适合本地的建设模式和发展路径，因地制宜打造一批样板生活圈、样板社区。二是定期组织试点地区开展经验交流活动，总结提炼成功经验，形成可复制、可推广的模式。通过举办培训班、现场观摩会等形式,向其他地区推广试点经验,提高全省一刻钟便民生活圈建设水平。

(二)优化业态布局,完善公共服务功能

一是因地制宜分类建设。针对新建小区与老旧小区、老龄化小区与年轻人集聚地等不同特点与需求,分类推进。对于新建小区,优先考虑集聚式商业形态,引入专业运营商进行统一运营,与住宅同步规划、建设。对于老旧小区,通过改造现有空间、利用闲置场地等方式,利用移动式早餐车等补齐商业设施短板。二是补齐基本保障类业态。发展"一店一早",补齐"一菜一修",布局"一收一洗",服务"一老一小"。三是发展新业态新模式。引导配置特色餐饮、宠物店等业态,发展共享工具箱等共享经济,发展自助寄存、寄卖、代厨、整理收纳等服务。四是加大对公共服务设施的投入力度。支持养老、托育、家政、助餐助残等普惠社会服务进社区,提高服务质量。培育专业化社区养老服务机构,提升专业照护、日间照料、康复护理、陪诊助医等服务水平。将快递末端综合服务场所、智能快件箱等纳入公共服务基础设施。

(三)强化服务赋能,提升运营效率

一是发挥大型物业公司产权集中的规模化优势,发展家政、餐饮、养老、托育等服务,向"物业+生活服务"转型。二是鼓励新建社区培育引进一批专业运营商,统一规划、统一招商、统一运营、统一管理。三是推动大型连锁企业下沉社区,输出服务、品牌和管理,以"大"带"小",赋能小微商户和个体门店创新转型,鼓励社区小店搭载打印复印等便民服务。四是推动社区食堂拓展助餐、送餐、团购等服务,发展"小而美""小而精"特色店铺。五是创新生活圈多元化消费场景,促进居民服务消费。六是搭建便民生活圈智慧服务平台,接入本地商户资源,加强供需对接、线上线下联动。

（四）拓宽融资渠道，加大资金投入力度

一是加大财政资金投入力度，争取省级服务业发展资金支持，将一刻钟便民生活圈建设纳入养老服务业、现代商贸流通体系、县域商业体系等资金支持范围，支持养老设施建设、商业设施建设、智慧化改造等项目。二是制定优惠政策，吸引社会资本参与建设，如税收优惠、财政补贴、土地政策、租金减免等。三是鼓励金融机构创新金融产品和服务，为一刻钟便民生活圈建设提供融资服务。

（五）完善管理机制，加强监督评估

一是与住建、民政、文旅、市场监管等部门加强统筹协调，完善共管共创机制，形成齐抓共管的工作局面。二是探索成立专门的管理机构，负责一刻钟便民生活圈的日常管理和运营，实现管理高效、服务规范、商户共赢、居民满意的良性循环。三是完善管理制度，规范商业网点的经营秩序和公共服务设施的服务标准。四是建立监督评估机制，定期对一刻钟便民生活圈的建设成效进行评估，及时发现问题并整改。

（六）加大推广力度，提高居民参与度

一是通过多种渠道，如社区公告、微信公众号、短视频平台等，广泛宣传一刻钟便民生活圈的建设内容、服务设施和商业业态，提高居民的知晓率和参与度。二是不定期开展居民需求调查，了解居民对便民生活圈的期望和建议，及时调整建设方案。三是组织开展社区市集、亲子活动、跳蚤市场、便民生活节等各类社区活动，吸引居民参与，增强居民对便民生活圈的认同感和归属感。

参考文献

《商务部等 11 部门办公厅（室）关于推广全国第二批城市一刻钟便民生活圈试点经验及

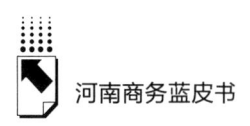

开展第二批全域推进先行区试点申报工作的通知》，商务部网站，2025 年 3 月 27 日，https：//ltfzs. mofcom. gov. cn/gztz/art/2025/art_4192b7e707b34e389cfc66092d5be98b. html。

《〈国际商报〉一刻钟"圈"出美好生活专栏系列报道转载（25）：变"最后"一公里为"黄金"一公里 "一刻钟"社区场景迎来发展新蓝海》，商务部网站，2024 年 4 月 10 日，http：//ltfzs. mofcom. gov. cn/jyjl/art/2024/art_a73f8385801443e4a0898efefa609d75. html。

B.18
河南省区域网络零售发展现状及其对策建议

张巍 付玉杰 亚西尔·阿不力克木 胡杨 任秀苹*

摘 要： 在全球数字经济加速重构产业格局、我国全面推进贸易数字化与绿色化协同发展的战略背景下，河南省立足新发展阶段，以制度创新为牵引，着力推动网络零售与实体经济深度融合。本报告围绕区域网络零售发展水平评估，构建涵盖经济基础支撑、网络零售规模、流通体系支撑、直播电商引领、数商兴农成效等维度的动态监测体系，采用多源数据融合与量化分析方法，分析省域内网络零售发展的区域特征、动能转换及结构性矛盾，揭示核心增长极与新兴增长区协同发展面临的现实瓶颈，为强化政策靶向性、促进区域差异化发展提供对策建议。

关键词： 网络零售 数字经济 区域差异 河南省

一 研究背景

数字经济深度重构全球竞争格局，党中央将"贸易数字化、绿色化协同发展"作为构建新发展格局的战略基点。习近平总书记强调，把握数字化、网络化、智能化发展大势。[1] 党的二十届三中全会明确要求，积极应对

---

* 张巍，河南省商务厅电子商务事务中心；付玉杰、亚西尔·阿不力克木、胡杨，河南君友数字科技有限公司；任秀苹，河南省社会科学院高级经济师，研究方向为商贸流通、消费、电子商务等。
[1]《独家视频丨习近平：我们应当把握数字化、网络化、智能化发展大势 携手迈进更加美好的"数字未来"》，央广网，2024年11月20日，https://news.cnr.cn/native/gd/sz/20241120/t20241120_526982582.shtml。

贸易数字化、绿色化趋势。2024年中央经济工作会议提出，服务贸易、绿色贸易、数字贸易协同发力。这一系列顶层设计为省域网络零售高质量发展提供了根本遵循。河南省立足中部崛起战略定位，以《河南省数字经济促进条例》为统领，配套实施"十四五"数字经济和信息化发展、现代流通体系、电子商务发展专项规划，形成"法规+规划+行动"三位一体的制度创新体系，将网络零售作为促进国内国际"双循环"、培育新质生产力的关键突破口。2024年，河南省商务厅统计数据显示，全省网上零售额达4788.9亿元，同比增长14.8%，跨境电商进出口交易额（含快递包裹）突破2665.5亿元[①]，制度与实践创新协同推动消费升级与贸易转型。

2024年7月，河南省发布《2023年河南省省辖市网络零售发展指数报告》，基于君友数字网络零售大数据监测，首次对全省各市电子商务发展水平进行量化评测。本报告聚焦三个方向深化研究：一是从总量评价转向结构解析，通过区域市场渗透度、业态创新活跃性等维度，分析各地增长动能的差异化特征；二是从静态截面向动态趋势延伸，基于2023~2024年跨期数据识别发展轨迹，揭示短期政策效应与长期增长模式的关联性；三是从现状评估向策略供给升级，结合区域禀赋差异与战略定位，提升政策工具适配性，助力宏观部署向精准施策转化，为省域网络零售差异化、生态化发展提供动态决策支持。

二 评价体系构建

（一）评价体系

本评价体系以电商生态系统理论为指导，紧密衔接《河南省"十四五"电子商务发展规划》，构建涵盖5个一级指标、15个二级指标的多维度评估

---

① 《2024年河南电子商务持续向好》，河南省人民政府网站，2025年2月28日，https://www.henan.gov.cn/2025/02-28/3129792.html。

框架。其中，一级指标包括经济基础支撑、网络零售规模、流通体系支撑、直播电商引领、数商兴农成效，全面覆盖区域经济承载力、线上市场拓展水平、现代物流协同能力、新业态引领效应及乡村振兴融合成效等关键领域。理论框架聚焦"市场主体培育—消费扩容升级—城乡融合发展"核心路径，指标设计对标省级电商规划中"主体强基、业态创新、农村电商攻坚"三大行动，形成政策导向明确、层次清晰、可量化分析的动态监测工具，为差异化施策提供科学依据。

（二）评价方法

以河南省17个省辖市及济源示范区为评价对象，基于2023～2024年统计部门宏观经济数据、邮政管理部门物流业务监测数据、君友数字网络零售数据及农业农村部门特色农产品名录等，构建"动态权重测算—发展类型诊断—驱动因子解析"的递进式分析框架。采用熵权法分年度计算指标权重，量化政策推进与市场要素的交互影响；构建改进型IPA分析体系，以各市分维度加权得分为绩效表现（X轴）、以与全省均值偏差率为基准差距（Y轴），划分"优势突出区、潜力提升区、风险预警区、重点攻坚区"四类发展类型，精准定位区域优势与短板；以PLS回归模型解析指标贡献度的弹性变化情况，识别政策敏感因子。三类方法层层深入，通过权重动态校准、绩效多维对标、驱动因子追踪，形成"监测—诊断—调控"一体化政策工具，为分类制定攻坚路径提供量化支撑。

（三）指标权重

基于熵权法测算，得到各项指标的权重值（见表1）。从权重分布情况来看，网络零售规模权重连续两年居首位（2023年为22.7%、2024年为29.3%），凸显其核心驱动地位。流通体系支撑与数商兴农成效占比在20%以上，三者构成区域网络零售发展的主体支撑，印证物流体系优化与乡村振兴战略的深度协同价值；直播电商引领权重整体下调（2024年下降7.1个百分点），表明业态发展从规模扩张转向质量提升。

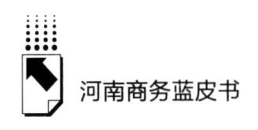

在具体指标层面，单店产出（2023年权重为0.102）、直播效益强度（2023年权重为0.103）等高权重指标体现市场主体重视经营质量，村级覆盖强度（2024年权重为0.081）、名特优产品丰度（2024年权重为0.077）等指标权重上升体现出政策向县域商业体系建设倾斜。权重动态调整精准捕捉"固定资产投资转化效率提升""工业与物流协同能力增强"等，为差异化施策提供量化锚点。

表1 河南省区域网络零售发展评价指标体系

一级指标	二级指标	指标单位	指标权重 2023年	指标权重 2024年
经济基础支撑	经济密度	万元/千米^2	0.053	0.055
经济基础支撑	消费活跃度	%	0.047	0.049
经济基础支撑	投资转化率	%	0.041	0.059
网络零售规模	网络零售渗透率	%	0.063	0.066
网络零售规模	人均消费强度	元/人	0.045	0.092
网络零售规模	商户活跃密度	家/万人	0.067	0.073
网络零售规模	舆论热度指数	标准化指数(全省均值=100)	0.052	0.062
流通体系支撑	工业—物流协同指数	个百分点	0.067	0.052
流通体系支撑	单件物流成本	元/件	0.068	0.060
流通体系支撑	单店产出	万元/家	0.102	0.091
直播电商引领	直播渗透率	%	0.084	0.063
直播电商引领	直播效益强度	万元/人	0.103	0.053
数商兴农成效	农产品上行率	%	0.067	0.068
数商兴农成效	村级覆盖强度	万元/村	0.070	0.081
数商兴农成效	名特优产品丰度	个/县（市、区）	0.074	0.077

三 河南省区域网络零售发展现状评价

（一）指标动态特征分析

2023~2024年数据显示，河南省网络零售发展呈现"整体跃升与局部失衡"并存的态势。在整体跃升方面,经济密度、网络零售渗透率、人均消费强度等9项指标平均值持续增长,其中单件物流成本下降21.3%,直播渗透率提升35.9%,城乡高效配送与直播电商培育政策成效显著。在区域失衡方面,2024年农产品上行率变异系数达1.438、村级覆盖强度标准差扩大至545.8万元/村,豫东和豫南地区的农产品上行率均不足全省均值的30%、村级覆盖强度仅为核心区的15%~20%,暴露出基础设施效能转化不足与市场衔接机制缺失的双重矛盾。

在动能转换特征上,2023~2024年投资转化率由负转正,但标准差趋0,表明固定资产投资效率整体提升但区域均衡性不足,需警惕低效重复建设;直播效益强度均值下降13.6%,而变异系数收窄至0.415(见表2),揭示业态从"铺量"转向"提质",集约化发展态势明显。

表2 2023~2024年河南省区域网络零售发展指标描述性统计

二级指标	2023年 平均值	标准差	变异系数(CV)	2024年 平均值	标准差	变异系数(CV)	绝对变化量	增长率(%)
经济密度(万元/千米²)	0.45	0.4	0.817	0.48	0.4	0.827	0.03	6.7
消费活跃度(%)	42.2	7.4	0.175	42.5	7.0	0.166	0.3	0.7
投资转化率(个百分点)	-0.012	0.1	-6.125	0.023	0.0	0.517	0.035	-291.7
网络零售渗透率(%)	7.0	1.8	0.256	7.3	3.9	0.531	0.3	4.3
人均消费强度(元/人)	4418	2197.2	0.497	5176	3902.8	0.754	758	17.2
商户活跃密度(家/万人)	60	50.6	0.841	72	50.4	0.702	12	20.0
舆论热度指数	100.0	52.9	0.529	100.0	51.8	0.518	0	0
工业—物流协同指数(个百分点)	43.3	13.5	0.312	42.2	15.0	0.355	-1.1	-2.5
单件物流成本(元/件)	7.26	2.2	0.309	5.71	1.5	0.255	-1.55	-21.3
单店产出(万元/家)	103.64	61.9	0.597	108.68	130.6	1.202	5.04	4.9

续表

二级指标	2023年 平均值	2023年 标准差	2023年 变异系数(CV)	2024年 平均值	2024年 标准差	2024年 变异系数(CV)	绝对变化量	增长率(%)
直播渗透率(%)	13.1	10.7	0.813	17.8	7.2	0.406	4.7	35.9
直播效益强度(万元/人)	49.00	39.8	0.812	42.33	17.6	0.415	-6.67	-13.6
农产品上行率(%)	32.3	41.0	1.269	29.7	42.6	1.438	-2.6	-8.0
村级覆盖强度(万元/村)	439.24	391.9	0.892	539.89	545.8	1.011	100.65	22.9
名特优产品丰度[个/县(市、区)]	4.48	2.3	0.524	5.48	2.4	0.440	1.00	22.3

注：表中数据经四舍五入处理。

（二）区域发展水平

构建改进型IPA分析模型，以全省均值为基准线，计算各市一级指数得分与全省平均得分的偏差率，依据政府治理逻辑设定动态阈值区间，将区域划分为四类：优势突出区（差值>全省均值×10%，需巩固领跑优势）、潜力提升区（0<差值≤全省均值×10%，可局部突破）、风险预警区（-10%×全省均值≤差值<0，需防范下滑）、重点攻坚区（差值<-10%×全省均值，需定向扶持），使区域定位与"巩固优势、补足短板、防范风险"的治理目标契合。

1. 经济基础支撑

2023~2024年，全省经济基础支撑优势突出区从传统核心向新兴增长极跃迁，潜力提升区覆盖范围显著扩大，但风险预警区转型攻坚任务依然艰巨。具体来看，优势突出区由郑州市单极主导转向商丘市引领，反映出新兴增长极加速培育与传统核心城市提质增效并行的结构性跃迁；2024年潜力提升区覆盖郑州、许昌等11市，数量较2023年扩容37.5%，形成"头部降维辐射—中部集群升级"的梯度发展矩阵。风险预警区城市数量减少

28.6%，但洛阳市、南阳市等传统产业重镇仍面临"经济密度低位徘徊与增长动能接续不足"的双重约束，需加大转型力度。济源示范区作为唯一的重点攻坚区，连续两年陷入"投资—消费"双弱的困局，资源型城市新旧动能接续面临系统性挑战。

2. 网络零售规模

2023～2024年，全省网络零售规模优势突出区覆盖范围大幅扩展，潜力提升区靶向聚焦成效初显，但重点攻坚区创新生态薄弱。具体来看，优势突出区由郑州市主导拓展至郑州、鹤壁、漯河三市协同引领，反映出电商枢纽能级提升与特色产业带形成；潜力提升区覆盖洛阳、许昌、济源3市，数量较2023年减少50%，形成"头部辐射强化—潜力靶向培育"的集约发展矩阵。风险预警区数量保持10市，但南阳等传统商贸大市新晋入列，暴露出规模扩张与市场活力匹配不足的矛盾突出。平顶山、周口两市分别列入重点攻坚区，商户活跃密度连续两年不足全省均值的40%，暴露市场主体培育滞后与创业生态薄弱的突出短板。

3. 流通体系支撑

同期，全省流通体系支撑呈现"枢纽提质与区域分化加剧"的特征，优势突出区覆盖范围有所缩小，风险预警区大幅扩容暴露全域协同短板。具体来看，2024年优势突出区由平顶山、三门峡等4市缩减至鹤壁、三门峡、济源示范区3市（区），反映出物流枢纽专业化升级与资源型城市效能提升的协同效应；潜力提升区覆盖郑州、信阳、周口3市，数量与2023年持平，但郑州市首次入列，凸显核心城市流通网络能级跃升。风险预警区从9市增加至12市，洛阳、平顶山等传统节点城市新晋入列，暴露出传统物流枢纽转型升级滞后与区域协同相对不足；重点攻坚区首次清零，但安阳、新乡等7市连续两年进入风险预警区，存在"面上改善"与"点上塌陷"并存风险。

4. 直播电商引领

2023～2024年，全省直播电商引领优势突出区向农业大市聚焦，潜力提升区覆盖范围大幅扩展，但传统产业带与新兴攻坚区转型阻力加大。具体来看，优势突出区从郑州、鹤壁等4市调整为南阳、信阳、驻马店3市，直播业态向农产品电商化领域深度渗透；潜力提升区从2市扩容至7市（区），郑州、开封等市通过主体培育跻身潜力提升区，但区域发展效能差距扩大；风险预警区数量从6市（区）减少至3市，洛阳、新乡、商丘连续两年进入风险预警区，传统制造业带存在"流量转化与产业升级脱节"的风险；重点攻坚区新增鹤壁、许昌两市，两地直播渗透率与直播效益强度均较低，新业态替代滞后且人力资源效能相对不足。

5. 数商兴农成效

2023~2024年，全省在数商兴农成效方面呈现"头部稳中有进、全域融合动能不足"的特征，优势突出区能级小幅提升但辐射效能有限，风险预警区范围持续扩大。具体来看，优势突出区从郑州、许昌2市扩展至3市（区），核心城市数字技术赋能农业成效显著；潜力提升区从6市（区）减少至3市；风险预警区从8市扩容至11市，南阳从风险预警区跌入重点攻坚区，周口连续两年位于风险预警区，反映出农业大市"产供销"全链条数字化受阻（见表3和表4）。

表3 河南省区域网络零售发展水平诊断表（2023年）

一级指标	优势突出区	潜力提升区	风险预警区	重点攻坚区
经济基础支撑	郑州市	开封市、焦作市、濮阳市、许昌市、漯河市、南阳市、商丘市、周口市	洛阳市、平顶山市、安阳市、鹤壁市、新乡市、信阳市、驻马店市	三门峡市、济源示范区
网络零售规模	郑州市	洛阳市、新乡市、焦作市、漯河市、南阳市、商丘市	开封市、平顶山市、安阳市、鹤壁市、濮阳市、许昌市、三门峡市、信阳市、驻马店市、济源示范区	周口市
流通体系支撑	平顶山市、三门峡市、驻马店市、济源示范区	开封市、信阳市、周口市	郑州市、安阳市、鹤壁市、新乡市、焦作市、濮阳市、许昌市、南阳市、商丘市	洛阳市、漯河市

续表

一级指标	优势突出区	潜力提升区	风险预警区	重点攻坚区
直播电商引领	郑州市、鹤壁市、南阳市、驻马店市	开封市、安阳市	洛阳市、新乡市、焦作市、许昌市、商丘市、济源示范区	平顶山市、濮阳市、漯河市、三门峡市、信阳市、周口市
数商兴农成效	郑州市、许昌市	平顶山市、焦作市、商丘市、信阳市、驻马店市、济源示范区	开封市、洛阳市、安阳市、濮阳市、漯河市、三门峡市、南阳市、周口市	鹤壁市、新乡市

表4　河南省区域网络零售发展水平诊断表（2024年）

一级指标	优势突出区	潜力提升区	风险预警区	重点攻坚区
经济基础支撑	商丘市	郑州市、开封市、平顶山市、安阳市、新乡市、焦作市、濮阳市、许昌市、漯河市、信阳市、周口市	洛阳市、鹤壁市、三门峡市、南阳市、驻马店市	济源示范区
网络零售规模	郑州市、鹤壁市、漯河市	洛阳市、许昌市、济源示范区	开封市、安阳市、新乡市、焦作市、濮阳市、三门峡市、南阳市、商丘市、信阳市、驻马店市	平顶山市、周口市
流通体系支撑	鹤壁市、三门峡市、济源示范区	郑州市、信阳市、周口市	开封市、洛阳市、平顶山市、安阳市、新乡市、焦作市、濮阳市、许昌市、漯河市、南阳市、商丘市、驻马店市	无
直播电商引领	南阳市、信阳市、驻马店市	郑州市、开封市、平顶山市、安阳市、焦作市、三门峡市、济源示范区	洛阳市、新乡市、商丘市	鹤壁市、濮阳市、许昌市、漯河市、周口市
数商兴农成效	郑州市、许昌市、济源示范区	平顶山市、商丘市、驻马店市	开封市、洛阳市、安阳市、鹤壁市、新乡市、焦作市、濮阳市、漯河市、三门峡市、信阳市、周口市	南阳市

181

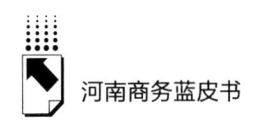

（三）网络零售发展动能

为量化各指标对网络零售发展的驱动力，本报告采用偏最小二乘（PLS）回归模型计算各指标标准化回归系数的绝对值并将其作为贡献度。

结果表明，2023~2024年全省网络零售销售额增长动能呈现"传统规模驱动弱化、农村电商托底稳固、投资与消费此消彼长"的显著特征。2024年农产品上行率贡献度居首。2023~2024年，经济密度贡献度排名从第3位升至第2位，人均消费强度贡献度排名从第1位跌至第3位，反映传统规模驱动模式效能减弱与消费市场拉动力减弱。投资转化率贡献度从第15位跃升至第5位，单件物流成本贡献度排名提升3个位次，工业—物流协同指数贡献度下跌72.7%，暴露产业链协同方面存在短板；2024年贡献度排名靠后的指标有工业—物流协同指数、直播效益强度及名特优产品丰度（见表5），反映出制造业与流通体系协同水平相对偏低、直播业态规模与效益匹配度仍需提高、特色产品电商化开发进度需进一步加快等。

表5 2023~2024年河南省网络零售发展指标贡献度

二级指标	2023年 贡献度	2023年 排名	2024年 贡献度	2024年 排名
经济密度	0.711	3	0.630	2
消费活跃度	0.015	13	0.126	10
投资转化率	0.007	15	0.372	5
网络零售渗透率	0.568	6	0.340	7
人均消费强度	0.789	1	0.590	3
商户活跃密度	0.690	4	0.370	6
舆论热度指数	0.627	5	0.187	8
工业—物流协同指数	0.308	8	0.084	13
单件物流成本	0.009	14	0.101	11
单店产出	0.093	9	0.134	9
直播渗透率	0.060	11	0.095	12
直播效益强度	0.079	10	0.061	14
农产品上行率	0.717	2	0.662	1
村级覆盖强度	0.542	7	0.563	4
名特优产品丰度	0.054	12	0.057	15

四 面临的挑战

（一）区域协同不足制约发展效能提升

河南省网络零售整体呈现"核心引领、梯度发展"的特征，区域协同短板制约全域效能提升。郑州市、鹤壁市等依托物流枢纽升级与产业带集聚效应加速发展网络零售业，但豫东、豫南地区在村级覆盖强度、农产品上行率等关键指标上显著落后，城乡要素流动受基础设施效能不足与市场衔接机制缺失的双重制约。洛阳、南阳等传统工业城市经济密度增速持续低于全省平均水平，暴露产业转型动能疲弱；商丘、周口等农业大市流通网络节点密度较低，仓储配送体系覆盖仍存缺口，区域间物流协同与政策联动不足。此类结构性矛盾导致"枢纽经济"辐射效应难以向周边地区延伸，加剧城乡二元分化与全域发展失衡。

（二）动能转换滞后影响增长韧性

传统规模驱动模式正经历适应性调整，新旧动能协同转换效率需持续提升。经济密度、人均消费强度等基础性指标贡献度呈现调整态势，反映出消费市场扩容与产业升级的协同性仍有提升空间。洛阳、平顶山等工业城市投资转化效率处于提升阶段，固定资产投入对网络零售的边际效应有待增强；开封、新乡等传统商贸节点城市需着力提升规模扩张与市场活力的匹配度，商户活跃密度需持续提升。直播电商等新业态覆盖范围逐步扩展，但区域间业态效益存在梯度差异，新旧动能协同转换的阶段性特征值得关注。

（三）产业协同不足限制业态创新

产业链纵向协同能力建设正处于关键期，制造业与流通体系联动效能需重点关注。工业—物流协同指数变动反映出传统工业城市工业品电商化进程需加快推进和物流响应效率有待进一步提升。鹤壁、许昌等直播电商重点培育区域在直播渗透率与直播效益强度方面存在提升潜力，需加快提升流量价值向产业升级的传导效率；名特优产品电商化开发潜力有待释放，供应链标准化建设和数字化改造进度需加快，以充分拓展特色产业带价值空间。安阳、新乡等传统节点城市流通支撑能力的持续提升需求，反映出从生产端到消费端的全链条整合需得到系统性强化。

（四）县域生态短板加剧数字鸿沟

县域数字经济发展处于关键阶段，城乡数字协同发展需重点关注。南阳、周口等农业大市"产供销"全链条数字化建设正稳步推进，但村级服务站点功能多元化建设仍需深化，以更好支撑农产品上行。济源示范区等资源型城市正处于新旧动能转换期，传统产业提质与新兴产业培育需加快步伐。县域市场主体活跃度与核心城市存在差异，涉农电商人才储备与数字技能普及的协同推进亟待加强，末端服务网络能效有待提升。区域数字基础差异对政策实施效果的梯度影响值得重视，需统筹解决新兴业态在县域落地的基础保障问题。

五　对策建议

（一）建立跨区域制度协同机制，破解要素流动壁垒

针对河南省内郑州、鹤壁等显著优势城市与豫东、豫南地区基础设施衔接不足、政策联动不足等问题，重点强化区域间制度规则衔接与要素流通标准互认。借鉴长三角区域在跨境电子发票互操作、通关数据合规通道等领域的协同经验，探索建立覆盖全省的电商数据共享平台，推动郑州国际物流枢纽与商丘、周口等农业大市仓储节点的互联互通，提升农产品上行通道效率。支持洛阳、南阳等工业城市借鉴青岛"港口+产业带"联动模式，通过物流枢纽功能延伸激活传统产业带转型潜力，形成"枢纽服务全省、节点辐射县域"的协同网络，逐步缩小区域发展差距。

（二）创新制造业与电商融合路径，提升转型内生动力

聚焦洛阳、平顶山等工业城市新旧动能转换效率不足的痛点，增强生产端与消费端的数据联动能力。通过引导企业构建柔性化生产体系，参考苏州智能硬件企业"研发—制造—跨境销售"全链条整合路径，推动装备制造、轻工纺织等优势产业与跨境电商深度融合。鼓励传统外贸企业探索 B2B 与 B2C 业务协同模式，利用消费端需求反向优化生产流程，开发个性化定制、跨境品牌孵化等新业态。在开封、新乡等商贸节点城市，依托直播电商等新业态培育本地化服务生态，促进传统市场与数字技术的有效衔接，增强商贸活力与创新韧性。

（三）构建特色产业数字化生态，释放全链协同价值

围绕许昌假发、南阳装备制造等特色产业带，加快构建"生产标准化—流通数字化—品牌国际化"的全链条服务体系。借鉴济南"交通枢纽+产业集群"协同发展路径，推动物流节点与产业园区联动布局，降低供应链综合成本。支持鹤壁、济源等资源型城市建立覆盖生产、加工、流通环节的区块链追溯机制，提高特色产品市场信任度。鼓励安阳、新乡等传统工业城市联合高校与科研机构建设电商技术转化实验室，重点突破工业品电商化、跨境支付结算等技术瓶颈，形成"特色产品+数字服务"双轮驱动格局。

（四）完善城乡数字服务网络，增强本土化支撑能力

针对县域电商生态薄弱、涉农服务能力不足的短板，强化城乡数字基础设施与人才资源的统筹配置。支持南阳、周口等农业大市建设涉农电商孵化中心，整合物流收发、技术培训、品牌策划等功能，参考中国（青岛）跨境电子商务综合试验区"政策—企业—平台"的生态培育经验，推动核心城市的技术服务资源向县域下沉。结合"高校+企业"人才共育模式，建立定向培训与实战实训相结合的人才输送机制。在商丘、驻马店等农产品主产

区，重点完善"产供销"一体化服务网络，通过村级站点功能升级、区域物流网络优化，逐步缩小城乡数字服务能力差距，激活县域经济内生增长动力。

参考文献

《2024年网络零售行业发展趋势分析：网络零售国内市场规模达到15.42万亿元》，中国报告大厅网站，2024年10月28日，https：//m.chinabgao.com/info/1253244.html。

《2024年中国电商市场研究报告》，"艾瑞数智"百家号，2024年10月10日，https：//baijiahao.baidu.com/s？id=1812488337753708855&wfr=spider&for=pc。

B.19 河南省加快发展首发经济的对策研究*

王笑阳 王 梁**

摘 要： 当前首发经济成为提振消费的重要举措，各地积极推出支持首发经济发展的政策举措。河南省首发经济发展基础较好，但起步较晚，应聚焦中心城市，在培育首发经济主体上"施策"、在打造首发经济载体上"攻坚"、在优化首发经济生态上"深耕"、在提升首发经济影响力上"发力"，奋力在发展首发经济、推进高质量发展中走在前列。

关键词： 首发经济 消费升级 营商环境

一 首发经济的内涵特征和催生条件

近年来，首发经济在我国消费市场中展现出强劲的发展势头，为各地经济发展注入新的活力。党的二十届三中全会提出，要完善扩大消费长效机制，减少限制性措施，合理增加公共消费，积极推进首发经济。首发经济发轫于首店，首店是从零售、商贸的角度上来讲的，相较于首店经济，首发经济包含"从新品到首店再到总部的首发经济生态链"等内容，内容更加全面，对消费的提振作用更为突出。

---

* 本报告系 2025 年河南省发展战略和产业创新研究院基本科研业务费项目"河南省加快发展首发经济对策研究"（项目编号：SZLYJY2025-4）的研究成果。
** 王笑阳，河南省发展战略和产业创新研究院经济师，研究方向为产业经济、服务业、消费等；王梁，河南省发展战略和产业创新研究院高级经济师，研究方向为产业经济、数字经济等。

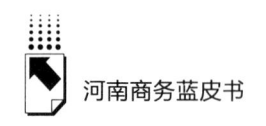

（一）首发经济的内涵特征

首发经济是指企业发布新产品，推出新业态、新模式、新服务、新技术，开设首店等经济活动的总称，涵盖企业从产品或服务的首次发布、首次展出到首次落地开设门店、首次设立研发中心，再到设立企业总部的链式发展全过程。首发经济主要有四个特征。一是创新性。聚焦于新产品、新技术、新服务的首次发布，涵盖产品功能、设计、技术及营销模式等多维度创新，引领行业发展潮流。二是系统性。从单个首发内容延伸至上下游产业链，并形成产业生态圈，由新品首发展示到推广销售全产业链，形成叠加互促效应。三是引领性。通过首发活动，企业能够迅速树立品牌形象，引领消费潮流。同时，首发经济能够引领行业发展趋势，为整个产业的发展提供方向和动力。四是潮流性。首发经济具有时尚、品质、新潮等特征，往往能够迅速扩张并起到带动作用，满足消费者对新鲜感和高品质的追求，推动消费结构升级，促进消费市场的繁荣发展。

（二）首发经济发展的催生条件

首发经济是一个地区商业活力、消费实力、创新能力、国际竞争力、品牌形象和开放度的重要体现。首发经济对于城市资源有着较高的要求，其健康发展离不开较大的经济体量、较强的技术创新、庞大的消费市场和现代化商业载体等，这些为首发经济构筑坚实的发展根基。一是经济体量。一方面，经济体量较大的地区通常拥有完备的产业体系，涵盖从研发、设计、生产制造到销售、物流等各个环节，能够为首发经济提供坚实的产业支撑。另一方面，经济体量大的地区往往有更加丰富的政策经验和资源支持首发经济发展，营造开展首发活动的良好环境。二是技术创新。技术驱动是首发经济发展的核心引擎，首发经济需要持续的创新和创意投入，从而推出差异化的首发产品。例如，合肥集聚创新资源，为企业提供大量科研成果和创新人才，在语音识别、人工智能等领域不断推出首发产品和技术。三是消费市场。庞大的消费市场能够吸引大量企业、品牌、人才等资源集聚，为首发经济提供广阔的发展空间，不断丰富首发业态。以一、二线城市为代表，众多消费者具备较强的消费实力，愿意为首发产品的创新性、独特性买单，从而企业有动力持续推出首发产品，形成"企业首发—消费者买单—企业再创新"的良性循环，推动首发经济蓬勃发展。四是商业载体保障首发需求。商业载体是首发经济落地的关键依托，多方位满足各类首发需求。商业载体具备强大的品牌集聚效应，可通过自身特色、资源整合及政策支持等，为品牌首发提供场地、流量等保障，助力品牌发展，激发消费活力。总的来说，首发经济呈现向中心城市高度集聚的特征，通过新品牌、新技术、新服务落地，提升城市的活跃度、逐渐形成消费新生态，对培育国际消费中心城市具有重要作用。

二 河南省首发经济的发展基础和存在问题

河南省具有发展首发经济的优良条件和基础，首发经济发展态势良好，但存在起步晚、政策支持不足等特点。

（一）发展基础

1. 首发经济蓬勃发展

一是新品新店不断涌现。洛阳礼物二里头绿松石香囊系列、三彩护法萌狮、小唐马三彩盲盒3款文创入选《中国好礼产业促进计划2024-2025年度推荐产品目录》。2025款雷沃谷神履带机与插秧机新品分别在河南省和黑龙江省首发，同步在线上直播间推出小麦机新品GM5125和GR3106，通过直播订机活动吸引30万农机手咨询。小芳茶卖部、茶叙牡丹亭等特色餐饮快速发展。文创雪糕、唐宫夜宴、开封王婆等IP强势出圈，带动了相关行业的发展。二是展会模式不断创新。河南省在2025年第一季度举办"服务新供给 澎湃新动能"品牌企业发布活动，集中展示新零售、新餐饮等领域的新产品与服务，如蜜雪冰城、仰韶酒业等企业的爆款商品，并通过元宇宙互动、美妆体验等创新形式推广。宋河酒业在郑州举办新品发布会，推出"福禄寿喜"系列白酒。发布会期间，经销商预订金额20分钟内突破千万

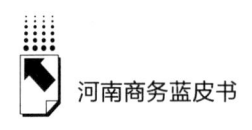

元，展现强劲市场潜力。三是部分本土品牌影响力突出。巴奴毛肚火锅开创了毛肚火锅品类，覆盖北京、上海、西安、苏州、郑州、无锡等20个城市。许昌商超品牌胖东来，以极致服务和员工福利闻名，2024年销售额近170亿元，成为全国零售业标杆。蜜雪冰城已经是全球最大的现制饮品企业，截至2024年底全球门店数已达46479家，获"中国茶饮十大品牌"奖，以670亿元的企业估值入选《2024全球独角兽榜》。四是高端品牌持续引入。近年来，河南省本土商场不断升级，持续引入高端品牌。以丹尼斯大卫城为例，目前丹尼斯大卫城共有45家高端化妆品品牌、51家门店（含6家双店）；包括Creed、Diptyque两家华中地区首店，以及Prada Beauty等10家河南省首店；位于商场一楼的Armani Beauty等还是全国首家形象店。

2. 发展优势突出

一是庞大的消费市场提供首发经济成长的沃土。河南省拥有1亿左右的常住人口，超2000万人的中等收入群体，蕴含巨大的消费潜力。河南省消费市场蓬勃发展，拥有商旅文娱健体等各类消费类型，绿色消费、数字消费等新业态快速发展。2024年，全省社会消费品零售总额达2.76万亿元。二是文化资源丰富。河南省现有不可移动文物65519处，国家考古遗址公园17处，各类博物馆398家，拥有太极拳、二十四节气、皮影戏等列入《人类非物质文化遗产代表作名录》的遗产项目和125个国家级非物质文化遗产。在国潮加速兴起的背景下，丰富的文化资源为河南省发展首发经济提供了充足的空间。三是发展载体充足。近年来，河南省特色商区加快发展，2024年郑州杉杉奥特莱斯（二七店）、济源宝龙广场、商丘正弘汇等14个项目入驻河南省，2025年预计新增27个商业项目，为首发经济提供了充足的发展载体。同时，各个商区也结合自身定位积极发展首发经济，加强与国际一线品牌的合作，积极探索小众首发品牌。以洛阳魏坡新序为例，其结合年轻群体对潮文化的需求，积极与全国各地设计品牌主理人联系，引入荣器、萌物合辑等首店。

3. 发展环境持续优化

一是政策支持不断加强。首发经济作为新兴经济形态，正成为衡量地区创新活力与市场竞争力的关键指标。河南省出台一系列促进首发经济发展的政策，从多维度为首发经济的繁荣发展保驾护航，先后印发《河南省进一步释放消费潜力促进消费持续恢复实施方案》《关于促进夜经济持续健康发展的指导意见》《加快服务业高质量发展若干政策措施》等政策文件，大力推进首发经济发展，创新经营模式，持续实施服务业新供给培育工程，提升个性化、差异化产品服务水平；发展首发经济集聚区，吸引区域首店、旗舰店入驻，开展首秀、首演、首映、首展，力争再培育10个省级品牌消费集聚区、5条省级步行街、5个夜经济集聚区；积极发展首发经济，推动百货店和购物中心开展"一店一策"改造，培育"小而美""专而精"特色店铺。二是营商环境持续优化。河南省持续推进简政放权，简化企业开办流程，压缩审批时限，提升政务服务效率，为企业发展营造便捷高效的政务环境。河南省成立营商环境投诉举报中心，上线河南省营商环境投诉举报平台，构建企业诉求解决闭环管理机制。全省推行企业智能登记，实现新设企业登记"自主填报、系统核查、即时审核、事后复核、实时出照"，积极拓宽"企业开办+N项服务"范围，在全国率先实现将"水电气暖网"报装纳入企业开办平台。

（二）存在问题

1. 首发经济质量不高

一是业态结构较为单一。河南省首发产品以餐饮类为主，美妆、服饰等时尚类品牌的引入却相对滞后，不利于市场的多元化发展，也制约了消费者需求的进一步提升。以河南省首发基础最好的郑州市为例，总体来看首发产品集中在餐饮和零售领域，2024年全市共引进138家零售品牌，占比达51%；其次是餐饮业态，共105家首店，占比为39%；文体娱乐和生活服务占比较小（见图1）。二是国际化品牌吸引力不强。与一线城市相比，河南省高端品牌数量有限，国际一线品牌和国内知名高端品牌的入驻率较低，高端美妆、设计师品牌、买手店等细分领域覆盖率低，首发经济的国际化水平较低和资源相对匮乏。2024年郑州市新增首店269家，其中国际品牌首店

52家；北京市新增首店960家，其中国际品牌首店百余家。郑州市在吸引国际品牌首店方面还处于起步阶段，与北京等城市相比存在较大差距。三是新兴业态引进滞后。河南省新消费场景渗透率较低，未能与首店经济深度融合，缺乏文化艺术空间、沉浸式体验、互动式体验等业态组合，消费者难以获得新鲜感与独特体验，对于首发产品的消费欲望难以得到充分激发。沉浸式体验、智能零售、绿色消费等新业态在河南省落地较少，且多集中在郑州市，对比上海TX淮海、深圳万象天地等"策展型商业"，河南省商业仍以传统的"购物+餐饮"模式为主。

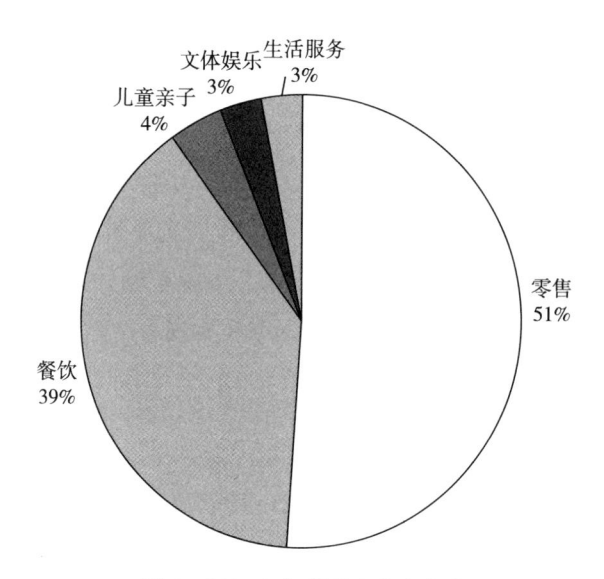

图1　2024年郑州首店业态占比

资料来源：赢商大数据。

2. 配套服务有待改善

一是配套政策支持力度仍需加大。目前，河南省针对首发经济发展出台的专项政策较少，导致首发经济尚未在激发消费潜能和扩大消费中发挥引领作用。对比上海、深圳等地推出的"消费基金""首店经济补贴"，河南省缺乏类似的创新孵化机制，对于一些创新型中小企业而言，难以获得足够的资金开展首发项目。二是专业人才储备不足。河南省的高校与科研机构数量相对较少，时尚设计、专业经纪人、专业买手等专业人才的培养和引进力度不足，企业在开展首发项目时缺乏核心技术支持与创新动力。三是物流配送服务水平有待提升。上海市拥有国际化的港口、高效的物流配送体系以及一系列通关便利政策，能够确保首发产品快速、安全地进出境。尽管河南省的物流基础设施在不断完善，但与上海市相比，在国际化物流服务方面仍存在一定的差距。以郑州新郑国际机场为例，机场的货运设施、航线网络、运力等方面与国内物流发达城市相比仍有一定的差距，难以满足首发经济中高端产品时效性要求高的运输需求。

3. 商业载体支撑不够

一是特色商圈影响力有限。《中国商圈商业力TOP100指数榜单》显示，全国排名前三的商圈依次为北京CBD商圈、上海陆家嘴张杨路商圈、广州天河路—珠江新城商圈，郑州二七广场商圈排第21位。与上海、北京等消费中心城市相比，河南省内特色商圈在国内外的知名度较低，难以吸引大量的外地消费者和国际品牌入驻，限制了首发经济的影响力和辐射范围。二是高端商业综合体匮乏。目前，河南省仅有郑州、洛阳等少数中心城市拥有高端商业综合体（如郑州丹尼斯大卫城、正弘城以及规划建设中的郑东万象城、弘坊等项目），其他地市仍以传统百货区域性购物中心为主，真正具有国际水准、能够满足国际品牌首发需求的高端商业综合体数量较少，难以达到国际品牌对展示形象、营造体验氛围的高标准要求，影响其在河南省进行首发布局。三是商业基础设施有待完善。部分商业场所内店铺的装修和陈列设施较为陈旧，缺乏时尚感和创新性。科技赋能商业力度不足，商业设施智能化水平整体不高，在一些商业区域，智能化设施如智能导购系统、智能支付系统、智能仓储管理系统等的应用不够广泛。

4. 本土创新资源不足

河南省本土企业缺少具有全国影响力的新消费品牌，一方面，本土品牌知名度整体偏低。河南省虽拥有蜜雪冰城、胖东来、巴奴火锅、锅圈食汇等本土品牌，但在举办品牌发布会、时尚首秀、产品首展等方面，河南省本土品牌的规模和影响力较小。与上海、北京、广州等国际消费中心城市相比，

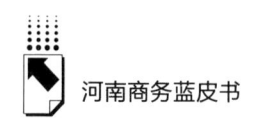

河南省举办具有全国乃至国际影响力的品牌活动频次较少，难以吸引媒体和消费者的关注，影响品牌知名度的提升。另一方面，文化资源挖掘力度还需加大。河南省文化资源丰富，拥有众多特色产品，但首发经济对本地文化元素的挖掘和融入不够深入，真正融入文化资源优势打造的首发产品屈指可数。文化资源向消费贡献有效转化率较低，从文化产品来看，汝瓷、钧瓷、牡丹瓷、汴绣等都是河南省宝贵的文化遗产，但均缺乏与现代消费趋势结合的创新产品，在规模和影响力上与杭州丝绸、苏州刺绣等相比还有一定差距；从消费场景来看，缺乏像西安大唐不夜城将历史文化与现代商业深度融合的消费场景，历史文化资源未有效转化为商业吸引力。

三 各地发展首发经济的主要做法

当前，首发经济已经由地区探索转向全国政策引导，各地发展首发经济的经验不断积累、推广，在政策支持、生态培育、配套服务、营商环境等方面形成了较为成熟的举措。

（一）强化政策支持，筑牢首发经济发展底座

首发经济在激烈的市场竞争中行稳致远，离不开政策的有力支撑，各地积极出台各类政策为首发经济发展保驾护航。一是聚焦全球新品首发地建设。上海市印发《关于进一步促进上海市首发经济高质量发展的若干措施》，提出将持续打响"首发上海"品牌，将上海市打造成国内外品牌首发、首秀、首展、首店的集聚高地。北京市研究制定了《促进首店首发经济高质量发展若干措施》，促进首店首发经济高质量发展，强调建立品牌首店首发服务体系、支持品牌首店落地发展、打造全球品牌首发首秀展示平台等。二是丰富首发经济场景。《吉林省人民政府办公厅印发关于促进消费若干措施的通知》明确提出推动消费场景创新。发展首店首发经济，引进区域性首店品牌，举办首发首秀主题活动，有条件的地区对全国首店给予资金奖励。成都市发布了消费场景建设导则和消费空间布局专项规划，提出消费

空间指引、消费实现指引和消费文化指引，持续加强城市消费空间分级发展引导。三是强化金融支持作用。南京市通过与多家头部保险机构签署战略合作协议，积极培育壮大"耐心资本"，支持首发经济、银发经济等新经济模式。

（二）培育创新生态，着力加强品牌建设推广

科技创新是首发经济"原创力"，各地均立足本土优势，加强本土首发品牌的培育和孵化，持续创新打造首发经济"新地标"。一是鼓励创新和扶持本土品牌快速成长。南京市开启"首创金陵"专项行动，扶持在地特色品牌的创新孵化，积极培育本土消费新势力品牌。二是加快培育专业人才和机构。成都锦江区联合四川师范大学建立首发经济发展研究院，研究院整合多所高校的学术资源和各行业实践经验，打造成为全国首发经济产业研究的高端智库。三是提升首发经济辐射力。广州市精选广州塔、海心沙公园、广州大剧院等32个首发空间，为时尚产业、品牌、设计师提供首发地选择，助力树立品牌形象、提升品牌知名度，促进城市空间载体、产业品牌、时尚消费的有机融合。上海市聚焦形成品牌集聚效应、驱动上游产业链升级，加快国内外品牌在沪首发全球新品、落地品牌首店、设立企业总部，进一步推动形成从"首发"到"首店"再到"总部"的"首发经济"效应，全球新品首发地示范区的影响力进一步提升。

（三）完善配套服务，营造良好的首发经济氛围

首发经济通过产业生态集聚，不断为城市经济发展注入内生动力，促进经济高质量发展。一是加大资金扶持力度。上海市积极吸引高能级首店落地、支持举办首发首秀首展，构建首发经济专业服务生态圈，并择优对经营方、专业机构组织给予资金支持或奖励。二是提供全链条伴随式服务。成都锦江区挂牌成立首发经济发展促进中心，整合发展改革、金融服务、商务商贸、投资促进、产业园区、属地街道等多方面工作力量，组建专业服务团队。重庆市积极打造专业服务平台，鼓励引进传媒传播、创意策划、中介经

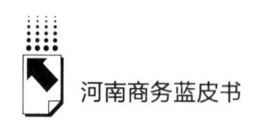

纪、培训咨询等国内外知名专业服务机构，培育一批传播、传媒、广告、策划类专精特新中小服务机构。三是完善商业基础设施。成都市重视构建智慧商圈，将"云上春熙"数字平台作为统一后台打造春熙路智慧商圈，并在全国率先建立起智慧商圈信用体系，依托多方数据，对智能设施支撑、数据交流共享等方面进行全面提升。广州市着力打造国际化的商务交流平台，举办各类行业展会、论坛等活动，为企业首发提供展示和交流的机会。

（四）优化营商环境，厚植首发经济发展沃土

良好的营商环境是吸引首发经济落地的关键，能够为企业提供良好的发展氛围，促进产业集聚和升级。一是加大招商力度。广州市提出鼓励商业设施运营方加大品牌首店招商引进的力度，支持达到条件的国内外品牌开设首店，支持国内外品牌独立法人开设品牌旗舰店，鼓励在穗开展具有国内国际影响力的新品发布等活动。二是加大知识产权保护力度。北京市加大知识产权保护力度，设立专门的知识产权保护机构和快速维权通道，为首发产品的知识产权提供全方位保护，如对首发新品的专利、商标等申请进行快速审查和授权，保障企业创新成果。三是出台进口与退税便利举措。上海市优化首发活动审批流程，明确提供进口首发新品通关便利，打造涉及首发、首秀、首展、首店的进口商品通关便利"企业服务包"。深圳市实施境外旅客购物离境退税"即买即退"，提升境外游客的购物体验，吸引更多国际品牌在深圳市开设首店，促进首发经济发展。

四 河南省发展首发经济的对策建议

结合河南省文化、区域特点等打造差异化首发经济，通过"量质齐增"强化首发经济的带动效应，多措并举助力首发经济高质量发展。

（一）以培育首发经济主体为核心，点燃区域创新发展引擎

首发经济的核心在于通过创新给消费者带来新体验，创造新的消费需

求,培育多元化的首发经济主体。一是加大首发经济创新力度。支持高校、科研机构与企业合作,建立产学研用一体化的研发创新平台。探索在郑州大学、河南大学等高校与企业共建联合实验室,开展首发产品的技术研发、市场调研等工作,加速科研成果转化,加快核心技术赋能新业态。鼓励首发经济主体与不同行业的知名品牌或IP开展跨界合作,推出联名款首发产品。引导科技企业与传统厂商合作,促进"互联网+""人工智能+"等融合创新。二是培育本土特色品牌。依托三全、思念等本土龙头企业,联合网红品牌推出区域性限定新品,通过电商平台和便利店渠道首发。支持蜜雪冰城、巴奴火锅、眷茶等本土品牌开设旗舰店或概念店,通过"首店首发"提升品牌势能。依托泡泡玛特开发以河南历史文化(如洛阳龙门石窟、开封宋文化、少林功夫、豫剧等)为主题的限定盲盒或潮玩,融入青铜器、唐三彩、甲骨文等元素,形成独特IP矩阵。聚焦洛阳的牡丹文化、南阳的中医药文化、许昌的假发产业等,打造具有国际影响力的首发品牌。

(二)以打造首发经济载体为支撑,激发城市消费活力

首发经济载体是首发经济发展的关键支撑,对区域经济发展、产业升级等方面都具有重大意义。一是完善商业基础设施。支持郑州、洛阳建设国际消费中心城市,在郑州、洛阳等城市的核心区域,集中资源打造具有国际影响力的核心商圈。推进郑州高铁站商圈建设,加速整合郑东万象城、弘坊等高端商业体,依托商超巨头胖东来,全力打造"郑州第一商圈",加大对高端商业品牌的引进力度,提升商圈的国际化水平和消费吸引力,构建新品首发、首店集聚的重要平台。二是创新多元化首发场景。以河南省丰富的历史文化遗址为依托,如洛阳龙门石窟、安阳殷墟等,打造沉浸式首发场景。利用3D投影、虚拟现实(VR)等技术,将新品发布会与历史文化元素融合。依托郑州航空港区等科技园区,打造科技产品的前沿首发场景,举办智能硬件、芯片等新品首发活动。三是拓展数字化营销渠道。建设"河南首发经济云平台",整合品牌、商场、消费者数据,精准匹配首发资源。联动抖音、快手等平台,扶持本土主播开展"新品首

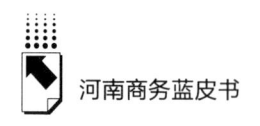

发直播专场"。开发"河南潮玩地图"小程序，整合线下打卡点、发布新品信息，开展优惠活动，增强用户黏性。

（三）以优化首发经济生态为抓手，拓展首发经济发展新空间

优化首发经济生态能够整合资源、激发创新活力，为首发经济发展提供坚实保障。一是强化政策支持与引导。支持郑州、洛阳等地率先出台首发经济配套支持政策，探索建立首发经济服务绿色通道，为首店、首展、首秀等活动提供服务。设立首发经济基金，对本土企业研发新品、引进首店给予资金奖励。建立知识产权质押融资、供应链金融等金融服务模式，满足首发经济主体的多元化金融需求。适时出台《首发经济促进条例》，建立涵盖知识产权保护、法律咨询、市场推广等方面的公共服务体系。二是构建首发经济专业服务生态圈。加快培育首发经济领域专业服务机构，探索建设全国首创性的评价指标体系，支持开展行业高峰论坛。打造名师工作室，支持知名设计师、主理人在豫发展。加强首发经济宣传推广，扩大首发经济影响力和辐射范围。三是强化物流与供应链支撑。强化航空港区的引领作用，拓展加密国际航线，提升郑州新郑国际机场的货运服务能级。推动中欧班列扩能提质，建设海外分拨中心，提升国际物流通关效率。通过完善国际物流网络，吸引国际品牌和本土品牌在河南省开展新品首发活动。发挥郑州航空港区"全球物流枢纽"优势，打造"国际品牌进入中国市场的首发仓"，提供"7×24小时通关+分拨"服务。

（四）以提升首发经济影响力为目标，搭建多元传播推广矩阵

首发经济作为创新驱动和品牌引领的前沿经济形态，扩大首发经济影响力已经成为河南省提升经济竞争力、拓展发展空间的关键路径。一是打造首发经济集聚区。聚焦"Z世代"消费热点，在郑州市设立新品首发基地，以郑州东站片区为中心，探索建设首发经济示范区，吸引区域首店、旗舰店入驻。支持企业举办全球新品首发季活动，吸引更多高品质、高流量的国内外品牌参与活动，开展首映、首秀、首展、首店，释放首发集聚效应。复制推

广国家级旅游休闲街区经验，支持二七米房、阜民里等特色商区升级发展。鼓励百货商店、购物街区和购物中心开展"一店一策"改造，培育"小而美""专而精"特色店铺。二是创新传播与营销渠道。利用河南广播电视台、《大河报》等省内主流媒体，以及抖音、微博等新媒体平台，构建全媒体宣传矩阵。对首发活动进行全程跟踪报道，制作精美图文、视频内容，多渠道传播，扩大活动影响力。举办"中原文化与首发经济融合发展论坛""黄河文化创意产品首发节"等首发经济主题活动以及首发经济行业高峰论坛等，提升首发经济的国际竞争力和全球影响力。三是强化区域合作与联动。推动郑州、洛阳、开封等城市建立省内首发经济联盟，共同策划举办大型首发活动，促进省内城市之间的产业协同和要素流动，形成优势互补、资源共享的发展格局。积极参与长三角、粤港澳大湾区等地区的首发经济交流合作活动，学习先进经验，拓展合作领域。

参考文献

王珂：《推进首发经济增加优质供给》，《人民日报》2024 年 8 月 28 日。

依绍华：《首发经济何以破圈迭代》，《人民论坛》2024 年第 16 期。

赖立、胡乐明、粟小舟：《首发经济赋能消费升级的内涵机理和路径选择》，《经济学家》2024 年第 12 期。

韩秉志等：《首发经济激发消费新活力》，《经济日报》2025 年 1 月 5 日。

B.20
传统实体零售业创新转型的难点与对策建议

任秀苹[*]

摘　要： 近年来，传统实体零售业面临前所未有的挑战，消费者需求日益多元化，市场份额受到电商、新零售冲击，运营成本不断攀升，经营持续承压，闭店空置现象频发，增收不增利的现象屡现，行业生存与发展面临严峻挑战。在此背景下，传统实体零售业创新转型迫在眉睫。本报告系统总结实体零售业创新转型的成效，深入剖析其面临的自营能力制约商品力提升、差异化竞争力有待提升、线上线下全域运营欠佳、创新产出覆盖投入不足等难点，并提出有针对性的对策建议，如提升商品力与服务水平、增强企业差异化竞争力、强化线上线下全渠道运营、优化创新投入产出机制、重视人才的培养与引进等，旨在为实体零售业的高质量可持续发展提供参考。

关键词： 实体零售业　差异化竞争　河南省

零售业作为连接生产与消费的关键环节，在国民经济中占据重要地位。随着科技的飞速发展和消费者需求的不断变化，新零售企业凭借创新驱动、供应链整合在逆境中前行，而部分传统实体零售企业因难以适应市场变化，盈利能力下滑，不得不闭店止损，零售行业格局加速重塑。传统实体零售企业若想在激烈的市场竞争中立足，必须加快创新转型的步伐。通过创新转型，实体零售业不仅能够提升自身竞争力、满足消费者日益增长的需求、提

---

[*] 任秀苹，河南省社会科学院高级经济师，研究方向商贸流通、电子商务、消费等。

振消费，而且能为经济增长注入新的动力。因此，研究传统实体零售业创新转型的难点与对策具有重要的现实意义。

一 传统实体零售业创新转型的背景

一是电商分流传统实体零售市场份额。电子商务依托互联网技术，打破时空限制，全方位满足消费者随时随地购物的需求。海量商品供给适配多样化需求，个性化推荐契合个人偏好，便捷支付搭配快速物流、大数据赋能精准售后提升购物体验，网上消费成为消费者生活中不可或缺的消费渠道。近年来，我国实物商品网上零售额不断增长，由2015年的32423.8亿元增长到2024年的127878.0亿元，占社会消费品零售总额的比重不断攀升，由2015年的11.3%提升至2024年的26.5%（见图1），在消费市场中占据重要地位。同时，互联网企业加快线下实体店布局步伐。美团旗下小象超市拟重启线下门店；京东七鲜在天津、北京等地布局"店+仓"模式，提升配送时效；天猫则凭借大数据打造"Home Times 家时代"等线下体验店。

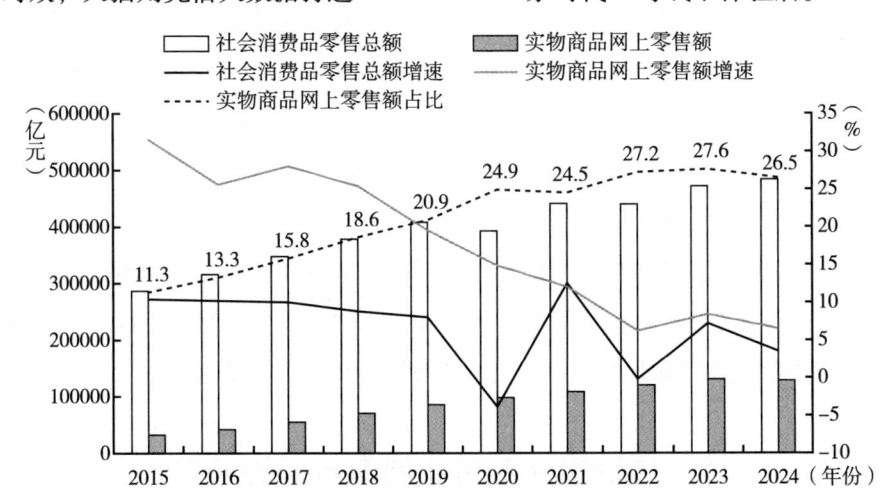

图1 2015~2024年我国社会消费品零售总额和实物商品网上零售额及其增速和占比情况

资料来源：国家统计局。

二是新兴零售业态加速扩张。折扣超市好特卖专注尾货市场，凭借独特货源，11年门店数量激增30倍；鸣鸣很忙等零食量贩门店超1.5万家，2024年零售额突破555亿元。山姆会员店扩张迅猛，从沃尔玛的补充业态转变为核心增长极，2024年新开6家店，2025年初达54家店，从一线城市下沉至张家港、晋江等百强县，2024年有8家门店单店年销售额突破36亿元，远超传统大卖场单店3亿~5亿元的业绩。2024年盒马鲜生以每5天开一家新店的速度，新开72家门店，总门店数达430家。

三是传统实体零售深陷同质化竞争与成本压力的双重困境。多数传统实体零售门店商品品类相似，商品陈列、服务模式趋同，差异化不足、千店一面，陷入激烈且低效的同质化竞争。另外，租金、人力成本、营销费用等刚性成本居高不下，不断压缩利润空间，导致运营举步维艰，急需转型破局。中国连锁经营协会对2024连锁超市的经营情况进行摸底调查，除客流量外，销售总额、净利润、门店数量等关键指标实现增长的企业不到半数，增收不增利现象较为突出。据壹览商业不完全统计，2024年，国内至少有12000家门店宣布关闭，涵盖近千家品牌，其中不乏大润发、沃尔玛、永辉超市、物美超市等大型渠道门店，以及汉堡王、星巴克等连锁餐饮品牌。《2024中国商业地产市场年报》显示，全国3万平方米以上的购物中心数量已超6700个，较10年前增长近3倍，但客流量因过度竞争被严重稀释，国内一线城市核心商圈的空置率不容乐观，北京、深圳、上海商场空置率分别达13.8%、20.0%、19.4%。

消费者需求演变重构线下商业价值标准，数字化变革深度重塑商业运作的底层逻辑与发展范式，传统实体零售业进入深度变革与转型阶段，由粗放式增长向集约化、精细化、差异化发展的创新转型势在必行。

二　传统实体零售业创新转型的成效

近年来，面对消费需求快速更迭、市场份额遭受电商冲击、运营成本持续上扬等诸多挑战，传统实体零售业自主调改与创新转型，从传统运营模式向契合新消费需求、顺应技术发展趋势的模式转变，在商品结构优化、业态调整融合、服务体验升级等方面取得阶段性成效。

（一）商品结构优化，自有品牌崛起

传统商场超市围绕SKU精简与效率提升，通过对商品结构的不断优化和对自有品牌的深度开发，大幅减少同质化商品，聚焦烘焙、熟食等鲜食、核心品类、高频高毛利品类，打造差异化竞争力。永辉超市上海浦江万达店累计下架5762款单品、新增2665款精选商品，商品汰换率达70%，进口商品占比提升至20%，烘焙、熟食等鲜食品类占比从5%增至20%。永辉超市郑州信万店调改后，商品种类从1.4万款精简至1.0万款，新增烘焙、熟食品类。开业首日，客流增长5.3倍，销售额升至此前的13.9倍。

中国连锁经营协会发布的《2023中国商超自有品牌案例报告》显示，尽管国内自有品牌启动较晚，2022年中国超市TOP100的自有品牌销售占比达到5%。《中国自有品牌发展研究报告（2023—2024）》显示，供应商的自有品牌供货总额同比增长8.55%，73%的零售商自有品牌销售额同比增长。尽管与外资零售巨头，如山姆（自有品牌销售额占比在30%左右，自有品牌Member's Mark拥有700多个SKU）、"硬折扣鼻祖"奥乐齐（其在中国市场的自有品牌占比达到90%左右）相比，我国零售企业在自有品牌建设方面仍有不小差距；但不容忽视的是，本土零售企业在自有品牌领域的探索与实践小有成效。盒马鲜生的自有品牌销售额占比达到35%，2025年或达50%。胖东来自有品牌销售额占比达30%，拥有100多个SKU，总销售额达11亿元，4个单品销售额超亿元，其中，胖东来的"大月饼"、精酿啤酒等成为网红爆款。

（二）业态调整加快，融合趋势明显

为满足消费者多元化需求，传统实体零售企业纷纷加大业态调整力度，推动业态融合。购物中心突破传统单一购物功能局限，加大餐饮、娱乐、文化体验、亲子互动等业态布局力度，构建起集多元业态于一体的复合型商业

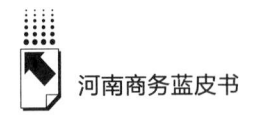

空间。在消费升级与文化需求的驱动下，部分书店打破单一售书模式，提供咖啡饮品、举办文化活动。以西西弗书店为例，构建"书店+咖啡+文创产品"的经营范式，营造独特的文化氛围，满足消费者的阅读、休闲等多元需求，成为城市文化生活新地标。亚细亚卓悦城围绕"潮玩食趣新领地"定位，主打餐饮业态，在130多家入驻品牌中，有90多家餐饮品牌，占比超过65%，融入VR体验、可爱的萌宠乐园、手办等文创文娱项目，年度总客流达1515万人次，年销售额达到5.3亿元。《2024中国商业地产市场年报》显示，在全国600余家标杆商场中，零售业态占比从50.6%降至48.4%；2019~2023年文娱新业态年营收增长率保持在27%以上。[1]

（三）服务水平提升，客户体验焕新

传统实体零售企业顺应消费者需求的转变，通过多种举措提升服务水平，以服务细节传递尊重与关怀。在满足特殊群体关怀需求方面，为老年购物车增设折叠椅，商超调味品区增设放大镜方便老年客群。在提供情绪价值、解决消费者选择难题上，散装糖果标注"每斤约30颗"，果切盒按甜度标注食用顺序。在商品加工与配套服务上，海鲜柜台提供清洗、打氧服务，肉禽柜台免费切丝、绞肉；增设试穿拖鞋的专用鞋套、剖鱼间、易碎品打包处等。同时，取消强制动线、拓宽通道、降低货架高度至1.6米，营造舒适的购物环境。消费者在购物中获得尊重关怀、自我认同与情感共鸣，愿意支付"情绪溢价"。

（四）营销不断创新，互动玩法出圈

实体零售企业不断创新营销方式，借助社交媒体，注重打造沉浸式、体验式营销场景，增强消费者的参与感和互动性，重塑消费体验，为行业发展注入活力。某服装品牌精心策划穿搭挑战话题，鼓励消费者分享穿搭

---

[1]《"十五五"文化产业规划前期研究有哪十大关键点?》，新浪微博，2024年5月22日，https://weibo.com/ttarticle/p/show?id=2309405036779186290973。

照片和视频，品牌官方账号对优质内容点赞评论，给予创作者优惠券等奖励。消费者的参与热情被激发，品牌影响力借助社交媒体的强大传播效能在不同圈层扩散，吸引更多潜在客户。某美妆集合店围绕热门 IP 打造主题空间，陈列相关联名产品，设置互动体验区，提供免费的化妆体验和专业的皮肤测试服务，店铺知名度借助消费者的社交传播力得以提升。家居卖场设置实景样板间，增强消费者对家居产品的直观感受，促使其做出购买决策。

（五）供应链强支撑，数字化见成效

许多实体零售企业积极构建数字化供应链系统，提升运营效率和顾客体验。通过精准预测需求、智能优化库存和高效物流配送，实现"智能预测—智能补货—订单可视—零供协同"一体化，保障供需平衡；依托数字化系统整合供应商资源，制订采购与生产计划，降低运营成本；打通线上线下全渠道数据，实现统一采购、共享库存与一体化配送，动态调整库存与配送策略，提升响应速度与客户满意度，构建敏捷、高效的供应链体系。以物美商业集团为例，通过数字化转型，订单满足率、门店与网上有货率、库存周转率得到提升。库存周转天数从 31 天降至 21 天，仓内作业准确率稳定在 99.9% 以上，到店及时率稳定在 99.6% 以上。

三 传统实体零售业创新转型面临的难点

（一）自营能力制约商品力提升

自营业务是零售企业提升商品力的重要途径之一，但多年来在传统联营模式中，零售企业不掌握主动权、自营能力不足，部分企业转向自采自营模式时需直面自有品牌定位和商品研发、商品选品、品质把控、商品更新、团队建设、渠道与货源、库存管理、资金占用等多重压力，转型举步维艰。品质把控难度大，零售企业需建立严格的质检体系，从原料采购到生产工艺全

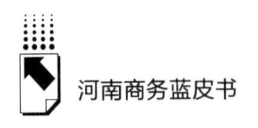

程监管，确保产品质量。专业买手匮乏，导致零售企业在采购、销售、技术等方面的专业能力不足，难以选择到适销的商品；稳定可靠的进货渠道匮乏致使零售企业无法获取充足的优质货源。在经营能力方面，缺乏有效的运营管理经验和技能，会导致企业的库存积压和面临滞销风险，资金周转困难。

（二）差异化竞争力有待提升

差异化竞争是行业共识，落地实践却困难重重。过去几年，餐饮、儿童乐园、影院几乎成为购物中心"标配"，但组合模式固化、创新乏力的问题逐渐显现。一些百货零售门店也提升了餐饮、儿童乐园等业态比例，却陷入用餐饮引流、流量转化率低的怪圈。标准化的导购、促销、会员体系已无法满足消费者分层化、个性化的需求，尤其是年轻客群对"悦己消费""情绪价值""社交体验"的重视，多数企业对"Z世代"热衷的新消费反应滞后。当个性化服务成为零售新战场时，一些百货零售企业的服务升级仍停留在增设母婴室、改造厕所等较为基础的阶段。随着消费者购物体验的提升和生活节奏的加快，越来越多的消费者倾向于多样化的购物选择。消费需求快速迭代让企业的创新窗口期大幅缩短，迫使企业陷入持续创新却不断过时的循环。

（三）线上线下全域运营欠佳

受经济大环境影响，居民消费能力和消费意愿不强，行业整体增长动能不足，传统实体零售企业全渠道运营效果欠佳。《2024年中国连锁超市发展情况概览》数据显示，样本企业线上销售实现增长的占比不到五成，增速高于20%的占比为14.89%，增速在5%及以下的占比为19.15%（见图2）。《2024零售IT及数字化系统需求调查报告》显示，从2013年的O2O热开始，线下零售企业的全渠道业务开展多年，但由于"引流难，引流贵""流量低，销售额低""复购率低""运营管理不专业，营销水平较低"等原因（见图3），线上销售占比整体不高。传统实体零售企业的数字化转型难度较大，多数企业的数字化投入占营业收入的比重较低，且在技术应

传统实体零售业创新转型的难点与对策建议

用、与品牌方数据融合等方面存在不足。另外，硬件、服务和产品供应链老化，品牌与目标客群定位错位，产品价格偏高，难以满足消费者对购物体验的高要求。

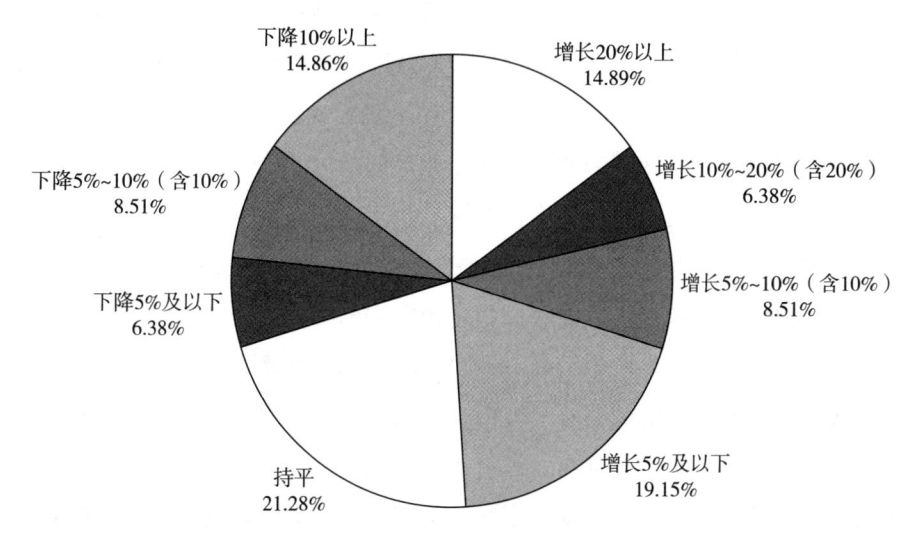

图2　2024年样本企业线上销售额增速分布情况

- 下降10%以上 14.86%
- 下降5%~10%（含10%） 8.51%
- 下降5%及以下 6.38%
- 持平 21.28%
- 增长5%及以下 19.15%
- 增长5%~10%（含10%） 8.51%
- 增长10%~20%（含20%） 6.38%
- 增长20%以上 14.89%

说明：数据经四舍五入处理。
资料来源：中国连锁经营协会发布的《2024年中国连锁超市发展情况概览》。

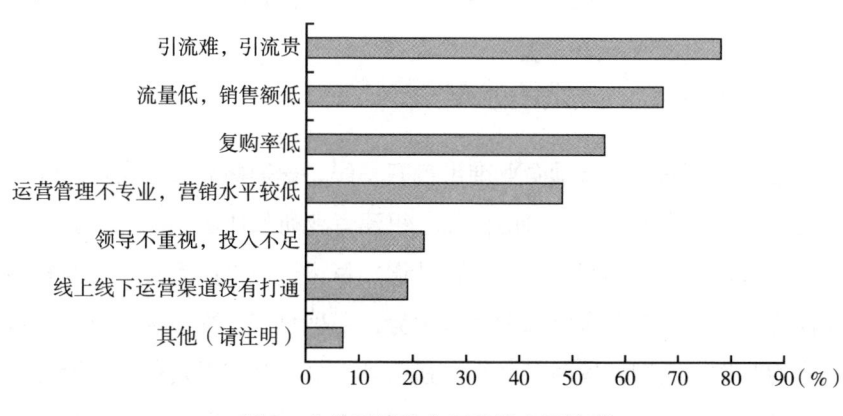

图3　企业开展线上运营的主要障碍

- 引流难，引流贵
- 流量低，销售额低
- 复购率低
- 运营管理不专业，营销水平较低
- 领导不重视，投入不足
- 线上线下运营渠道没有打通
- 其他（请注明）

资料来源：中国连锁经营协会发布的《2024-2025年中国百货零售业发展报告》。

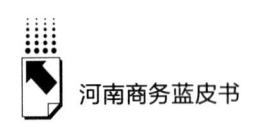

（四）创新产出覆盖投入不足

零售企业创新转型投入涉及前期投入和运营阶段的成本增加，比如外立面改造、商业空间重构、智能化运营体系升级、品牌池更新带来的招商折损等，调改后体验业态带来的能耗增长、坪效随体验面积扩大递减、毛利率降低，跨业态复合人才的薪酬提高等。同时，创新转型措施实施效果存在不确定性。以企业数字化转型为例，尽管企业普遍加大了线上商城、智能营销平台、数字化会员系统等投入力度，但各系统未完全打通或协同不够制约了数字化转型效能的发挥，一些企业的数字化预算浪费在重复建设与系统兼容上。数字化投入的效果不一定直接带来销售额的增加，通常难以准确客观地评估，这使得企业陷入两难选择。从投入产出的现状来看，措施实施后往往面临成本高、回报慢的问题。一方面，投入的资金需要较长时间才能收回成本；另一方面，新引入品牌与业态需经历市场培育期方可盈利，短期内门店效益难以显著提升。尽管创新转型是必然选择，但如何在高投入下实现高回报，仍是零售企业亟待解决的难题。

四　促进传统实体零售业创新转型的对策建议

（一）提升商品力与服务水平

一是提升商品力。鼓励企业推出自有品牌，挖掘商品独特卖点，开发契合市场趋势、具有差异化优势的商品。组建专业研发团队，深入调研市场与消费者需求，运用市场细分工具，精准识别目标客户群体的需求、偏好、消费习惯等特征，结合自身资源和品牌优势，明确自有品牌市场定位。加强与供应商的合作，共同开发新产品。加强商品选品。基于对目标消费者需求的深入洞察，建立专业的商品选品团队，引入更多具有特色、高品质且符合市场潮流的商品，满足多元需求。开发联名产品。根据自身目标客群特征与品牌定位，精准选择联名合作方，组建联合创意团队，整合推广资源，提升联名产品知名度与影响力。严格品质管控。构建严格的质量监控体系,从供应商筛选、原材料采购到生产加工、成品检验,实现全流程把控。与优质供应商建立长期稳定的合作关系,深入参与商品研发生产环节,保障商品品质。

二是提升服务水平。在服务理念上,从单纯"解决问题"转向"创造共鸣""价值认同",致力于满足消费者对尊重、关怀以及情绪价值的追求,提高消费者满意度与忠诚度。运用大数据分析消费者行为,掌握消费偏好与潜在需求,为服务优化提供方向;开展公益合作、践行可持续发展理念,强化消费者价值认同。以主题场景、互动体验区营造氛围,让消费者参与产品体验与创作,增强情感联结与消费乐趣。增强员工共情能力,鼓励其在服务中主动关怀顾客,满足消费者的情绪需求。

（二）增强企业差异化竞争力

一是强化品牌建设。制定系统、清晰的品牌战略,提升品牌的核心价值和形象,通过优质的产品和服务、特色的营销活动,以及履行社会责任等塑造品牌形象。利用社交媒体、品牌故事传播、内容营销等方式,加强与消费者的互动,提升品牌知名度、美誉度和忠诚度。

二是持续开展创新。营造鼓励创新的企业氛围,设立专项创新基金,支持员工提出创新想法并付诸实践。关注行业前沿技术和消费趋势,不断优化商品、服务流程,在商品、服务、营销、运营模式等方面持续推陈出新,保持差异化竞争优势。通过深度联营与自营结合,实现优势互补与经营模式创新。挖掘消费需求,以主题化场景营造氛围,融合AR、VR等数字技术升级体验,整合餐饮、娱乐等多元业态,并开展互动活动,创新沉浸式、多元化、趣味性的消费场景。关注新兴业态的发展趋势,适时拓展无人零售、智慧零售、即时零售等新模式。关注新兴市场的发展机遇,积极布局银发经济、赛事经济、研学经济、共享经济等新赛道。

三是建立消费者反馈机制。搭建多元反馈渠道,通过设置微信公众号反馈专区,建立会员社区,开展线上问卷、线下访谈等方式,收集消费者的反馈信息,及时了解消费者对商品和服务的意见与建议。对消费者反馈的问题

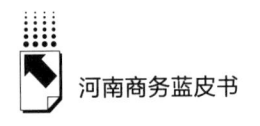

及时处理和回复,据此不断提升商品和服务质量,推出符合用户需求的特色产品和服务,实现差异化竞争,提高消费者满意度。

(三)强化线上线下全渠道运营

一是渠道整合。加强线上电商平台、社交媒体店铺、线下门店等线上线下渠道的整合,构建统一数据中台,打通线上线下会员体系、库存系统、营销活动等关键环节,实现线上线下会员权益互通、销售数据、库存信息实时共享,线上线下订单灵活调配、相互引流,提升消费者购物体验。实体零售企业要充分发挥自身在体验、服务、即时性等方面的优势,通过线上平台拓展销售渠道,为消费者提供便捷的购物体验;通过线下门店提供体验式服务,提高消费者的品牌认知度和忠诚度。

二是加强库存与供应链协同。运用大数据预测各渠道商品需求,实现精准补货与库存分配。建立库存共享机制,实现线上线下库存互通,支持到店到家协同发展,顾客可在门店自提线上订单商品,或线上购买门店库存商品。通过智能库存管理系统,依据线上线下销售数据灵活调整库存布局,降低缺货率与减少库存积压。

三是全渠道统一营销。利用大数据、云计算、人工智能等技术对线上线下运营数据进行深度分析,洞察消费者行为、偏好和需求,实现精准营销、个性化推荐和智能选品。构建私域流量池,借助App、微信公众号、抖音等多渠道沉淀流量,利用用户数据进行千人千面精准运营,提升用户复购率和转化率。同时,通过数字化技术优化线下门店布局、商品陈列和服务流程,提升门店运营效率和消费者体验。统一服务标准,线上客服与线下导购提供无差别的优质服务。

(四)优化创新投入产出机制

一是创新投入渠道。除了企业自身加大对创新的资金投入外,积极争取政府的创新扶持资金、科技专项补贴等政策支持。引入风险投资、产业基金等外部资本,为创新项目提供资金保障。同时,加强与高校、科研机构的产学研合作，充分利用外部科研资源，降低企业创新成本。

二是加大数字化转型投入力度。实施聚焦而非全面的数字化策略，聚焦业务痛点，模块化开发，实现数字化升级。根据自身规模、经营状况和发展战略，制定合理的数字化转型方案，分阶段、有重点地投入资金。可以先从一些关键环节入手，如供应链管理、客户关系管理等，逐步实现全面数字化转型。同时，企业可以通过与技术供应商合作、采用云计算等方式降低数字化转型成本，可将部分数字化业务外包给专业的技术服务公司。需重塑评估体系，将客户生命周期价值、全域渗透、体验提升、内部效率提升等长期指标纳入考核，避免用传统的坪效标准衡量仍需培育的数字化项目。

（五）重视人才的培养与引进

一是加强专业人才培养。加大对采购、商品管理、直播电商等专业人才的培养力度，开展数字技术培训、专家授课、行业交流等，提升其专业素养和市场敏感度。制订全域运营人才培训计划，培养既懂线下零售又熟悉线上电商业务和数字技术的复合型人才。与高校、科研机构建立合作关系，开展产学研合作，共同培养适应实体零售行业发展需求的人才。二是构建开放沟通机制，激发员工参与热情，营造全员参与企业管理的良好氛围。三是积极引进具有丰富行业经验和创新思维的外部人才。

未来，随着科技的不断进步和消费者需求的持续变化，实体零售业还需不断探索和创新，以适应新的市场形势。只有这样，实体零售业才能在新时代焕发出新的生机与活力，为经济社会的发展做出更大贡献。

参考文献

孟祥丽、徐鹿、郭晓雨：《新旧动能转换对零售业新质生产力的影响分析》，《商业经济研究》2025 年第 7 期。

张艳：《数字化背景下我国零售业跨界与融合创新发展研究》，《北京工商大学学报》（社会科学版）2022 年第 4 期。

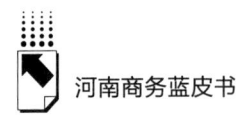

张艳、王秦、张苏雁：《互联网背景下零售商业模式创新发展路径的实践与经验——基于阿里巴巴的案例分析》，《当代经济管理》2020年第12期。

杨永芳、张艳、李胜：《新零售背景下实体零售数字化转型及业态创新路径研究》，《商业经济研究》2020年第17期。

廖夏、石贵成、徐光磊：《智慧零售视域下实体零售业的转型演进与阶段性路径》，《商业经济研究》2019年第5期。

王小琴：《基于不同业态比较的零售企业自有品牌发展路径探索》，《商业经济研究》2017年第18期。

B.21
河南省夜间经济发展研究

贾万聪*

摘　要： 夜间经济作为拉动消费需求、拓展就业岗位、激发城市活力的重要抓手，已经成为促进经济高质量发展、提高人民生活品质以及增强城市文旅吸引力的重要载体。河南省作为经济、人口和文化大省，具有良好的夜间经济发展基础，夜间经济持续提质扩容，但仍面临业态供给同质化、夜经济集群化发展薄弱、文化内涵未充分挖掘、基础设施建设存在短板等问题。通过借鉴长沙夜间经济升级的经验，从大力发展消费新业态、打造历史文化消费新热点、实现商文旅体融合发展、发挥政府引导作用等方面提出促进河南省夜间经济高质量发展的建议。

关键词： 夜间经济　夜间消费　高质量发展　消费场景

2024年国务院出台的《国务院关于促进服务消费高质量发展的意见》，提出推动国家级夜间文化和旅游消费集聚区创新规范发展。2025年河南省《政府工作报告》对加力提振消费做出了详细部署，明确提出积极发展夜间经济。夜间经济作为消费提质扩容的新动能、提升城市活力的新引擎和促进经济增长的"助推器"，已成为城市竞争的新赛道。不仅可以通过直接提升居民消费水平发展夜间经济，还可以通过产业结构升级和居民消费水平提升推动消费结构升级，从而有助于打通经济循环过程中的卡点堵点。河南作为经济、人口和文化大省，具有较好的夜间经济发展基础，发展潜力较大。但

---

* 贾万聪，河南省社会科学院研究实习员，研究方向为商贸流通。

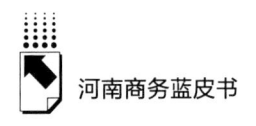

与夜间经济发达城市相比,河南省夜间经济发展仍存在诸多制约因素,无法满足消费升级、释放消费潜力等需求。加快推动河南省夜间经济高质量发展,是加力提振消费的"催化剂",更是全方位扩大内需、增强区域竞争力的有力抓手。

一 河南省夜间经济发展现状分析

近年来,河南省积极发展夜间经济,加快推进新消费场景创建,推出"夜赏""夜娱""夜演""夜食"4条旅游线路,共有12个项目入选国家级夜间文化和旅游消费集聚区,培育出郑州的"醉美·夜郑州"、洛阳的"古都夜八点,相约洛阳城"、开封的"夜开封·欢乐宋"等知名夜游品牌,助推夜间经济繁荣发展。

(一)政策支持激活市场动能,夜间经济成新增长极

近年来河南省为增强消费对经济增长的基础性作用,大力促进夜间经济高质量发展,从省级层面统筹布局,先后出台《关于促进夜经济发展的指导意见》《河南省省级夜经济集聚区认定和奖励办法》《关于促进夜经济持续健康发展的指导意见》等文件。通过完善空间布局、创新业态模式、优化发展环境等多项措施,尤其是从资金支持、税收优惠、社保减免等方面加大对夜间经济市场主体的支持力度,不断增强夜间经济发展活力,推动夜间消费规模持续扩容。各地市及时出台相关配套政策,把支持夜间经济发展纳入当地政策支持体系,其中郑州、洛阳、开封三地夜间经济发展较为活跃,打造了现象级项目,如郑州火出圈的只有河南·戏剧幻城夜游、洛阳引领的汉服热、开封的大宋不夜城等,并且郑州入围央视财经发布的2023年夜间消费最活跃的十座城市和在休闲时间最爱聚餐/夜宵的十座城市,极大地提升了河南省夜间经济的知名度。

（二）培育省级夜经济集聚区，延长夜间消费链条

面对日益多元化的夜间消费需求，河南省主动求变，培育壮大省级夜经济集聚区，不断增强城市夜间经济活力。2024年，河南省开展首批省级夜经济集聚区认定，认定洛阳市西工小街夜经济集聚区、鹤壁市浚县古城夜经济集聚区、漯河市河上街景区和许昌市曹魏古城中轴步行街为首批夜经济集聚区，并给予奖励资金，支持其进行改造升级。以鹤壁市浚县古城为例，其创新发展多元夜间消费业态，打造涵盖夜购、夜食、夜读、夜展等多业态的特色消费场所312家，推出夜赏、夜游等夜间文旅娱乐项目127项，引进文创市集、酒吧、书屋等精致业态79种[1]，成为业态集聚度高、消费便利性高、供给全面的夜经济集聚区。2023年，浚县古城夜间客流量占比达到65.0%，夜间营业收入占比高达80.4%。[2]

（三）促进业态模式创新，带动夜间旅游经济发展

河南省依托地方特色文化，推动企业创新经营模式，大力发展健康消费、非遗消费、数字消费等新兴业态，不断丰富夜游内容供给，积极培育新的消费增长点。以健康消费为例，依托河南省丰富的中医药资源和深厚的中医药文化，推动传统医药文化创造性转化、创新性发展，促进其与餐饮、养生、旅游、体育等夜间消费业态深度融合发展，推出中医药膳、中药茶饮、保健康养、中医药健康旅游以及文化研学等产品和服务，成为年轻人打卡体验的消费项目，实现文化与夜间休闲消费的深度融合。同时各大景区不断创新夜间消费模式，打造各类主题夜游项目，带动夜间旅游发展。2022年6月至2024年8月，夜游嵩山项目累计接待游客120万人次，

---

[1] 《河南首批！排名第一！浚县古城入选省级夜经济集聚区》，"大象新闻"百家号，2024年7月29日，https://baijiahao.baidu.com/s?id=1805913639951331148&wfr=spider&for=pc。
[2] 《鹤壁浚县古城：越"夜"越美丽 越"夜"越繁荣》，人民网，2024年8月25日，http://ha.people.com.cn/n2/2024/0805/c378397-40934478.html。

实现门票收入3500余万元，带动旅游综合收入4.3亿元①，实现以游兴夜、以夜兴城。

（四）激发工业遗产新活力，打造夜间文旅新地标

河南省作为中国近现代工业集聚地之一，工业遗产较为丰富，其中有5处工业遗产入选国家工业遗产名单。近年来，河南省积极开展工业遗址活化工作，将工业遗产的保护利用与旅游发展相结合，推动工业遗产创造性转化和创新性发展。推动工业遗址存量空间的改造升级，在保留原有文化风格的基础上，引入多元商业消费业态，打造文化创意园区，形成一批"新旧共生"的夜间文旅地标，如郑州的二砂文化创意园和记忆油化厂创意园、洛阳的天心文化产业园、焦作的西大井1919文旅园区等，成为工业遗产与夜间经济融合的独特地标。此类实践不仅破解了工业遗产如何活起来的难题，更通过文化赋能拓展了夜间消费空间，使夜间经济成为城市更新的"催化剂"。

二 河南省夜间经济发展潜力分析

从城市硬实力与软实力两方面对河南省夜间经济的发展潜力进行分析，城市硬实力包括经济、人口、活力、消费意愿等方面，城市软实力包括历史文化和旅游资源两个方面。

（一）城市硬实力

一是具有良好的经济实力和人口基础。《河南统计年鉴2024》数据显示，2023年河南省地区生产总值为59132.4亿元，其中第三产业增加值为31597.0亿元，占地区生产总值的比重达到53.4%；社会消费品零售总额达

---

① 《"夜游嵩山"已带动旅游综合收入4.3亿元》，"大河财立方"百家号，2024年8月23日，https://baijiahao.baidu.com/s?id=1808155260946360821&wfr=spider&for=pc。

到26004.4亿元，其中，网上零售额为4605.3亿元，同比增速高达22.5%，显著高于全国平均水平；常住人口总量为9815万人，其中，郑州常住人口增量超过18万人。雄厚的经济基础和庞大的人口数量，为河南省发展夜间经济奠定了良好基础。二是具有较强的发展活力。目前，河南省拥有174所高校[①]，2023年高校在校生数（包括本科和专科）为295.6万人，在校大学生数量占常住人口的比重居于全国前列。数量庞大的年轻群体为河南省夜间经济的迭代升级注入新的活力。三是具有较强的消费意愿。边际消费倾向是消费增减量与可支配收入增减量的比值，表示每增加或减少一个单位的可支配收入时消费的变动情况，可以用来反映居民的消费意愿。2023年，河南省人均边际消费倾向为1.16，高于全国平均水平，表明居民的消费意愿较强，可以通过促进夜间经济迭代升级来拉动消费增长。

（二）城市软实力

一是具有深厚的历史文化底蕴。作为中华文明和华夏文明的重要发祥地，也是中原文化的核心，河南省拥有裴李岗文化、仰韶文化等史前文化遗址。河南省是历史古都的集中地，中国八大古都河南省就有4座（郑州、开封、洛阳、安阳）。河南省是文化遗产的宝库，拥有5处世界文化遗产，同时有4个项目列入联合国《人类非物质文化遗产代表作名录》；拥有丰富的文化遗存，自1990年"全国十大考古新发现"评选以来，河南省共有55项入选。河南省作为文化大省，具有深厚的文化底蕴，为其打造别具一格的夜间消费品牌奠定了良好基础。二是具有丰富的旅游资源。河南省既是历史文化资源大省，也是自然景观荟萃之地，拥有17家5A级旅游景区，27个中国优秀旅游城市，其中郑州上榜"2024年国庆全国00后热衷目的地TOP10"榜单，洛阳上榜"2024热门旅游目的地（非省会）城市TOP20"榜单。此外，河南省登封市、栾川县和中牟县三地上榜"2024年全国县域旅游综合

[①] 《174所！河南晋级全国"高校数量第一省"》，"大河报"百家号，2024年6月23日，https：//baijiahao.baidu.com/s？id=1802641987426053592&wfr=spider&for=pc。

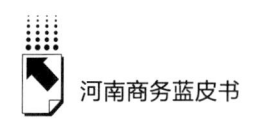

实力百强县"。丰富的旅游资源有助于夜间消费提质扩容，推动夜间经济迭代升级，最终实现"以旅兴夜、以夜促旅"的良性循环。

三 河南省夜间经济发展面临的困境

河南省在发展夜间经济的过程中，尽管取得了一定成效，但在业态供给、集群化发展、文化内涵挖掘、基础设施建设等方面仍存在一些制约因素。

（一）业态供给同质化，夜间经济影响力不足

目前，河南省夜间经济业态仍以夜购和夜食等传统业态为主，而夜游、夜展、夜学、夜健等新兴业态占比较低，存在区域间差异较小、供给同质化的情况。大部分夜间消费场所呈现显著的"三高三低"特征，即传统餐饮占比高、商品零售占比高、露天摊位占比高，而文化体验类、科技互动类、健康疗愈类等高品质供给占比过低。业态供给的同质化造成河南省夜间经济整体虽有亮点，但缺乏一定的影响力。2021~2024年，在中国夜经济影响力十强城市中，郑州只有2023年上榜，其余年份均未入围，而上海、广州、北京、深圳、重庆、成都、武汉、长沙等夜间经济发达城市均是多年上榜，说明郑州不仅落后于上海、广州、北京等经济发达城市，也落后于武汉、长沙等中部城市（见表1）。

表1 2021~2024年中国城市夜经济影响力十强城市

年份	城市
2021	重庆、长沙、青岛、成都、上海、北京、武汉、深圳、广州、天津
2022	北京、成都、重庆、东莞、广州、杭州、上海、深圳、苏州、西安
2023	成都、北京、上海、重庆、杭州、深圳、长沙、郑州、武汉、广州
2024	北京、上海、深圳、成都、广州、重庆、杭州、武汉、西安、长沙

（二）夜经济集群化发展薄弱，区域发展差异显著

一方面，与长沙、成都等夜间经济发达城市相比，河南省夜间经济集群化发展薄弱。目前，河南省只有12个国家级夜间文化和旅游消费集聚区，不仅从数量上低于上海、江苏、山东和四川，而且集聚效应薄弱。比如郑州的两个国家级夜间文化和旅游消费集聚区相距较远，并且均不位于商圈，无法进行区域联动，造成消费规模集聚效应较弱。另一方面，河南省各个城市之间夜间经济发展存在不平衡的问题，其中郑州、洛阳、开封三地发展较为突出，是夜间消费的主要贡献者，也是河南省夜间经济发展的主引擎，然而其他地级市夜间消费场所密度较低、发展相对缓慢，使得河南省夜间经济的空间分布呈现区域发展失衡的特征。

（三）文化内涵未充分挖掘，夜间品牌缺少辨识度

河南省作为中华文明的主要发源地，历史文化底蕴深厚，拥有老家河南、天下黄河、华夏古都、中国功夫等超级IP，但能充分展示河南省文化底蕴的夜间消费品牌辨识度不高，对文化内涵的挖掘不充分。一方面，现有的夜间经济项目缺乏对文化IP的深度转化，陷入文化符号简单复制的误区，多采用"仿古建筑+历史人物雕塑+传统小吃"的模式，并未针对当代消费群体对沉浸式、社交性、体验性的需求进行文化资源深度挖掘，这种供需错位导致夜间品牌陷入千城一面的困境，缺少辨识度。另一方面，夜间经济项目中的文化表达普遍存在"重展示、轻体验"的问题，局限于单一的感官体验，缺乏让消费者身体介入、情感投入的深度体验设计，从而无法延长消费者的停留时间，造成文化资源的经济转化率较低。

（四）基础设施建设存在短板，服务保障不足

夜间经济的高质量发展对城市的夜间基础设施和治理能力提出了更高的要求，需要处理好交通、治安、食品安全、噪声、污染等一系列问题。在大

力发展夜间经济的过程中，河南省夜间基础设施和保障性服务方面还存在一些短板。一是交通基础设施建设存在短板，面临夜间公共交通不足以及交通基础设施配套不足等问题，如部分热门夜间消费场所高峰时段交通拥堵严重，存在游客因"进不去、出不来"放弃夜间消费的情况，或是人流量较大，缺乏公交接驳，导致夜间打车难。二是公共设施配套不足，如环卫保障能力薄弱，无法及时对夜间消费高峰后的垃圾进行清运，以及夜间照明覆盖范围有限、公共厕所数量不足等。三是服务保障不完善，包括商业服务配套不足，24小时便利店、书店、健身房等场所数量不多，且分布不均衡，以及政务服务精细化不足等。

四 长沙发展夜间经济取得的成效及经验启示

长沙连续多年入选"中国城市夜经济影响力十强城市"，2024年夜间消费占比超过50%。长沙夜间经济从购物、美食、酒吧构成的1.0模式，过渡到"食、游、购、娱、体、展、演"新业态2.0模式，再升级到实现文商体旅深度融合、线上线下一体化、科技与时尚共融共生的3.0模式，其迭代升级对促进河南省夜间经济发展具有重要的借鉴意义。

（一）长沙夜间经济升级取得的成效

1. 城市吸引力和消费能力不断增强

长沙夜间经济的迭代升级丰富了夜间消费业态，拓展了大众的消费空间，带来了巨大的人流量。2024年，"五一"假期长沙共计接待游客617.48万人次，其中过夜游客占比为63.96%[1]，全年接待游客2.15亿人次，旅游总收入达2423.41亿元，同比增长10.53%和10.50%，上榜"2024全球100目的地"[2]。

---

[1] 《接待游客617.48万人次！长沙五一假期文旅数据出炉》，"潇湘晨报"百家号，2024年5月5日，https://baijiahao.baidu.com/s?id=1798227199660994844&wfr=spider&for=pc。

[2] 《长沙，新消费"五小虎"强势崛起》，湖南省商务厅网站，2025年3月27日，https://swt.hunan.gov.cn/swt/hnswt/mt/202503/t20250327_4137844436313256896.html。

扬帆夜市作为"长沙小吃的CBD",目前夜市日均客流量达4万人次,峰值可达10万人次,年接待游客在1500万人次左右。[1] 在人气增长的同时,长沙的消费能力得到增强。2024年,长沙社会消费品零售总额为5797.71亿元,同比增长4.2%,高于全国平均增速0.7个百分点[2],其中夜间消费占比超过50%[3]。

2. 就业容纳能力和城市活力不断提升

夜间经济不仅是撬动消费、提振经济的着力点,在稳就业和增活力方面也起到举足轻重的作用。夜间经济的繁荣创造了许多就业岗位,让更多的群众有了"养家之能"。据统计,长沙夜间经济直接从业人员约10万人,间接从业人员约100万人[4],约占全社会从业人员的19.18%[5],成为就业的蓄水池。夜间经济为城市带来了十足的烟火气,助力长沙在"2023年中国城市宜居指数排名TOP30"中位列第一,吸引了大量年轻人的到来,成功上榜"最吸引年轻人生活的十大城市"。近10年长沙人口增加300万人以上,80%是年轻人。年轻人的增加为长沙增添了活力,长沙连续两年获得"活力城市"称号。

3. 新消费品牌不断涌现

夜间经济的蓬勃发展赋予长沙无限活力和消费潜力,成为新消费品牌的孵化地,成功培育出文和友、黑色经典、茶颜悦色等80余个新消费品牌,成为"新消费之都"。茶颜悦色、黑色经典等5家新消费品牌成功上榜央视

---

[1] 《夜间消费,为经济增长注入持续动力——以长沙为例的夜间经济发展模式探讨》,《湖南日报》2023年4月21日。

[2] 《长沙2024年实现地区生产总值15268.78亿元,比上年增长5.0%》,《长沙晚报》2025年2月20日。

[3] 《2024中国夜间经济发展报告》,"美团研究院"微信公众号,2025年1月26日,https://mp.weixin.qq.com/s?__biz=MzA5Njk5NjcwMg==&mid=2651237328&idx=3&sn=8c3ba8a9bfec8601854fc54c4045e6de&chksm=8ab1344ac3476ec1edbe6c0d6e64506d24e70b75c89757fd5335d267c1cf637ad08b37a135c0&scene=27。

[4] 《〈中国夜经济活力指数报告〉发布 长沙夜间消费活跃度全国前十》,《长沙晚报》2024年3月31日。

[5] 《长沙统计年鉴2023》,长沙市统计局网站,2024年5月4日,http://tjj.changsha.gov.cn/tjxx/tjsj/tjnj/202401/P020250317582739561528.pdf。

财经《金牌新字号》金牌推荐榜，上榜品牌数量占全国的10%。截至2023年底，长沙新消费累计融资项目72个，总金额超710亿元[1]，位列全国第一方阵。新消费品牌不断打造多样化主题活动，丰富夜间经济生态圈，成为夜间消费的打卡地，进一步带动了夜间经济的发展。

（二）对河南省夜间经济发展的启示

1. 政府为夜间经济迭代升级提供良好的基础保障

一是优化公共基础设施，提升服务能力。政府牵头组织物业公司和第三方运营商，对已有一定人流量但摊位零散的夜市进行整合规范，并同步解决夜市的水电气、消防、停车等难题，为夜市的长期经营提供良好的基础保障。启动夜间经济服务中心，开通夜间经济公共服务热线，切实解决夜间经济时段政府下班后公共安全、市场监管等政务服务缺位的问题。二是提供资金支持。湖南省连续两年开展省级夜间消费聚集示范区评选活动，给予最高50万元资金补助，以支持示范区创新发展。

2. 夜间消费场景具有多样性和创新性

一是依托城市资源禀赋，让文化等元素融入消费场景。把文化、科技、体育、康养、音乐等元素植入夜间经济具体项目中，不断丰富消费场景，打造体验式、娱乐式、互动式等新消费场景。湘江两岸灯光秀通过"文化+科技"的双加持，赋予灯光秀活的灵魂，点亮长沙的夜晚，频频登上微博热搜。此外，长沙各大景区延长营业时间，打造各类主题夜游项目，给消费者带来别样的体验。二是老字号和新品牌两手抓，创新推出内容型产品。面对消费需求的迭代升级，长沙通过开展"长沙老字号"认定，鼓励老字号通过研发新品、电商直播、科技创新等方式破圈突围。新消费品牌通过不断创新，推出内容型产品，注重为消费者提供情绪价值。

3. 发达的娱乐产业助推夜间经济升级迭代

一是娱乐产业的大力推动。湖南卫视、芒果TV等头部平台造就了许

---

[1] 《湖南新消费品牌为何总能"火出圈"》，"湖南日报"百家号，2024年6月20日，https://baijiahao.baidu.com/s?id=1802350097007408529&wfr=spider&for=pc。

多现象级的娱乐节目，助推长沙成为"娱乐之都"，带动了当地文娱活动的发展，也成功打造了长沙夜间经济文化名片。娱乐产业的发展为长沙带来了一大波流量，爆火的坡子街派出所打卡拍照，正是长沙广电控股的传媒公司和哔哩哔哩共同出品的纪录片《守护解放西》出圈所致。长沙具有的娱乐底色同时助推潮经济、首店经济等迅速发展，成为全国首店经济最密集的十大城市之一，也能吸引一大波客流。二是善于利用新媒体，打造消费热点。娱乐产业的发展使得长沙善于利用新媒体传播手段。不断涌现的新"网红"消费点经常占据网络热搜榜，为长沙夜间经济发展增添了人气。

五 河南省夜间经济高质量发展的趋势

（一）多元消费业态融合发展，优质品牌发挥引领作用

随着经济快速发展和物质生活的极大丰富，单一的产品和服务已难以满足消费者的多元化需求，商文旅体多业态融合成为夜间消费的新趋势，为打造新消费引擎提供了重要切口。夜间消费已从传统的以餐饮、购物为主的夜市，向融合商业、文化、旅游、体育、娱乐、农业等多种业态的夜间文旅消费集聚区转变。通过将多种业态的资源进行整合，可以创造出全新的消费体验，形成拉动消费的新增长点。多业态融合的高品质消费场景和消费地标的打造成为目前河南省夜间消费升级的方向。河南省在新领域坚持"品牌化"发展道路，培育和发展新品牌，形成一批有独特 IP 价值且辨识度高的夜间消费品牌，以优质品牌引领融合业态高质量发展。

（二）文化与科技双向赋能，体验式消费场景成为新常态

夜间经济发展必须因地制宜、不断跨界融合，要将地方特色文化与现代科技相结合，不断加大新型沉浸式互动体验项目的开发力度。一是以文化创意为基础。河南作为历史文化大省，拥有老家河南、华夏古都、中国功夫、

太极拳、天下黄河等文化资源，夜间消费项目需要对此进行深入挖掘与要素重构，打造城市文化特色IP，吸引更多的关注和消费者前来打卡，让项目拥有发展活力。二是以科技创新作为加持。将历史文化内容作为项目基础，要不断融合大数据、云端运算、人工智能、光影技术等科技，让文化真正活起来，不断提升用户的体验感，同时要利用数字技术对客户消费行为进行重塑，以便更好地提升服务能力，延长游客停留时间。

（三）聚焦精准化服务，细分赛道呈现"多点开花"的景象

近年来随着对客户需求的细分，对某一部分客群进行精准定位和营销逐渐成为主流，未来夜间消费场景可以聚焦某一特定主题进行定位、设计和招商运营，同类的产品和业态相互融合，打造出不同的产品。目前，夜间消费以青年人为主，但随着河南省老龄化程度不断加深，银发市场可以成为夜间消费增长的重要突破口。银发人群在旅游、文娱、医疗等多个领域消费意愿强烈，未来需要深入挖掘银发人群的消费需求，打造一批符合其需求的消费场景，激发银发市场消费潜力，同时要打造满足家庭消费的场景，为家庭娱乐提供更多的选择和服务。

六 推动河南省夜间经济高质量发展的相关建议

（一）大力发展消费新业态，推动夜间经济全面发展

一是积极发展消费新兴业态。把体育、康养、艺术等元素植入夜间消费项目，大力发展夜健、夜养、夜演、夜学等夜间消费新兴业态，打造一批满足各年龄段消费需求的夜间消费新场景，既要有顺应年轻人需求的沉浸式体验消费新场景，积极打造网红消费点，也要有符合中年人怀旧休闲需求的消费场景，更要有满足银发人群消费需求的健康养生消费场景。二是增强夜间经济的集群化效应。升级改造现有省级夜经济集聚区，不断提升其夜游产品和服务水平，同时依托现有的人流量大和消费业态丰富的商圈，发挥消费集聚优势，培育更多省级夜经济集聚区和国家级文旅消费集

聚区。三是推动区域协同发展。充分发挥郑汴洛夜经济带的引领作用，提升三市地方夜游品牌的知名度和吸引力，同时引导其他各地大力发展夜间经济，突出文化特色，因地制宜发展具有地方特色的夜间经济模式，推动区域夜间经济协同发展。

（二）打造历史文化消费新热点，提高夜间品牌辨识度

一是增强夜间消费的历史文化属性。深度挖掘文化内涵，准确聚焦某个文化片段，开展一批主题活动，打造富有城市特色的夜间经济集聚区，形成有标识度的知名夜间文旅品牌，如鼓励传统老字号餐饮品牌融合当地文化资源打造独特氛围，把地方美食转变为城市知名旅游景点。同时对黄河、豫剧等文化资源进行深度挖掘，打造一系列具有中原特色的消费场景。二是融合新媒体，开展跨界传播。积极使用新媒体，例如，微博、抖音、小红书等社交平台推广宣传河南省夜间经济，吸引游客特别是年轻人体验夜游中原。同时可以借力河南卫视等传统媒体的传播力，在河南省的宣传片中加入夜间经济有关内容，提高其知名度，进一步打造夜间经济品牌。

（三）实现商文旅体融合发展，助力国际消费中心城市建设

一是着力推动商文旅体融合发展。鼓励企业把文化建设与商业盈利有机结合，融入文化旅游要素，突破传统商场的销售半径，如郑州大信家居有限公司依托郑州大信博物馆聚落，吸引游客到博物馆和工厂参观，实现从"游客"到"客户"的转化，构建起家居行业独一无二的旅游营销体系。二是打造"绿城"夜市先行区。可借鉴广州经验，建立夜市先行区评估体系，按照国际水准、特色鲜明、差异发展、总量控制的原则，在郑州全市范围培育并认定夜市先行区，将其打造为发展夜间经济的特色高地，进一步推动国际消费中心城市建设。

（四）充分发挥政府引导作用，全力营造消费新环境

一是加大扶持力度，壮大夜间市场主体。加大对夜间经济市场主体的支

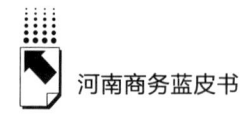

持力度，尤其是小微企业，为提供优质夜间产品和服务的企业给予税收、财政和金融等优惠，鼓励企业延长生产时间，激发企业创新活力。二是用足用好"两新"政策，推动夜间公共基础设施升级改造。政府牵头引入专业化运营商，对夜经济集聚区进行改造提升，结合"两新"政策重点完善水电气供给、污水收集排放、垃圾分类处理转运等配套基础设施，为经营者提供良好的基础保障。同时要维护消费者的合法权益，确保公共基础设施配备齐全和正常使用，包括交通设施、照明、洗手间等，还要加强环境、卫生、治安等方面的管理。三是提升夜间政务服务能力。借鉴长沙经验，建立夜间经济工作联席会议制度和区、街、社区三级夜间经济消费协调机制，成立夜间经济服务中心，开通夜间经济公共服务热线，切实解决夜经济时段政务服务缺位的问题。四是管理更加精细化。建议管理部门在日常服务中充分考虑民众需求，积极回应民众诉求，提供更多人性化、细节化的服务。

参考文献

张志新、武传昊、牟国婷：《夜间经济发展赋能居民消费升级》，《消费经济》2023年第3期。

余江波：《我国中部地区省会城市夜间经济发展比较研究》，《区域经济评论》2022年第4期。

吕晓凤：《文旅融合视域下京津冀夜间经济高质量发展研究》，《城市观察》2024年第2期。

《长沙促进夜间经济发展入列"国家经验"》，《湖南日报》2021年3月15日。

《广州正式启动都会级羊城夜市先行区认定》，广州市商务局网站，2023年12月18日，https：//sw.gz.gov.cn/gkmlpt/content/9/9391/post_9391072.html#151。

B.22 河南省汽车出口扩量提质的对策建议

申政永[*]

摘　要： 汽车产业规模大、产业链条长、辐射带动能力强，是培育新质生产力、构建现代化产业体系的重要力量。近年来，河南省以电动化、网联化、智能化为方向，大力构建现代汽车产业体系，奋力建设全国领先的新能源汽车产业基地。河南省汽车出口额在扎实的产业基础支撑下实现快速增长，同时面临新的机遇和挑战，还需进一步强化政策支持，完善资源保障体系，全方位提升其在国际市场的竞争力和影响力，着力开拓多元化国际市场，多环节、全链条支持河南省汽车出口规模和质量稳步提升。

关键词： 汽车　出口扩量　河南省

汽车产业是我国国民经济战略性、支柱性产业，也是促进对外贸易发展的重要引擎。2014年，习近平总书记强调，发展新能源汽车是我国从汽车大国迈向汽车强国的必由之路，要加大研发力度，认真研究市场，用好用活政策，开发适应各种需求的产品，使之成为一个强劲的增长点。[①] 这一讲话犹如一剂强心针、定心丸，为我国新能源汽车产业发展注入不竭动力，也为河南省汽车产业发展提供了根本遵循和行动指南。近年来，河南省在推动汽车产业高质量发展的道路上不断"换挡提速"，已集聚19家整

---

[*] 申政永，河南省社会科学院改革开放与国际经济研究所研究实习员，研究方向为国际贸易、区域经济。
[①] 《人民财评：让世界看到中国新能源汽车的技术创新力》，人民网，2024年4月30日，http://opinion.people.com.cn/n1/2024/0430/c1003-40227475.html。

车企业、600余家规模以上汽车及零部件企业,形成了包括郑州比亚迪、郑州宇通、郑州日产、开封奇瑞、上汽郑州乘用车、郑州一汽解放等一批整车生产企业,以及包括洛阳中州时代、郑州福耀玻璃、焦作中原内配、许昌远东传动、南阳飞龙股份、焦作多氟多、鹤壁天海集团、新乡豫北转向等汽车零部件生产企业,逐步形成从原材料到整车生产的完整产业链,河南省汽车产业向新而生、积厚成势。在坚实的产业基础支撑下,2024年河南省汽车出口量额齐增,汽车已成为除手机外最重要的出口商品,河南省汽车"驶向"全球140多个国家和地区,为河南省对外贸易和经济高质量发展提供了澎湃动力。下一步,河南省需积极把握新能源汽车发展"黄金时间",正视河南省汽车出口面临的挑战,奋力向汽车出口大省、强省迈进。

一 河南省汽车出口的特点及问题

(一)汽车出口增速较快,出口市场趋于多元

2024年,河南省汽车出口22.2万辆,出口金额为336.2亿元,同比分别增长6.1%、30.2%,分别占全国的3.5%、4.1%。从产品类别看,一是乘用车、商用车出口数量与金额均保持增长态势。乘用车出口20.0万辆,出口金额为189.9亿元,分别增长2.6%、18.4%,占出口总额的56.5%。商用车出口2.2万辆,出口金额为146.3亿元,分别增长54.9%、49.4%,其中客车(10座及以上)出口增长速度较快,出口额为128.1亿元,增长44.6%;货车出口7031辆,出口金额为12.1亿元,分别增长168.2%、266.7%。二是新能源汽车出口成绩亮眼。河南省加快推动新能源汽车产业发展,随着比亚迪项目落户郑州,郑州上汽乘用车二期项目建成投产,郑州宇通持续深耕电动、氢能客车,2024年全省电动载人汽车的生产和出口数量快速增长,出口数量由上年同期的0.93万辆增长到2.02万辆,出口金额为79.7亿元,同比分别增长117.2%、75.2%。电动乘用车出口1.77万辆,

增长125.7%，出口金额为22.5亿元，增长42.2%；电动客车和电动货车高速增长，电动客车出口额占电动载人汽车出口额的71.8%；非插电式混合动力乘用车出口大幅增长（见表1）。

表1 2023~2024年河南省汽车出口情况

商品名称	2023年 数量（辆）	2023年 金额（亿元）	2024年 数量（辆）	2024年 金额（亿元）	增长率 数量（%）	增长率 金额（%）
汽车（包括底盘）	208962	258.3	221709	336.2	6.1	30.2
乘用车	194863	160.4	199872	189.9	2.6	18.4
商用车	14099	97.9	21837	146.3	54.9	49.4
客车（10座及以上）	9990	88.6	13355	128.1	33.7	44.6
货车	2622	3.3	7031	12.1	168.2	266.7
专用汽车	853	3.1	969	3.0	13.6	-3.2
电动载人汽车	9310	45.5	20217	79.7	117.2	75.2
混合动力客车（10座及以上）	106	1.0	313	3.3	195.3	232.0
纯电动客车（10座及以上）	1350	28.7	2178	53.9	61.3	87.8
非插电式混合动力乘用车	110	0.2	3890	3.9	3436.4	1850.0
插电式混合动力乘用车	1246	4.3	5360	9.5	330.2	120.9
纯电动乘用车	6498	11.2	8476	9.2	30.4	17.9

注：表中数据经四舍五入处理。
资料来源：海关总署网站。

从全国范围来看，2024年汽车出口量超过河南省的有上海、安徽、河北、浙江、山东、江苏、广东、重庆、陕西9个省（市），其中陕西汽车出口额增长87.72%。河南出口额增幅高于上海、浙江、山东和重庆（见图1）。

从区域市场来看，对海合会国家出口汽车的主要特点是增速高，燃油车出口占绝大多数。2024年，河南省对海合会国家出口汽车69.3亿元，增长94.4%，占全省出口总额的20.6%，海合会国家成为河南省汽车出口主要目的地。其中，乘用车出口额为63.9亿元，增长159.6%；商用车出

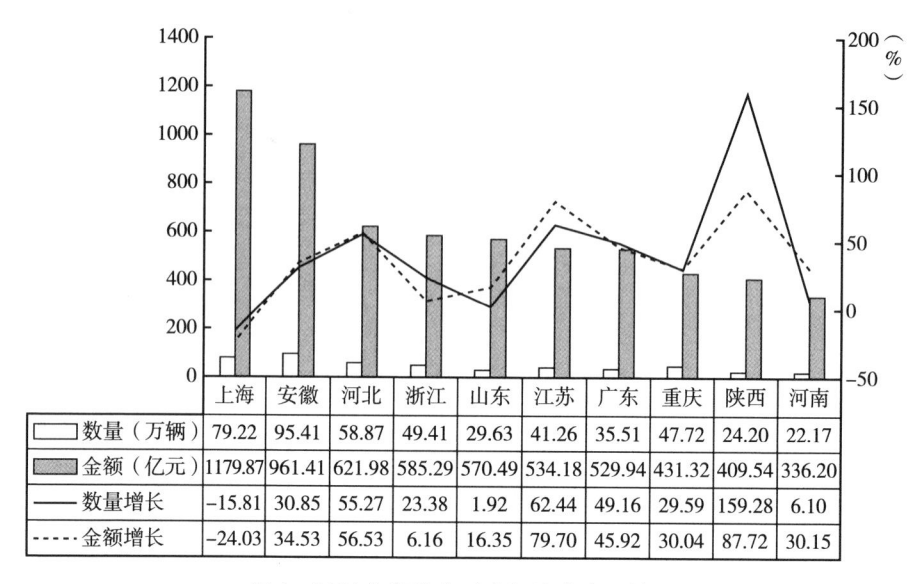

	上海	安徽	河北	浙江	山东	江苏	广东	重庆	陕西	河南
数量（万辆）	79.22	95.41	58.87	49.41	29.63	41.26	35.51	47.72	24.20	22.17
金额（亿元）	1179.87	961.41	621.98	585.29	570.49	534.18	529.94	431.32	409.54	336.20
数量增长	-15.81	30.85	55.27	23.38	1.92	62.44	49.16	29.59	159.28	6.10
金额增长	-24.03	34.53	56.53	6.16	16.35	79.70	45.92	30.04	87.72	30.15

图1 2024年部分省（市）汽车出口情况

资料来源：海关总署网站。

口额仅为5.4亿元，下降51.0%。对欧盟市场出口汽车重点是燃油车，增长点在纯电动客车。全年河南省对欧盟出口汽车60.3亿元，占全省出口总额的17.9%。其中，乘用车出口额为35.7亿元，下降14.2%，占对欧盟汽车出口额的59.2%；客车出口额为24.6亿元，增长228.9%，占比为40.8%。受欧盟"反补贴"影响，纯电动乘用车对欧盟出口额只有0.13亿元，下降94.4%，出口的乘用车基本上是传统燃油车。对拉美市场出口汽车的特点是乘用车出口额下降，商用车出口额增长。河南省全年对拉美市场出口汽车42.8亿元，占全省汽车出口总额的12.7%。其中，乘用车出口额为17.7亿元，下降11.9%；商用车出口额为25.1亿元，增长64.0%（其中，客车出口额为17.8亿元，增长29.1%，货车出口额为5.8亿元，增长461.4%）。电动汽车出口额为11.2亿元，增长27.4%，其中混动客车出口额增长349.0%，电动客车出口额下降39.4%；混动乘用车出口额为3.0亿元，基本为新增；纯电动客车出口额仅为0.23亿元。对非洲市场出口的特点是乘用车相较于商用车金额少但增幅高，新能源汽车占比非常低。全年对非洲出口额为26.8亿元，增长61.0%，占全省汽车出口总额的8.0%。其中，乘用车出口额为10.2亿元，增长106.0%；商用车出口额为16.6亿元，增长41.9%。新能源汽车出口额仅有0.73亿元。对中亚五国出口汽车的特点是出口额下降，乘用车出口额高于商用车。全年对中亚五国出口汽车金额为38.6亿元，下降23.4%，占全省汽车出口总额的11.5%。新能源汽车出口额为13.0亿元，下降22.3%。其中，纯电动乘用车出口额为5.7亿元，增长38.8%。对东盟市场出口汽车中乘用车和商用车各占一半，新能源汽车占比非常低。全年对东盟出口汽车金额为9.3亿元，占全省汽车出口总额的2.8%。

从国别市场来看，2024年河南省汽车整车出口额前五的国家分别是阿联酋（23.38亿元/19664辆）、哈萨克斯坦（23.34亿元/11336辆）、墨西哥（22.02亿元/13523辆）、沙特阿拉伯（19.02亿元/14949辆）、俄罗斯（18.46亿元/3845辆），分别增长120.57%、9.63%、19.67%、-0.31%、26.70%，除沙特阿拉伯外，对其他四国出口额均实现正增长（见表2）。

表2 2023~2024年河南省汽车主要出口国家和地区

贸易伙伴名称	2023年 数量（辆）	2023年 金额（亿元）	2024年 数量（辆）	2024年 金额（亿元）	增长率(%) 数量	增长率(%) 金额
阿联酋	11998	10.60	19664	23.38	63.89	120.57
哈萨克斯坦	8378	21.29	11336	23.34	35.31	9.63
墨西哥	21081	18.40	13523	22.02	-35.85	19.67
沙特阿拉伯	13021	19.08	14949	19.02	14.81	-0.31
俄罗斯	2746	14.57	3845	18.46	40.02	26.70
意大利	20157	15.56	22039	17.86	9.34	14.78
英国	12415	13.83	7141	16.81	-42.48	21.55
澳大利亚	26057	20.03	13719	15.04	-47.35	-24.91
卡塔尔	1424	1.39	9933	12.78	597.54	819.42
西班牙	21518	16.61	15303	12.24	-28.88	-26.31
希腊	742	0.59	1116	10.55	50.40	1688.14

注：表中数据经四舍五入处理。
资料来源：海关总署网站。

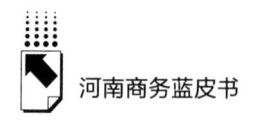

（二）河南省新能源汽车产量高，但用于出口的新能源汽车较少

在新能源车成为主流的背景下，河南省出口汽车以传统燃油车为主。从出口量来看，2024年，河南省新能源汽车产量达68.10万辆，出口量仅为2.46万辆，出口量仅占总产量的3.61%（安徽省该占比约5%，湖北省该占比约13%，陕西省该占比约63%）。这表明河南省生产的新能源汽车主要面向国内市场，新能源汽车产业外向度偏低。从出口额来看，2024年，河南省汽车出口额为336.2亿元，新能源汽车出口额为88.5亿元，占汽车出口总额的26.32%（陕西省该占比为48.5%，河北省该占比为49.1%）。这体现出新能源汽车出口对汽车出口的拉动作用不强。从出口企业来看，比亚迪、奇瑞等企业在全国设有多个生产基地或分公司，受河南省区位交通条件和企业经营策略影响，从河南省出口较少。以比亚迪为例，虽然2024年比亚迪郑州生产基地新能源汽车产量达到54.5万辆，但出口量不足2万辆，主要面向国内市场。比亚迪从海上出口有东部的深圳、常州、杭州等生产基地，从西部出口有西安的生产基地。例如，2024年陕西省新能源汽车出口量达15万辆，同比增长4倍，对比之下，河南省新能源汽车出口存在较大差距。

（三）国际市场集中度较高，抗风险能力偏弱

河南省汽车出口市场相对集中，汽车出口超10亿元的国家包括阿联酋、哈萨克斯坦、墨西哥、沙特阿拉伯等11个国家，合计出口额为191.5亿元，占比为57.0%。亚洲是乘用车出口的主要市场，出口额为106.7亿元，中亚五国是河南省纯电动乘用车出口的主要目的地。客车出口额前五的国家依次是俄罗斯、哈萨克斯坦、英国、希腊、挪威，合计出口额为58.7亿元，占全省客车出口额的45.9%。欧洲是河南省客车出口主要市场，2024年对欧洲出口额为61.9亿元，占比达48.3%。市场相对集中致使产业抗风险能力较弱，贸易摩擦和贸易壁垒增加，将拖累河南省汽车出口。

二　河南省汽车出口面临的机遇与挑战

（一）河南省高度重视、聚力培育新能源汽车产业

河南省持续加大对新能源汽车产业发展的支持力度，陆续出台《河南省培育壮大新能源汽车产业链行动方案（2023—2025年）》《河南省人民政府办公厅关于进一步加快新能源汽车产业发展的指导意见》等政策文件。2023年，河南省将新能源汽车纳入重点培育的"7+28+N"产业链群，全省汽车产业规模快速壮大，基本形成从原材料到核心零部件，再到整车、配套设备、物联网的汽车产业体系。宇通、比亚迪等品牌掌握领先技术并具有强大的品牌影响力，已占据一定的国际市场份额，海外认可度较高。

（二）国际市场新能源汽车消费潜力巨大

在绿色低碳发展背景下，国际上已有多个经济体宣布气候碳中和框架下的汽车产业低碳发展目标，对电动车和混合动力车的支持政策不断增多。国际市场对新能源汽车需求激增，据国际能源署预测，2030年全球电动汽车数量将是2023年的近10倍。罗兰贝格预计到2040年，纯电汽车占全球新车市场的份额有望超过六成。随着河南省汽车产业在技术创新、产品质量提升以及品牌建设等方面持续发力，未来汽车出口增长空间有望进一步拓展。

（三）部分国家对我国汽车出口构建贸易壁垒

美国挥舞关税"大棒"，2024年8月对我国电动汽车加征100%关税，2025年3月宣布对所有进口汽车以及关键汽车零部件永久性加征25%关税，特朗普政府政策反复，关税调整频繁，短期不确定性较强，但总体来看对我国出口汽车的关税是增加的。加拿大对从我国进口的电动汽车加征100%关税。土耳其对进口自我国的汽车征收40%的额外关税，且每辆进口车最低

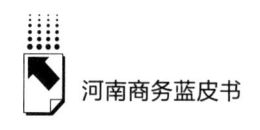

的关税金额为 7000 美元。巴西宣布自 2024 年 1 月起恢复征收针对新能源汽车的进口关税，且税率逐步提高，预计到 2026 年 7 月所有新能源汽车税率均升至 35%。欧盟对我国车企加征不同程度关税，最高加征 35.3%。俄罗斯逐步提高汽车报废税并对来自中国的汽车实施更加严格的认证和审查。欧盟、俄罗斯作为河南省汽车出口主要市场，加征关税或构建其他形式贸易壁垒的潜在风险不容忽视。

（四）中国汽车企业加速布局海外市场

车企出海布局产能已是大势所趋，一方面，海外市场对新能源汽车需求旺盛，车企海外布局工厂有助于抢占国际市场，降低生产与物流成本，提高企业经济效益。另一方面，主要是为规避欧盟、美国等加征的高额关税和各种贸易壁垒，降低政策不确定性影响。比亚迪在泰国、乌兹别克斯坦、匈牙利投资布局的汽车工厂已投产，并积极布局巴西、土耳其、墨西哥等国；上汽泰国生产基地已投产，计划在墨西哥、西班牙建设汽车生产基地；奇瑞在俄罗斯、巴西、阿根廷等 10 余国建立了生产基地；宇通客车也利用技术和产业链优势，在哈萨克斯坦、巴基斯坦、埃塞俄比亚、马来西亚等 10 余个国家和地区通过 KD 组装方式进行本土化合作。车企布局海外或将进一步影响河南省汽车出口规模及汽车出口对河南省外贸增长的贡献。

（五）河南省全链条汽车产业生态尚需完善

河南省新能源汽车产业链仍存在薄弱环节，还需聚焦整车、零部件和后汽车市场，着力补链延链强链。以宇通客车和比亚迪为例，宇通客车供应商中河南省内供应商占比不足 40%，比亚迪省内产品配套率约为 50%，主要零部件本地化配套能力仍需提升。近年来，河南省致力于打造以比亚迪、宇通客车为"链主"的供应链体系，培育引进了弗迪电池、福耀玻璃、佛吉亚座椅、腾美内饰、郑州迈瑞达等一批零部件企业，但是新能源汽车供应链体系中的智能座舱、驱动电机、电控系统、车规级芯片、车用传感器、物联网技术、线控制动等关键零部件配套企业相对较少,核心零部件供应产业集群尚需健全。

(六)宇通客车出口面临较大竞争压力

越来越多的客车制造企业瞄准海外市场,海外市场竞争加剧。2024年,我国3.5米以上客车出口量为6.2万辆,同比增长41%。宇通客车全年出口客车1.4万辆,同比增长37.73%,稳居行业第1位,市场份额为22.65%,但追兵渐近,排在第2~5位的分别是厦门金旅(8585辆)、厦门金龙(7432辆)、苏州金龙(6534辆)、中通客车(6220辆)。值得注意的是,在新能源客车出口市场中,比亚迪(3528辆)已超越宇通客车(2700辆)。福建省客车出口数量已超过河南省,江苏省客车出口数量也接近河南省,福建、江苏两省合计出口额与河南省只有10亿元左右的差距。

三 推动河南省汽车出口扩量提质的对策建议

(一)进一步健全政策支持和资源保障体系

一是深化制度型开放。推动建立与国际贸易投资通行规则相衔接的制度,同时聚焦边境后管理制度改革,在新能源汽车行业产权保护、环境标准、劳动保护、电子商务、金融等领域实现规则、规制、管理、标准与国际高标准经贸规则相衔接,并积极参与国际标准、规则的制定与修订,在海外市场拥有更多话语权、主导权,提升河南省车企的国际竞争力。二是持续优化通关流程。深入实施整车出口便利化改革,优化整车出口申报要素、报关出区方式和卡口验放流程;提供RCEP关税最佳享惠方式、知识产权保护等指导性服务;助力车企通过AEO高级认证,提升智慧监管能力和服务效率。三是组建河南省汽车产业贸促组织。以服务汽车出海需求为导向,搭建汽车出口贸易、海外投资的国际化服务平台,整合汽车产业、物流、金融、检验检测等信息资源以及国际市场政策法规和相关标准,加

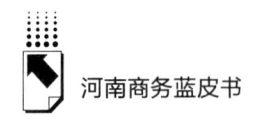

快构建高效协同的国际贸易体系，打造河南省汽车产业研产销服一体化出海格局。四是加快完善河南省汽车出口运输体系。加快郑州国际陆港核心功能片区建设，加开中欧班列（郑州）"新能源汽车"专列，拓展欧洲、中亚、东盟线路节点，健全多式联运体系，加强与沿海港口及国际航运物流企业合作，无缝衔接"海上丝绸之路"。五是健全国际贸易救济体系。建立健全预警机制和法律服务体系，协助车企积极应对反补贴、反倾销等形式的贸易壁垒和贸易摩擦。

（二）持续强化关键核心技术攻关，推动产业创新发展

中国蝉联全球最大汽车出口国靠的是汽车产业发展实力和竞争力。一是聚焦产业发展需求，积极布局前沿基础研究。鼓励支持宇通客车、比亚迪、上汽等新能源龙头企业和供应链中的重点企业加大对核心零部件、关键材料和技术的研发与创新投入力度，尤其是加快研究更高能量密度和功能密度的新材料、新技术，实现储能材料由"制造"向"智造"的转型。电动客车成为国际市场需求的新趋势，支持宇通客车加大电动客车创新研发和产品升级支持力度，加快打造国际领先的产品竞争力。二是推动创新链与产业链无缝对接。深化科技创新体制机制改革，着力集成各类创新资源，推动产学研深度融合，鼓励组建科研联合体，完善全链条科技成果转化服务体系，健全知识产权保护和交易体系，持续提升科研成果转化率，形成"市场出题、校企解题、政府助题"的全流程新能源技术创新生态，让更多实验室的"金点子"变成河南省汽车产业发展的"金果子"，构筑具有全球竞争力的新能源汽车产业创新体系。三是推动教育、科技、人才一体发展，鼓励高校加快优化新能源汽车产业科技创新、需求牵引的学科专业设置，建立与产业发展需要适配的人才培养体系，促进教育—科技—人才良性循环。持续开展招才引智行动，深入实施"技能河南"行动，深化人才发展体制机制和科研管理制度改革，给予智能网联汽车产业关键人才的定向政策扶持和金融激励，全方位培养、引进、用好新能源汽车产业双创人才和科技领军人才，充分激发科技人才的创新活力和潜能。

（三）深入开展产业链能级跃迁和供应链韧性提升行动

一是持续推进招商引资，完善产业配套体系。依托宇通客车、比亚迪郑州基地、上汽郑州分公司、开封奇瑞等龙头企业，围绕能源系统、电子电控、智慧电驱等产业集群的关键环节，加大对龙头企业或链主企业的招引和培育力度，加快重点项目招引签约、落地开工、纳统投产等进度，围绕项目招引、要素保障等统筹推进上下游配套产业发展，充分发挥产业基金的引导作用，推动建立完备的产业集群，把控价值链的高端环节，积极推动整车、零部件、后市场"三位一体"发展。二是积极融入全球供应链体系。探索构建新型跨境产业链供应链体系，开展跨境供应链示范，通过平台等供应链相关配套的建设，提升区域跨境供应链的响应水平，促进与境外汽车产业的深度融合，实现汽车供应链转型升级和韧性提升。三是建立汽车供应链上下游的协同机制。依托物联网、大数据等关键数字技术构建数字化汽车供应链体系，完善动态、协同、智能、可视、可预测、可持续发展的网状供应链体系，实现研发端与制造端实时联动，促进资源数据实时共享，帮助企业更好掌握供应链运作情况，为企业高效决策和管理提供支持。促进企业建立业务流程自动化的供应链体系，包括采购、库存管理、生产管理、配送等，提高生产效率和物流效率，降低生产成本和库存成本，提升抗风险和抗冲击能力。

（四）强化国际品牌建设，提升国际化经营水平

汽车品牌价值的提升能够为国际市场产品推广提供强有力的背书，河南省车企尤其是宇通客车要在品牌建设方面及与国际平台企业合作上持续发力，打造"金字招牌"，持续巩固提升其在国际市场中的优势地位。

第一，加快打造国际领先的产品竞争优势是核心。加强对国际市场消费需求的把握，以客户全方位体验提升为导向，在外观设计、产品质量管理和控制体系、供应链质量和效率管理、服务体系等方面持续发展和创新，着重支持宇通客车新技术研发和科研成果转化，推动产品质量、效率、耐久性、

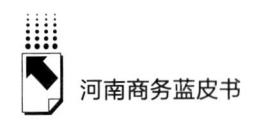

智能化等提升到更高水平，持续优化产品矩阵，丰富高端产品阵容，提高产品市场份额。

第二，完善产品全流程服务体系是重点。持续完善全球服务体系，深入开展市场调研，科学制定产品定位和营销策略，根据区域市场特点个性化定制产品，构建差异化竞争优势。支持车企通过跨境电商模式拓展销售渠道，鼓励加强与当地电商平台、金融服务平台及物流服务平台合作，拓宽产品销售渠道、优化购车金融服务，提升订单处理与交付效率，提高客户售中满意度。建强售后服务网络体系，搭建线上线下相结合的技术支持、故障处理、维修保养售后服务体系，如建立汽配海外仓，提高零配件的配送及安装效率。通过优化汽车全流程服务提升客户满意度，为打造长期竞争力筑牢根基。

第三，加强品牌宣传和推广是关键。要进一步提升河南省汽车制造企业国际化水平，支持车企通过积极参加国际车展、参加行业研讨会、赞助体育赛事等方式，展示最新产品和技术成果，提升品牌曝光度，有利于企业抢抓国外订单、拓展国际市场。同时要密切关注品牌舆情，严密防范并及时处理负面消息，展现负责任的河南省车企形象，努力赢得海外消费者的广泛认可，不断提升品牌知名度和美誉度。

（五）积极应对贸易壁垒，多元化布局国际市场

面对美国、欧盟、加拿大等的贸易壁垒，河南省应注重汽车出口多元化市场布局，采取差异化区域策略，持续深耕原有市场并积极开拓新兴市场。一是重点开发共建"一带一路"国家和地区与 RCEP 成员国的市场。持续拓展共建"一带一路"国家和地区市场，引导车企更好运用 RCEP、中国—东盟、中国—智利等多双边贸易协定，享受原产地政策红利和其他优惠措施。二是把握北美、欧盟等市场汽车更新升级需求和欧盟 2035 年新车零排放目标等机遇，依托电动化、智能化、高端化优势，着力挖掘重点细分市场，延续宇通客车对欧盟市场出口的良好态势。三是积极拓展拉美、非洲、印度等"全球南方"市场，依托其汽车普及率低、人口增加和具备经济增

长潜力等有利条件及其交通网络发展需求,充分发挥河南省汽车高性价比优势,加快升级乘用车、客车和货车产品矩阵,着重支持宇通客车和河南省货车出口,更好打开国际市场,抢占市场份额。四是支持宇通客车把握国际公共交通低碳转型和城市化加速等机遇,加快研究如欧盟清洁汽车指令、非洲电动公交计划(PM-eBus Sewa)等市场政策,制定有针对性的策略,进一步提升国际市场覆盖率和占有率。

案例篇

B.23 创新数据回流机制 激发古城开封发展新活力

周利民 王海燕 戴一楠 王静雅[*]

摘 要： 2024年，开封以"外贸回流机制"为战略支点，撬动内陆开放型经济跨越式发展：全年重点产业外贸回流额达85.1亿元，推动全市进出口规模突破200亿元大关，较5年前实现3倍跃升，创下近30年首次跻身全省前七、增幅蝉联榜首的"双突破"里程碑。通过构建外贸回流长效机制、打造"三区一基地"开放平台矩阵、创新全流程服务体系、实施国际市场深耕计划等系统性举措，这座千年商都正以"政策+服务+平台"的组合拳，探索内陆城市"稳存量、扩增量、提质量、赋能量"的外贸升级路径，为新时代内陆开放型城市经济转型提供了可复制的"开封方案"。

关键词： 数据回流机制 稳外贸 古城开封

---

[*] 周利民，河南省商务厅；王海燕、戴一楠、王静雅，开封市商务局。

开封市将对外贸易工作的提质增效视为全年工作的重中之重，特别将外贸数据回流作为核心任务加以推进，形成"周交办、月调度、季评估"工作机制。通过建立回流监测台账、生产龙头回归、代工外贸孵化、属地化结算体系构建等一系列创新举措，全年实现进出口数据回流85.1亿元，推动全市进出口规模突破200亿元大关，为开放型经济高质量发展注入新活力。

一 破局谋新：创新数据回流机制，激活外贸新动能

2024年初，开封市商务局协同全市各县（区）及海关等相关部门成立专项工作组，针对大蒜、农机装备、汽车制造以及精细化工等重点产业领域进行深入的外贸调研。经过调研发现，上述四大优势产业领域存在显著的数据外流情况，直接对全市的进出口总额统计造成不利影响。对此，开封市迅速采取行动，实施"一产业一方案"靶向治理。

（一）构建四维流失治理体系

基于对2023年外贸数据的深度剖析，开封市精准定位外贸数据流失的主要原因，构建全方位、多层次的流失治理体系，为后续的精准施策奠定坚实基础。一是总部经济"虹吸效应"。奇瑞汽车开封基地、河南中联重科智能农机有限责任公司等头部企业，由于集团化跨境结算体系与生产属地分离，大量出口数据外流。二是中小外贸企业陷入代工困局。全市在空分装置、仪表、精细化工等领域的20余家专精特新企业和部分制衣企业，受限于外贸权能缺失以及国际认证壁垒，无法充分释放其外贸潜力。三是供应链服务商陷入截留困局。部分中小微企业因跨境能力不足，过度依赖外贸代理，患上"代理依赖症"，外贸权能空心化削弱了企业自身的外贸掌控力，也导致本地外贸数据的严重流失。四是进口配额管制。12家涉及进境粮食加工的企业，受粮食进口配额管制影响，每年流失的进口额约5亿元，形成"生产在汴、报关在外"的数据流失现象。

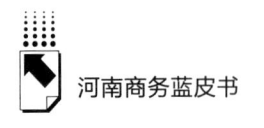

（二）多措并举，构建立体回流矩阵

一是建立回流监测台账。全市各级各部门多维联动，通过实地走访调研、数据系统分析及行业交叉比对，全面摸排数据外流企业，建立"流失原因—责任主体—推进节点"动态台账。二是构建闭环调度体系。实行"周交办、月调度、季总结"工作推进机制，由开封市人民政府统筹商务、海关及县（区）成立工作专班，通过任务清单派发、进度可视化管理、成效多维评估实现全周期管控。三是实施靶向回流攻坚。针对大蒜产业、空分设备产业等外贸流失重点领域，由主要领导牵头实施"一企一策"精准对接，量身定制有针对性的服务方案。通过高层互访、政策激励、流程再造等一系列举措，全力推动企业实现属地报关。四是开展配额破冰行动。针对粮食加工企业实施分类施策，对非配额进口商品，通过政策服务、通关便利等措施积极引导本地企业属地报关。对小麦等配额管控商品，联合相关部门帮助企业突破资质瓶颈，促进进口业务发展。

（三）释放效能，构筑强劲增长引擎

通过一系列创新举措的有效实施，开封市外贸回流工作成效显著，释放出巨大的发展效能，为城市经济增长注入了强劲动力。一是全市外贸回流成果斐然。2024年，开封市外贸回流工作取得突破性进展，全年实现重点产业外贸回流总额85.1亿元，完成年度目标43.4亿元的196%，远超预期，充分彰显了开封市在外贸领域的巨大发展潜力和改革创新成效。二是龙头企业引领带动作用凸显。通过政企紧密协作，开封市成功打通企业出口堵点，实现外贸数据本地化。其中，开封捷途汽车销售有限公司实现外贸回流70.9亿元，河南中联重科智能农机有限责任公司实现外贸回流1.2亿元。这些龙头企业带动了全市外贸业务的蓬勃发展。三是农产品领域实现外贸回流。针对杞县大蒜长期转口外流问题，开封市组建出口服务专班，加大融资支持力度，引进专业外贸服务商，简化审批流程，成功推动5.07亿元大蒜贸易额回归本地出口。

二 焕新蝶变：多维驱动，构筑内陆开放新高地

2024年，全市在外贸领域实现了历史性跨越，成绩斐然。开封市进出口额攀升至204.4亿元，总量首次突破200亿元。开封市进出口规模从50亿元到100亿元用了5年时间，从100亿元到200亿元仅用了1年时间，这一卓越成就标志着全市外贸发展强势迈入崭新时代，为城市经济高质量发展增添了浓墨重彩的一笔。

（一）平台叠加，汇聚开放势能

开封市充分依托"三区一基地"战略叠加的独特优势，精心构筑起全方位、多层次的立体开放矩阵，为外贸发展注入源源不断的动力。中国（河南）自贸试验区开封片区始终以制度创新为核心驱动力，全年进出口额高达159亿元，同比增长187.2%，总量位居全省第二，增速更是独占全省鳌头。一系列先行先试的创新举措，不仅优化了营商环境，更吸引了大量优质企业和项目落地，成为全市对外开放的一张亮丽名片。开封综保区成为开放新高地，自2023年9月封关运营后，在首个完整运营年便实现一线进出口额75.5亿元，占全市总量的36.9%。目前，全市已初步形成"两中心、四基地"的产业布局，产业集聚效应日益凸显。同时，创新实施"一票多车"通关模式，实现一线进出口整批报关、分批入关、单车进出区，大幅提升了通关效率，货物综合运输成本降低15%以上。此外，"7×24小时"预约通关机制的推行，确保货物出口"零等待"，进一步增强了开封综保区的竞争力和吸引力。

（二）业态焕新，激发数字贸易无限活力

积极顺应数字经济发展潮流，大力推动外贸新业态创新发展，跨境电商成为外贸增长的新引擎，呈现爆发式增长态势。2024年，全市跨境电商交

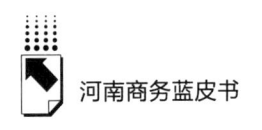

易规模达到63.3亿元，同比增长11.67%，成为外贸领域的重要增长点。借助"1210"模式，开封市实现"海外集采—区内存储—订单秒发"全链路数字化，极大地缩短了供应链周期，提高了运营效率。构建"资源+人才+技术+资金+平台"服务体系，为企业提供精准的数字化市场分析和风险预警服务。同时，加快推进智慧综保区建设，积极探索"保税+"业态创新，充分运用科技手段赋能贸易便利化，将改革开放的"试验田"成功转化为高质量发展的"高产田"。

（三）政策护航，打造优质服务全新生态

坚持以政策为引领，构建起"宣传—服务—资金"全链条政策保障体系，为外贸企业发展保驾护航，营造良好的营商环境。联合多部门精心举办4场政策宣讲会，覆盖400余家企业，及时将最新的外贸政策传递给企业。同步建立微信群，为企业提供风险预警和法律援助服务，有效增强了企业出海的信心和底气。大力实施"百企参展"计划，助力汴货走向世界。全年精心指导企业参加境内外展会百余个，较上年增加40个，为企业搭建了广阔的国际交流与合作平台，推动汴货加速走向国际市场，提升开封产品的国际知名度和竞争力。在资金扶持方面实现量质双升，助力企业腾飞。成功争取省级外经贸资金683万元，指导企业申报补贴项目198个，较上年增长两倍，申报金额达669.2万元。形成"外贸贷+上级资金"双驱动模式，为企业发展注入了强劲的动力，有力地支持了企业的技术创新、市场拓展和产能提升。

三 谋篇布局：新发展格局下的开放跃升之路

在构建新发展格局的背景下，开封市积极响应时代号召，坚定不移地深入贯彻落实中央、省委、市委经济工作会议精神，在扩大高水平开放的征程上笃定前行，持续精耕细作，全力推动城市经济的高质量发展与开放型经济体系的构建。

（一）优化服务稳存量，夯实外贸发展根基

一是持续深入推进"万人助万企"活动。秉持精细化服务理念，强化对企业的跟踪服务，精准聚焦并有效解决企业发展过程中面临的各类痛点、难点问题。二是优化税务服务，减轻企业负担。在出口退税和税票开具环节，着力提升出口退税办理效率，构建便捷高效的税票开具服务体系，通过简化流程、压缩办理时限等举措，切实减轻企业资金周转压力与运营成本，让企业将更多的资源与精力投入核心业务拓展中。三是强化金融支持，缓解资金难题。扎实做好出口信贷、项目资金申报等金融服务工作，积极搭建银企对接平台，拓宽外贸企业融资渠道，有效缓解外贸企业面临的资金紧张局面，为企业发展提供坚实的资金保障。四是聚焦优势产业，完善配套服务。紧密围绕大蒜、汽车及零部件等优势产业，针对企业在精深加工场地短缺、人力资源不足等方面的问题，积极协调各方资源，提供全方位的配套服务支持，助力优势产业不断做强做大，提升产业核心竞争力。五是加快陆港建设，拓展贸易通道。加速国际陆港建设步伐，积极对接引进中国跨境电商"四小龙"[①]和上合组织经贸平台，借助陆港的物流枢纽优势与平台的资源整合能力，进一步拓宽国际贸易通道，降低物流成本，提高贸易效率，推动外贸实现高质量发展。

（二）多元拓展创增量，激发外贸增长活力

一是树立出口导向。积极引导全市所有规模以上工业企业树立出口导向型发展理念，把握国际国内两个市场的发展机遇，全方位、多举措帮助企业"走出去"，深度融入国际市场。二是推动内外贸一体化发展。大力鼓励内贸企业和中小外贸企业积极参与进博会、广交会以及境外各类专业展会，通过搭建国际化展示交流平台，帮助企业精准对接国际市场需求，获取更多国际订单，促进内外贸协同发展，实现市场份额的快速提升。三

---

① 业界将多多跨境、SHEIN、AliExpress 和 TikTokShop 合称为中国跨境电商"四小龙"。

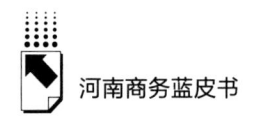

是培育跨境电商新模式。充分发挥全市国家级、省级电商示范园区以及省级跨境电商人才培训暨企业孵化平台的资源集聚与人才培育优势，积极推动传统外贸企业向跨境电商领域转型升级，培育外贸发展新动能，抢占数字贸易发展先机。四是发挥文化出口基地优势。充分发挥国家文化出口基地的引领示范作用，秉持共享发展理念，加快出台国家文化出口基地企业招引奖补支持政策，吸引省内外优秀文化企业向文化出口基地集聚，整合文化资源，创新文化产品与服务输出模式，推动开封文化"出海远航"，提升中华文化的国际影响力。

（三）推动政策协同赋能，增强外贸发展动力

一是进一步加大政策支持力度。围绕国际市场开拓、通关便利化、出口退税优化、融资贷款、跨境电商和外贸综合服务等多个关键领域，精心制定"一揽子"促进对外贸易稳定增长的政策措施，打造极具吸引力的"政策洼地"。二是完善政策体系。通过整合各类政策资源，形成政策合力，为外贸企业提供全方位、全周期的政策支持，吸引更多优质外贸企业和项目落地开封市，让外贸进出口的活水源源不断汇聚开封市，为外贸发展注入强劲动力。三是强化贸易风险预警。构建科学高效的贸易风险预警机制，密切关注国际贸易形势、政策法规变动以及市场动态变化，运用大数据、人工智能等先进技术手段，为企业提供及时、精准的风险信息预警，帮助企业提前制定应对策略，实现外贸发展与风险防控的平衡，保障企业稳健发展。

从《清明上河图》中汴河商脉的繁荣盛景，到如今凭借"数据云桥"链接全球的开放格局，开封市始终传承创新与开放的基因。当"奇瑞引擎"的强劲动力与"杞县大蒜"的产业活力共同奔赴"一带一路"，这座历史悠久的古城正以"敢为天下先"的非凡魄力，奋力书写内陆城市在新时代开放发展中的突围新篇章，向着更高水平的开放型经济阔步前行。

参考文献

《204.4亿元！2024年开封市外贸进出口总值再创新高》，河南省人民政府网站，2025年1月23日，https：//www.henan.gov.cn/2025/01-23/3116622.html。

《全国商务工作会议在京召开》，中国政府网，2025年1月12日，https：//www.gov.cn/lianbo/bumen/202501/content_6998057.htm。

B.24
聚力"三链融合"赋能外资招引

——南阳市外资提质增效经验启示

刁晓英　詹青浩　李行　马丽爽　潘雨白[*]

摘　要： 南阳市作为河南省域副中心城市，通过构建产业链、政策链、服务链"三链融合"机制，有效应对国际资本流动趋缓与区域竞争加剧的挑战，实现外资工作量质双升。本报告基于"十四五"期间南阳市的实践经验，得出如下结论。一是以产业链精准布局为核心，聚焦新能源、电子信息等主导产业，通过龙头企业带动和节会平台合作，推动标志性外资项目落地，强化上下游协同效应。二是以政策链动态赋能为支撑，落实省级优化外资环境政策，建立"诉求响应—政策匹配—动态清零"闭环机制，累计发放外资奖励资金1622万元，精准破解要素制约。三是以服务链全程护航为保障，创新"专班服务＋24小时响应"模式，构建"零距离"营商环境，显著提升外资企业满意度。"三链融合"机制通过政策靶向性、服务敏捷性与产业协同性叠加，为内陆城市突破外资招引瓶颈提供了可复制的实践路径，对优化区域开放型经济生态具有重要的参考价值。

关键词： 产业链　政策链　服务链　招商引资　外资提质增效

一　引言

在国家构建新发展格局与河南省建设内陆开放型经济高地的战略部署

---

[*] 刁晓英、詹青浩、李行、马丽爽、潘雨白，南阳市招商投资促进局。

下，南阳市作为省域副中心城市，承担着引领豫南地区高质量发展的重要使命。当前，国际资本流动趋缓、区域引资竞争加剧、要素制约凸显，南阳市亟须探索适应内陆城市特点的外资工作新路径。在此背景下，产业链、政策链、服务链"三链融合"成为破解外资招引瓶颈、推动开放型经济提质增效的关键突破点。

"十四五"期间，南阳市紧扣"建强副中心、奔向新辉煌"的目标，以"三链融合"机制统筹外资工作全局，实现外资规模与质量双突破。例如，2022年南阳市新设外资企业36家，同比增长200%；实际使用外资6902万美元，同比增长133.5%。2023年，新设外资企业实现历史突破；在2023年全省利用外资工作会上，南阳市作为外资工作先进地市代表现场发言，市主要领导对全市外资工作做出批示表扬。2024年，南阳市新设外资企业40家。烁芯半导体微电子加工检测、华润风电三期及储能建设等一批标志性项目落地投产，为新能源、电子信息等主导产业补链强链注入强劲动能。这不仅彰显了"三链融合"对优化外资结构起到重要作用，更为内陆城市在复杂环境下实现外资工作高质量发展提供了可借鉴的"南阳范本"。

二 主要做法与成效

（一）产业链融合：以优势产业集聚增强外资动能

南阳市以"产业链融合"为核心策略，通过精准锚定产业方向、创新招商模式、构建协同生态，探索出一条以优势产业集聚增强外资动能的高质量发展路径。

第一，精准锚定产业链方向，科学规划引领外资靶向招引。南阳市立足"7+17"现代化产业体系，绘制产业链招商图谱，明确新能源、电子信息、绿色食品等领域的核心环节与外资招引方向。例如，南阳市唐河县依托光伏产业基础，吸引华润风电三期项目落地，推动新能源产业链向储能领域延伸；南阳卧龙综合保税区引进烁芯半导体微电子加工检测项目，填补区域半导体产业链空白。通过"以商招商"模式，方城县利用桦阳电子项目投资人资源网络，成功引入超千万美元投资，实现"引进一个、带动一片"的链式效应。精准的产业链定位能够有效降低外资招引的盲目性，提升项目与本土产业的匹配度。

第二，以"科学规划+平台赋能"双轮驱动，构建全链条招商体系。一方面，编制《重点产业链招商图谱》，依据新能源储能、半导体材料等15个细分领域，建立跨国企业、行业龙头、关键技术企业三类目标库，实施"链长+专班"推进机制。例如，分管副市长牵头新能源产业链专班，统筹市县资源定向对接世界500强企业，推动华润电力10.4亿元储能项目快速落地。另一方面，依托中国侨商投资大会、中国国际投资贸易洽谈会、跨国公司交流会等平台，创新"会前匹配—会中对接—会后跟踪"服务模式。2023年，全市组织的中国侨商投资（河南）大会·南阳行活动共签约151个项目，其中，投资类项目30个、贸易类项目121个，项目投资总额和贸易总额分别为455.5亿元和415.0亿元，得到《国际商报》的关注报道，河南省归国华侨联合会致信感谢南阳市招商投资促进局对活动的大力支持。2024年中国国际投资贸易洽谈会，南阳市签约旭升石业花岗岩加工（2.2亿元）、纳米碳酸钙新材料（15.8亿元）等产业关联项目，外资向产业链关键环节集聚趋势显著。

第三，注重释放协同效应，构建发展生态，强化外资可持续发展能力。产业链融合的终极目标是形成"产业生态圈"。南阳市通过三类协同释放乘数效应，一是上下游配套协同，烁芯半导体项目投产后，南阳市吸引5家微电子检测设备、封装材料企业落户，形成"研发—加工—检测"一体化链条；华润风电三期带动储能系统、智能运维企业跟进投资，形成新能源产业闭环。二是跨区域协同，深化与京津冀、长三角地区产业合作，通过"飞地园区"承接益海嘉里猪杂油加工等项目，实现区域资源与外资优势互补。三是产业与载体协同，依托综保区通关便利、跨境电商示范区物流网络，为外资企业降低15%~20%的供应链成本。这种生态化布局不仅增强了外资企业的根植性，更推动了本土产业能级跃升。

（二）政策链支撑：构建全周期政策赋能体系

南阳市锚定战略方向，破除制度壁垒，以政策落实与创新打破体制机制障碍，为外资招引奠定制度基础。扎实对接省级政策框架，全面落实《河南省进一步优化外商投资环境加大吸引外商投资力度若干措施》，全面取消制造业领域外资准入限制，聚焦新材料、新能源汽车等七大重点产业链，明确"非禁即入"负面清单管理模式，释放政策红利。利用市场和资源优势释放新能源产业发展潜力，推动华润风电三期等重大项目落地。

一是提供全生命周期服务，扶持资金直达快享。针对项目"招引—落地—投产"各环节痛点，一方面，创新"四单闭环制"管理机制，以《提请会见通知单》快速对接高层资源、以《重大项目推进单》协调要素保障、以《项目终止单》优化资源配置、以《项目签约报备单》强化跟踪服务。新加坡丰树物流园项目从签约到开工仅用50天，较行业平均周期缩短40%。另一方面，建立外资奖励资金"绿色通道"，实现政策兑现"零时差"。例如，光大环保能源反映奖励资金兑付滞后问题后，省、市、县三级联动，当日完成100万元资金拨付。2024年，全市累计为外资企业争取省级外经贸专项资金超过300万元，覆盖9个重点项目。

二是拓展国际视野，构建开放生态，实现创新突破。南阳市通过"内外联动、全球触达"策略，将政策链延伸至国际资源整合领域。一方面，注重国际招商网络建设，设立欧洲联络处、聘任外籍招商大使，深耕德国、意大利等高端制造业源头区域。2024年，市长带队赴欧招商，签约欧凯普汽车底盘等4个项目（总投资额达40亿元），并依托香港辐射日韩、东南亚市场，构建"亚洲—欧洲"双循环招商网络。另一方面，强化智力资源赋能，引入罗兰贝格、麦肯锡等国际咨询机构，精准研判产业发展趋势，指导半导体、新能源等领域靶向招商；联合南阳科技职业学院探索"留学生助力招商"模式，利用海外学子资源对接跨国企业，累计获取有效外资线索83条。

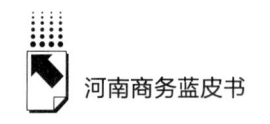

（三）服务链优化：打造全流程高效服务生态

内陆城市往往面临国际资本流动趋缓、一线城市"虹吸效应"显著等挑战，其传统企业服务模式存在明显短板。例如，外资项目推进环节多、周期长，企业获得感不足；部门间协同低效，政策落地存在堵点；诉求响应机制僵化，难以适应外资企业动态需求。对此，南阳市将服务链优化定位为"一把手工程"，以"全流程服务、零距离对接"为目标，构建"市县联动、部门协同、动态清零"的服务体系，推动外资工作从"政策驱动"向"服务赋能"转型。南阳市通过三大机制创新，实现服务链的系统化重塑。

一是全流程跟踪服务机制。"十四五"期间，新签约外资项目、重点外资企业均实施台账管理与动态监测，实行"一企一档"动态管理和"一对一"专员服务。全市推动实现帮办代办全覆盖，以减少企业注册耗时，对华润新能源、桦阳电子、南阳希恩凯新材料有限公司等百余家外资企业从注册到投产进行全程跟踪，平均注册周期缩短至5个工作日，较以往提速60%。同步设立外资服务专线，建立"政策咨询不打烊"制度，企业可通过电话、线上平台实时对接服务人员，累计解决注册、进资等问题423项，响应率达100%。

二是完善跨部门协同攻坚机制。针对重大项目成立由县处级领导牵头的服务专班，统筹协调土地、环保、市场监管等部门资源。华润新能源（新野县）因字号授权问题受阻，南阳市招商投资促进局联合南阳市市场监督管理局48小时内完成省级权限申请，推动项目快速注册。定期召开外资企业圆桌会议，市领导现场督办问题解决。

三是落实诉求动态清零机制。建立"企业—县级—市级"诉求直报通道，实行"24小时受理、48小时反馈、72小时办结"限时督办。2022~2024年，全市年累计解决外资企业用地、环评等问题167项，动态清零率达98%。针对奖励资金滞后问题，南阳市创新"部门联审+资金预拨"模式。另外，南阳市建立网络舆情联动机制，8小时内化解肯德基商誉危机等事件，外资企业安全感显著增强。南阳市通过服务链优化，实现从"被动响应"到"主动赋能"的跨越，经验表明，内陆城市唯有以企业需求为导向，构建高效、协同、动态的服务生态，方能在激烈竞争中赢得外资青睐。

三 经验启示与未来展望

（一）经验启示

南阳市以"三链融合"机制驱动外资提质增效的实践，为内陆城市突破外资招引瓶颈提供了可复制的路径，其核心经验如下。

1. **产业链精准定位是基础**

南阳市通过科学绘制产业链招商图谱，锚定新能源、电子信息等主导产业，以龙头企业为支点撬动链式效应，实现外资项目与本土产业的高度匹配。例如，烁芯半导体项目填补区域产业链空白后，带动5家上下游企业集聚，形成"研发—加工—检测"一体化生态；华润风电三期项目推动新能源产业链向储能领域延伸，凸显了精准定位对产业协同的促进作用。这一经验表明，唯有立足区域禀赋、聚焦优势领域，方能将产业优势转化为开放发展动力。

2. **政策创新是引擎**

南阳市通过动态赋能的政策链设计，打破外资招引中的要素制约。一方面，落实省级"非禁即入"负面清单管理模式，精准匹配新能源项目用地、环评等需求；另一方面，创新"四单闭环制"与外资奖励"绿色通道"，实现政策兑现"零时差"。例如，新加坡丰树物流园项目从签约到开工仅用50天，较行业平均周期缩短40%。政策链的靶向性与敏捷性，成为一个城市吸引外资的核心竞争力。

3. **服务优化是保障**

服务链的全周期管理模式，显著提升了外资企业的根植性。通过"专班服务+24小时响应"机制，企业注册周期缩短至7个工作日，问题动态清零率达98%；跨部门协同攻坚机制则快速化解了华润新能源等项目的审批

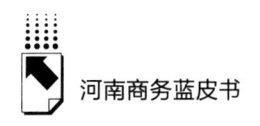

难题。服务链从"被动响应"向"主动赋能"的转型，彰显了内陆城市以企业需求为导向的服务理念，成为外资企业长期投资的重要保障。

南阳市的实践经验表明，产业链、政策链、服务链的深度融合能够产生"1+1+1>3"的协同效应。政策精准匹配产业链需求，服务链赋能全周期管理，三者叠加形成良性循环，不仅加速项目落地，更推动区域产业能级跃升，为内陆城市在激烈竞争中实现外资工作高质量发展提供了思路。

（二）未来展望

2025年是"十四五"规划的收官之年，也是"十五五"的开局之年，南阳市需在巩固"三链融合"成果的基础上，进一步深化机制创新，拓展开放格局。一是优化产业链国际化布局，进一步依托欧洲联络处、外籍招商大使等资源，加强与欧美、日韩、港澳台等高端制造业源头的合作，打造全球产业链关键节点。同时，探索"飞地园区"2.0模式，强化与京津冀、长三角、粤港澳大湾区的跨区域协同，承接高附加值产业转移，提升产业链韧性。二是构建更具竞争力的政策体系。动态优化负面清单管理，扩大服务业与数字经济领域开放；探索"外资企业全生命周期政策包"，覆盖研发、生产、销售各环节。针对国际资本流动趋缓趋势，创新跨境金融工具。三是推进服务链数字化升级。引入大数据、人工智能等技术，搭建外资服务智慧平台，实现政策智能匹配、诉求实时响应、流程线上督办。例如，利用AI辅助外资项目风险评估，提升服务效率与精准度。四是强化区域开放生态共建。以省域副中心城市建设为契机，联动豫南城市群共建开放型经济走廊，推动基础设施互联互通、要素资源跨区流动。同时，加强与麦肯锡等国际知名机构合作，拓宽国际视野，定期发布产业投资白皮书，增强全球资源整合能力。

南阳市的"三链融合"实践，既是内陆城市突围外资招引困局的创新探索，也为构建新发展格局提供了区域经验。未来，通过持续优化"三链协同"机制，南阳市有望成为内陆开放型经济高地，为全国高质量发展贡献更多"南阳智慧"。

参考文献

《全国商务工作会议在京召开》，中国政府网，2025年1月12日，https://www.gov.cn/lianbo/bumen/202501/content_6998057.htm。

《国务院办公厅关于印发〈扎实推进高水平对外开放更大力度吸引和利用外资行动方案〉的通知》，商务部网站，2024年4月24日，https://www.mofcom.gov.cn/zcfb/zgdwjjmywg/art/2024/art_57f5969cf3374fa7bb89d552ca87190a.html。

B.25
打造地域特色农产品名片
培育农业国际合作竞争新优势

马文景 曹亚军 苏宇 李漠[*]

摘 要： 在构建"双循环"新发展格局的战略背景下，作为全国重要的粮食生产核心区，河南省农产品国际贸易已突破百亿级规模，成为支撑全省外向型经济的关键增长极。随着"一带一路"建设纵深推进和RCEP协定全面实施，河南省农业对外开放正迎来政策叠加窗口期与战略机遇期，亟须立足区位枢纽优势，破解产业链滞后、转型升级困难及支撑要素薄弱等瓶颈。本报告深入剖析河南省农产品的对外贸易现状、发展特色与存在问题，提出探索实施"链式突围"工程、构建"规则对标"体系、创新"通道+平台"物流模式、培养农业复合型人才等具有中原特色的农产品国际化新路径。

关键词： 特色农产品 对外贸易 区域经济合作 国际竞争力

一 贸易现状与发展特色

（一）贸易现状

2014~2023年，全省农产品进出口额实现69.21%[①]的累计增幅，其中

---

[*] 马文景，博士，河南财经政法大学国际经济与贸易学院讲师；曹亚军，教授，河南财经政法大学国际交流合作处处长，河南对外贸易高质量发展研究院执行院长；苏宇，郑州海关统计处科长；李漠，郑州海关动植检处副科长。

① 如无特殊说明，本报告数据均来自郑州海关。

进口额和出口额分别增长105.68%和32.21%,形成"进口增速显著,出口平稳增长"的错位发展格局。其中,进口额不足全国农产品进口额的1%,且由于内需市场挖掘不足以及全球供应链风险应对能力薄弱,进口增速波动较大,2014年、2016年、2018年、2019年出现负增长。出口贸易在2020年受全球公共卫生事件冲击,出现34.5%的深度回调,此后虽恢复增长态势,但在复杂国际环境下的增长动能不足,2024年出现22.13%的同比降幅,出口支撑作用显著下降,贸易顺差仅为10.11亿元,同比锐减85.60%。

河南省整体贸易体量偏小,进出口额均未跻身全国前十。2024年,河南省农产品进出口额为288.14亿元,但出口占比仅为全国平均水平的1/5。与广东、山东等农业大省相比,河南省农产品出口规模不足山东的1/11,进口规模不足广东的1/15,产业链组织化程度与规模集聚效应存在明显差距。

(二)发展特色

粮食、肉类进口依存度较高。2024年,河南省粮食进口规模较2014年下降17.90%,肉类进口额激增6.94倍。值得关注的是,食糖进口呈现爆发式增长,占比虽未突破1%,但增速居首,预示加工食品产业链或存在潜在变革。在进口集中度方面,前十大品类占比为51.90%,其中转基因黄大豆、冻牛肉等占主导地位,凸显饲料加工与肉类消费的市场刚性需求。

蔬菜及食用菌等特色农产品出口优势明显。食用菌、罐头制品、肉类出口形成"三足鼎立"的格局,但发展轨迹显著分化。2014~2024年,蔬菜及食用菌出口额先升后降,传统优势肉类出口额降至2014年的50%左右,罐头制品则实现2.04倍的增长,反映出国际市场对深加工食品需求呈现上升趋势。2024年,河南省农产品出口对全省出口的贡献率仅为2.85%。就具体品种而言,出口排名前十的农产品出口集中度高达43.40%,大蒜、蘑菇、木耳等地理标志产品占据绝对优势,但需警惕过度依赖单一品类的市场风险。

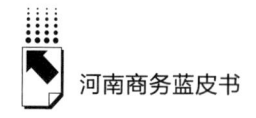

共建"一带一路"国家和地区与 RCEP 国家市场集中度较高。2014～2024 年，共建"一带一路"国家和地区与 RCEP 国家对河南省的市场贡献度持续提升，但呈现此消彼长态势。前者进出口额增长 92.50%，市场份额提升至 63.18%，进出口依存度分别为 35.57% 和 60.56%；后者进出口额增长 25.83%，市场份额为 35.87%，进出口依存度分别为 27.59% 和 44.12%。虽然东南亚、中东、欧盟市场布局形成梯度覆盖，但市场集中度较高，前十大贸易对象国际市场占比超 70%，除美国外均为共建"一带一路"国家和地区与 RCEP 成员，亟须拓展新兴市场分散风险。

经营主体呈现"民企主导"与"外资调整"格局。民营企业占据进出口主体地位，进出口份额分别在七成和九成左右。自 2014 年起，尽管外商投资企业在进出口贸易中分别维持了 20%～33% 和 5%～10% 的市场份额，但受疫情冲击和国际局势影响，其在进口贸易领域的市场份额呈现持续收缩态势，2024 年其市场份额已较 2020 年疫情全球蔓延初期下降 12.06 个百分点。因此，河南省需关注全球产业链重构背景下的资本流动新趋势，以及外资撤离对技术引进等产生的潜在影响。

二 存在问题与趋势研判

（一）存在问题

产业链发展滞后问题突出。一是产业链韧性亟待加强。深加工产品所占份额较全国平均水平低 6.8 个百分点，初级产品出口比例偏高，以蘑菇、大蒜、木耳等为代表的优势农产品多未摆脱原料出口模式。二是贸易支撑体系薄弱。技术性贸易措施应对机制不完善，国际规则运用与合规管理能力不足，制约企业国际市场拓展能力提升。三是跨境金融服务缺位。汇率避险工具覆盖率较低，金融支持力度与贸易规模不匹配，增加企业经营风险。

产品转型升级面临挑战。首先，后疫情时代全球农产品消费结构加速升级，对食品安全、品质标准提出更高要求。河南省农产品生产体系尚未完成向绿色化、标准化、品质化的全面转型，质量安全体系与溯源机制有待完善，与国际市场发展趋势存在脱节的风险。其次，缺乏具有国际影响力的农业品牌，营销渠道建设滞后于产业发展需求。国际营销网络缺失与过度依赖低价竞争，导致产品同质化竞争严重，自主品牌出口占比不足15%，品牌溢价能力薄弱，难以对接国际市场高端需求，与全球优质农产品竞争时处于价值链低端。

发展支撑要素薄弱。一方面，人才资源制约发展。尽管作为人口大省，但高素质农业生产经营人才匮乏，现有从业人员知识结构老化、技能水平偏低，且区域分布失衡，难以支撑现代农业产业升级。另一方面，物流体系存在短板。与广东、山东等农业大省相比，河南省在冷链物流、跨境电商等新业态布局上存在明显差距。农村物流设施建设缺乏统筹规划，仓储、冷链、配送等配套设施建设滞后，物流效率与成本控制尚未达到外贸发展要求，制约农产品流通效率与质量保障能力提升。

（二）趋势研判

当前，全球农业领域正面临经济复苏动能不足、地缘政治冲突加剧、气候变化威胁加剧等多重挑战，农产品贸易环境呈现高风险性与不确定性。特别是特朗普政府再度执政后，中美农产品贸易格局可能面临新一轮关税壁垒冲击，这将直接推高河南省进口原料成本，加剧供应链稳定性风险与价格波动幅度，进而压缩涉农企业利润空间并威胁产业链安全。与此同时，美国农产品可能加快新兴市场开发进程，倒逼省内企业通过品质升级与成本管控增强国际竞争力。随着全球经济逐步回暖、终端市场需求复苏以及"一带一路"倡议与区域全面经济伙伴关系协定（RCEP）机制深化，河南省农产品出口结构正呈现优化趋势，产业链供应链动态调整将驱动进口来源地多元化与产品矩阵重构。综合研判，在风险防控与机遇把握的双重作用下，河南省农产品国际贸易有望延续稳中向好发展态势。

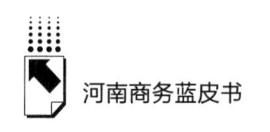

三 对策建议

（一）实施"链式突围"工程，提升河南省农产品全球价值链地位

聚焦肉类、果蔬、中药材三大品类，绘制全球价值链图谱，明确发展方向，具体措施包括以下几个方面。第一，在周口、驻马店等地建设国家级农业外贸转型基地，设立民企国际化发展基金，培育龙头企业，并加强对中小微型农产品跨境贸易经营主体的精准化政策指导，重点在财税优惠、通关便利化、出口信保等领域构建全生命周期服务框架。第二，实施"进口多元"与"出口精品"工程，拓展南美、黑海等粮食新来源渠道，建立期货交割仓稳定供应链，同时，发展预制菜等深加工业态，利用RCEP与中欧班列开拓新市场。

（二）构建"规则对标"体系，提升河南省农产品国际竞争力

开展"同线同标同质"提升行动，推动河南省农产品与国际标准接轨。第一，建立RCEP成员国农食产品标准动态监测平台，在郑州航空港区设立国际认证公共服务中心，为企业提供一站式认证服务，构建地理标志产品国际认证体系。第二，结合RCEP与共建"一带一路"需求，依托地方特色资源（如新郑大枣、西峡香菇、南阳牛肉、原阳大米、信阳毛尖等），强化质量安全管控，加大科技研发投入力度，培育高产优质品种，推动农产品深加工和品牌化，提升附加值，形成新的出口竞争优势。

（三）创新"通道+平台"物流模式，提升贸易效率

完善多式联运体系，打造集订单、支付、运输查询、仓储、配送于一体的物流商务平台，提供全程物流服务。开行中欧班列冷链专列，加密关键航线，打造冷链生鲜走廊。建设永不落幕的农产品云展会——"数字农贸"

云平台，拓宽国际市场。针对季节性农产品和中小外贸企业，实施专项帮扶政策，确保通关顺畅。

（四）培育农业复合型人才

为提升河南农业整体竞争力，建立培训体系，搭建技术人才与从业者交流平台，促使技术型人才知识技能传授，提升一线农业从业者整体素质，实现从理论到实践的转化。聚焦河南省农产品国际合作需求，着力培养国际化复合型农业人才，为深化农业对外合作提供强有力的人力资源支撑。

参考文献

李各：《"一带一路"倡议下河南农产品出口贸易提升路径》，《城市观察》2022年第22期。

B.26
加快推进高质量建设跨境电商综试区向"买全球、卖全球"不断迈进

刘海涛 郭夏杰*

摘 要： 近年来，河南省商务厅认真贯彻落实商务部和省委、省政府决策部署，以加快建设跨境电商综试区为抓手，加快建设"两平台、六体系"，着力创新监管服务、优化生态圈、培育市场主体、促进产业转型，形成跨境电商综试区示范引领、多城市联动发展的新格局。本报告坚持问题导向，针对存在的问题，提出了扩围覆盖与提质发展并举、推动产贸融合、引导企业积极开拓新兴市场、加强跨境电商海外仓建设、加快完善产业生态体系等对策建议。

关键词： 跨境电商综试区 买全球 卖全球

自国务院批复郑州、洛阳、南阳、焦作、许昌跨境电商综试区以来，河南高度重视，明确将建设跨境电商综试区作为对外开放的重要抓手，加快建设"两平台、六体系"，并取得显著成效。2024年，5个跨境电商综试区进出口额达2003.8亿元，占全省的76.9%，引领带动作用明显。在2023年商务部跨境电商综试区考核评估中，郑州获第一档"成效明显"，洛阳、许昌、南阳获第二档"成效较好"，焦作获第三档"成效初显"。

---

* 刘海涛、郭夏杰，河南省商务厅。

加快推进高质量建设跨境电商综试区 向"买全球、卖全球"不断迈进

一 发展举措和成效

（一）中国（郑州）跨境电子商务综合试验区

2024年中国（郑州）跨境电子商务综合试验区（以下简称"郑州跨境电商综试区"）进出口额为1458.8亿元，增长16.4%，占全省的56%，先发优势显著。一是加强谋划，完善政策体系。先后制定《中国（郑州）跨境电子商务综合试验区行动计划》《郑州市跨境电子商务综合试验区发展规划（2018—2020年）》《郑州市"十四五"网上丝绸之路发展规划》，明确目标任务和发展举措。制定《郑州市跨境电子商务专项提升行动实施方案》《郑州市加快推进跨境电商发展的若干措施》，为跨境电商综试区建设提供政策支撑。二是持续改革创新，推出多项创新成果。首创1210网购保税进口模式，在全国复制推广，纳入中国海关《跨境电商标准框架》，被世界海关组织和世界贸易组织采纳认可。首创跨境电商"网购保税+线下自提"模式，消费者线上下单，进口商品"立等可取"，整个过程平均3~5分钟，把"世界商品超市"开在市民家门口。创新开展跨境电商零售进口药品试点，构建规范、安全、高效的跨境电商进口药品协同监管机制，实现药品全链条、最小包装可追溯，拓展药品进口新渠道。推动全国首批零售进口税款担保电子化改革试点落地，将纸质保函线下办理的3~5天时间缩短至线上"秒批"，超200家零售进口企业受益。推进海关监管模式创新，改革"以货物为单元"逐票监管模式，创新"以企业为单元"风险监管，形成全国首个《跨境电商零售进口正面监管工作指引》，入选国家自由贸易试验区第三批"最佳实践案例"。创新跨境电商零售进口退货中心仓模式，企业无须在区外设退货仓、分拣后再向海关申报入区，减少中间环节，降低企业成本，做法入选国家自由贸易试验区第六批改革试点经验。坚持"服务更优、效率更高"理念，全面实施"7×24小时"通关机制，电子口岸入网办理"零跑腿"，通关业务办理"零接触"，从"人工申报"到"数据申报"，报

关人员减半，通关时间缩减至1~2小时。创新上线"郑好融"金融综合服务平台，发布247款金融产品，累计授信超656.03亿元，解决小微企业融资难问题；创新推出"外贸贷"金融服务产品，为271家跨境电商企业授信超7.38亿元，发放贷款超10亿元。三是通达全球，打造物流通道新品牌。依托辐射全球的国际物流通道网络，最大限度满足跨境电商运力需求。郑州新郑国际机场开通全货运航线57条，货邮吞吐量超80万吨。开通定线、定班、定时、定量、定价"五定包机"，业务覆盖全球30多个国家和地区，2024年新开通郑州至达拉斯、巴黎、墨西哥城、吉隆坡等多条跨境电商包机。创新实施跨境电商敏货（带磁带电）航空出口运输全链条安全管控模式，搭建航空跨境电商敏货数据共享平台，联通航空运输货物物流信息和生产数据，实现敏货空运出口安全、高效、便捷，带动航空货运量增长。2024年，全省跨境电商航空货运量增至16万吨，同比增长145%。中欧班列（郑州）自运营以来累计开行突破1.1万列，覆盖40多个国家140多个城市。推出跨境电商国际铁路门到门线路产品"郑欧宝"，2024年"郑欧宝"累计运输跨境电商货物超1800吨。建成内陆地区首个国际公路运输集结中心，创新开通郑州至莫斯科、塔什干、万象和阿钦斯克等19条TIR国际公路货运路线，2024年累计运输货物超2700吨，TIR国际公路运输线路业务规模居全国第一。中国（郑州）重要国际邮件枢纽口岸开通41个国家（地区）52个城市的总包直封航线，实现32个国家（地区）36个城市直航出境，2024年快递包裹出口额达60.7亿元，增长13.6%。四是加强培育，打造企业出海新品牌。致欧科技位居亚马逊等平台家居类目畅销榜前列，为郑州首批独角兽企业，成为河南首家跨境电商上市企业。阿里巴巴、亚马逊、谷歌、字节跳动、京东、唯品会等平台先后落户。明泰铝业、启亿粮油、荣盛耐材、爱尔森、长城科工贸等本土传统企业加速转型升级，小魔兽、江之源、名扬窗饰、蓝普实业等企业跨境电商进出口额增长20%以上，正博电商、金源孵化器、悉知科技、易赛诺、易通跨境等本土综合服务企业加快发展，培育形成矿山机械、耐火材料、轻工业品等一批跨境电商特色出口产业集群。五是搭建平台，打造国际合作新品牌。省市联合举办了8届跨境电子商务大会，围绕制度创新、标准规则、产业链打造、物流发展等内容，发布《2024中国跨境电商发展报告》《世界主要国家跨境电商相关政策与解读》等研究成果，助力企业了解行业新趋势。亚马逊全球开店郑州办公室、东北亚地区地方政府联合会跨境电商专门委员会秘书处、中国邮政（郑州）逆向海淘基地、中泰跨境电商人才培养基地、中德跨境电商产教融合平台、马来西亚—河南青创合作中心等国际合作项目在大会上揭牌成立；签订的供应链、金融、综合服务、物流、人才培训等大批项目有效拓展了"朋友圈"。

（二）中国（洛阳）跨境电子商务综合试验区

中国（洛阳）跨境电子商务综合试验区（以下简称"洛阳跨境电商综试区"）着重在企业培育、品牌建设、"跨境电商+产业带"模式、氛围营造等方面持续发力，跨境电商保持稳定增长态势，2024年洛阳跨境电商综试区进出口额为91.2亿元，增长13.9%。一是发展"跨境电商+产业带"模式，赋能产业转型升级。培育的钢制办公家具成为全国有影响力的产业带，在亚马逊平台交易量前20的钢制办公家具店铺中，洛阳有16家，占比达80%。洛阳双彬公司迅速发展成亚马逊办公柜类目第一。二是发展"主流跨境平台+自有独立站"模式，拓展出海新渠道。联合谷歌开展"品牌出海训练营"系列活动，吸引380余家企业参加；举办轴承行业出海沙龙，针对13家轴承企业开展"一对一"服务，帮助企业精准引流。截至2024年底，洛阳已有78家制造业企业开展独立站营销业务，有效降低了企业的营销费用，提升了客户黏性和品牌知名度。三是开展"培训+竞赛+沙龙"系列活动，营造良好氛围。整合优势资源，推动行业协会与跨境电商平台加强合作，围绕企业痛点、难点等，举办专题化、系列化培训。2024年，河南组织开展亚马逊、阿里巴巴国际站、速卖通、希音等跨境电商培训活动60余场，组织参加全国大学生跨境电商创新创业大赛等赛事活动，举办跨境电商行业沙龙4场，累计参加人数达6000余人次。四是持续拓展口岸服务功能，打造通江达海新通道。发挥洛阳机场一类航空口岸作用，持续提升洛阳机场承载能力，稳步推进机场三期建设前期工作，航点城市达22个。

大力推进东方红国际陆港等8个跨境物流项目建设，打造现代化综合交通物流枢纽。常态化开行铁海联运班列，建立"铁海干线运输+公路短途接驳"的运输模式，跨境电商出口物流成本较传统运输模式降低25%，物流时效得到显著提升。开行中欧（中亚）、中俄、中老等国际班列，累计开行班列400列，集装箱吞吐量近7万标箱，货值超6.5亿美元。

（三）中国（南阳）跨境电子商务综合试验区

中国（南阳）跨境电子商务综合试验区（以下简称"南阳跨境电商综试区"）聚焦优化服务、产业培育等，促进跨境电商快速发展。2024年，南阳跨境电商综试区进出口额为137.4亿元，规模居全省第3位。一是聚焦主体培育，促进产业壮大。深入开展"抓大、扶中、育小"培育行动，梳理了食用菌、光学元件、纺织服装、仿真花等17个重点产业链，由一名厅级领导任链长，一个龙头骨干企业任链主，实行产业链专班推进机制，按照"一企一策"方式，在政策、人才培训、平台对接等方面加强指导，利用跨境电商赋能产业带发展，取得显著成效。2024年食用菌产业跨境电商进出口额达30.21亿元，光学元件产业带跨境电商渗透率达到34.8%。二是聚焦服务提效，促进互联互通。融合"关、税、汇、商、物、融、信"等资源，开展一站式通关服务，节假日设立通关保障小组，提供"7×24"小时预约通关服务，做到"即到即查、即查即放"。为跨境电商企业量身打造以中欧班列、铁海快线专列为主的公转铁、铁转海物流通道，依托中国南方航空股份有限公司南阳基地打通经广州机场、郑州新郑国际机场等进出口航空货运通道，为企业提供全方位运输方案。三是聚焦园区建设，促进集聚发展。按照"一核多园"的布局，建设跨境电商园区，完善配套设施，强化服务能力，引进专业运营服务商，为跨境电商平台和企业提供一站式服务。截至2024年底，南阳已建成跨境电商园区24个，其中获省级认定的示范园区有13个，入驻跨境电商企业共1521家。四是聚焦品牌建设，促进产品提档升级。建立跨境电商品牌培育、发展和保护机制，全面提升品牌建设能力。对跨境电商企业注册海外品牌、知识产权及注册海外分公司、展销中心给予政策支持。加强与国内外知名企业的交流和合作，提升产业带的整体竞争力。积极帮助企业加大科研和产品研发投入力度，增强产品竞争力。五是聚焦人才培养，促进创新创业。大力开展电子商务大讲堂系列活动，与各大电商平台合作，举办大型论坛、峰会，推动南阳产品跨境出海。建立定向培养、校企合作等工作机制，吸引跨境电商人才在本地创业就业。深化交流与合作，引进专业人才。实施"诸葛英才"计划，举办北京院士专家南阳行等活动，积极引进高端专业人才。

（四）中国（焦作）跨境电子商务综合试验区

2024年，中国（焦作）跨境电子商务综合试验区（以下简称"焦作跨境电商综试区"）进出口额为99.7亿元，增长20.0%，高于全省平均水平7.6个百分点。一是高位推动，召开工作推进会，印发跨境电商综试区建设方案。出台《关于进一步促进跨境贸易的工作方案》，对首次开拓国际市场的新外贸企业、跨境电商企业，给予一次性资金奖励；对新入驻产业园的跨境电商企业，给予房租减免；对已开展跨境电商业务、成长性好的企业给予重点扶持。二是加快跨境电商园区建设。支持建设焦作5G产业园，拓展园区综合服务功能，积极推动园区与河南理工大学、焦作师范高等专科学校等高校对接，引导跨境电商企业集聚。高新区总部新城作为省级跨境电商人才培训暨企业孵化平台，2024年引进跨境电商企业30余家，跨境电商企业就业人员有200余人。三是培育壮大市场主体，加快企业出海。加强与跨境电商平台合作，促成阿里巴巴国际站焦作本地化服务中心落地。积极组织企业参加各类展会，参加2024郑州跨境电商大会、第135届中国进出口商品交易会、第八届中国—俄罗斯博览会以及2024韩国首尔国际食品及酒店用品展览会、2024欧洲国际营养保健食品展览会、2024年香港美食博览等10余个展会，拓展出海渠道。

（五）中国（许昌）跨境电子商务综合试验区

中国（许昌）跨境电子商务综合试验区（以下简称"许昌跨境电商综试区"）积极借鉴成熟经验，集中优势资源加快建设，2024年进出口额达

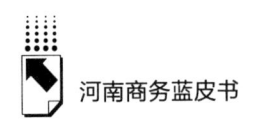

216.7亿元，增长7.1%。一是市场主体快速壮大。许昌网络经营主体超5万家，其中，跨境电商企业突破3000家，市场遍及190多个国家和地区。二是发制品产业影响力持续提升，带动创业就业效果明显。许昌发制品全球销量达4万套/日。在跨境电商平台上，每2秒钟就有一顶发制品交易，全球每10顶假发中，有6顶来自发制品之都许昌。据统计，阿里巴巴速卖通平台，许昌企业开设的发制品店铺超450余家，日均出口包裹量2万余单，年出口额近3亿美元，占平台发制品交易总额的80%以上。目前，全市拥有各类发制品企业超过4000家，相关从业人员达30多万人，共有3000多个品种，涵盖人发、化纤发和发套三大系列，工艺发、女装假发、化纤发、教习头、男装发块、纤维发丝六大类，发制品已销往全球120多个国家和地区。"全球发制品之都"已成为许昌的标签。三是跨境电商赋能优势产业带发展。许昌共培育出8个跨境电商产业带，包括发制品、蜂产品及蜂机具、卫浴、建筑机械、社火道具、人造金刚石、腐竹、食用菌等。如蜂产品及蜂机具产业带集聚企业200多家，培育蜂产品电商600多家，电商从业人员达3000多人，年销售收入达40多亿元，带动产业链上下游就业人员超2万人。四是品牌培育成效显著。大力实施品牌战略，打造一批知名跨境电商企业和品牌，注册商标达672个，其中DTC品牌有43个。"Rebecca""Unice""IREMY"等品牌在海外影响力持续扩大。龙祁电商公司打造的"Unice"品牌在中国跨境电商品牌影响力榜单中位居第四十一，排名居河南省第1位。五是创新金融服务。联合中国出口信用保险公司河南分公司在许昌召开业务宣讲会，为河南东恒发业有限公司、许昌富鑫发制品有限公司、禹州神龙发制品有限公司出具跨境电商出口政治风险保险单，是全省第2家开展此项业务的公司，此保险单每年预计可为3家发制品企业价值1.75亿元的跨境电商出口货物提供政治风险保障。

二 存在的问题

一是优势产业偏少。虽然培育形成了装备机械、发制品、钢制家具、化妆刷等特色产业，但数量不多、量级不高；纺织服装、户外用品等产业集聚、协同不够，企业"小、散、弱"，创新研发、品牌培育的意识和能力不强。电子信息、汽车等新兴产业，与跨境电商营销模式融合的效果不佳。

二是生态圈不够完善。综合服务企业数量少、影响力不够，运营推广、选品对接、结汇退税、供应链金融、合规预警、法务税务等服务供给不足。公共海外仓较少，专业化、智能化水平有待提升。

三是外部形势不利。美国关税政策变化频繁，对我进口商品加征关税，拟取消跨境包裹"小额豁免"政策，东南亚国家及欧盟也收紧或取消进口小额豁免政策，将导致我国中小卖家成本上涨、销量下降，转向海外仓备货将承担更高的仓储成本和库存风险。

三　下一步谋划

（一）扩围覆盖与提质发展并举

2025年3月28日，国务院常务会议明确提出做好跨境电商综试区扩围工作，进一步拓宽覆盖面，助力更多地区利用政策红利探索跨境电商发展路径。目前，全国已有165个跨境电商综试区，覆盖31个省（区、市），未来将重点向中西部地区和特色产业带延伸，促进区域均衡发展，我们要抓住机遇，积极争取，扩大覆盖面。注重提质增效，通过人工智能、大数据等技术优化线上监管，提升通关、税务、外汇等环节的便利性，降低制度性成本，推动跨境电商综试区从"数量扩张"转向"质量提升"。

（二）推动产贸融合

绘制全省跨境电商产业地图，发布"源头工厂"名录，常态化开展"跨境电商+产业带"对接活动，支持平台、服务商提供多样化数字化出海方案，壮大发制品、机械设备、钢制家具、户外用品等特色产业带，提升供应链韧性，推动"河南制造"出海。

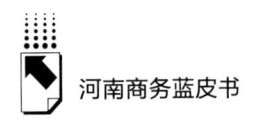

（三）引导企业积极开拓新兴市场

根据美国加征关税的最新形势，聚焦东盟国家、RCEP 成员国、共建"一带一路"国家和地区市场需求，指导企业加强市场前景研判、市场定位和消费者习惯分析，提升跨境电商商品竞争力，积极开拓国际市场。精选行业类展会，做好展会信息发布工作，推荐重点境外展会，开拓多元市场。

（四）加强跨境电商海外仓建设

鼓励企业扩大海外仓布局，巩固北美、欧洲等传统市场，加快在东盟、南亚、非洲、南美等新兴市场设立跨境电商海外仓。引导海外仓企业应用河南国际贸易"单一窗口"海外仓综合服务平台，强化供需匹配，提高海外仓利用率。支持企业开展海外仓订单管理、仓储管理系统建设和智能化改造，发挥好海外仓外贸"中转站"功能。鼓励产业带企业租用海外仓"抱团出海"，拓展国际市场。

（五）加快完善产业生态体系

支持企业开展自主品牌注册和国际产品认证，提升产品附加值。加强跨境电商企业海外知识产权纠纷应对指导，增强企业合规意识。深化跨境电商校企合作、产教融合，加强跨境电商人才培养，持续开展人才培训和招引，为跨境电商发展提供人才支撑。引导金融机构针对跨境电商企业制定政策，健全跨境电商金融政策体系。

参考文献

《商务部等 9 部门关于拓展跨境电商出口推进海外仓建设的意见》，商务部网站，2024 年 6 月 11 日，http://wms.mofcom.gov.cn/zcfb/wmzc/art/2024/art_98884e354b744d6f9eb6bd25e3f78e46.html。

B.27
探索标准化厂房"分割登记+土地分摊"新模式 助力破解企业发展难题

李祥卿 唐媛媛 陈 阳[*]

摘 要： 聚焦标准化厂房发展中的销售难、融资难、风险高等"卡脖子"难题，河南自贸试验区郑州联动创新区中牟片区在全省率先探索标准化厂房"分割登记+土地分摊"新模式，精简按幢（层、间）分割登记程序，创新土地分摊方式，大幅提高登记审批效率，盘活标准化厂房存量资源，有效发挥不动产登记赋财赋能作用，为全省破解此类难题提供参考借鉴。

关键词： 标准化厂房 分割登记 土地分摊

企业在使用标准化厂房过程中可能会遇到分割登记程序复杂等各类问题，影响正常经营运作。为有效破解企业发展难点堵点，河南自贸试验区郑州联动创新区中牟片区主动建立与企业的有效沟通机制，摸排了解企业运行、经营难题，在帮助企业找问题、想办法、理思路、破难题的过程中，积极做好制度创新工作。在标准化厂房分割登记程序上探索出"按幢（层、间）登记+土地分摊"的解决方案，在全省率先建立标准化厂房分割登记新模式。

一 背景和概念

（一）标准化厂房

标准化厂房是指在规定区域内统一规划，具有通用性、配套性、集约性

[*] 李祥卿、唐媛媛、陈阳，河南省商务厅。

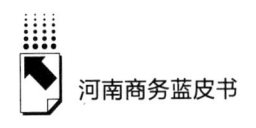

等特点，主要为中小工业企业集聚发展和外来工业投资项目提供生产经营场所的发展平台。推进标准化厂房建设，有利于优化资源配置，缓解用地紧张的矛盾；有利于优化生产力布局，促进中小企业发展；有利于培育产业集群，建设先进制造业基地；有利于改善生态环境，实现经济社会和谐发展。

（二）标准化厂房分割登记

标准化厂房产权分割登记是指在工业用地集约化利用的政策导向下，将符合规划条件的标准化厂房按幢、层等物理单元进行产权分割，并通过法定程序完成不动产登记的制度。其核心是通过明确分割单元的独立物权属性，实现厂房产权由整体向分散化、精细化确权的转变，以满足中小微企业对灵活生产经营空间的需求，同时提升土地资源利用效率。这一概念的形成与我国产业升级、土地资源紧缺的现实背景密切相关，旨在破解传统工业用地"整租整售"模式与中小企业"轻资产"需求之间的矛盾，推动产业链集聚和营商环境优化。

（三）相关法律规定

从制度设计来看，标准化厂房产权分割登记需满足多重法定要件：首先，必须以完成国有建设用地使用权及房屋所有权的首次登记为前提，确保土地用途不改变工业属性且符合监管协议；其次，分割单元需符合地方政府制定的最小面积标准（如按自然幢、层或独立功能区域），具备独立出入口、消防通道等物理隔离条件，同时保留公共设施和配套用房的共有属性；最后，分割登记效力严格遵循《中华人民共和国民法典》物权编规定，需通过不动产登记簿的法定记载方能产生物权变动效果，且不得突破规划许可和建设规范。

二 存在问题

企业在进行标准化厂房分割登记过程中，主要存在以下问题。

（一）分割登记程序复杂

分割登记工作缺少具体、简便的操作规范，申请分割登记需要经过"两审核（园区管委会、工信部门审核）、四确认（发改、住建、住房保障、自然资源和规划部门确认）"。

（二）分割不彻底

只对建筑物进行分割登记，没有进行相应的土地分摊，一幢建筑物被抵押则整宗地均被限制。

（三）企业融资能力与资产状况不相匹配

在申请第一笔贷款后整宗土地都被抵押，如果再去其他银行贷款，其他银行只能作为第二顺位抵押权人，因而银行放贷积极性不高。所以企业往往只能在一家银行贷款，单笔额度上限较低，企业融资能力受限。

（四）租售、招商受影响

分割登记和转移登记不够畅通，制约了企业租售和招商，降低了企业运作和经营的灵活性。

（五）查封风险高、法院执行难

由于土地没有分摊，一旦企业发生状况，出现受到法院查封的情况，即使是对厂房的一幢、一层或一间进行查封，也会对企业经营和司法拍卖造成难题。

三 主要做法

为有效解决标准化厂房分割登记过程中存在的问题，河南自贸试验区郑

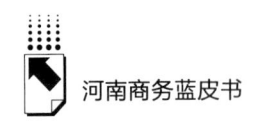

州联动创新区中牟片区整合相关部门职能、主动优化工作流程、积极开展制度创新，在标准化厂房分割登记程序上探索"按幢（层、间）登记+土地分摊"的解决方案。

（一）精简分割登记审批环节

改革前，园区管委会和工信、发改、住建、住房保障、自然资源和规划等部门审核确认并出具同意分割认定材料后，再由园区管委会出具相关证明材料，方可申请标准化厂房按幢（层、间）分割登记，程序复杂，企业办理登记费时费力。改革后，取消了提供六部门审核确认材料的要求，企业仅凭园区管委会出具的标准化厂房证明材料，即可到不动产登记中心申请标准化厂房按幢（层、间）分割登记。

（二）创新土地分摊方式

改革前，申请国有建设用地使用权及房屋所有权首次登记时，只能对建筑物进行分割登记，不能进行土地分摊，土地仍为共有宗地，无法按幢（层、间）单独出售和抵押，且一栋厂房查封，整宗地全部受限。改革后，在不用办理土地分割的情况下，可将宗地面积分摊到厂房每幢（层、间），每本不动产权证书都标注分摊的土地面积，标准化厂房可按幢（层、间）单独出售和抵押。司法查封可单独对一个产权处置，不会影响其他厂房的正常运营。

（三）健全配套管理服务举措

县政府出台文件，规范标准化厂房分割登记标准，明确审核程序、办理流程、现售备案、交易对象审核、自持比例、消防安全管理等相关规定。同时，依托不动产便民服务窗口、"互联网+不动产登记"网上报卷平台，提供"马上办、网上办、就近办、一次办"审批服务，缩短办理时限，提高办事效率。

四　实践效果

（一）有效盘活标准化厂房资源

标准化厂房分割登记，厂房的每幢（层、间）均可单独销售或抵押，促进标准化厂房的高效利用，有效盘活企业存量资产。截至2024年10月，河南自贸试验区郑州联动创新区中华片区已累计办理"分割登记+土地分摊"94本不动产权证书，标准化厂房销售额达6150万元，办理不动产抵押厂房37笔，抵押金额达1.2亿元。

（二）审批效率大幅提升

在新模式下，审批部门由6个压缩到1个，审批证明由6个减少到1个，审批时长由原来的2个月左右压缩到现在的只需1天，极大地便利企业登记办理，最大限度减少办理时间、跑动次数和办事成本。

（三）提高土地节约集约利用水平

通过登记制度改革创新，为小微企业提供灵活、低成本的创业创新空间，促进了实体经济发展。依托"量身定制"建设标准化厂房，打造产业孵化园区，吸引小微企业集体入驻，形成产业集聚效应，实现土地节约集约的高效利用。

五　下一步工作思路

（一）升级标准化厂房分割登记政策

取消标准化厂房交易的现售备案、网签备案、最低5年持有限制，进一步简化标准化厂房销售手续，减少企业跑腿次数，使交易更加便捷。

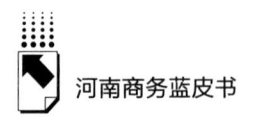

（二）扩大适用范围

将"分割登记+土地分摊"模式推广到新型产业用房等领域，提高土地集约利用水平，促进厂房、土地等生产要素自由流动、高效配置。

参考文献

《中牟在全省率先实现 标准化厂房分割登记新模式》，郑州日报数字报，2024年7月11日，https：//zzrb.zynews.cn/html/2024-07/11/content_1449829.htm。

B.28 跨境电商"敏货"空运全链条安全管控

朱从茂　蔡梦云　贾　茹*

摘　要： 跨境电商商品含锂电池等敏感货物占比较高，在航空运输中存在安全风险、管控难的问题。郑州新郑国际机场创新实施跨境电商敏货航空出口运输全链条安全管控模式，搭建航空跨境电商敏货数据共享平台，联通航空运输货物物流信息和生产数据，促进运输链主体内嵌安全管控环节，实现敏货空运出口安全、高效、便捷，带动跨境电商航空货运量增长。

关键词： 跨境电商　敏货空运　快验快放

一　案例背景

近年来，跨境电商对空运的需求激增。根据商务部数据，2023年我国跨境电商进出口额为2.38万亿元，同比增长15.6%，其占货物贸易进出口额的比重由2015年的不到1%增长到2023年的5.7%，跨境电商成为当前我国发展速度最快、潜力最大的外贸新业态之一。据国际航空运输协会统计，2023年80%的跨境电商货物由航空运输，跨境电商业务营业收入占航空货运行业收入的20%，其中，跨境电商含锂电池货物属于危险品运输范畴，具有占比高、种类繁多、运输时效性强等特点，需要机场方在收运安检环节

---

* 朱从茂、蔡梦云，中豫航空集团；贾茹，河南省商务厅。

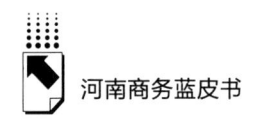

进行单独的一致性核查，必须配备 UN38.3 检测报告①。

但不同于传统的批量危险品运输，一方面，UN38.3 检测报告与货物一致性匹配困难。跨境电商含锂电池货物品类高达数十万，每个包裹里的产品大多是单件，无法逐一提供检测报告，且收运环节传统的人工比对查验模式，收运效率低、人工成本较高、风险不易把控，无法实现规模化、便捷化运输。另一方面，UN38.3 检测报告真实性核查困难。目前，国内可以出具 UN38.3 检测报告的检测机构众多，没有公开规范渠道查询检测报告真伪，UN38.3 检测报告的真实性难以保证。

在跨境电商含锂电池货物运输需求快速增长的情况下，UN38.3 检测报告模式存在真实性核查难、货物无法实现集中批量运输等，导致传统危险品核查方式暗含的运输安全风险日益突出，因此大量内地跨境电商含锂电池货物通过跨境卡车或船舶运至中国香港、韩国、日本等地，再由中国香港、韩国、日本机场口岸出境，增加了生产企业及跨境电商企业物流成本。

二 主要做法

（一）搭建跨境电商敏货数据共享平台

郑州新郑国际机场牵头组建跨境电商敏货航空运输安全服务联盟，已有通过 CNAS 认证的 59 家检测机构加入。根据航空安检核查时提取的关键报告信息，联盟内检测机构使用统一数据标准（如 UN38.3 检测报告上的额定

---

① UN38.3 检测报告是指联合国针对危险品运输专门制定的《联合国危险物品运输试验和标准手册》第 3 部分 38.3 款，即要求锂电池运输前，必须通过高度模拟、高低温循环、振动试验、冲击试验、55℃外短路、撞击试验、过充电试验、强制放电试验，只有这样才能保证锂电池运输安全。如果锂电池与设备没有安装在一起，并且每个包装件内装有超过 24 个电池芯或 12 个电池，则还须通过 1.2 米自由跌落试验。根据民航规章要求，航空公司和机场货物收运部门应对锂电池进行运输文件审查，最重要的是每种型号的锂电池 UN38.3 安全检测报告。该报告可由民航指定的第三方检测机构，也可由具备检测能力的电池生产厂家提供。如不能提供此项检测报告，民航将禁止锂电池进行航空运输。

容量、锂含量要求)。建立跨境电商敏货数据共享平台,与航空电子货运平台和检测机构系统等联通,机场安全部门、航空公司、跨境电商平台和货代企业等共享敏货数据,实现对空运敏货安全信息的便捷查阅、自动比对。打通行业内检测数据信息壁垒,为快速鉴别敏货检测报告的真伪提供源头数据支撑。

(二)开展跨境电商敏货货证一致性前置审核

跨境电商平台企业在空运含锂电池货物质检环节,对 UN38.3 检测报告进行真伪核对,对检测报告与含锂电池货物一致性进行审核。将货物码与报告码逐一匹配,确保所有含锂电池货物均有相对应的 UN38.3 检测报告,并能在数据共享平台上便捷查阅、核对真伪。在审核中发现报告伪造、报告过期等情况,对货物进行警告,责令整改,整改不到位的禁止其进行航空运输。

(三)机场对敏货安检实行快验快放

改革前,由于单票敏货需要核查的货物品类多、报告数量多,且缺乏前置安全信息审核环节,机场安检开包检查时,检测报告与开包敏货匹配困难、报告真实性难以核查,造成货物退运率高,影响跨境电商平台企业集疏货物积极性。改革后,通过组建联盟、开展跨境电商平台企业安全自查、货证一致性前置核查,解决 99% 的报告真实性核查难题及货证匹配难点,机场货物安检效率大幅提升,实现快速验放。

(四)探索敏货运输信用监管机制

综合敏货前置审核结果、安检开包抽查结果、安检单证核查结果,发现有伪造检测文件、交运未备案敏货、未按要求包装、运输文件填写错误等情况的,纳入日常监管和信用记录。制定《郑州机场区域航空货物运输联合违规惩戒制度》,明确严重违规事件、严重违规行为、一般违规行为的界定标准及惩戒措施,跨境电商平台企业据此对提供虚假报告、错误敏货信息的签约商家进行罚款、下架等惩戒。通过源头监管、现场督导、信用记录和联合惩戒,形成安全管理闭环,实现由"管操作"向"管信用"的转变。

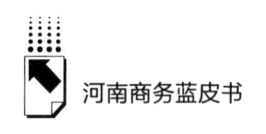

三　实践效果

（一）提升敏货运输安全水平

目前，联盟内 59 家检测机构数据基本覆盖四大跨境电商平台所有检测报告，沉淀 SKU 数量超 15 万个，UN38.3 检测报告近 8000 份。报告核验周期由 15 天压缩至当天完成，同时查出 1200 余份存疑报告，跨境电商平台对相关商家进行了警示惩戒。改革后，前置审核发现问题提前处置，安检环节退运率大幅降低，有效提升敏货运输效率和安全管理水平。

（二）降低企业运输成本

目前，内地机场日均运输跨境电商货物约 15000 吨，大部分通过跨境卡车或船舶转运至中国香港、韩国、日本后空运出境。通过创新举措，郑州新郑国际机场可以高效、稳定运输敏货，不仅节省了卡车转运的时间和成本，而且从郑州新郑国际机场出境运费更低。以欧洲货运航线为例，从郑州出口的整体成本较自香港出口少 17 元/千克左右，为敏货航空出境提供更优物流解决方案。

（三）带动郑州航空货运量增长

2024 年，郑州新郑国际机场共运输跨境电商敏货 4171 吨，规模境内机场领先。通过敏货出口，全省带动跨境电商平台加大整体跨境货物出口力度，全年跨境电商货物出口 13.6 万吨，同比增长 145%，占国际出口货运量的 37%，成为促进郑州机场国际货运快速发展的重要增长点。

四　案例意义

为全面落实国务院、省政府关于降低全社会物流成本的战略部署，郑州新郑国际机场通过组建跨境电商敏货运输安全服务协会，搭建跨境电商敏货数据共享平台，联通检测鉴定机构、跨境电商平台、机场货站等相关货物信息和生产数据，形成可复制、可推广的跨境电商含锂电池货物航空出口运输安全管控模式，实现跨境电商含锂电池货物在郑州及其他境内机场的安全、高效、便捷运输。

（一）有效降低全社会物流成本

现在国内通过空运出口的日均跨境电商货物超过15000吨，其中含锂电池货物主要通过跨境卡车或轮船泊运至境外机场出境，跨境电商平台及生产企业因此产生的物流运输成本较境内机场高出15%~30%。通过实施安全高效的航空安全保障方案，郑州新郑国际机场能够实现含锂电池航空安全审查工作前置，在运输时效、运营成本方面为跨境电商含锂电池货物航空出境提供更优解决方案。

（二）推动航空物流高质量发展

跨境电商业务将有力促进航空物流发展已成为民航业内的普遍共识。与此同时，中国锂电池、光伏、新能源汽车等高精尖企业产品出海进一步催生含锂电池货物航空出口需求。为抓住新形势下的产业发展机遇，郑州新郑国际机场通过融合各方力量，利用信息化手段打造含锂电池货物航空安全审核闭环，推出开放性的数据共享平台和示范性航空运输方案，以便实现跨境电商含锂电池货物在境内机场的高效、便捷运输。

（三）积极服务新发展格局构建

打通跨境电商含锂电池货物航空运输堵点，更好地服务于本土制造业、高精尖产业海外布局和本土货运航司市场扩张需要，对于构建自主可控、安全高效的产业链供应链，联通国际国内市场、提高我国全球资源配置能力具有重要意义。因此，郑州新郑国际机场跨境电商含锂电池货物航空运输保障方案的落地推广，能够更好地服务新发展格局的构建。

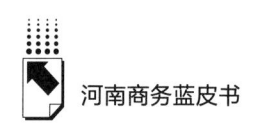

五　下一步工作思路

完善跨境电商敏货前置安全审核标准、机场收运安检查验标准，建立具有示范效应的全流程空运敏货安全管控规范，并力争形成相关行业标准。打通与国内主要电商平台数据通道，大力推进共享平台在国内重点机场、主要跨境电商敏货生产厂家的应用。

参考文献

《跨境电商卖家如何安全出口敏感货》，淘集运国际物流，2024年8月9日，http://www.anfus.cn/n1271670.htm。

《上海机场集团实践成果亮相第18届全球航空货运论坛》，中国民航网，2025年4月21日，http://www.caacnews.com.cn/1/5/202504/t20250421_1386700.html。

B.29
奏凯科技农产品上行的经验启示

薛雷 于朝海 王卫红 宋军鹏 韩晓天[*]

摘　要： 河南奏凯科技有限公司以电商经济为突破口，通过供应链整合、品牌培育、渠道创新、数据赋能等一系列举措，激活农产品上行动能，取得显著成效。本报告总结了奏凯科技在农产品电商领域的创新实践，为同类企业提供了品牌培育、数据驱动、平台联动等可复制可借鉴的经验，展现了数字经济对乡村振兴的赋能作用。

关键词： 奏凯科技　农产品上行　品牌培育　供应链整合

一　企业基本情况

河南奏凯科技有限公司（以下简称"奏凯科技"）成立于2010年，前身是郑州奏凯电子科技有限公司，2020公司迁移至京东（鹤壁）数字经济产业园，更名为河南奏凯科技有限公司，是河南省鹤壁市一家以电商运营为核心的企业。2020年公司启动业务重组，成立3C数码业务部、生鲜业务部，发展全域电商。2023年成立供应链管理公司，公司商品交易总额（GMV）突破15亿元。

公司主要经销佳能、创维、旺旺、徐福记等国际国内一线品牌，以及富美鹤城、鹤农益得等自有品牌，同时经营中国特产鹤壁馆、浚县馆、淇县馆等多个特产生鲜馆，以及京东、淘宝、拼多多、抖音等多个平台近40家线

---

[*] 薛雷、于朝海、王卫红、宋军鹏、韩晓天，河南省商务厅。

上自有店铺。公司依托京东（鹤壁）数字经济产业园的资源优势，重点布局农产品电商领域，通过数字化手段推动本地农特产品上行，成为区域农产品电商发展的标杆。

二 主要做法及成效

（一）抓供应链整合，夯实上行基础

针对农产品标准化程度低、供应分散等问题，奏凯科技通过整合优质生产主体、建立农产品云仓、组建运输车队，形成供应链体系。探索"农户+合作社+企业"的协同模式，实现产品从田间到仓储的无缝对接，为农产品上行提供稳定货源。引入快速包装机、智能分拣线，使包装速度提升到日发3万单。2024年，奏凯科技以"合作社联产+供应链集采+电商平台直销"创新模式，带动农产品销售超750万单，单场活动销售额突破千万元，实现农产品从"滞销"到"畅销"的转变，让红薯、花生、玉米等优质农产品通过京东、抖音、拼多多等走进千家万户。

（二）抓品牌培育，提升产品价值

奏凯科技注重打造区域公共品牌，通过直播带货、短视频推广等方式提升产品的故事性，打造区域公用品牌矩阵，推出"富美鹤城""鹤农益得""千鹤湖"等系列IP。通过统一包装设计、质量认证和品牌推广，本地农产品溢价率提升30个百分点，为乡村振兴和产业升级注入强劲动力，其中地理标志产品花生、白菜等品类成为市场爆款。例如，联合驻村第一书记和网红主播开展直播，提升"小河白菜""善堂花生"等地理标志产品的市场认知度。

（三）抓渠道创新，实现全域营销

奏凯科技构建"直播电商+社交电商+即时零售"农产品立体化销售网络，与头部平台建立战略合作关系，开设线上店铺40家。与国内知名头部主播联动推广，积极拓展社区团购以及即时零售新模式，会同热度星选与国

内近 3000 达人达成合作，开展百场助农直播，单场最高观看量突破 50 万人次。2024 年，奏凯科技抓住京东 618 大促节点，参与京东智联云策划的鹤壁专场活动，通过精准选品和平台流量扶持，单月销售额突破 1400 万元，带动鹤壁农特产品全网曝光量近 1000 万次，总销售额达 5600 万元。

（四）抓数据赋能，特色单品强势出圈

数据驱动选品，结合京东用户画像与消费趋势分析，筛选适配线上渠道的农产品，如花生、红薯等特色品类。红薯以日均 8000 单的销量蝉联平台薯类冠军，会同平台头部主播创下"48 小时卖空千亩基地"的销售纪录。

（五）抓物流赋能，突破流通瓶颈

依托白寺物流产业园独特的区位优势、快速便捷的仓储物流基础设施以及各大物流公司的分拨中心，奏凯科技整合 5 家快递企业资源，通过快速分拣打包，提高配送效率，降低流通损耗，物流成本下降 40%，24 小时揽收率实现 98%。奏凯科技云仓面积达 3 万平方米，使用现代发货体系，可达到日发 3 万~8 万单。

（六）抓人才孵化，激活内生动力

一是实施"电商人才"培育计划，依托公司各部门专业能力开展传帮带模式，开设美工设计、短视频培训等实训课程，累计培训 600 人次，培养网店运营、店铺客服、店铺直播、物流供应链等网店所需各方面专业人才。二是依托直播电商协会，通过电商培训吸纳农村青年、返乡创业者加入电商产业，吸引返乡青年创业。三是与本土院校联合办学，开展电商运营知识专题讲座，助力当地电商人才培养。截至 2024 年底，受培训学生超过 500 人，企业接收优秀实习生 70 余人。

（七）实现就业增收，助力乡村振兴

一是助力农民增收。缩短农产品供应链环节，使农民收入提升 30% 以

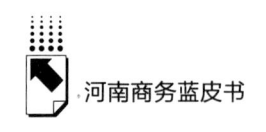

上。二是提供就业岗位。全年提供固定岗位近千个,高峰期单日带动500名农民就近就业,为留守妇女、返乡青年搭建家门口的致富工厂。

三 经验启示

(一)品牌培育是农产品上行的"强引擎"

品牌是区分产品的重要标志。培育特色农产品品牌是破解同质化竞争难题的重要方式。一个具有鲜明特色和个性的品牌能够使农产品脱颖而出,赢得消费者信任,提升其忠诚度,进而稳定市场份额,并借助消费者口碑传播,品牌影响力持续扩大,不断拓展市场,助力农产品成功上行。品牌化的农产品可以凭借其独特的品牌形象与价值,在市场上拥有更高的定价权。

一是明确产品定位,加强品牌塑造。借助大数据,深度分析农产品市场需求和消费者偏好,结合产地特色、品种特点等,明确产品的市场定位和目标客群。深挖产品背后的地域特色、故事文化等元素,赋予品牌独特的文化内涵。二是品质提升与标准化管理。建立包括种植、加工、包装等各环节的全产业链质量控制体系,严格质量把控。制定统一的生产标准和规范,包括种植技术、采摘时间、加工工艺等,确保产品质量稳定。加强与产地的合作,建立直采基地,开展产地溯源,形成长期稳定的合作关系,确保优质农产品的稳定供应。三是品牌形象设计与传播。设计辨识度高和吸引力强的品牌标识、包装等视觉形象。积极利用电商平台、广告、社交媒体等多种渠道宣传推广品牌,参加展销会、交易会等,展示品牌形象。讲述品牌背后的故事,增强品牌的文化底蕴与情感共鸣。四是品牌管理与维护。建立品牌管理机制,定期对产品质量、品牌形象、市场口碑等进行监测和评估,及时发现问题并解决。不断创新、优化产品与服务,持续提升品牌价值。

(二)数据驱动是农产品上行的"风向标"

在大数据时代,数据中蕴含市场需求、消费者偏好等重要信息,掌握数据就等同于把握了打开农产品上行市场的方向。数据为农产品上行的供应链优化、精准营销等提供基础支撑,数据驱动的决策能优化生产资源配置,实现生产要素精准投放、生产计划合理安排、目标市场精准定位、销售渠道合理选择。

一是开展市场分析与精准营销。收集消费者的年龄、性别、区域、消费习惯和购买频率等数据,精准勾勒消费者画像。基于历史销售数据、季节特征和社会热点等信息,运用数据分析模型预测市场需求。制定精准的营销策略,整合线上线下多渠道资源,依据客户画像向目标客户精准推送促销资讯,提升农产品购买转化率。二是优化供应链管理。分析不同产地的农产品质量、产量、成本、物流运输等信息,择优合作。依据销售数据和市场需求预测,科学把控农产品库存水平,确保供需动态平衡,降低库存成本和损耗。借助物流数据,优化配送路线、配送方式,增强物流配送的精准性与时效性。三是产品创新与品质提升。分析消费者的口味变化、营养需求和消费趋势等数据,不断开发新产品。通过收集农产品种植环境、施肥用药、采摘时间等生产过程中的数据,建立农产品质量溯源体系,实现对农产品品质的全程监控和管理。四是提升服务质量。分析客户咨询、投诉、评价等售前售后数据,及时了解客户需求,优化客户服务流程和内容。收集用户在平台上的浏览、购买、评价等行为数据,深入剖析用户需求,优化平台界面布局、交互设计和产品推荐系统等,提升用户体验。

(三)平台联动是农产品上行的"助推器"

电商平台、物流平台与社交平台的有效联动,能突破农产品销售的地域限制,开拓广阔的市场空间,系统性缩短流通环节、降低农产品上行损耗率。电商平台为农产品提供了直接面向消费者的窗口,拓宽了销售渠道,提升了农产品销量。但同时,物流平台的同步协作不可或缺。只有物流配送做到高效、及时,才能极大地提升用户的满意度,进一步夯实农产品上行的根基。社交平台凭借海量流量和强大传播力,能够精准宣传农产品,提升品牌形象,激发消费者购买兴趣。通过平台间的优势互补,形成农产品上行的强

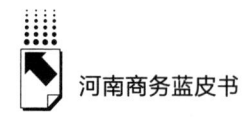

大合力，实现农产品从田间到餐桌的高效流转，助力乡村经济振兴。

一是洞察市场需求趋势，优选热门品类和潜在爆款产品，策划具有吸引力的营销活动，如折扣、满减、赠品等，组织特色电商节、农产品丰收节等，联合直播带货，探索社区团购，开展多元化营销。二是促进电商平台与物流平台的融合，优化物流配送网络，实现产地直发，整合物流资源，提高配送效率，降低物流成本。对于一些生鲜农产品，采用冷链物流配送，从源头到终端确保产品品质。三是推动电商平台与社交平台的联动，开展社交营销活动，发布产品图片、视频、故事等内容，吸引用户关注和分享，提高农产品的知名度和美誉度。

站在订单农业的新起点，下一步秦凯科技将实施"品类扩容+增强单品"双战略。新增五大明星单品，推出花糯玉米、双色彩椒、水果黄瓜、羊肚菌金耳菌、小河白菜；深化三产融合，联合本地生产加工企业，开发预制菜、即食果蔬等深加工产品，让更多优质农产品上行销售，助力乡村振兴，实现农民增收。

参考文献

《商务部等 9 部门关于推动农村电商高质量发展的实施意见》，商务部网站，2024 年 3 月 13 日，https：//www.mofcom.gov.cn/zcfb/gnmygl/art/2024/art_bcd035118a9145b9a86526a80318ce12.html。

《农产品电商：未来发展的多元趋势与机遇》，"行者无疆"百家号，2025 年 2 月 5 日，https：//baijiahao.baidu.com/s?id=1823200086161534710&wfr=spider&for=pc。

区域篇

B.30
2024~2025年郑州市商务发展回顾与展望

倪 永[*]

摘 要： 2024年，郑州市商务工作坚持以习近平新时代中国特色社会主义思想为指导，认真贯彻落实市委、市政府工作部署，深入开展"三标"活动，扎实推进"十大战略"，加力实施消费品以旧换新政策，强力推进国际消费中心城市建设，持续打造对外开放高地，积极开展招商引资工作，着力形成"大消费、大市场、大开放"格局，为全市经济社会高质量发展做出积极贡献。

关键词： 促消费 以旧换新 对外开放 郑州市

---

[*] 倪永，郑州市商务局。

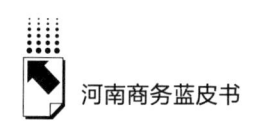

一 2024年郑州市商务发展情况及特点

（一）消费市场较快增长

全市社会消费品零售总额为5884.6亿元，增长4.7%[1]，高于全国平均水平1.2个百分点，增速位居国家中心城市和中部省会城市第二名。

（二）对外贸易企稳回升

全市进出口额为5565.8亿元，增长0.8%，居国家中心城市第7位、全国省会城市第4位，连续13年保持中部城市第一。服务贸易进出口额为20.6亿美元，增长36.0%；服务外包合同执行额为29.4亿美元，增长10.6%。

（三）跨境电商稳居一档

全市跨境电商交易额为1458.8亿元，增长15.7%，规模居中部城市第1位，国家中心城市第3位。

（四）招商引资成效明显

全市新签约项目总额为8282.2亿元，新开工项目投资额为5953.8亿元，"三个一批"总投资额为5064.9亿元；实际使用外资金额为1.83亿美元，增速居国家中心城市和中部省会城市前列；引进省外资金1550.6亿元，增长9.5%。

（五）对外合作快速推进

全市对外直接投资金额为5.56亿美元，增长7.3%；对外承包工作及劳务合作营业额为23.3亿美元，增长12.0%。

---

[1] 《郑州经济动态2024年12月》，郑州市统计局网站，2025年2月12日，https://tjj.zhengzhou.gov.cn/tjyb/9065611.jhtml。

二 2024年采取的主要措施

(一)增强消费市场活力

加力实施消费品以旧换新,举办各类促消费活动600多场,拉动消费400多亿元,成功入选福布斯中国消费活力城市20强。率先启动绿色家电、智能厨卫家居以旧换新工作,完成家电厨卫更新换代8万台,惠及消费者7.9万人次,带动消费4亿元以上。加力实施消费品以旧换新政策,汽车、家电、家装厨卫以旧换新交易量达到217万单,带动消费279亿元。举办"跨年焕新""醉美·夜郑州"系列促消费活动,发放消费券超2亿元,推出特色消费路线23条,拉动消费超百亿元。

(二)加快建设国际消费中心城市

优化消费供给,推动消费市场活力迸发,郑州获批全国首批现代商贸流通体系试点城市,入选全国生活必需品流通保供体系建设重点城市。全市商业体系完善,现有大型商圈10个、省级品牌消费集聚区22个、2000平方米以上商超215个、10万平方米以上商业综合体14个。丹尼斯大卫城销售额达到102亿元,进入全国单店销售前列,二七商圈、万象城入选河南省首个国家级示范智慧商圈、智慧商店,德化街被评为第一批国家级旅游休闲街区。现有国家级特色商业街3条、省级特色商业街4条、市级特色商业街20条,德化步行街、杉杉奥特莱斯、顺城街、油化厂创意街区等重点特色商业街营业面积达122.3万平方米,阜民里、磨街等特色消费场景成为新晋网红打卡地。国际文化交流中心、中央文化区文化交流中心等会展场馆加速建设,新增展览面积4万平方米,可供展览面积13.5万平方米,全年举办展会227场,面积超300万平方米,带动消费328亿元。

(三)形成对外开放新局面

成功申建河南自贸试验区郑州联动创新区,累计形成制度创新成果360

项，其中，12项在全国复制推广，11项入选全国经典创新案例。航空口岸、铁路口岸获批国家智慧口岸试点，不断提升"2+2+9"口岸体系功能，在内陆地区持续保持口岸数量最多、种类最全城市。启动中国邮政航空枢纽项目，成功举办郑州—卢森堡"空中丝绸之路"国际合作论坛，郑州新郑国际机场客货运吞吐量分别达到2850万人次、82.5万吨。建成内陆首个国际公路运输集结中心，首创"中欧班列+TIR国际公路运输"多式联运新模式，开通中越柬公铁多式联运国际班列，中老铁路国际货运列车正式运行，中欧班列开行3601班。郑州无水港获批郑州港国际代码，"陆海联动，铁海直运"模式率先在郑州落地，常态化开行郑州至青岛、宁波、连云港铁海联运班列，郑州—黄岛"豫鲁铁海快线"班列纳入中国国家铁路集团有限公司全路运行图，铁海联运突破6万标箱。

（四）推进跨境电商高质量发展

全市跨境电商网络零售额为1740亿元，增长12%，在165个城市综试区考核评估中获评第一档，成功举办跨境电商大会。现有跨境电商产业园区32个，天猫国际、京东国际等知名企业入驻，亚马逊在郑州市设立华中地区首个全球开店办公室，海外仓总数达到168个，面积超100万平方米。河南电子口岸上线32大类140余项功能，入驻企业4万余家，服务上下游企业7万余家，"单一窗口"跨境电商进出口业务1.7亿单，增长34.6%，货值245.5亿元，增长39.8%。

（五）大力开展招大引强行动

成功申办中国—拉美企业家高峰会，高规格举办跨国公司交流会、全球豫商大会和各类境外经贸活动，招商引资实现量质齐升。全市新引进10亿元以上重大项目264个，其中50亿元以上高质量项目有30个，投资总额达2253.6亿元。新签约主导产业项目526个，签约金额达6046亿元，以先进制造、科技研发等主导产业为核心的全链条集群招商项目超过60%。中原科技城先进计算基地、格力电器中原总部等多个项目投资额超百亿元，为产业转型升级提供了强劲动能。

（六）促进对外贸易承压企稳

落实国家、省市稳外贸系列政策措施，强化龙头带动，促进新业务新模式发展。全市一般贸易额为1424.1亿元，增长11.8%，保税物流贸易额为1669.4亿元，增长65.1%，机电产品、高新技术产品进出口额分别为2826.5亿元、2350.0亿元，分别占贸易总额的79.6%、66.2%。全年新增二手车出口企业70家，二手车出口1.2万辆，出口额达2.5亿美元。持续拓展国际市场，与225个国家和地区有贸易往来，美国、中国台湾、韩国、越南、日本前五大贸易伙伴进出口额占全市的52.6%。对外经济技术合作取得新进展，对非洲、欧盟进出口快速增长，对共建"一带一路"国家和地区进出口占比不断提升。

三 2025年商务发展形势分析

2025年，郑州市商务发展挑战与机遇并存，压力与动力同在。从国际来看，贸易保护主义、单边主义和地缘政治冲突交织，国际形势的复杂性、严峻性、不确定性明显上升，带来的不可预见性影响增多，全球贸易复苏动能偏弱，国际经济合作发展面临新的挑战，跨国投资规模整体萎缩。从国内来看，就业增收面临压力，消费信心和意愿有待增强，全国各地拼经济，都在抢赛道、抢项目、抢机遇。从郑州市来看，传统产业占比偏高，对商务高端需求支撑不足，外向型经济依赖富士康单一企业，抗风险能力不强，武汉、长沙、合肥等周边城市竞争加剧，对外开放水平有待提升。

在看到不利因素的同时，要看到"危中有机"。总体看，我国经济基础雄厚、优势多、韧性强、潜能大，长期向好的基本面没有改变，随着各项政策加快实施，市场预期已经改善，经济运行呈现回升向好态势。从郑州市发展情况来看，省委、省政府"强省会"战略导向明确，优质资源向郑州市倾斜，重大项目优先落地郑州市，重大举措率先在郑州市实施，政策叠加优势、区位交通优势、人口规模和结构优势、发展空间优势、开放平台优势不断强化，扩内需、优供给的基础条件更加充分，筑平台、促开放的发展环境更加有利，重项目、大招商的工作目标更加清晰。

四 对策建议

2025年，郑州市将全面贯彻党的二十大和二十届三中全会精神，认真落实省委"两高四着力"部署，围绕"当好国家队、提升国际化，引领现代化河南建设"总目标，深化"三标"活动、推进"十大战略"，扎实开展"扩内需提振消费、强开放跃升能级、融全球扩大经贸、高质效招大引强"四大行动，高效推进国际消费中心城市和内陆开放高地建设。

（一）实施扩内需提振消费专项行动

全国两会对大力提振消费做出了部署安排，郑州新零售新业态加快发展，涌现出胖东来、蜜雪冰城、锅圈食汇等一批全国知名企业，形成了良好的商业生态圈。2025年，全市将聚焦汽车、绿色家电、3C电子产品等重点消费领域，持续扩大活动覆盖面，带动消费300亿元以上。推进消费场景迭代升级，打造具有"中华经典、世界品牌、时代时尚"特色的国际消费中心城市，将海汇港二期、金融岛、亳都·新象、阜民里等纳入特色商业街建设，支持建设华润万象城、正弘坊等大型商业综合体，推动京东超级体验店、山姆会员店、银泰商业中心、麦德龙新店等项目建设。加强老字号培育，实施餐饮业品牌化发展行动，推动"餐饮+文化""餐饮+旅游"融合发展。大力发展首发经济，积极开展首秀、首演、首映、首展，吸引区域首店、旗舰店入驻，用好市内免税店、240小时过境免签等政策，扩大健康、养老、家政、数字等服务消费，打造具有国际竞争力的消费目的地。加快中原国际会展中心等场馆建设，优化星级酒店供给，为国际消费中心城市建设提供支撑。建议河南省支持郑州申报全国零售业创新提升试点城市，积极研究打造零售业创新提升先行区。

（二）实施强开放跃升能级专项行动

深入推进制度型开放战略，积极参与高质量共建"一带一路"行动，拓展开放通道、助力郑州从"内陆腹地"迈向"开放前沿"，打造内陆开放高地。推动郑州新郑综合保税区扩建，优化通关流程，促进多口岸高效协同，保持内陆口岸开放优势。高标准建设郑州自贸试验区2.0版，申建空港新片区，推进RCEP示范区和联动创新区建设，形成不少于30项高质量创新成果。加快机场三期扩建、郑州南站等重大项目建设，深化郑州—卢森堡、郑州—吉隆坡"双枢纽"合作，全年客货运吞吐量达到3100万人次、100万吨以上。拓展中欧班列、TIR国际跨境公路运输至中亚、东盟、欧洲线路，打通水果进口中欧班列运输通道，力争全年开行中欧班列超3600列。实施10个重点"跨境电商+产业带"项目，积极推动30家产业带企业"触网升级"；全球化布局海外仓，海外仓面积超过110万平方米；办好2025郑州跨境电商大会。加强与主要港口合作，打造郑州"无水港"，探索"综保区+中欧班列/TIR卡航/铁海联运"模式，新开辟2条以上至共建"一带一路"国家和地区跨境公路物流通道，发货量增长50%。高效实施240小时过境免签政策，引导企业在境外建设经贸合作区，高标准举办第十八届中国—拉美企业家高峰会，新增意向友城或友好交流城市3个以上。建议对接商务部，支持郑州申建河南自贸试验区空港新片区、申报"丝路电商"合作先行区，加强对欧合作，充分发挥郑州在对欧经贸合作中的重要作用。

（三）实施融全球扩大经贸专项行动

积极融入全球市场，持续推动汽车及零部件、铝及铝深加工业、新材料3个国家外贸转型升级基地建设，扩大一般贸易、中间品、高附加值产品出口规模，以绿色化、数字化、智能化为重点方向，培育新的外贸增长点。巩

固计算机与通信技术、手机、汽车、铝材等重点外贸产业优势，新增进出口实绩企业200家，有实际贸易业务企业达到5000家以上。加大政策支持力度，助力企业开拓国际市场，提升"外贸贷"和出口退税资金池运行质量，扩大贷款业务范围。积极发展服务贸易、数智贸易，培育跨境电商运营、国际物流货代等跨境服务企业。支持企业承建标志性国际工程、国际项目和"小而美"民生项目，推动现有外经贸合作区提质升级。建议按照国家统一要求，稳定富士康在华产业链供应链，支持富士康在郑发展。

（四）实施高质效招大引强专项行动

以招商引资促进产业优化升级，全年新签约项目8400亿元，新开工项目投资额达6100亿元。建立智能终端、汽车制造等20个重点产业链招商体系，推动富士康新事业总部、华润中原超级总部、比亚迪新能源汽车零部件扩产等重大项目建设。强化科研领域招商，引进一批新能源、新材料、新一代信息技术等新兴产业和量子信息、元宇宙、人工智能、新型储能等未来产业项目，未来产业项目签约占比超过70%。办好豫港澳企业家春茗活动、中国—东盟博览会、全球豫商大会等重大主场活动，利用中国—拉美企业家高峰会、跨境电商大会、黄帝故里拜祖大典等大型活动，引进一批高质量项目。

参考文献

《全国商务工作会议在京召开》，中国政府网，2025年1月12日，https：//www.gov.cn/lianbo/bumen/202501/content_6998057.htm。

《2025年郑州市政府工作报告》，郑州市人民政府网站，2025年2月13日，https：//www.zhengzhou.gov.cn/news1/9067796.jhtml。

B.31
2024~2025年开封市商务发展回顾与展望

苏慧 牛永强[*]

摘 要： 2024年，聚焦开封市经济社会高质量发展中心任务，面对机遇与挑战，开封市商务系统在市委、市政府的正确领导下，紧紧围绕开放兴市暨招商引资战略任务，全力以赴打好"招商引资引领仗、对外经贸突围仗、消费促进整体仗、开放平台阵地仗、党建引领持久仗"等五场硬仗，在破解难题中促进大局稳定，在创新机制中狠抓工作落实，市主要经济指标均超额完成，各项工作都取得了显著成效，商务工作的实绩成为全市经济的一个亮点。

关键词： 开放兴市 招商引资 消费促进

一 2024年开封市商务发展指标完成情况

（一）引进省外资金

开封市实际到位省外资金802.6亿元，同比增长3.5%，完成省下目标任务的100.33%。

（二）利用外资

全市实际使用外资2628万美元，同比增长32%，增速居全省第3位。

---

[*] 苏慧、牛永强，开封市商务局。

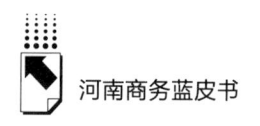

（三）社会消费品零售总额

开封市社会消费品零售总额完成1252.9亿元，同比增长6.6%，高于全省平均水平（6.1%）0.5个百分点。其中，限额以上单位消费品零售额同比增长13.4%。

（四）对外贸易

全市进出口总额为204.4亿元，较上年同期增长80.4%。其中，进口额增长130.7%，出口额增长71.0%，三项增速均居全省第1位。

（五）对外投资和经济合作

全市对外承包工程营业额累计完成14037万美元，绝对值居全省第5位，同比增长24%，增幅居全省第6位。全市对外直接投资累计完成5151万美元，同比增长4759.2%，增幅居全省第1位。

二 2024年采取的主要措施

（一）招商引资取得新成效

建立"周会见、月推进、季评价、半年观摩、年总评"工作机制。实施招商引资"一把手"工程，市县主要领导、驻外联络处和市管国有企业主要领导开展招商引资活动2435次，签约项目388个，总投资额达1367.4亿元。全年实际到位省外资金802.6亿元，同比增长3.5%，完成绝对值居全省第7位。聚焦"7+10+N"产业链群，明确县区双主导产业，梳理产业链龙头企业、上下游企业情况，绘制2024年开封市制造业产业链群招商图谱及招商地图，实施重点制造业产业链招引。清明文化节、菊花文化节期间，市县联动举办系列招商推介活动10余场，总投资50亿元的人造石英石、总投资30亿元的泓晟机械制造等项目落地开封市，福景堂淀粉产业园、东磁5吉瓦单晶硅片等项目开工建设。第12期、第13期"三个一批"综合评价均居全省第1位，前14期项目入库纳统率居全省第2位。牵头实施推进外国人过境免签政策，积极邀请过境免签商务考察团队到汴开展短期经贸活动，吸引更多高质量外资项目落户开封。全年实际使用外资2628万美元，同比增长32%，增幅居全省第3位。设立外资"一站式"服务窗口，靠前提供咨询、引导、办理等一体化服务，成功吸引多家优质外资企业入驻，全年新设立外资企业18家，同比增长28.6%。

（二）对外经贸实现新突破

强化政策惠企、环境活企、服务助企，联合海关、税务等部门召开外贸政策专题宣讲会，近400家外贸企业到场参会，累计帮助企业申报中小开和出口信保项目198个，发放"外贸贷"7950万元。建立"外贸数据回流台账"，专人服务台账内企业，实现重点产业外贸回流85.07亿元，占全市进出口额的41.6%。外贸进出口总额达204.4亿元，首次突破200亿元大关，同比增长80.4%，增幅稳居全省第1位，总额居全省第7位。实施对外经贸"稳存量、扩增量"专项行动，组织外经贸企业参加越南国际家居展、德国汉诺威国际工业博览会等60余个境内外知名展会，对外经贸"朋友圈"进一步扩大。高质量做好对外直接投资工作，全市累计完成对外投资5151万美元，同比增长4759.2%，增幅居全省第1位。

（三）社会消费激发新活力

举办五大领域消费品以旧换新促消费活动百余场，累计申请量超15.5万份，申请补贴金额为3.57亿元，带动消费超40亿元。发布"开封老字号地图"，开展传统特色早餐品质提升行动，发布传统特色早餐"必吃榜"，推出老字号伴手礼，全网浏览量超5000万人次。针对"老家河南 豫菜开封"汴地美食走进新华社、中国人民解放军国防大学系列活动，新华社客户端、新华网等20余家媒体平台发布图文和视频报道48篇，总浏览量达1000多万次，擦亮了开封传统特色美食金字招牌。全方位开展升规纳统，

新培育限额以上商贸流通企业301家，入库企业数量较2023年翻番。举办城市一刻钟便民生活节50余场次，成功打造"小而美"城市"一刻钟便民生活圈"10个，开封市被认定为全国第四批城市一刻钟便民生活圈试点城市。持续提升改造特色商业街区，星光天地商业购物中心入选第七批省级品牌消费集聚区，开封市中瑞时代商贸有限公司等2家企业被认定为省级平安商场。

（四）开放平台开创新局面

深入推进自贸区试验建设，高标准建设自贸试验区开封片区2.0版，自挂牌以来累计入驻企业7074家，是挂牌前的40倍。开封国家文化出口基地"中原文化欧洲行"等活动入选全国"千帆出海"行动。自贸试验区开封片区进出口额达159亿元，同比增长187.2%，增速在全省3个片区中居第1位。加快推进综保区建设，自综保区封关运行以来，已建成标准化厂房、高标准仓储及配套办公用房24.2万平方米，一线进出口货值达75.46亿元，占全市进出口额的1/3，开放型经济的引领作用逐渐凸显。扎实推进产业园区建设，兰考、杞县、产城融合3个开发区成功获批中国（河南）自由贸易试验区联动创新区，兰考县龙源雄亚新能源有限公司等重点外资企业入园，为全市外向型经济发展提供了新阵地。

三　2025年商务发展形势分析

商务工作贯通内外，既关系一、二、三产业，又面向千家万户，还处于开放一线。做好2025年的工作，需要全面分析国内外形势，精准识变应变，牢牢把握工作主动权。

从国际来看，世界百年变局加速演进，贸易保护主义、单边主义和地缘政治冲突交织，增强了世界经济运行的不确定性，全球贸易复苏动能偏弱，跨国投资规模整体萎缩。从国内来看，就业增收面临压力，消费者捂紧"钱袋子"。各省拼经济，都在抢赛道、抢项目。从河南省来看，多极支撑的外贸格局还未形成。作为消费升级新重点的服务消费优质供给相对不足。从全市来看，居民就业增收压力较大，人均消费支出减少，城市商业能级有待提升，农村流通短板亟待补齐，高品质、个性化消费供给仍不足。

在看到不利因素的同时，也要看到"危中有机"。发展机遇前所未有。国家出台一系列稳经济增量政策，力度空前。中部地区崛起、黄河流域生态保护和高质量发展、郑开同城化等重大战略机遇叠加。融入服务全国统一大市场，将推动生产要素畅通流动、各类资源高效配置、市场潜力充分释放。发展基础日益坚实。近年来，制度型开放战略深入实施，高水平对外开放格局加速形成，一大批企业扩量提质、转型升级，三大千亿级产业链厚积薄发，正迈向高速高质增长期。发展优势更加凸显。经过多年开放发展，项目建设、产业升级积蓄势能进入显效期。区位优越、交通便捷，劳动力资源丰富、人才济济，科技创新蓬勃起势，营商环境向好成势，高能级开放平台聚能蓄势。

四 对策建议

（一）聚焦扩需求促消费，打造高品质居民生活

切实把促消费和惠民生有机结合，稳住消费重点、培育消费热点、创新消费场景、激发消费活力，不断增强高品质商品和服务供给，更好地满足人民群众消费需求。

1. 最大力度、最广范围，实施消费品以旧换新

持续加力提振消费，扩围实施消费品以旧换新补贴政策，全年更新汽车1.5万辆以上、家电30万台以上，家装厨卫"焕新"和3C电子产品销售额增速不低于30%，拉动消费超50亿元，让政策红利惠及广大消费者。优化补贴审核发放流程，压缩审核周期、加快补贴冲刺进度，力争在20个工作日内完成受理、审核、发放，进一步提升消费者参与换新的便利度、获得感。

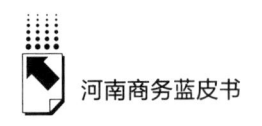

2. 立足民生、贴近生活，全面创新消费场景

围绕便民、惠民创新消费场景，推动街区改造，提振消费。各县区要积极推进步行街、商业综合体等业态升级，充分运用省级财政奖补资金，立足实际提升改造综合特色商业街，将其纳入全市重要项目推进，争取国家专项债资金。力争全年培育高品质"一刻钟便民生活圈"10个以上，举办消费促进月、老字号美食周等促消费活动100场以上，创建河南老字号3个，争创省级品牌消费集聚区2家。

3. 发挥优势、塑造品牌，争创世界美食之都

继续深化"河南豫菜之都"品牌建设，持续培育"一县一特色、一区一名店"待客品牌，开展开封特色餐饮品质提升行动，积极推进"老家河南 豫菜开封"汴地美食系列走进农民日报社、中铁集团等，借助平台适时举办开封名优产品——北京产销对接会，持续提升开封餐饮的影响力、美誉度。高标准推进住宿业提质扩容，加强知名酒店品牌招引，培育中高端酒店品牌，进一步提高中高端酒店比例，有效破解开封住宿业结构不优的难题。

4. 抓实升规纳统、优化流通环境，逐步构建完善现代商贸流通体系

培育壮大市场主体，下发全年升规纳统目标任务，明确2025年各县区重点培育企业清单，引导符合条件企业升规纳统。补齐农村商贸流通短板，以"千集万店"改造提升为抓手，实施农村市场升级工程。健全县乡村三级物流体系，加强杞县、通许县商贸物流体系建设，推进兰考县、示范区2个农产品冷链物流项目建设，支持通许县申报全国县域商业"领跑县"。

（二）聚焦稳外贸扩投资，扩大高水平开放规模

盯牢抓实外贸进出口绝对值进入全省第一方阵这项艰巨任务，推动对外经贸"稳存量、扩增量"。

1. 实施规模以上工业企业外贸"出海"三年行动

经过3年培育，开封力争实现全市规模以上工业企业外贸业务全覆盖。深入开展规模以上工业企业外贸意向调研，组建专项服务团队，持续开展

"县区行"外贸政策巡回宣讲会，重点对外贸政策、出口退税、通关便利化等政策进行解读，同步建立"一企一策"跟踪服务机制。围绕"政策激励、海外参展、信保融资、通关便利"等关键环节，研究制定《开封市促进对外贸易稳定增长若干措施》，强化政策支持体系，构建政策保障机制。做好中联重科、杞县大蒜等出口数据回流服务，稳住外贸基本盘。

2.引导对外经济合作创新发展

以对外经济合作龙头企业为牵引，拓展总包、分包业务，着力引导全市精细化工、空分装备制造等优势领域企业抱团出海，推动对外经济合作创新发展。研判境外贸易投资国别、产业等，依据河南省对外投资"一国一策""分业施策"等相关政策，加强对企业"出海"统筹布局和规范引导，推动装备制造、农业等重点领域企业布局营销网络和海外仓。

3.加力推动跨境电商优势再造

以申建中国（开封）跨境电子商务综合试验区为契机，推介"源头工厂"名录，推广"跨境电商+产业带"模式，支持跨境电商企业"借展出海"，助力汴欧进出口、贝斯科、维悉商贸等全市跨境电商企业在海外合资建设或租用海外仓。

（三）聚焦建平台提能级，筑牢高质量开放根基

坚持改革赋能、创新赋能、开放赋能的原则，推动全市开放平台能级提升，筑牢高质量开放根基。

1.实施自贸试验区提升战略

立足开封片区功能定位，因地制宜做好开放发展大文章，在复制推广自贸经验上多用力、走在前，在差别化改革上多探索、出成果，积极开展首创性、集成性、系统性、链条性改革探索，推进制度创新与产业联动发展。完善文化贸易开放发展平台，建成国际文化艺术品交易中心、国际商品交易展示中心等项目，着力引进保利等国际知名拍卖公司，促进艺术品交易和文化产业国际化发展。以"千帆出海"行动为契机，积极开展"一带一路"中原文化欧洲行活动，进一步深化国际交流与合作。

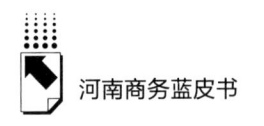

2. 推动综保区建设能级提升

建成汽车零部件出口基地二期等项目，推进仪器仪表、人造金刚石等传统优势产品开拓国际市场。依托综保区积极申建跨境电子商务综合试验区、跨境易货贸易试点，引进培育跨境电商龙头企业，推动优势产业与跨境电商深度融合，持续塑造全市外向型经济新动能新优势。

3. 以创新赋能开发区发展

充分发挥联动创新区优势，持续深化改革，激发创新活力和内生动力，进一步提升招商引资专业化水平，紧紧围绕加快构建现代化产业体系，突出抓好园区招商，全力推动开发区争先进位、提档升级，为深入推进开放兴市暨招商引资战略提供坚实支撑。

（四）聚焦强招商增动能，构建高格局引资体系

强化产业思维、项目意识，突出重点、创新方式、优化环境，以招商新成效推动项目建设提质增效。

1. 主攻链式招商，实施招大引强

以"7+10+N"产业链群和文旅产业链为主攻方向，加强与本地已落户链主企业、龙头企业的回访交流，围绕链主企业上下游搜集项目信息，精准招引一批补链、延链、强链项目，确保年度主导产业链招引项目占比达到80%以上。

2. 加强外资招引，加快提能升级

强化政策牵引，落实《2025年稳外资行动方案》，加快推动服务业开放、先进制造业领域外资项目落地，鼓励外商投资企业境内再投资。深化精准招商，加大对北京、上海、深圳等地跨国公司上门招商力度，沿产业链精准招引，推动外资向高技术、高附加值领域集聚。优化营商环境，建立完善外商投资企业圆桌会议制度，摸清企业真实诉求，切实解决企业急难愁盼。

3. 突出专业招商，凝聚强大合力

准确把握新形势新要求，开展资本招商、基金招商、以商招商、场景招

商，强化"招投联动""投贷联动"，因地制宜探索全市招商引资的新路径、新模式、新手段，加快形成差异化的招商引资吸引力和竞争力。

参考文献

《全国商务工作会议在京召开》，中国政府网，2025年1月12日，https：//www.gov.cn/lianbo/bumen/202501/content_6998057.htm。

《2025年开封市政府工作报告》，开封市人民政府网站，2025年3月25日，https：//www.kaifeng.gov.cn/kfsrmzfwz/szfgz/pc/content/content_19044280277777728512.html。

B.32
2024~2025年洛阳市商务发展回顾与展望

闫利涛　金婷婷[*]

摘　要： 2024年，面对外部压力加大、国内需求不足、新形势新变化增多的复杂严峻形势和超出预期的困难挑战，洛阳市持续激发消费活力，全力服务企业开拓国际市场，创新开展新形势下招商引资，推动商务领域实现质的有效提升和量的合理增长，为经济回升向好做出了积极贡献。2025年，洛阳市将聚焦"大力提振消费、扩大高水平开放、实施精准招商、培育平台楼宇"四项重点工作，抢抓机遇、改革创新、服务企业，推动商务工作高质量发展。

关键词： 扩大消费　对外开放　精准招商　洛阳市

一　2024年洛阳市商务发展情况及特点

（一）货物贸易进出口

2024年，全市货物贸易进出口额为251.7亿元，同比增长4.9%，增速高于全省平均水平3.7个百分点，总量居全省第3位，增速居全省第4位。其中，出口额为201.2亿元，增长3.6%，居全省第3位；进口额为50.5亿元，增长10.1%，居全省第5位。

---

[*] 闫利涛、金婷婷，洛阳市商务局。

（二）实际利用省外境内资金

2024年，全市实际利用省外境内资金1074亿元，同比增长6.3%。

（三）对外经济合作

2024年，全市对外直接投资金额为5.1亿美元，居全省第2位。对外承包工程及劳务合作营业额为4.2亿美元，居全省第4位。

（四）社会消费品零售总额

2024年，全市社会消费品零售总额为2605.4亿元，同比增长6.2%，增速分别高于全国平均水平、全省平均水平2.7个百分点、0.1个百分点。

二 2024年采取的主要措施

（一）加快载体建设，消费市场稳中向新

一是以旧换新政策效应显著。在全省率先启动多领域以旧换新工作，推动汽车换新3.5万辆、家电换新18.3万台、家居换新2.3万台，发放补贴7.46亿元，直接拉动消费超50亿元，限额以上新能源汽车、家电、家居销售额分别增长41.4%、23.3%、11.6%。二是消费载体加快升级。出台《关于加快推进特色商业街区建设运营的意见》，指导西工小街、上海市场等特色商业街区打造沉浸式潮流新地标，全年引进小布自行车、PARTY KING等首店23家。三是消费场景更加多元。抢抓牡丹文化节、暑期等重要消费节点，开展全城联动打折狂欢等促消费活动200余场。培育"洛阳味道""洛阳宿"商贸服务品牌，创新开展"武皇盛宴"等"餐饮+演艺"活动，零售业销售额增长9.2%，餐饮业销售额增长3.9%，住宿业销售额增长3.0%。四是流通体系建设持续加强。争取国家第二批生活必需品流通保供体系建设试点资金3000万元，竣工验收9个生活必需品流通保供项目。全

市累计建成 14 个一刻钟便民生活圈，认定县域商业基本型县 6 个、增强型县 1 个、提升型县 2 个。

（二）强化企业服务，对外经贸稳中向好

一是强化政策宣传。制定《洛阳市对外贸易提质增效三年（2024—2026）攻坚行动方案》，开展政策宣讲 10 余场，惠及企业 1000 余家，申报政策资金 3200 万元。推广"外贸贷"，累计发放外贸贷 1.6 亿元。二是加大主体培育力度。建立重点外贸企业监测和服务制度，组织 300 多家企业参加广交会等国内外重点展会，开展外贸企业大走访活动，推动未开展外贸业务的企业实现零的突破。全市有进出口实绩的企业 1316 家，同比增加 125 家。三是发展跨境电商新业态。组织开展专题峰会、沙龙、培训 30 余场，引导钢制家具、三轮摩托车等生产企业拥抱跨境出海，钢制家具产业成为具有全国影响力的跨境电商产业带，在亚马逊平台前 20 的钢制家具店铺中，洛阳市企业占比为 80%，出口额为 27.4 亿元，同比增长 37.4%。三轮摩托车海外出圈，出口额达 10.4 亿元，同比增长 22.3%。全年完成跨境电商进出口 91.2 亿元，同比增长 13.8%。四是用心服务企业。修订《洛阳市外经贸企业服务手册》，帮助子钰汽车、凌宇朗宸等企业办理汽车临时出口许可，指导禾通汽车、壹益科技等 6 家企业顺利获批二手车出口资质。举办双选会、外贸达人赛等活动，推动 58 家外贸企业和 550 余名大学生实现双向奔赴。帮助洛阳国宏贸易发展集团有限公司开通 VTB 银行账户，打通对俄进出口收付款渠道。五是推动对外经济发展。持续巩固扩大洛钼集团、中信重工等优势企业"走出去"成果，建龙微纳泰国二期项目竣工投产。

（三）创新工作方式，产业招商成效显著

一是工作统筹更加有力。研究出台《招商引资工作导则》《招商引资正负面清单》，引入风口产业项目 148 个，投资总额达 736.7 亿元。二是活动开展更加务实。依托牡丹文化节平台，举办全市住宿业招商专项对接会，推动斯维登民宿集群等17个项目签约。借助世界客属第33届恳亲大会，围绕乙烯产业、低空经济、保税贸易等方面举办经贸活动，推动聂湾飞行小镇等9个项目签约。三是市场化招商更加突出。积极与中国航空工业集团公司洛阳电光设备研究所、宁德时代等链主企业合作，共同推进HUD汽车屏显等一批重点产业链项目。通过广州工业投资控股集团有限公司联合宁德时代等链主企业设立总规模160亿元的CVC基金，洛阳市引入高端胶黏剂材料等19个项目。与中国技术创业协会投融资专业委员会、中南高科等专业招商机构合作，收集国产车规芯片等100余条线索，其中创新型、前沿性项目占比超70%。

（四）稳步扩大制度型开放，平台建设提速增效

一是自贸试验区创新取得新突破。全市形成10项制度创新成果，累计达到231项，"三评一审"专利运营模式入选国家知识产权局优秀案例，银行外汇展业全流程改革入选河南省委改革办红榜案例。洛阳片区进出口额达98亿元，增长93.8%。二是综保区建设成效明显。抢抓出口退税政策调整窗口期，推动3.58万吨铜铝制品提前入区，帮企业争取退税约1亿元。2024年洛阳综保区进出口额为52.5亿元，同比增长86.8%。三是服务外包示范城市加快建设。组织企业参加中国国际服务贸易交易会、中国国际大数据产业博览会等展会，认定2家洛阳市服务外包人才培训机构。2024年服务外包合同执行额完成13.02亿美元，同比增长28%，增速居全省第1位。四是经开区发展势能增强。出台《洛阳经济技术开发区"一区多园"联动发展工作方案》，综合划定"一区多园"矢量图面积437.8平方公里，发展势能进一步增强。

（五）加大平台楼宇引育力度，助力城市经济发展

一是研究更加深入。赴成都、杭州、郑州等地学习先进经验，初步制定楼宇经济发展行动方案、建设导则和分级标准。二是平台经济发展氛围更加浓厚。联合抖音官方、与辉同行、高途佳品等平台和机构，组织开展老家河

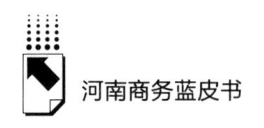

南行、豫酒品牌溯源行等重点直播活动20余场。举办各类会议、培训、座谈、沙龙32场，日辰集团跃居小红书前三服务商，全市网络零售额同比增长9.7%。三是楼宇盘活成效显著。推动成立楼宇经济促进会，借助全市文旅市场火热契机，全年盘活闲置空间31万平方米，1万平方米以上的商务楼宇入驻率提升12.3个百分点。开展酒店定向招商，引进希尔顿、喜来登等20余家中高端酒店项目，酒店业盘活闲置空间25万平方米。

三　2025年商务发展思路

2025年，洛阳市将以习近平新时代中国特色社会主义思想为指导，全面贯彻党的二十大和二十届二中、三中全会精神，认真落实中央、省委、市委经济工作会议精神和全省商务工作会议部署，坚持稳中求进工作总基调，完整准确全面贯彻新发展理念，着眼构建商务发展新格局，紧扣商务经济高质量发展这一中心目标，聚焦"提振消费、开放招商"两大核心工作，用好"抢抓机遇、改革创新、服务企业"三个主要抓手，抓好"大力提振消费、扩大高水平开放、实施精准招商、培育平台楼宇"四项重点工作，高质量完成"十四五"规划目标任务，为实现"十五五"良好开局打牢基础。

（一）以线上线下融合为核心，推动商贸业转型升级

一是激活线上消费，发展平台经济。实施电商赋能发展行动，大力发展直播电商，引导线下零售商店、连锁便利店上线京东到家、美团闪购等平台，推动大张等零售企业数字化转型升级，力争全年网络零售额增长10%。二是加力扩围，推动消费品以旧换新。将3C产品等更多绿色、智能产品纳入政策补贴范围，探索与京东、苏宁易购等线上平台合作，推动活动进农村、进社区，全面释放以旧换新政策效应。三是推动零售业创新提升。开展洛阳小店品牌扶持行动，打造20个网红消费品牌。积极发展首店、首发经济，引进时尚品牌首店、旗舰店等20个以上。推动传统百货商超"一店一

策"改造提升，加快特色商业街区建设，依托一刻钟便民生活圈建设丰富社区商业场景，开展商文旅融合的促消费活动200场以上。积极开展服务消费惠民行动，增强"洛阳味道""洛阳宿"品牌影响力，进一步挖掘服务消费潜力。四是完善现代商贸流通体系。积极申建现代商贸流通体系建设试点城市，用好省级县域商业体系建设资金，高标准推进县域商业体系建设工作。

（二）以新兴市场开拓、外贸新模式培育为主线，推动外经贸扩量转型

一是加大国际新兴市场开拓力度。深度融入共建"一带一路"，重点拓展与东盟、中亚、非洲、拉美等地区合作。推动外贸外经联动开拓市场，依托洛钼集团、一拖集团等龙头企业在新兴市场的投资、贸易基础，引导企业抱团开拓新兴市场。二是培育跨境电商新业态。加大洛阳双彬办公家具有限公司、河南钢美科技有限公司等龙头企业培育力度，鼓励跨境电商企业打造自有品牌，举办跨境电商培训活动20场以上，推动跨境电商产业快速发展。积极运用"跨境电商+产业带+海外仓""工业品+海外独立站"等模式，培育壮大钢制家具、布鞋针织、三轮摩托车等跨境电商产业带。加快跨境电商园区载体建设，构建完善的跨境电商服务体系，力争全年跨境电商进出口额同比增长6%。三是强化市场主体培育。搭建校企对接平台，帮助企业引育外贸人才。积极对接中信保等金融机构，协调解决外贸企业融资难题。借助国家级商会海外资源平台，帮助摩托车、钢制家具等企业开拓市场。组织企业参加国际性展会200场以上，用好国际贸易大数据系统，帮助企业找客户、拓市场；深入开展企业走访活动，力争全年新增有进出口实绩企业100家以上。

（三）以市场化专业化为重点，推动招商引资换道转型

一是加强招商引资研究和统筹。在"5+17"基础上围绕市场化招商方向，研究产业发展新赛道，梳理重点产业链，明确目标企业，绘制招商图谱，谋

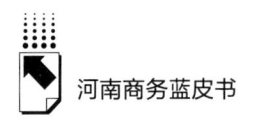

划300个以上项目。二是突出市场化专业招商。深化与中国技术创业协会投融资专业委员会、戴德梁行等专业招商机构合作，以市场化方式获取项目线索。积极打造"政府基金引导+市场化基金+投贷联动"的产业投融资模式，加快招引更多优质产业项目。聚焦宁德时代洛阳基地、洛阳石化百万吨乙烯等重大项目，精准招引延链补链项目，加快推进台玻集团电子级玻纤等22个重点在谈项目落地。三是积极开展招商活动。用好豫商大会、省投洽会、牡丹文化节等重要节会平台，举办跨境撮合对接会、文商旅招商对接会、重点产业对接会等"小而精"专场对接活动，挖掘一批项目线索，推动一批优质项目落地。四是推动多领域招商。依托科技、矿产、文旅、楼宇等资源优势，开展文旅招商、楼宇招商、科技招商、特色农业招商等多领域招商，引进一批优质项目。

（四）以自贸试验区和综合保税区建设为统领，推动开放平台提质转型

一是深入推进自贸试验区提升。深入对接RCEP等国际高标准经贸规则，聚焦智能制造、新材料等优势产业，形成不少于10个制度创新案例。二是市场化运营建设综合保税区。利用市场化手段建设运营、招商引资，培育发展保税制造、保税服务、保税物流、数字贸易等业态。力争全年实现进出口额不少于60亿元，在全国绩效评估中保持B类等次。三是加快建设服务外包示范城市。用好服务贸易创新发展资金，推动863创智广场、洛阳国家大学科技园等服务外包示范园区提质，引导企业加快向"制造+服务""产品+服务"出口转型，力争全年服务外包执行额增长5%以上。四是推动经开区提质升级。积极与联动区构建"优势互补、协同联动"的产业集群发展格局，五是统筹开放平台联动发展。以自贸试验区和综合保税区提级管理为契机，推进全市重大开放平台同谋划、同部署、同发展，联动引育一批支撑力强、带动性足的外向型经济项目。

参考文献

《全国商务工作会议在京召开》，中国政府网，2025年1月12日，https://www.gov.cn/lianbo/bumen/202501/content_6998057.htm。

《2025年洛阳市政府工作报告》，洛阳市人民政府网站，2025年2月18日，https://www.ly.gov.cn/2025/02-18/509998.html。

B.33 2024~2025年平顶山市商务发展回顾与展望

郭昀录[*]

摘　要： 2024年，面对复杂严峻的国内外形势，平顶山市商务局以习近平新时代中国特色社会主义思想为指导，在市委、市政府坚强领导下，扎实开展党纪学习教育，稳步推进制度型开放战略，全力扩内需促消费、抢订单稳外贸、拓内资扩外资，商务高质量发展取得了积极成效，为全市经济持续回升向好做出了积极贡献。

关键词： 扩内需　促消费　稳外贸　拓外资　平顶山市

一　2024年平顶山市商务发展情况及特点

（一）货物贸易进出口

2024年，平顶山市累计完成进出口额43.9亿元。其中，出口额为39.6亿元；进口额为4.3亿元，增长84.1%。全年尼龙制品出口额为16.0亿元，位居全省第一，占全省尼龙制品出口额的80%以上。

（二）实际吸收外资

2024年，全市实际使用外资1465万美元，新设外资企业6家。

---

[*] 郭昀录，平顶山市商务局。

（三）实际到位省外资金

2024年，全市累计实际到位省外资金767亿元，同比增长6%，完成省定年度目标765亿元的100.26%。

（四）社会消费品零售总额

2024年，全市累计实现社会消费品零售总额1248.64亿元，增长5.4%，增幅高于全国平均水平1.9个百分点。

（五）服务贸易进出口

2024年，全市完成服务贸易进出口额4180万美元，同比增长9.8%，服务外包执行额为3980万美元，离岸服务外包执行额为3052万美元。

二 2024年采取的主要措施

（一）招商引资加速提升

2024年，全市上下聚焦中国尼龙城高质量发展、白龟湖科创新城高水平建设，以及七大产业集群和12条先进重点制造业产业链，多措并举，精耕细作，开放招商呈现量质齐升的良好势头。

一是强化统筹谋划。重新组建了招商引资工作专班，建立统筹协调、线索收集、活动组织机制，职责明确、信息共享、运转高效的招商格局初步形成。

二是健全体制机制。完善招商引资"六库一体系"工作体制，形成招商引资"线索收集—筛选研判—考察洽谈—预审签约—帮办落地"闭环管理机制。2024年，全市共收集招商线索708条、谋划储备项目1115个、在谈项目863个、签约项目439个、开工项目271个。

三是坚持精准出击。在组织参加2024全球豫商大会、第十三届中部博览

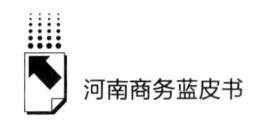

会的基础上，开展了4期"三个一批"集中签约活动，举办了粤港澳大湾区招商引资交流会等。2024年，全市共签约项目439个，投资总额达2168亿元，项目履约率为84.98%、开工率为66.51%、资金到位率为64.92%。

四是强化跟踪服务。持续优化招商引资项目全程代办服务机制，全市共受理并办结各类待办事项1895件，办结率达100%。年产10万台智能电气设备项目、年产1500吨第三代半导体碳化硅粉体生产基地项目、装配式住宅与钢结构制造项目等一批延链补链强链项目相继落地开工。

（二）对外经贸加速转变

2024年，全市上下充分预估外贸形势，提前谋划、积极作为，对外贸易潜力持续释放。

一是政策支持有力有效。严格落实重点外贸企业"服务官"制度，加强与外贸企业的沟通联系，助企纾困解难。联合税务、海关、外汇、银行等部门举办"稳外贸、优服务"政策宣讲会，推动惠企政策直达快享，先后为企业申请中小企业市场开拓资金及出口信用保险补贴资金500多万元。

二是国际市场持续拓展。邀请省级外贸综合服务平台开展"平顶山市企业海外拓展与商务合作对接交流会"，有11家企业初步达成出口意向。同时，积极组织10家企业参加第135届、第136届广交会，现场达成意向成交额2000余万元。

三是平台建设加快推进。持续发挥牵头部门作用，加强对各成员单位的督导协调，保税物流中心（B型）项目和舞钢市保税仓筹建工作稳步推进。

四是服务贸易持续发展。提升服务贸易统计监测能力，持续推动建筑服务、技术服务出口。指导企业开展"豫企出海"工程，其中平高集团与共建"一带一路"国家和地区履行合同102个，执行离岸外包合同总金额达1.9亿元。

五是对外合作成效明显。指导神马实业股份有限公司投资25218万元在泰国建设2万吨/年的尼龙66差异化纤维项目、中国平煤神马集团投资6.5亿元在塔吉克斯坦经营煤矿项目，企业"出海"步伐加快。

（三）商务惠民效果加速显现

2024年，全市上下坚持把恢复和扩大消费放在首位，深入开展消费促进活动，消费市场释放了欣欣向荣的强劲活力，人民群众获得感、幸福感进一步增强。

一是消费活动丰富有效。坚决落实激发消费潜能的重大部署，先后推出"新春消费季"等四大主题活动和"四季有约"等十大领域活动，打造"4+10+12+N"消费促进体系，持续发布消费地图、活动日历、福利指南等"玩转鹰城"系列栏目20期，举办各类促销活动300余场次，带动消费超5亿元。

二是政策驱动精准有力。抢抓省级奖补政策有利时机，市财政投入资金800万元支持各类活动开展。其中，发放汽车消费补贴600万元，带动消费1.24亿元，杠杆率为20.7；发放零售、家电等各类消费券200万元，核销107万元，带动消费806.87万元，杠杆率为7.54；共计惠及群众37023人次。

三是"以旧换新"稳步推进。2024年，省财政共拨付平顶山市消费品以旧换新补贴资金2.78亿元，全市共受理消费者以旧换新补贴申请2.75亿元，已完成补贴兑付2.72亿元，直接带动消费超19亿元，惠及消费者11.5万人次。

四是餐饮消费亮点纷呈。围绕"豫鉴美食、提振豫菜"等主题，通过"活动+消费"的模式，指导餐饮协会、县（市、区）商务部门搭建美食展销平台，带动本地特色餐饮、老字号餐饮等参与促销展览，带动餐饮消费累计2800万元。

（四）商贸流通加速发展

一是商贸主体持续壮大。以"盘活存量、拓宽增量、做大总量、提升质量"为导向，不断壮大限额以上商贸队伍。2024年，全市限额以上批发业、零售业、住宿业和餐饮业单位达2650家，同比增长12.3%。

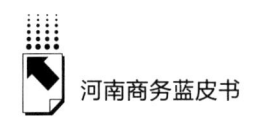

二是电子商务发展迅猛。截至2024年底,全市完成电子商务登记企业2630家,同比增长70.5%。全市现有省级电子商务示范园区2个,省跨境电商人才培育暨企业孵化平台1个,市级电子商务示范园区6个;省级电子商务示范企业7家,市级电子商务示范企业35家;跨境电商备案企业66家。全市网络零售额达82.6亿元,同比增长2.25%,电子商务交易额保持较快增长趋势。

三是消费载体逐步完善。制定《平顶山市全面推进城市一刻钟便民生活圈建设行动实施方案》,按照"补齐基本保障类业态、发展品质提升类业态、创新地方特色类业态"的建设理念,指导各县(市、区)全面启动一刻钟便民生活圈建设。并利用腾讯地图动员社区、商户、居民共同绘制"平顶山市一刻钟便民生活圈地图",实现一键导航帮助居民快速查找一刻钟内的便民服务。2024年,主城区共挂牌社区便民菜店105个,建设农贸市场5个。指导大型商超开展平安商场、绿色商场等品牌创建活动,开展全市第三批老字号认定工作。2024年底,全市拥有省级品牌消费集聚区3家、平安商场2家、绿色商场2家、中华老字号3家、河南省老字号6家、平顶山老字号70家。

三 2025年商务工作思路

以习近平新时代中国特色社会主义思想为指导,全面贯彻落实党的二十大和二十届二中、三中全会精神,认真贯彻党中央和省委、市委决策部署,坚持稳中求进工作总基调,完整、准确、全面贯彻新发展理念,聚焦"商务高质量发展"主线,围绕"更大力度提振消费扩内需、奋力扩大高水平开放"两大重点任务,立足商务工作"三个重要"定位,统筹用好国内国际两个市场两种资源,全面实施制度型开放战略,稳住外贸基本盘、实现外资新突破、多措并举扩消费,积极服务融入新发展格局和全国统一大市场建设,为推进中国式现代化建设鹰城实践提供坚实支撑。

四　对策建议

（一）坚持消费创效，把握发展新机遇

一要培优育强限额以上企业。坚持"盘活存量、拓宽增量、做大总量、提升质量"原则，支持本土有实力的商贸流通企业做大做强；实施商贸服务业企业倍增计划，加强资源整合和优势互补，指导县（市、区）商务部门持续壮大限额以上商贸队伍，推动全市限额以上单位社会消费品零售总额实现稳步增长。

二要加力扩围，促进消费品"以旧换新"。全面推进消费品以旧换新工作，大力争取资金，做好商家征集管理工作，强化政策宣传，严格资金监管，加强组织实施。优化补贴审核发放流程，进一步提升消费者参与换新的便利度、获得感；加强资金统筹使用，科学把控工作节奏；严格规范管理，及时清退违规违法企业，切实让惠企惠民政策直达快享。

三要巩固提升传统消费。紧盯传统节假日等重要节庆时令，坚持政商联手、市县联动，围绕汽车、家电、家居、餐饮、成品油等重点领域，策划开展多层次、多领域、多元化的贯穿全年的促消费活动，提振消费信心，激发消费活力。组织开展2025年度"豫鉴美食"餐饮消费促进活动，依托县域优质餐饮文化资源，培育本地特色小吃品牌。绘制鹰城"美食地图"，持续挖掘"名吃""名菜"，擦亮"鹰城餐饮"金字招牌。

四要培育壮大新型消费。积极适应消费全面升级需要，培育数字化新型消费；鼓励餐饮、住宿等企业积极应用先进信息技术，加快数据赋能，大力发展"网红经济""直播经济"，打造沉浸式线上线下消费体验。积极发展首发经济，吸引区域首店、旗舰店入驻，开展首秀、首演、首映、首展。

五要不断完善现代商贸流通体系。开展县域商业建设行动，培育一批区域性、本地化县域龙头连锁流通企业。配合相关部门完善县乡村三级物流配送体系，加快推进农村电商与寄递物流协同发展，扩大优质商品和服务供

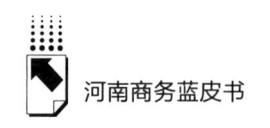

给。坚持"政府引导、市场运作、创新机制、政策支持"原则，推动城市商圈错位发展，努力开展省级示范步行街创建。鼓励支持老字号通过举办展览展示、推介宣传等活动，提升品牌知名度、美誉度，积极推荐市级老字号创建为省级老字号、中华老字号。

六要持续强化商务领域促进管理。不断完善城乡市场监测体系，提高生活必需品、重要生产资料监测分析和预报水平。搞好重要时段市场供应，确保重要生活必需品供求基本平衡。强化商务行政执法，加强商业预付卡备案管理，对预付卡、成品油、拍卖、汽车拆解等流通领域行业持续开展"双随机、一公开"抽查检查，着力规范和维护商务领域市场秩序。

（二）坚持项目为王，推动发展新跨越

一要夯实招商基础。持续完善招商引资动态项目库，规范招商数据统计和工作调度，打造"六库一体系"，形成"线索收集—筛选研判—考察洽谈—预审签约—帮办落地"闭环管理。强化对各县（市、区）工作的统筹指导，坚持每月汇总印发《平顶山市招商引资工作月报》，推动形成市领导亲自指挥、行业部门精准招商、招商小分队尽锐出征的招商格局。

二要积极推进产业链招商。紧紧围绕全市产业链关键环节差异化互补引进项目，不断提升产业链纵向完整度、横向延伸度，全力促进招大引强，推动聚企成"链"、聚"链"成群。2025年，全市力争引进亿元以上引领性、创新性重大项目100个以上，带动相关产业链的发展。

三要办好重点招商活动。组织参加中国国际进口博览会、中国国际投资贸易洽谈会、中国河南国际投资贸易洽谈会等国家级、省级重大经贸活动。紧盯长三角、珠三角、京津冀、闽东南等重点区域，动态开展招商活动。

四要创新招商方式。依托现有骨干企业和产业基础，深入开展以企招商、以商招商、产业园区招商，精准实施常态化驻地招商、小分队招商、亲情招商。积极联系引进专业招商机构，大力实施股权招商、产业基金招商，充分利用互联网手段，开展线上招商，拓展招商渠道。

五要建强招商载体。提升经开区发展效能，大力支持尼龙新材料开发区

和叶县先进制造业开发区围绕尼龙新材料产业和化工及装备制造产业申报省级经济技术开发区。指导省级经济技术开发区围绕主导产业做精、做大、做强，推动全市经济技术开发区建设提档升级。

六要加强项目跟踪服务。建立健全项目跟踪服务机制，对招商项目实行全程跟踪服务，及时解决项目推进过程中遇到的问题和困难，推动签约项目早开工、早投产、早达效，切实提升招商项目履约率、开工率、资金到位率。

（三）坚持开放带动，引领发展新格局

一要全面强化跟踪服务。全面贯彻落实外贸政策措施，积极申报2025年度中小企业市场开拓资金、进口贴息资金、出口信用保险补贴资金等外经贸发展资金，为企业开拓市场提供有力支持。持续发挥外贸企业"服务官"作用，紧密联系重点外贸企业，会同相关部门做好物流、外汇、金融等服务保障工作，帮助企业解决实际问题。

二要培育壮大外贸队伍。实施外贸主体培育行动、服务贸易提质行动，支持各县（市、区）结合产业优势积极引进外向型项目，培育优势产品和品牌，打造餐厨用具、眼镜、石墨制品、农产品等特色出口产业集群；鼓励在平投资企业争取总部订单，不断壮大进出口企业队伍，力争2025年新增有外贸进出口业务的企业10家、服务进出口企业15家。

三要积极推进平台建设。加大市保税物流中心（B型）项目筹建力度，持续发挥牵头部门作用，加强对各成员单位的督导协调，争取在规定的时间内完成各项工作任务。指导各县（市、区）根据特色产业及产品，依托现有特色产业集聚区，开展"规模型、成长型"分类培育，积极申报特色鲜明的外贸转型升级基地。

四要大力开拓国际市场。用好广交会、进博会等重大展会资源，依托RCEP等政策优势，助力企业抓订单、促成交、拓市场，把"间接出口"转化为"直接出口"。梳理在本地生产、在外地开展进出口业务的企业，建立名录库，突出精准跟踪服务，实现外贸业务回归，推动"鹰城货品回鹰城、

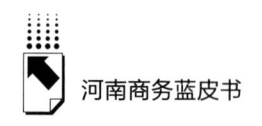

鹰城数据鹰城统",努力提升外贸进出口额。

五要发展新型业态。指导传统外贸企业利用网络平台或自建平台抢抓订单,促进跨境电商、市场采购贸易等新业态新模式发展。持续提升系统集成服务水平和促进供应链金融创新,为更多企业提供货代、物流、通关一体化服务,带动更多企业开展进出口业务。

六要加强对外合作。支持本土企业充分发挥在电力设施建设、资源能源勘探开发和现代装备制造业的优势,引导企业参与共建"一带一路"国家和地区电力设施、能源和装备制造等项目建设;推进与共建国家和地区在煤炭、矿产等传统能源资源勘探开发及新能源和可再生能源的开发合作。继续拓展对外劳务合作渠道,促进对外承包工程投建营一体化,向产业链高端延伸。

参考文献

《全国商务工作会议在京召开》,中国政府网,2025年1月12日,https://www.gov.cn/lianbo/bumen/202501/content_6998057.htm。

《2025年平顶山市政府工作报告》,平顶山市人民政府网站,2025年2月28日,https://www.pds.gov.cn/contents/27287/431816.html。

B.34
2024~2025年安阳市商务发展回顾与展望

赵留平 刘新凯 常剑 王超*

摘　要： 2024年，安阳市商务系统在河南省商务厅指导下，坚持以习近平新时代中国特色社会主义思想为指导，紧密围绕全市打造"一高地一区三中心"、加快构建"十大体系"决策部署，着力提升招商引资质量，加快培育外贸增长新动能，持续促消费扩流通增活力，商务高质量发展迈出坚实步伐，为全市经济持续回升向好做出积极贡献。本报告在分析2025年安阳市商务发展形势的基础上，提出推动招商引资稳存量扩增量、全面促进消费扩内需增活力、促进对外贸易扩规模优结构、加强市场流通促发展优环境等重点任务。

关键词： 商务高质量发展　招商引资　对外贸易　促消费

一　2024年商务发展指标完成情况

（一）招商引资成效显著

全市引进省外资金933.3亿元，总量居全省第4位。新设外资企业32家，实际使用外资3534万美元，总量居全省第4位，完成年度目标的140.6%，目标进度居全省第1位。

---

* 赵留平、刘新凯、常剑、王超，安阳市商务局。

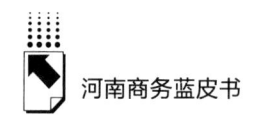

（二）对外贸易跨越发展

全市货物贸易进出口额为79.4亿元，同比增长4.6%，增幅居全省第5位；其中，出口额为59.8亿元，同比增长9.4%，增幅居全省第4位。服务贸易进出口额为11.75亿元，同比增长30.3%。

（三）消费市场稳步发展

全市社会消费品零售总额为1020.6亿元，同比增长6.4%。限额以上社会消费品零售额为210.1亿元，同比增长9.9%。

二 2024年重点工作举措

（一）招商引资呈现新局面

全市商务系统牢固树立"项目为王"理念，坚持"走出去"和"请进来"相结合，着力引进重点项目和战略投资，为全市经济高质量发展积蓄动能。一是全力推动"三个一批"签约项目落地开工。在全省第十一期至第十四期"三个一批"项目建设活动中，全市累计签约项目179个，投资总额达1886.66亿元，4期项目投资总额均居全省前列。二是持续强化产业链招商。先后举办以康复医疗、智能制造、无人机产业链为主题的专项招商大会，以"引育新质生产力 加快推进强市建设"为主题的安阳航空节产业链招商推介会签约项目71个，投资总额达330.85亿元。组团参加全球豫商大会、中国中部投资贸易博览会、跨国公司交流会等重大招商活动，累计签约项目11个，投资总额达145.45亿元。三是着力促进外资稳步发展。发挥4个外资专班作用，紧盯在谈项目。市委书记带队赴香港开展招商推介活动，与华润（集团）有限公司、中国光大水务有限公司、香港河南联谊总会等企业和机构洽谈合作。市长带队赴法国、意大利对接外资企业，促进河南翔宇医疗设备股份有限公司与2家法国企业、1家意大利企业签署战略合作协议。

（二）消费市场迸发新活力

抢抓国家促消费政策机遇，深入开展促消费活动，推动消费市场添动力、增活力。一是开展促消费活动。全市投入资金8306.77万元开展"惠聚古都·喜迎新春"等系列促消费活动，拉动消费13.84亿元。二是推动消费品以旧换新。重点实施"3大工程6项行动"，围绕汽车、家电、家装厨卫、电动自行车等开展以旧换新。2024年，全市消费品以旧换新补贴资金共计5.36亿元。其中，汽车以旧换新25804.5万元、汽车置换5662.5万元、家电以旧换新12851.33万元、家居产品119.04万元、电动自行车77.89万元、整房装修和厨卫改造9085.84万元。三是推进商贸企业升规入上。全市实现批发业、零售业、住宿业和餐饮业企业升规入上349家，完成目标的134.2%。

（三）对外贸易实现新突破

一是深入落实稳外贸政策。为企业申请中小企业国际市场开拓资金、出口信保、保税仓扶持等资金1198万元。持续实施"外贸贷"，累计为全市52家外贸企业发放"外贸贷"225笔，贷款总额达3.17亿元。二是打造外贸服务平台。依托安阳高新区建设安阳市外贸服务"综合体"，打造多个企业外贸"联合体"。三是着力培育外贸新增长点。全市有进出口实绩的企业达到381家，同比净增76家。"新三样"产品出口额为8571万元，同比增长89.5%。四是开展"中国好礼"选送工作。本市4款文创产品成功入选中国贸促会"中国好礼"，安阳市贸促会荣获"优秀组织奖"，擦亮了本市文化出口品牌。

（四）内贸流通取得新成效

一是实施县域商业体系建设行动。汤阴县、滑县2个县成功入选县域商业体系建设全国领跑县，数量居全省前列。争取中央财政支持资金2210万元，支持乡镇商贸中心、物流配送站、农产品上行等示范项目32个。二是推进现代流通体系建设。全市两家品牌家政企业进社区网点达到21个，在全省率先公布4个家政服务业"安阳市地方标准"。认定20家企业20个品牌为第二批

"安阳老字号"。三是开展电商提升行动。开展线上促消费活动，推动安阳名品网上行。加快与京东、拼多多、抖音等平台合作，推广"平台+产业带"模式，丰富安阳电商生态圈。四是推动行业市场专项整治。围绕成品油、报废机动车等重点领域，开展专项市场整治行动，取缔黑加油窝点13个，查扣流动黑加油车19辆，罚没非法油品55.91吨，有力维护了市场秩序稳定。

三 2025年商务发展形势分析

当前，需求收缩、供给冲击、预期转弱三重压力依然较大，全国各地你追我赶，都在抢项目、抢订单、抢资源，存在不进则退、慢进亦退的现实风险。就业增收面临压力，消费者捂紧"钱袋子"，消费预期不稳，信心恢复还需时日。就安阳市而言，招商引资项目带动力、支撑力还不强，外贸依存度还不高，作为消费升级新重点的服务消费优质供给相对不足。

我们既要正视问题，更要坚定信心，善于发现危机中的诸多机遇和有利条件。全国经济基础稳、优势多、韧性强、潜能大，长期向好的支撑条件和基本趋势没有变，加之我们拥有超大规模市场，产业链供应链完整且持续迭代升级，经济高质量发展的动能持续释放，新业态和新模式蓬勃涌现，将塑造商务发展新动能。具体到安阳市，随着融入服务全国统一大市场、加快构建"十大体系"、打造"一高地一区三中心"的深入开展，战略叠加效应加速释放，经贸合作新活力持续显现，商务高质量发展的战略支撑更加有力，为增强外向型经济新动能、打造发展新优势带来新机遇。只要我们坚定信心、团结奋斗，迅速干起来、拼起来、冲起来，就一定能够保持位次、晋位争先，推动安阳市商务高质量发展不断取得新突破。

四 重点任务

（一）坚持项目为王，推动招商引资稳存量扩增量

一是创新招商方式。突出规范招商、务实招商、科学招商、精准招商，

持续招先引优、攀高比强。要加大产业链招商力度，重点招引链主型企业，引进一个、带来一批、集成一群。围绕新业态、新技术、新模式，着力招引"两个500强"、行业龙头和专精特新企业。强化资本招商，将金融资金、政府产业引导基金与产业资本融合，发挥协同优势，运用投行思维招引企业、培育产业。加强与境内外知名商协会和中介机构联系，拓展招商渠道。要利用好贸促会"投资中国"平台，提高吸引外资水平。二是抓好重点招商项目的引进落地工作。围绕加快传统产业改造提升、新兴产业培育壮大、未来产业布局，全年推动100个亿元以上重点招商项目的引进落地，以重大招商项目的落地开工检验招商引资成效。三是组织开展一系列产业链招商活动。围绕低空经济、电子新型显示材料、新能源、生物医药、康复医疗等战略性新兴产业、先进制造业等加大招商力度，紧盯重点区域，实施精准招商。四是推动外资项目加快落地。紧盯内黄县华润新能源、高新区光水水务等重点在建项目，推动在谈外资项目加快落地。推动外资和外贸、外经工作的融合联动，稳步扩大外贸规模。五是营造良好的投资环境。健全招商项目全周期管理服务机制，加大外国人过境免签政策宣传力度，持续深化"放管服效"改革，积极融入全国统一大市场，打造市场化、法治化、国际化一流营商环境。

（二）聚焦提质升级，全面促进消费扩内需增活力

一是加力扩围，促进消费品以旧换新。着力扩大市场消费需求，压缩审核周期，加快兑现进度，进一步提升消费者参与换新的便利度、获得感。加强资金统筹使用，禁止挤占挪用资金，及时清退违规违法企业。完善内贸流通监测体系，形成长效机制。二是全面开展提振消费专项活动。围绕零售、餐饮、住宿、成品油等重点领域开展促消费活动，鼓励加大促消费活动力度，激发全市消费市场活力。三是创新多元消费场景。创新推动场景化改造，充分调动市场主体积极性，开展商旅文体融合、线上线下结合、城乡区域联动的促消费活动。积极推进步行街、商业综合体等业态升级，推动吾悦广场争创省级品牌消费集聚区、国家级绿色商场，推动林州市石板岩苍溪花

街、滑县道口古街、文峰区西大街、殷都区文旅小镇等争创省级示范步行街，推动"洹河夜游"争创夜经济集聚区。积极发展首发经济，吸引区域首店、旗舰店入驻。鼓励百货店和购物中心开展"一店一策"改造，培育"小而美""专而精"特色店铺。四是培育消费热点。加强服务消费品牌打造，推动数字消费水平提升，加大品质电商培育力度，积极发展直播电商、即时零售等新业态。推动老字号"返老还童"，争取培育"河南老字号"品牌3个以上，加快培育"中华老字号"。五是推动商贸企业增量扩容。围绕大型商业综合体、重点商业街区、成品油、住宿餐饮、黄金珠宝等重点领域，坚持引育并举，及时申报入库，做强做优限额以上企业，发展壮大限额以上单位。六是完善社会消费品零售总额提升工作调度机制。巩固完善全市社会消费品零售总额提升专班工作机制，及时分析研判，加强运行调度，精准发力促进社会消费品零售总额提升。

（三）抓好动能培育，促进对外贸易扩规模优结构

一是稳存量，保基本盘。明确责任、建立台账、跟踪服务，确保存量企业进出口额稳定增长。二是拓增量，解难题。严格落实"六抓两加快"工作要求，抓好项目跟踪台账的落实。抓一批大企业大宗进出口专项，挖掘进出口潜力。抓一批优质中小微企业，帮助企业尽快实现业务突破。抓一批有出口潜力的产品，将本辖区内出口潜力产品推向国际市场。抓一批难点堵点，帮助企业解决困难问题。抓一批跨境电商服务平台，培育壮大特色产业带。抓一批异地报关数据回流，促进外贸数据提升。三是建平台，优服务。加快外贸服务综合体建设进度，尽快投入使用。加快企业外贸联合体的建设进度，尽快取得实质性进展。着力构建外贸发展平台，积极申建中国（河南）自由贸易试验区安阳开放联动创新区，尽快成立安阳市跨境电商协会，构建跨境电商服务体系。深入推动贸促工作发展。动员企业参加境内外展览会及考察活动，助力企业稳订单、拓市场。做好涉外法律服务工作，助力企业规避风险、合规经营。加大对进出口型实体企业、外贸综合服务企业、外贸代理公司的招引力度，通过项目引进增强外贸发展动能。

（四）提升工作质效，加强市场流通促发展优环境

一是做好县域商业体系建设工作。全面完成县域商业体系建设分型达标工作，汤阴县、滑县、内黄县要达到提升型，安阳县、林州市要达到增强型，内黄县、林州市要积极创造条件争创全国领跑县。二是抓好流通体系发展促进工作。持续抓好"老字号"挖掘、培育、传承、保护工作，强化拍卖、单用途预付卡、再生资源回收等领域的行业指导，不断完善流通体系。加快推进内外贸一体化，组织企业参加"外贸优品中华行河南站"活动，支持外贸企业开拓内销市场。三是推动电商融合发展。依托高校和培训机构开展电商和电商直播专业技能培训，推进市级电子商务示范单位动态管理工作。积极引进京东零售、拼多多 Temu 跨境电商平台和阿里巴巴 1688 平台，培育一批具有安阳市特色的电商品牌和直播电商基地。四是开展重点行业专项整治。开展报废机动车回收拆解专项治理，清理取缔非法回收拆解报废车点位，实现动态清零。

参考文献

《全国商务工作会议在京召开》，中国政府网，2025年1月12日，https：//www.gov.cn/lianbo/bumen/202501/content_6998057.htm。

《2025年安阳市政府工作报告》，安阳市人民政府网站，2025年2月24日，https：//www.anyang.gov.cn/2025/02-24/2464472.html。

B.35
2024~2025年鹤壁市商务发展回顾与展望

李红生 赵玉磊 李 颖[*]

摘 要： 2024年，鹤壁市商务局认真落实中央、省、市各项决策部署，全面落实市委"十个聚焦"工作要求，聚焦商务工作高质量发展这一主题，紧扣年度目标任务，提升招商引资质效，积极稳外资稳外贸，着力促进和扩大消费，扎实推进内贸流通健康发展，商务运行稳中向好。本报告回顾总结了2024年鹤壁市商务工作情况，对2025年鹤壁市商务发展进行了展望，并提出挖潜力育热点、充分释放消费活力；招龙头补链条，提升招商引资质效；稳存量扩增量，培育外贸发展新动能；争试点创示范，完善商贸流通体系等对策建议。

关键词： 开放招商 促消费 稳外资 稳外贸 鹤壁市

一 2024年鹤壁市商务发展情况及特点

（一）引进省外资金情况

2024年，全市引进省外资金434.1亿元，完成年度目标的100.95%，同比增长3.7%（见图1）。

---

[*] 李红生、赵玉磊、李颖，鹤壁市商务局。

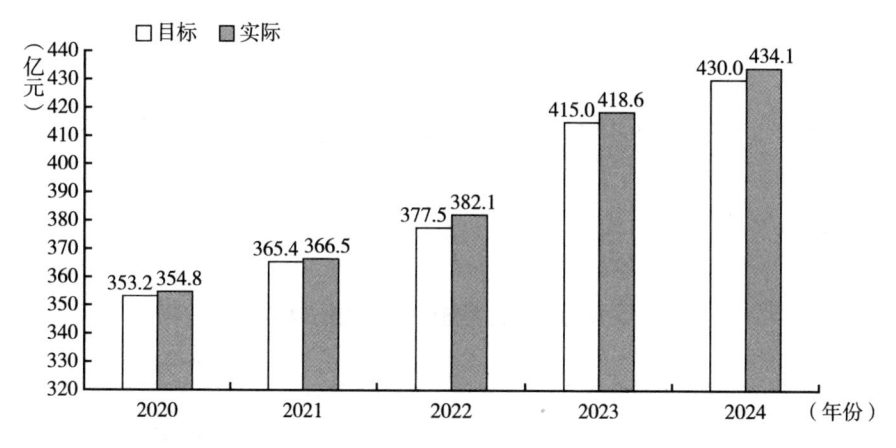

图1 2020~2024年鹤壁市引进省外资金完成情况

资料来源：鹤壁市商务局。

（二）实际使用外资情况

2024年，全市新设外资企业11家，实际使用外资326万美元，主要投资行业集中在电力、热力、燃气及水生产和供应业，租赁和商务服务业等（见表1）。

表1 2024年鹤壁市主要投资行业实际使用外资情况

单位：万美元，%

主要投资行业	实际使用外资	占比
合计	326	100.0
电力、热力、燃气及水生产和供应业	125	38.3
租赁和商务服务业	110	33.7
科学研究和技术服务业	42	12.9
居民服务、修理和其他服务业	34	10.4
交通运输、仓储和邮政业	10	3.1
批发和零售业	5	1.5

资料来源：鹤壁市商务局。

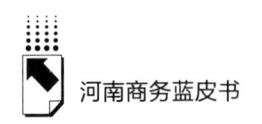

（三）货物贸易进出口情况

2024年，全市货物贸易进出口额为59.7亿元。其中，出口额为55.9亿元，进口额为3.8亿元。主要贸易伙伴为东盟、美国、非洲、欧盟（不含英国）（见表2）。

表2 2024年鹤壁市主要贸易伙伴出口额及占比

单位：亿元，%

主要贸易伙伴	出口额	占比
东盟	14.0	25.0
美国	9.5	17.0
非洲	9.2	16.5
欧盟（不含英国）	8.6	15.4

注：表中数据经四舍五入处理。
资料来源：鹤壁海关。

（四）社会消费品零售总额完成情况

2024年，全市社会消费品零售总额完成426.11亿元，同比增长6.5%，增幅居全省第9位（见图2）。

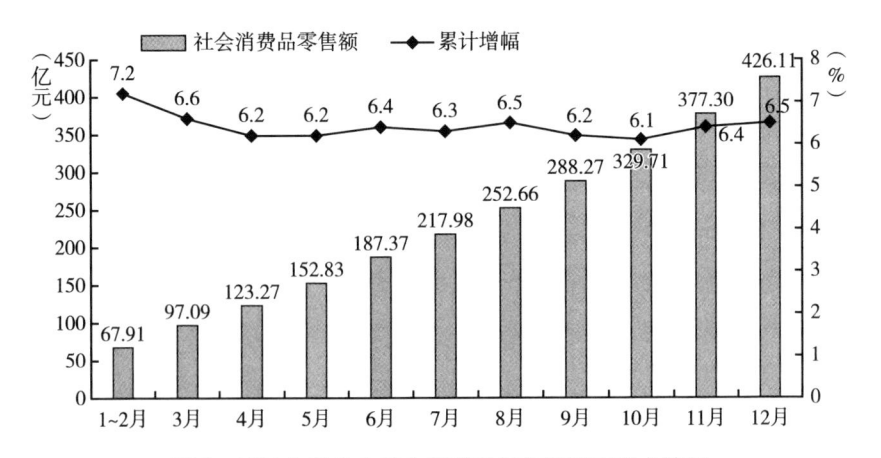

图2 2024年鹤壁市社会消费品零售额月度完成情况

资料来源：鹤壁市统计局。

（五）跨境电商进出口额完成情况

2024年，全市跨境电商进出口额为36.61亿元，完成全年目标的100.53%。

二　2024年采取的主要措施

（一）招商引资向新而行

一是出台新政策。出台强化招商十条政策措施，从产业链精准招商、制造业高质量发展等十个方面予以政策、资金支持。二是聚焦新产业。聚焦商业航天、镁基新材料、半导体和工业软件等重点产业，聚焦卫星及应用、低空经济、生物制造等14个重点未来产业，编制完善重点产业招商图谱。三是完善新机制。强化驻地招商，新选派16名干部充实到招商一线，印发《驻地招商工作日常管理实施细则（试行）》。完善招商项目周例会、月调度、季汇报、季督导考评、驻地招商5项招商工作制度，落实招商引资"四有"制度（外出有报备、返鹤有总结、客商有跟踪、项目有落实）。建立产业集群招商项目等4本重大项目（企业）台账，对70个项目（企业）实行清单化、责任化管理。四是开展新活动。深入开展"四大一促"（大走访、大拜访、大推介、大联谊、促进招商引资"开门红"）、开放招商百日攻坚、知名苏商鹤壁行等活动，积极参加全球豫商大会、中部投资贸易博览会、中国—亚欧博览会、华为全联接大会等活动。各县区、各驻地招商组累计外出拜访企业479批次，接待客商1061批次。五是签约新项目。举办樱花季集中签约仪式、中原文博会项目集中签约、四季度重点项目集中签约等活动，签约天海三期、河南航天枢纽港、天章航宇商业运载火箭、京东（鹤壁）算力中心等一批大项目、好项目。2024年，全市新签约亿元以上项目300个，新落地亿元以上项目225个。举行4期"三个一批"签约活动，签约项目179个，第十一期、第十二期、第十三期"三个一批"综合评价均位居全省第一方阵。

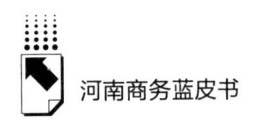

（二）"三外"工作承压运行

一是对外投资实现突破。推动仕佳光子、恒力橡塑在泰国投资建厂。2024年，全市对外直接投资完成640万美元，完成全年目标的128%。二是积极吸引外资。积极参加中国国际投资贸易洽谈会、河南与跨国公司合作交流会、全球智慧城市创新圆桌对话和第44届中东海湾信息技术展等，邀请德国卡尔·杜伊斯堡中心等境外机构和企业莅鹤考察，洽谈投资合作。全年新设立外资企业11家，签约驭星属陈航天科技等外资项目5个，跟踪推进日本高化学株式会社聚乳酸等在谈项目11个。三是培育外贸新动能。与联钢国际&新丝路、全球贸易通等联合孵化外贸企业35家，新培育进出口企业11家，排查意向进出口企业42家。组织参加第135届、第136届广交会，获得订单4亿元；时珍制药、天鹅、米立方等企业产品分别在中国国际服务贸易交易会、中国—东盟博览会展览展示。鹤壁市贸促会成功获得非优惠原产地签发试点资格，为企业争取上级外贸资金958万元。组织参加2024郑州跨境电商大会、中国（厦门）国际跨境电商展览会、豫见好品·产业数字化创新大会等活动，引育跨境电商企业10家。

（三）消费市场稳中向好

一是举办促消费活动。开展新春消费季、新春年货节、夏日促消费、中秋国庆消费季等活动，发放政府消费券约1000万元，直接带动消费9000余万元，指导各县（市、区）申报省级促消费奖补资金532.1万元。二是开展消费品以旧换新工作。围绕汽车、家电等重点领域，开展汽车报废置换更新、家电以旧换新活动。2024年，全市申请各类补贴资金1.28亿元，带动消费6.37亿元。三是大力促进线上消费。组织举办2024年网上年货节活动、第六届双品网购节、618网络促销、"双11"购物节等活动，带动线上线下交易额37.54亿元，网络零售影响指数全省第一。

（四）商业体系提质升级

一是推广一刻钟便民生活圈建设经验。《构建"四全"工作格局　全面推动"一刻钟便民生活圈"提质增效》等典型经验，被商务部在全国推广。二是完善商业体系。全市累计提升改造县级商业中心3个、乡镇商贸中心12个、村级便民商店120余个，全省县域商业体系建设现场会在鹤壁市召开，全市供应链创新与应用示范城市经验做法在全国供应链创新与应用暨农产品供应链工作座谈会上受到高度评价。三是举办2024年全国农产品产销对接助力乡村振兴活动（河南）。22个省份的418家参展商、134家采购商参会，现场参观人数达37万人次，销售额达2900万元，拉动消费1.6亿元，达成意向交易额3.2亿元。四是培育壮大老字号。评选首批鹤壁老字号24家，拍摄《寻访鹤壁老字号》宣传片10余期，成立鹤壁老字号协会，组织老字号企业参加老字号嘉年华、豫鉴美食等活动，推荐河南省淇花食用油有限公司、浚县快庄医院等13家企业申报河南省老字号培育储备名录库。

三 2025年商务发展思路

2025年，鹤壁市将以习近平新时代中国特色社会主义思想为指导，全面贯彻党的二十大和二十届二中、三中全会精神，聚焦"两高四着力"，紧扣市委"十个聚焦"工作部署，积极服务融入新发展格局和全国统一大市场建设，聚焦"商务工作高质量发展主线"，围绕"更大力度提振消费扩内需、奋力扩大高水平开放"两大重点任务，凝心聚力抓招商，加力扩围促消费，三外联动促开放，畅通内贸流通网，在推进中国式现代化建设鹤壁实践中展现商务担当、做出商务贡献。

四 对策建议

（一）挖潜力育热点，充分释放消费活力

一是持续推进消费品以旧换新。紧抓2025年国家推动新一轮消费品以旧换新的有利契机,加快推动以旧换新扩领域、扩品类、扩规模。加强活动参与主体的筛选和监管,引导参与主体出台让利措施,让消费者享受到更大的优惠。二是精心组织开展促消费活动。坚持"季季有主题、月月有活动",全年举办各类促消费活动80场以上。三是积极培育消费热点。借助樱花季、中原文博会、匹克球赛等节会赛事,商文旅体深度融合,扩大消费规模。鼓励实体商业对接抖音、京东等平台,发展电商直播,推广网订店送(取)、即时零售等新零售模式。大力发展夜经济、首店经济,引进知名零售、餐饮品牌,丰富商超、文化、娱乐、购物等业态,推动步行街改造提升,激发品质消费新活力。

(二)招龙头补链条,提升招商引资质效

坚持全市招商"一盘棋",统筹县区、部门、招商组力量,建立全员招商体制,形成"商务部门牵头+相关部门协同+驻地招商组一线对接+县区承接落地"的联动招商模式,突出"四着力四强化",聚焦重点产业招大引强、招新引高,严格落实招商引资"四有"制度,践行招商引资"五步工作法",推动招商引资量质齐升。一是着力招引大项目。聚焦"3+3"主导产业,瞄准龙头企业,洽谈推进一批投资规模大、带动作用强、科技含量高的大项目。二是着力招引新质生产力项目。在商业航天、半导体及工业软件、镁基新材料及低空经济、生命科学等战略性新兴产业和未来产业上持续发力。三是着力招引产业生态项目。实施"1产业、2龙头、3关键"招商策略,紧盯2个龙头目标企业和3个关键环节目标企业,以实现精准招商。四是着力招引外资项目。紧盯共建"一带一路"国家和地区及上海、深圳等外资企业集聚地,加大与跨国公司、重点商协会、在外鹤商的对接力度,借助中国国际投资贸易洽谈会等经贸活动,储备和引进一批优质外资项目。五是强化务实办会。逢会必嵌入招商活动,借助樱花季、中原文博会等活动,组织开展招商推介活动,邀请客商莅鹤考察洽谈项目。六是强化市场意识。坚持"两支持两反对",严把招商项目准入关,算好生态账、税收账、综合账。七是强化方式创新。强化驻地招商、以商招商、亲情招商等传统招

商方式，综合运用基金招商、中试招商、市场化招商、应用场景招商等新方式，打好招商引资"组合拳"。八是强化机制保障。坚持一周一调度、一月一通报、一季一评价，对重点招商项目实行清单化、责任化管理。

（三）稳存量扩增量，培育外贸发展新动能

一是加大政策扶持力度，应对国际市场波动。加大对中小企业开拓国际市场、出口信用保险等政策的宣传力度，扩大外贸企业出口信用保险覆盖面，指导企业应保尽保，规避贸易风险。二是拓展新兴市场，丰富贸易方式。推进"鹤企出海"行动，积极帮助企业开拓中东、中亚等新兴市场。支持仕佳光子、恒力橡塑等企业在海外建厂，带动机械设备、原材料出口。鼓励企业采取境外投资、建设海外仓等方式发展转口贸易。支持米立方、朗萃等内贸企业加强品牌建设，拓展国际市场，推进内外贸一体化。三是优化企业服务，打造良好的营商环境。主动联合海关、税务等部门，建立常态化沟通机制，做好企业与部门之间沟通的桥梁纽带，提升服务企业效能。针对辖区重点进出口企业，加大调研帮扶力度，有针对性地对企业开展服务，助推全市外贸企业更好发展。

（四）争试点创示范，完善商贸流通体系

一是全面加快县域商业体系建设。谋划县域商业体系建设项目，积极争取2025年项目资金。做好全国供应链创新与应用示范城市工作，争创现代商贸流通试点城市。二是全域推进城市一刻钟便民生活圈先行区试点城市建设。将一刻钟便民生活圈与城市更新、现代商贸流通体系试点、消费品以旧换新等相结合，2025年建设改造试点社区126个，覆盖率达80%以上。三是加快电商高质量发展。完善"一月一沙龙""双月一调度"工作机制。夯实特色农产品、绿色食品等供应链基础，深挖轻工业品潜力，持续打造网络爆品，培育一批知名本地电商品牌。

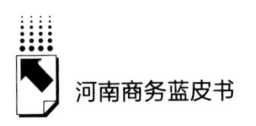

参考文献

《全国商务工作会议在京召开》,中国政府网,2025年1月12日,https://www.gov.cn/lianbo/bumen/202501/content_6998057.htm。

《2025年鹤壁市政府工作报告》,鹤壁市人民政府网站,2025年2月24日,https://www.hebi.gov.cn/zwgk/zfxxgk/fdzdgknr/zfgzbg/art/2025/art_f7b7d278eb764aaa9dffeaa17d28be89.html。

B.36
2024~2025年新乡市商务发展回顾与展望

李 进 王霖霖*

摘 要： 2024年，面对复杂严峻的国内外形势，新乡市商务系统在市委、市政府和河南省商务厅的坚强领导下，抢抓一揽子增量政策机遇，着力扩大内需，激发消费潜力；实施精准招商，扩大投资规模；落实政策稳定外资外贸；提升对外开放水平。

关键词： 促消费 稳外贸 招商引资 对外开放 新乡市

一 2024年新乡市商务发展情况及特点

2024年，新乡市社会消费品零售总额完成1207.1亿元，同比增长6.8%；外贸进出口额完成153.9亿元，同比增长1.0%，实现触底反弹、逆势回升；引进省外资金902.9亿元，同比增长6.4%；引进外资1492万美元，新设外资企业45家；对外承包工程和劳务合作营业额完成5571万美元；对外直接投资完成1100万元；跨境电商进出口额完成77亿元。

二 2024年采取的主要措施

（一）链群招商稳步推进

以实施"招商引资创新突破年"活动为牵引，一是精准开展产业链招

---

* 李进、王霖霖，新乡市商务局。

商。实施产业链群培育攻坚行动，围绕"8+17+N"产业链延链补链强链稳链，深入开展"四个遍访"，拜访企业2239家，签约产业链群项目258个。二是提升招商实效。开展重大活动招商，3个省级以上展会签约重大项目10个，总投资额达41亿元；开展14场签约巡展活动，举办百泉药交会等特色产业经贸交流活动，签约项目110个。开展回归招商，举办老乡联谊会等多种形式的"亲情招商"活动18场，年产2GWh钠离子电池生产线项目等一批新商回归项目签约。开展基金招商，加快推动总规模10亿元的新乡润土专精特新创业投资基金、总规模10亿元的河南绿色发展基金—绿色清洁能源产业子基金、总规模1亿元的硬质合金新材料股权基金设立，打造"以投带引"新模式。三是扎实推进"三个一批"签约活动。全市4期"三个一批"活动质效实现双提升，战略性新兴产业项目占比较上年提升11.3个百分点，数字经济、未来产业项目占比较上年提升11.4个百分点。四是千方百计引进外资。邀请16批次外商来新考察，红旗区热弯玻璃HUD显示生产基地项目等一批外资项目签约落地。五是推进合规透明招商。严格落实招商引资"四不准"要求，牵头清理不合规政策、文件和招商合同，着力营造合规透明的招商环境。

（二）消费潜能快速释放

围绕"消费促进年"，一是扎实开展以旧换新活动。聚焦"换新"，全市汽车、家电等换新约24万台（件），累计争取补贴资金5.9亿元，居全省第4位。做好"收旧"文章，引进红旗区智慧绿色分拣中心项目，上线环康绿岛收旧小程序，引导新飞家电等生产企业建立收旧中心仓，再生资源回收体系不断完善。二是精心组织促消费活动。组织开展全国"游购乡村·欢乐大集"启动仪式、"迎新春消费季"、"第六届双品网购节"等线上线下促消费活动200余场，拉动消费60亿元以上。三是完善消费基础设施。指导3个示范县实施乡镇商贸中心、农贸市场、县级物流配送中心等项目17个，带动投资1.23亿元；新建或改造县、乡、村三级商业网点369个；推进25个生活必需品保供项目实施。四是打造消费新场景新业态。发展首店经济，指导胖东来、宝龙广场等大型商超引进一批以K22、711、鲍师傅、X11潮玩集合店等为代表的流量首店；打造消费载体，平原商场、长垣联华城市广场成功创建第七批河南省品牌消费集聚区，原阳县建成电商直播展示中心。五是消费端带动生产端初见成效。推荐新飞电器列入全省以旧换新企业名单，实现增收8000余万元；协调本市立白公司为胖东来代工热销产品洗衣液，增加产值5000万元。

（三）对外贸易稳步回升

一是强化主体培育。制定年度外贸企业重点培育名录，持续加大培育力度，全年新增外贸企业144家，全市有进出口实绩企业达1029家，同比增长16.3%，数量居全省第4位。全市开展进出口的专精特新企业有38家，数量居全省第2位。二是创新贸易发展模式。支持新科隆电器采取"委托境外加工"和"全球采购"贸易模式，有效规避美国关税壁垒。指导卫华集团通过对外投资方式带动数据回流，实现进出口额2.7亿元，增长97%。引进上海均和集团与新乡市投资集团通过"国资+贸易平台"合作模式成立合资公司，营业收入增加4亿元。三是大力开拓国际市场。2024年，帮助企业申报出口信用保险项目37个，同比增长32.1%；出口信用保险承保企业有469家，同比增长16.7%。申请省级中小外贸企业开拓国际市场项目836个，资金达3881万元，同比分别增长99.5%、58.9%，项目数和资金量均居全省第2位。分行业精准推送《年度国际性展会推荐名录》，指导企业参加境内外国家级国际性展会，帮助15家企业开拓国际市场。

（四）自贸试验区联动创新区建设步入正轨

全省首批启动中国（河南）自贸试验区联动创新区建设，出台建设实施方案，列出任务清单，扎实开展"四个一"基础工作①。一是抓典型案例复制推广。重点围绕提高投资贸易便利化水平、提升科技创新能力、构

---

① 建立一张年度工作清单、开展一次专题培训、组织一次学习考察、开展一次深入调研工作。

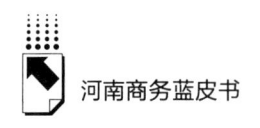

建产业开放合作体系等方面先进经验，复制推广创新成果254项。二是抓制度改革创新。探索实施"研发中心+域外基地"全链条种业创新模式等自主改革创新事项10项，1项创新案例入选2024年全省制度创新成果。三是物流枢纽高效运营。中欧班列（中豫号·新乡）、铁海联运班列等国际班列常态化开行，新开行中欧班列越南线路、俄罗斯线路，全年中欧班列共计开行117列。四是开放合作更加高效。落实河南省实施外国人144小时过境免签政策。帮助企业办理外国人来华邀请函67份，86位外国客商顺利开展外贸业务洽谈。五是贸易便利化水平不断提升。2024年，中原农谷、经开、高新三个片区完成货物进出口额59.78亿元，同比增长19.6%。

（五）物流业转型升级步伐加快

一是注重物流企业培育。建立57家物流企业后备库。全市新增A级物流企业1家、规模以上物流企业8家。二是积极发展第三方物流。指导河南心连心化学工业集团股份有限公司、百威（河南）啤酒有限公司通过第三方智慧物流系统对社会车辆资源进行高效整合；指导新乡新亚纸业集团股份有限公司自建物流供应链公司。三是推进数字货运平台建设。指导市投资集团注册数字化货运平台公司，组建专业化运营团队，做好运营前各项准备工作。四是畅通城乡物流通道。建设、改造8个县级物流配送中心、127个乡镇商贸中心；确定卫辉市、长垣市为开展商贸物流统仓共配试点。全市乡镇、村统仓共配率达30%，行政村快递服务进村覆盖率达100%。五是招引重大物流项目。推动投资15亿元的智慧冷链物流园生产加工仓储基地项目等10个现代物流项目签约落地。

三　2025年商务发展形势分析

2025年是"十四五"规划收官之年、谋划"十五五"发展之年，做好商务工作意义重大。2025年商务发展呈现"三化"趋势，即消费结构升级化、以旧换新活动、新兴消费业态驱动消费增长；外贸多元化，新兴市场与跨境电商占比提升；招商精准化，开展主导产业、重点产业靶向招商。新乡市将坚持以习近平新时代中国特色社会主义思想为指导，全面贯彻落实党的二十大和二十届二中、三中全会精神，认真落实中央、省委经济工作会议部署，聚焦"商务高质量发展"主线，以"打造高质量产业项目集聚地、高品质消费集聚地"为重点，全力实施项目引链招大、消费扩需惠民、外贸增量提质三大攻坚行动，培育发展新动能、激发市场新活力，高质量完成"十四五"规划目标任务，为实现"十五五"良好开局打牢基础。

四　对策建议

（一）重塑变革，强化招商

一是出台招商引资正面清单。聚焦完善招商机制、推行高效招商模式、强化招商支撑保障等方面，大力推进科学、精准、透明、合规招商。二是创新招商引资模式。开展基金招商，整合形成全市"1+N"产业发展基金矩阵，推动更多关键链群项目落地。探索开展场景招商、首发招商、科创招商、飞地招商、中介招商，拓展招商新渠道。三是承接特色产业转移。抢抓东部产业转移机遇，锚定既有产业基础，谋划开展链式招商、集群式招商，加快形成特色产业集群。四是策划招商活动。指导各地围绕主导产业策划展会活动，高标准谋划2025年百泉药交会，推动形成从道地药材种植、生产销售到大健康的全产业链。开展招商巡展活动不少于15场。五是抓好服务业精准招商。聚焦快递物流、大型商业综合体、文旅商融合、平台经济等重点领域开展招商，力争签约服务业项目20个以上。六是加大引进外资力度。大力推进"投资新乡"品牌建设，面向国际资本推介全市重点产业链群，推进跨国股权并购，鼓励上市公司引进境外战略投资者，鼓励外资企业境内利润再投资，以更大力度吸引和利用外资。

（二）加力扩围，促进消费

大力实施提振消费专项行动，一是扩围实施"两新"政策。进一步扩大消费品以旧换新政策覆盖范围，优化补贴审核发放流程，加快补贴兑现进度。二是创新多元消费场景。推动商旅文体健融合发展，提升东方文化步行街、关帝庙、定国湖等特色街区品质，加快建设同盟古镇、奥莱小镇等夜经济集聚区，打造更多好吃、好玩、好看的消费新场景。实施零售业创新提升计划，推动一刻钟便民生活圈建设。三是大力培育消费热点。发展短视频经济，打造短视频制作基地、微短剧"剧集地"。发展首发经济，指导本地企业围绕新产品、新门店、新服务策划首发活动。发展冰雪经济，依托南太行山水景观大力激活冰雪消费。发展数字经济，完善电商促消费长效机制，培育一批电商特色品牌和直播电商基地。发展"老字号"经济，推动老字号"返老还童"，开展争创"老字号"活动。四是多样化开展促消费活动。用活消费政策，举办年货节、老字号嘉年华、豫鉴美食和重点商圈促消费活动，持续激发消费活力。五是进一步完善现代商贸流通体系。积极开展国家商贸流通试点城市争创活动，加力推进县域商业体系建设，不断完善再生资源回收体系，加快推进内外贸一体化。

（三）对外经贸，增量提质

一是应对变局。按照地区、国别举办不少于6期国际经贸环境系列说明会，支持企业用好政策工具，开拓新兴市场，发展中间品贸易，有效提升应对外部风险能力。二是建强平台。积极创建跨境电商综试区，推动打造跨境电商线上综合服务平台和线下综合园区。推动生产企业数字化转型，重点建设起重机、纺织服装、食品制造等跨境电商产业带。力争10家企业进入河南省发布的"源头工厂"名录。三是优化结构。协调国有平台提供供应链金融服务，全面摸排铜材、肉类、木浆等大宗商品消费需求，提升进口占比。开展加工贸易梯度转移项目招引，支持潜在企业开展加工贸易业务，提升加工贸易占比。加快建筑业传统服务贸易发展，积极开展知识密集型服务贸易，推动中医药等特色服务贸易发展等，提升服务贸易占比。四是培育主体。开展"外贸主体提质年"活动，支持企业以外贸为基础拓展对外投资，推动中型企业提质扩量、小微企业抱团出海。五是扩大投资规模。落实省对外投资"一国一策""分业施策"相关政策，支持企业积极承建标志性国际工程、国际项目和"小而美"民生项目，带动机电设备、工程装备等出口，积极推进在东南亚等地建设合作区。

（四）注重创新，扩大开放

一是进一步做强开放平台。高标准建设新乡自贸试验区联动创新区，推动33条高标准制度型开放试点措施落实落地。推动多式联运、智能制造、跨境数据流动等重点领域率先突破，争取制度创新成果纳入全省最佳实践案例。二是提升开放通道建设水平。推动中欧班列拓展向东、向南铁海联运国际通道，加强与沿海省份航运通道合作，建设新乡出海新通道。积极融入全省"数字丝绸之路"建设，培育贸易数字化综合服务提供商，支持企业发展数字产品贸易、数字服务贸易、数字技术贸易和数据贸易。三是不断拓展开放合作空间。积极把握国际经贸合作机遇，重点拓展与东盟、东欧、中东、非洲、拉美等合作，拉紧产业合作纽带，激发经贸合作潜力。更加主动参与促进中部地区崛起、黄河流域生态保护和高质量发展等国家战略，向东融入长三角地区、向北对接京津冀地区、向西联通成渝地区双城经济圈、向南挺进粤港澳大湾区和海南自由贸易港，融入全国统一大市场建设。

参考文献

《全国商务工作会议在京召开》，中国政府网，2025年1月12日，https://www.gov.cn/lianbo/bumen/202501/content_6998057.htm。

《2025年新乡市政府工作报告》，新乡市人民政府网站，2025年2月14日，http://www.xinxiang.gov.cn/sitesources/xxsrmzf/page_pc/zwgk/ghygb/zfgzbg/articledf84e3e392e144769b41529cc03144ae.html。

B.37 2024~2025年焦作市商务发展回顾与展望

任立宏　冯雪蒙*

摘　要： 2024年，焦作市商务系统面对复杂严峻的外部环境和经济社会的新情况、新形势，坚持以习近平新时代中国特色社会主义思想为指导，坚持稳中求进工作总基调，全面贯彻新发展理念，积极主动融入新发展格局，在奋力谱写现代化焦作建设中乘风破浪、勇争前列，商务工作有效助推了全市经济高质量发展。

关键词： 对外贸易　招商引资　消费促进　焦作市

一　2024年焦作市商务发展情况

2024年，在市委、市政府的正确领导下，全市商务系统锚定"一区五城"发展目标，创新思路、敢为善为，商务经济总体呈现稳定向好、稳中有进的发展态势，多项经济指标稳居全省第一方阵，商务工作高质量发展稳步推进。

（一）社会消费品零售总额

全市社会消费品零售总额完成1003.79亿元，增速为7.0%。

---

* 任立宏、冯雪蒙，焦作市商务局。

（二）货物贸易进出口额

货物贸易进出口额完成223.4亿元，同比增长0.9%，其中出口额为183.0亿元。

（三）实际使用外资

实际使用外资完成4127万美元，总量居全省第2位。

（四）实际到位省外资金

实际到位省外资金851.2亿元。累计新引进省外境内项目444个，数量居全省第1位。

（五）对外直接投资

对外直接投资金额为6422万美元，完成省定目标3000万美元的214.1%，同比增长1630%，增速居全省第2位。

二 2024年采取的主要措施

（一）挖掘市场消费潜力

坚持把促消费放在更加突出的位置。一是以旧换新带动有力。认真落实消费品以旧换新政策，建平台、强宣传、快审核、优服务、严监管，惠及更多群众，有效助推消费市场潜力持续释放。汽车报废更新、汽车置换更新、家电、家装厨卫、电动自行车和旧房改造六大板块申报补贴资金达3.57亿元，有效拉动大宗消费达21亿元。二是消费券效果明显。以"消费促进年"为主线，市、县两级财政先后投入590余万元，撬动银联云闪付等活动平台和商家配资900余万元开展"焦惠券"发放活动，综合带动消费3.15亿元。三是消费活动丰富多彩。各县（市、区）紧抓"双节""五一"

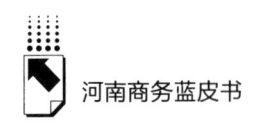

"国庆"等热点时段，举办年货节、美食节、庙会等形式多样的活动，编制消费指南及视频简介，多渠道、多层次宣传，激发消费活力，带动消费提质升级。

（二）推进制度型开放

以制度型开放战略为核心，强化平台建设，有效利用政策机制，实现稳外贸外资。一是自贸试验区联动创新区建设持续推进。以复制推广成功经验促进营商环境进一步优化，高新片区在郑州市德威广场设立全市首家人才"飞地"空间，孟州片区探索形成建设项目规划许可和施工许可"一次申请，双证同发"改革案例，中站片区探索形成工业租赁土地办理工程手续新路径改革案例。二是外贸潜力持续释放。组织70余家企业参加广交会、进博会等100余场专业展会，成功签订1.11亿美元海外订单。联合海关等部门围绕通关便利化、RCEP等政策措施开展多场宣讲，帮助70余家企业申请"中小开"和出口信保资金1740万元，争取省级外贸突出贡献市县奖励资金176万元，针对欧盟对钛白粉企业反倾销调查，积极对接上级部门争取最优关税政策。三是外资规模持续扩大。发布《焦作市外商投资指引》，组织企业参加海交会、投洽会、跨国公司交流会等活动，围绕本地优势产业及龙头企业上下游摸排潜力资源。四是跨境电商持续发展。组织企业参加郑州跨境电商大会、淄博跨境电商服务高质量发展专题培训会、豫见好品·产业数字化创新大会等活动，成功吸引阿里巴巴国际站入驻。举办京东&温县速食调味品产业电商沙龙、淘工厂"云享好货 寻味焦作"电商对接会等10余项推广活动。

（三）提升招商质效

一是大员招商成效显著。市委、市政府主要领导全年外出招商14次，累计考察对接41个项目、调度32个项目，已签约36个项目。各县（市、区）党政主要负责同志外出招商293次，对接项目534个，已签约项目182个，签约率为34.1%，签约总金额达1054.9亿元。二是"签约一批"稳步推进。全年4批"签约一批"共签约项目188个，总投资额达986.1亿元。其中，10亿元以上项目有37个，总投资额达486.21亿元；新材料、绿色食品、高端装备等产业项目占比达60%以上，有力推动重点产业链延链补链强链。三是招商机制运转有力。制定完善全员招商、工作考评、调度通报等机制，召开市级招商引资调度会10次、工作例会15次，解决项目落地等问题40余个。四是新型招商见实见效。开展能源招商、以商招商、科技招商、基金招商、飞地招商、全要素招商。通过新型招商方式签约亿元以上项目377个，占比为51.6%。

三 2025年商务发展形势及工作重点

商务工作联通内外、贯通城乡、融通产销，既是扩大高水平开放的"桥头堡"，又是全国统一大市场的"主力军"。在新一轮科技革命和产业变革驱动下，新业态和新模式蓬勃涌现，将塑造商务发展新动能。焦作市具有区位和资源优势，是豫晋交界地区的区域性中心城市，在融入和服务全国统一大市场建设中大有可为。特色产业体系完备，农业、工业、商业、旅游业基础雄厚，产业转型和升级成效渐显。城乡发展相对均衡，居民人均可支配收入居全省第一方阵，消费潜力稳步提升。

2025年焦作市商务系统将认真落实党中央、国务院，省委、省政府和市委、市政府决策部署，锚定"两高四着力"，以商务高质量发展为主线，围绕"更大力度提振消费扩内需、奋力扩大高水平开放"两大重点任务，统筹用好国内国际两个市场两种资源，更好统筹发展和安全，多措并举稳外贸稳外资，积极融入服务全国统一大市场建设，在奋力谱写中国式现代化河南篇章中做出焦作商务新贡献、展现焦作商务新作为。

（一）聚焦"全国统一大市场"，不断完善商贸流通体系

一是加力扩围以旧换新。落实国家加力扩围实施消费品以旧换新政策，组织推进"焕新购物季"等活动，引导个转企、小升规，做强做优做大市

场主体。组建市级、县乡村、商协会、参与商家四级联动宣传同盟，力争做到政策全覆盖。持续完善全过程监管机制，确保资金安全高效。二是完善商贸流通体系。高标准推进县域商业体系建设，再组织建设一批县乡村三级物流配送、乡镇商贸中心等项目，加大农村地区物流配送、仓储保鲜等设施建设力度。健全生活必需品保供体系，加强生活必需品保供流通建设。完善再生资源回收体系，发展"互联网+回收"等新模式。加快推进内外贸一体化，助力产销对接，支持内外贸企业扩大内销市场。三是提质升级消费场景。支持商业综合体和购物中心探索发展智慧商超、智慧餐厅等新零售业态。培育品牌消费集聚区，完善一刻钟便民生活圈。积极发展首发经济，吸引区域首店、旗舰店入驻。鼓励百货店和购物中心开展"一店一策"改造，培育"小而美""专而精"特色店铺。发挥云台山、太极拳优势，推进文旅商体融合，依托恩州驿、平东里、新安路、桑坡等街区，打造多元化消费场景，发展夜间经济。四是着力培育消费热点。建立政府消费券定期发放机制，在节假日等重点时段，通过市县两级财政资金，引导社会资金参与，放大国家政策效应。实施数字消费提升工程，加大品质电商培育力度，积极发展直播电商、即时零售等新业态，培育一批电商特色品牌和直播电商基地，参与"数商兴农进河南"活动。推动老字号"返老还童"，力争再培育一批河南老字号。

（二）聚焦"高水平开放"，不断推进外向型经济发展

一是"创新+提质"发挥平台优势。开展河南自贸试验区焦作联动创新区提升行动。围绕行政审批、要素保障、企业服务、金融服务以及事前、事中、事后监管5个方面进行探索创新，三个片区分别形成可复制、可推广的经验。引导全市三个片区与河南自贸试验区郑州、洛阳、开封三个片区加强沟通交流和产业协同，在产业、科技、人才等方面联动发展。开展跨境电子商务综合试验区提质行动。以《中国（焦作）跨境电子商务综合试验区实施方案》为依托，加快建设电商园区，加大市场主体培育力度，鼓励外贸企业同阿里巴巴国际站等专业跨境电商平台合作，运用跨境电商方式出海，

共同构建"跨境电商生态圈"。开展外贸转型升级基地增效行动。实施"三外"联动，围绕化工、羊剪绒、纸制品等产业的核心企业，招引下游产业链企业，支持企业开展绿色贸易、数字贸易，推动产业集聚发展，培育竞争新优势。二是"传统+新型"助力外贸发展。持续开展"百企百展""千帆出海"等拓市场行动，聚焦新材料、绿色食品、高端装备及汽车零部件等重点产业，支持企业参加广交会、韩国食品展、美国拉斯维加斯汽配展等100场以上国内外展会。实施外贸主体培育、转型升级、市场开拓三大行动，扩大龙佰集团、风神轮胎、隆丰皮草等龙头企业进出口规模，深挖天基轮胎、汉永农业等企业出口潜力。三是"存量+增量"扩大外资规模。拓宽外资引进渠道，鼓励企业通过境外上市或境外融资吸引外资。确保省级激励政策落实，用好中国国际投资贸易洽谈会等国家级展会平台，以国家、省赴外招商活动为契机，开展与港澳地区企业、商协会、投资机构交流合作。谋划赴北京、上海、粤港澳大湾区等地开展外资招引专项活动，举办精品推介会，积极承接东部沿海地区等外资企业产业转移，吸引更多境外客商来焦参观考察、投资兴业。四是"拓展+合作"助力企业出海。打造全市"三外"一站式服务平台，支持企业加大对外投资力度，完善对外投资风险预警机制，提高对外合作企业应对风险挑战能力。支持引导企业参加中国—亚欧博览会、中国—东盟博览会等涉外合作活动。

（三）聚焦"高质量发展"，不断提升招商引资质效

一是完善招商引资工作机制。建立联动协同产业招商机制。实行"产业主管部门+商务部门+要素保障部门+县（市、区）"联动协同产业招商机制，重点项目实行专班制。建立重点项目综合研判评估机制。不定期对重点项目产业背景、技术可行性、经济效益、社会效益等方面进行研判评估。二是创新招商方式。探索应用场景招商。推动政府、国有企事业单位场景开放，运用"市场+资源+应用场景"模式，谋划招引一批重大场景项目。聚焦重点产业链群培育、美好城市建设、民生事业发展等领域，梳理发布应用场景信息，吸引企业主动参与。推进资本招商。积极对接基金公司，发挥头

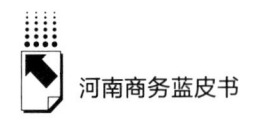

部资本资源优势，用好现有投资基金，探索建立"引进专业团队—国资跟进支持—项目落地成长—国资有序退出—循环支持新项目"运作模式，构建"产业运营+资金运作"格局。强化园区招商。坚持把实体经济作为各类园区发展的生命线，打造形成"产业化+数字化+智能制造"新业态新模式。进一步推进项目、企业、政策、要素向园区集中，为园区升级提供支撑。开展展会招商。重点组织企业参加全球豫商大会、中国中部投资贸易博览会、中国国际进口博览会、中国国际高新技术成果交易会等活动，高质量举办"一赛一节"招商活动，邀请一批重量级客商、签约一批大项目。

参考文献

《全国商务工作会议在京召开》，中国政府网，2025年1月12日，https：//www.gov.cn/lianbo/bumen/202501/content_6998057.htm。

《2025年焦作市政府工作报告》，焦作市人民政府网站，2025年3月3日，http：//www.jiaozuo.gov.cn/sitesources/jiaozuo/page_pc/zwgk/szfxxgk/zfgzbg/article298064cea2a8462d9b740829f3d2675f.html。

B.38 2024~2025年濮阳市商务发展回顾与展望

杨宁 张理廷[*]

摘 要： 2024年，濮阳市坚持以习近平新时代中国特色社会主义思想为指导，全面贯彻党的二十大和二十届二中、三中全会精神，深入落实省委、省政府决策部署，锚定"开放强市、产业兴市、消费活市"战略目标，筑牢安全发展屏障，聚焦招商引资、以旧换新两大引擎，发力对外经贸、商贸流通、电子商务等重点领域，全市商务发展在变革中育新机、开新局。2025年，濮阳市将聚焦"两高四着力"，统筹制度型开放与风险防控体系建设，深入推进招商引资提质、外贸结构优化、消费扩容升级等重点任务，奋力书写中国式现代化濮阳实践的商务篇章。

关键词： 高质量发展 制度型开放 以旧换新 濮阳市

一 2024年濮阳市商务发展指标完成情况及特点

2024年，濮阳市商务工作呈现"稳中提质、结构优化"的特征。各项经济指标稳定增长，市场预期、企业信心稳定提升。

（一）招商引资

全市实际到位省外资金331.7亿元，同比增长6.6%；实际使用外资1477万美元，增长37.1%，增速居全省第二。

---

[*] 杨宁、张理廷，濮阳市商务局。

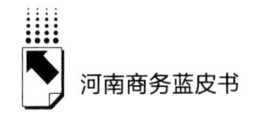

（二）对外贸易

全市货物进出口额为 177.1 亿元，增长 0.6%，总量居全省第八。

（三）对外经济

全市对外承包工程及劳务合作完成营业额 75855 万美元，增长 5.0%，总量居全省第三；外派人员达 11514 人次，增长 81.7%，总量居全省第一；对外直接投资金额达 10069 万美元，增长 337.3%，总量居全省第四。

（四）社会消费

全市社会消费品零售总额为 828.86 亿元，增长 6.5%，增速居全省第九。

二 2024年采取的主要措施及成效

（一）制造业招商引资深入实施

坚持全产业链思维和全周期项目服务，全面落实"制造业招商引资倍增行动"。一是构建精准产业招商体系。围绕"6+20"产业链群，建立"市本级专职队伍+产业招商专班+县（区）基本队伍+驻外办事机构"四级联动机制，完善招商项目库、在谈项目库、产业链企业分布表"两库一表"动态管理系统。同步开展招商引资政策规范工作。2024 年，全市签约招商项目 365 个，其中制造业项目有 303 个，10 亿元以上制造业项目有 38 个，其中 20 亿元以上项目有 4 个、30 亿元以上项目有 8 个、50 亿元以上项目有 4 个。杭州云上氟材料产业园、鲁丽 OSB 可饰结构板材等重大项目落地实施。二是创新专业化招商模式。实施"季度主题+专项攻坚"策略，开展"拼抢开门红""驻地招商潮""项目转化季""集中攻坚战"四项行动，市县领导带队外出招商 178 批次。举办张姓文化节经贸活动等特色活动，全年

"三个一批"签约项目145个。三是强化项目全周期管理。建立项目赋码制度，按占地面积、投资强度实施分类管理，新开工亿元以上制造业项目255个（占比为82.5%），相关经验获省政府督查通报表扬。

（二）对外经贸持续稳定增长

实施四大提升行动，增强外贸竞争力。一是主体培育提质行动。建立重点外贸企业分级服务机制，协调解决丰利石化提前使用20万吨原油配额、君恒生物出口物流通道等难题，新增实绩企业44家，路科威实现二手车出口零的突破。二是市场开拓攻坚行动。组织32家企业参加中非经贸博览会等8场国际展会，中国进出口商品交易会参展规模创历史新高，与共建"一带一路"国家和地区进出口额为139.0亿元，与其他金砖国家进出口额为63.9亿元，农产品实现柬埔寨首发出口。为54家外贸企业申请"中小开""出口信保"资金765.27万元。三是业态创新突破行动。跨境电商企业增至106家，濮耐股份、桐趣木业在7国布局海外仓，恒润石化保税仓获批建设。四是平台优化升级行动。巩固7个省级外贸转型升级基地优势，台前国际陆港等枢纽建设取得新进展。加快推进台前国际陆港、区域石化产品现货交易中心建设。

（三）市场消费不断扩容提质

以消费品以旧换新为契机，全力提振消费市场。一是以旧换新领跑工程。争取省级资金4.05亿元，家居焕新品类扩展至34类，汽车补贴发放周期压缩至7个工作日，拉动消费30.22亿元。二是消费场景拓展工程。举办民俗节、金秋购物节等33场活动，带动消费4.5亿元。为5977位环卫工人发放消费券179.3万元。三是餐饮振兴工程。开展金秋餐饮消费季系列活动，培育夜间经济新场景。四是农村消费升级工程。举办34场产销对接活动，成交额达7.5亿元。五是新型消费培育工程。引进餐饮、便利店等行业首店46家，星巴克、亚朵酒店、7-ELEVEN等知名品牌成功入驻。

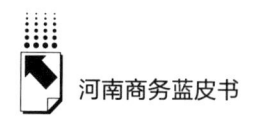

（四）商贸服务业健康发展

将惠民生、活市场、畅流通作为稳增长的重要举措。一是县域商业领跑计划。清丰县获批全国县域商业体系建设"领跑县"，先后争取支持资金2210万元，濮耐股份获评内外贸一体化示范企业。二是电商产业跃升计划。新培育电商企业15家，备案认证电商企业达210家，大地密码"野人日记"电商平台填补自建平台空白。三是老字号振兴计划。新增十字坡酒业、田不二香油、扣碗居等"濮阳老字号"9家，累计培育老字号品牌22家。清丰李记、顿丘酒业2家企业入选省级培育库。

三 2025年商务发展形势分析

2025年作为"十四五"规划收官攻坚与现代化新濮阳建设纵深推进的关键交汇期，商务发展面临机遇与挑战并存的复杂局面，需精准把握"稳"与"进"的辩证关系。

（一）风险挑战研判

全球经贸格局深度重构，西方贸易保护主义叠加逆全球化浪潮，新兴市场同质化竞争加剧，国际贸易需求收缩与全球产业转移降速形成双重压力。世界银行预测2025年全球经济增速将维持在2.7%的低位区间。我国经济转型升级面临"三期叠加"考验，有效需求不足与部分行业产能过剩形成结构性矛盾。河南省传统比较优势弱化趋势明显，人口红利窗口收窄与资源约束趋紧并存，新旧动能转换尚需培育周期。濮阳市产业结构处于"破旧立新"攻坚阶段，先进制造业能级偏低与创新驱动力不足形成关键制约。经济回升基础尚不稳固，微观主体活力待激发，具体表现为居民消费者信心指数低位徘徊、人才净流出率连年增长、财政收支紧平衡状态持续。

（二）发展机遇分析

全球新一轮科技革命引发产业链深度重构，我国完备产业体系与超大规模市场优势持续彰显。河南省"十大战略"纵深推进形成政策红利叠加效应，"空中、陆上、网上、海上"四条丝路立体化开放通道加速贯通。濮阳市产业承接能力显著增强，特色产业集聚区载体功能持续完善，营商环境评价连续3年居全省前列。立体交通网络全面建成，形成"十"字形高铁枢纽（济郑高铁）、"两纵两横"高速路网（阳新高速）、航空物流新节点（安阳红旗渠机场）的多式联运格局。全市新型城镇化率达53.5%，释放消费升级潜力。城乡居民可支配收入年均增长5.7%，夯实消费基础。制造业倍增行动成效显现，2024年，全市战略性新兴产业增加值增长12.7%，高新技术产业增加值增长10.4%，为经济高质量发展注入新动能。

四 对策建议

（一）聚焦制造业倍增，推动招商引资提质增效

一是创新多元招商模式。实施基金招商战略，构建"基金+产业"融合发展格局，通过建立基金招商项目库、组建产业基金、推广"以投带引"模式，推动重大产业项目落地。深化社会资源招商，整合濮阳籍企业家、在外知名人士及中介机构资源，建立返乡创业激励机制和信息线索共享平台。强化科技产业招商，依托龙都石化新材料实验室等创新载体，吸引新产品在全市开展中试孵化和产业化投资。推行政企协同招商，联合产业链重点企业开展上下游配套项目招引，实现"以存量引增量"良性循环。突出比较优势，系统梳理优势产业、大宗产品、科创平台等特色资源，编制产业招商图谱，主动对接沿海产业转移项目。开展政策导向招商，建立分级分类的产业政策清单，精准匹配企业投资需求。二是深化产业链精准招商。围绕新材料、高端装备制造等优势产业链群，建立产业链"客商库"和"项目库"，

重点招引关键节点项目、专精特新项目和重大投资项目。深入研究沿海发达地区产业转移趋势，制定差异化承接策略，完善招商路线图。强化区域产业协同，通过政策联动、要素互通等方式构建产业生态。三是构建优质产业生态。实施要素成本优化工程，通过源网荷储一体化改革降低用电成本，推进蒸汽、氢气等能源价格市场化改革。盘活低效用地，完善新型化工基地公共管廊等基础设施配套。建立全生命周期服务体系，构建从项目对接、签约落地到投产运营的全流程服务链条。四是完善招商推进机制。落实领导干部产业链项目引育责任制，强化市商务局统筹协调职能，构建市县联动、部门协同、驻外机构配合的招商网络。建立重大项目即时调度、赋码管理、台账跟进机制，推动项目加快转化落地。健全招商政策体系，出台招商引资高质量发展实施意见，制定市内异地落户利益共享办法，推动县区间共享招商资源。

（二）注重市场主体培育，增强对外经贸发展动能

一是强化外贸主体支撑。完善重点外贸企业库，对年进出口额5000万元以上企业实施精准服务。支持丰利石化争取原油进口使用额度，协调解决君恒生物、濮耐股份等企业出口物流问题。开展"外贸回归"行动，引导通过第三方代理出口企业开展自营业务。二是拓展国际市场空间。筛选发布国际性展会名录，组织企业参加广交会等境内外重点展会。实施"新兴市场开拓计划"，支持企业深耕共建"一带一路"国家和地区与RCEP国家市场。完善中小企业国际市场开拓资金、出口信保等政策支持体系，促进中小微外贸企业发展。三是优化贸易结构体系。稳步扩大基本有机化学品、成品油等传统优势产品出口规模，培育生物基产品、二手车等新兴业态。推进"跨境电商+产业带"发展，加强海外仓、服务贸易培育。引导外贸企业出口转内销，推动内外贸一体化发展。四是深化对外投资合作。实施"濮企出海"行动，支持耐火材料、石油装备等优势企业通过实物投资、联合投资等方式拓展国际市场。加快台前国际陆港建设，形成与临清国际陆港错位发展格局。争创河南自贸试验区联动创新区，扩大政策辐射范围。

（三）推动消费品以旧换新，持续提振消费市场

一是提高以旧换新政策效能。全面落实国家、省关于消费品以旧换新政策部署，聚焦汽车、家电等大宗商品消费，建立市县政策协同机制，鼓励各县（市、区）出台配套支持措施，形成政策叠加效应。完善线上线下以旧换新服务平台，简化补贴申领流程，提升政策实施便利性，充分释放消费潜力。二是深挖服务消费增长空间。贯彻《国务院关于促进服务消费高质量发展的意见》，通过举办美食节、文化体验等活动，激活餐饮住宿、家政服务等基础性消费。支持永望里申报省级品牌消费集聚区，推动万达广场、水秀街等商业综合体优化业态布局，整合濮阳特色文旅资源，打造"吃住行游购娱"一体化消费场景。培育数字消费、健康消费新热点，发展首店经济、共享经济、银发经济等多元化消费业态，构建多层次消费供给体系。三是构建全周期消费促进机制。坚持"政策引导+活动驱动"双轨并行，围绕春节、"五一"、国庆等时间节点，组织主题促销活动，形成"季季有主题、月月有亮点"的消费热潮。联动行业协会、重点企业开展网上年货节、"双十一"等促销活动，搭建供需对接平台，激发线上线下消费活力。

（四）聚焦县域商业建设，加快商贸流通发展步伐

一是完善县域商业网络体系。巩固县域商业体系建设成果，构建以县城为核心、乡镇为枢纽、村级为节点的三级商贸网络，建设功能完善的乡镇商贸中心，畅通农产品上行和工业品下行双向通道。积极争创现代商贸流通体系省级试点城市，提升城乡商品流通效率。二是提升冷链物流服务能力。推进骨干冷链物流基地建设，实施农产品仓储保鲜冷链设施提升工程，重点补齐农产品流通前端预冷、末端配送短板。引导冷链物流企业加快设施设备更新和技术升级，推动服务标准化、运营集约化发展。三是培育电商发展新动能。深化与重点电商企业合作，围绕产业链图谱招引优质项目。建立"政策宣传+实训孵化+运营指导"全流程培育机制，支持企业及个人开设网店，打造本土电商品牌。加强县域商业体系建设专项资金统筹，推进再生资源回

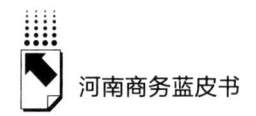

收网络改造升级，引进专业回收企业，实现以旧换新与资源循环利用全链条衔接。四是夯实企业培育基础。按照"摸排、培育、申报、纳统"全流程管理要求，动态更新批零住餐领域准规上企业清单，实施"一对一"精准挖潜，推动企业升规入统。五是推动老字号创新发展。引导老字号企业运用数字化手段创新商业模式，开发特色消费场景。持续开展"濮阳老字号"评选，建立梯度培育机制，积极争创省级、国家级老字号品牌，焕发传统品牌时代活力。

参考文献

《全国商务工作会议在京召开》，中国政府网，2025年1月12日，https://www.gov.cn/lianbo/bumen/202501/content_6998057.htm。

《2025年濮阳市政府工作报告》，濮阳市人民政府网站，2025年2月12日，https://www.puyang.gov.cn/shownews.asp?id=1000010960。

B.39
2024~2025年许昌市商务发展回顾与展望

郑璐 杜向伟[*]

摘　要： 2024年，全市商务系统聚焦高质量发展，坚持干字当头、勇挑大梁，全力打好促消费、稳外贸、扩招商"组合拳"。面对2025年严峻复杂形势和困难挑战，许昌市将持续贯彻落实党的二十大和二十届二中、三中全会精神，大力提振消费、全力稳定外贸、聚力扩大招商，为全市"两融五城四跃升"的高质量发展大局贡献更多商务力量。

关键词： 提振消费　稳定外贸　招商引资　许昌市

一　2024年许昌市商务发展情况及特点

2024年，许昌市商务各项工作总体平稳、稳中提质。

（一）消费提振成效显著

"以旧换新政策+促消费活动"叠加发力，"胖东来龙头+吃住行链条"协同并进，带动全市消费市场持续回温，全市社会消费品零售总额达1485.2亿元，同比增长8.2%，分别高于全国平均增速、全省平均增速4.7个、2.1个百分点，增速居全省第1位。

---

[*] 郑璐、杜向伟，许昌市商务局。

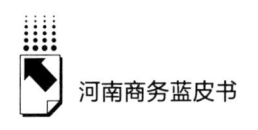

（二）对外贸易大盘稳固

全市进出口额为250.2亿元，居全省第4位。其中，出口额为217.2亿元，居全省第2位。发制品是全市主要出口商品，2024年出口额为164.0亿元，占全市出口额的75.5%，金额居全省第1位；进口额为30.0亿元，占全市进口额的90.9%，金额居全省第1位。全年跨境电商交易额为216.7亿元，同比增长7%。

（三）招商引资扎实推进

全市新设外资企业7家，新签约外资项目4个，总投资额达4.1亿元，实际利用外资393万美元。实际到位省外资金680.1亿元，同比增长6.3%。

（四）对外经济技术合作稳步发展

在美国、印度尼西亚、沙特阿拉伯、中国香港等地新设对外直接投资企业5家，对外直接投资额达841万美元，同比增长27.3%；对外承包工程完成营业额2585万美元。

二 2024年采取的主要措施

（一）创新推进制度型开放

以河南自贸试验区许昌联动创新区建设为依托，持续在全市复制推广贸易投资自由化、"放管服"改革、金融开放创新等最佳实践案例，落地对外承包工程类优质诚信企业跨境人民币结算业务便利化、知识产权纠纷调解优先机制等5个制度创新成果。为3家外贸公司出具跨境电商出口政治风险保单，成为全省第2家开展此项业务的省辖市。牵头实施外国人过境免签政策，制定《许昌市实施过境免签政策工作方案》，融入全省"1+5+N"一揽子政策体系，系统推进国际化营商环境优化提升。围绕发挥市场采购贸易方式试点效能，探索开展"市场采购+中欧班列"业务，在阿里巴巴国际站上线许昌市场采购贸易业务板块，扎实开展试点政策宣讲推介，新增市场主体212家，2024年试点出口12.5亿元。

（二）持续释放消费市场活力

市财政投入100万元，在全省率先开展家电以旧换新活动。承办全国消费品以旧换新行动河南站启动仪式和全国零售业创新提升座谈会，积极争取消费品以旧换新活动补贴资金近4亿元，近20万名消费者和600余家经营主体享受换新政策，带动消费35亿元；聚焦零售、餐饮领域发放3批次消费券，举办车展、发制品春季采购对接会、"美好期许·乐享年味"、汽车文化节等活动100余场。充分激发了消费活力。建立"老字号"培育库，入库企业达30家，新认定市级老字号12家，5家企业通过"河南老字号培育储备名录库"初审，"盛田农业"成功入选中华老字号。深化县域商业体系建设，新建（升级改造）综合商贸中心、物流综合服务站、农贸市场等13个，鄢陵县成功入选全国第二批县域商业"领跑县"典型案例。积极打造一刻钟便民生活圈，"许昌一刻钟"便民生活地图在云闪付上线，新建成5个便民生活圈，居民生活更加便捷高效。围绕接住用好胖东来流量，在商务领域开展服务提升、打造优质消费环境等行动，形成一批典型学习标兵企业，部分商超从提升商品品控、优化商品结构、提高员工待遇等方面进行优化调改，打造了对标胖东来的平民超市，863家餐饮住宿企业签订了诚信经营承诺书，多家宾馆酒店推出免费接站、免费茶水、免费穿汉服特色温情服务，广受消费者好评。大力支持胖东来健康发展，协调解决好节假日拥堵、秩序维护等工作，胖东来成功入选"2024年消费促进年"消费场景创新典型案例，2024年胖东来（许昌）营业额达122.6亿元，同比增长67%，带火了全市消费市场，拉动餐饮业和住宿业实现逆势增长，全市宾馆酒店净增79家。

（三）不断增强外经贸发展动能

持续巩固发制品基础优势，成立发制品产业联盟，组织发制品协会换届,指导印发《行业自律健康发展倡议书》,举办"2024许昌发制品春季采购对接活动",现场成交金额达上亿元。组织450余家企业参加中国进出口商品交易会、中国—东盟博览会、中国发博会等国际性展会10余场,助力企业获取订单超过14亿元。积极挖掘新的增长点,强化行业调研和惠企政策宣讲,助力蜂产品、食用菌、卫浴陶瓷、车辆零部件等出口额稳步增长。其中,蜂产品出口额达2.9亿元,同比增长48.0%;食用菌及其制品出口额达2.4亿元,同比增长7.5%。4次召开稳外贸促发展"5+2+N"联席会议,累计召开20次,解决报关、物流、退税、结汇等方面问题19个,宣讲外贸补贴、海关法规、税收服务、外汇管理等政策3次,受益企业达200余家。探索"贸促会+外综服+出口潜力企业"拓展市场新路径,引导传统企业开拓海外市场,组织业务推介会2场,带领100余家企业参加中国国际供应链促进博览会、中国河南—哈萨克斯坦图尔克斯坦州经贸洽谈会等经贸活动近10场次,大力发展跨境电子商务,培育认定跨境电商示范企业、海外仓、人才培训暨企业孵化平台7家,发制品、蜂产品及蜂机具等跨境电商产业带8个,成立"许昌跨境电商培训学院",邀请亚马逊、速卖通、抖音、快手等知名电商平台来许宣讲培训30次,召开跨境电商宣讲推介会6场,助力跨境电商健康发展。许昌跨境电商综试区2023年首次参加考核即取得第二档的好成绩。

(四)稳步提升招商引资质效

在全市建立"三通报两考评"工作机制,高效发挥4个市政府驻外联络机构、9个县(市、区)、25个市直部门的协同作用,对招商动态和重点项目实施"周跟踪",对县(市、区)招商引资进行"月通报",对市直单位招商引资成效开展"季考评",形成全市招商引资"一盘棋"的工作合力。市县主要领导带队外出招商99批次,动态跟踪洽谈项目469个,促成88个项目签约。围绕十大产业集群和16条重点产业链,以智能电力装备、生物医药、硅碳新材料等为重点,先后赴长三角、京津冀、珠三角等地区开展专题招商,参加全球豫商大会、三国文化旅游周、中国国际中小企业博览会、跨国公司合作交流会等10余场重大招商活动，开展"2024上海对话"、瑞中交流协会莅许考察、中国（河南）—卢森堡经贸文化交流等对接活动，扎实组织"三个一批"签约活动，承办2024年河南省德资企业圆桌会议，多维度促成合作，先后引进禹州市中医药全产业链、襄城县动力电池回收零碳产业园、鄢陵县交通安全设施生产基地、长葛市动物奶粉生产等一批产业项目。加大招商引资要素保障力度，梳理全市可利用工业用地14891亩，可对外出租标准化厂房126栋，建立全市招商引资要素信息库，精准匹配要素保障与项目需求，实现从"项目等土地"到"土地等项目"，有力服务项目落地。2024年，全市重大招商活动签约项目157个，总投资额达583.82亿元，已履约156个，已开工144个，累计到位资金301.1亿元。

三 2024年商务发展形势分析

当前，国内外环境依然复杂，经济发展的不确定性因素持续增多。从消费来看，有效供给不足、就业压力较大、居民收入增长偏慢等问题依然突出，消费者对经济增长的预期偏弱，消费更加审慎。在省级层面，作为消费升级新重点的服务消费优质供给相对不足。2024年全市社会消费品零售总额增速较高，消费基数持续拉高，2025年持续增长压力较大。从外贸来看，俄乌冲突、中东局势等依然扑朔迷离，地缘政治、贸易和技术保护主义不断加剧，美国等一些西方国家将经济问题泛安全化、泛政治化，严重冲击国际自由贸易。随着特朗普重新上台，中美贸易战将成为影响全市对外贸易的最大变量，而全市多级支撑的外贸局面还未形成，抗风险能力有待提高。从招商来看，全球跨国投资增长乏力，国内经济增速放缓，境内外企业对经济未来发展预期不确定性增加，在新投项目、增资扩产等方面更加审慎。随着国家层面规范招商引资政策的出台，各地招商引资需要适应新要求，积极推动招商引资从比拼优惠政策、搞"政策洼地"向比拼营商环境、创"改革高地"转变，在比拼产业生态、营商环境、政务服务等方面做出更大努力。

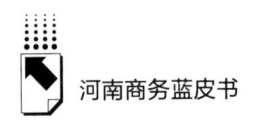

虽然形势很严峻，但也面临良好的发展机遇。总体来看，我国具有的超大规模市场、经济韧性强、潜力大等有利条件没有改变，许昌市的产业链供应链完整且持续迭代升级，在新一轮科技革命和产业变革驱动下，新业态和新模式蓬勃涌现，将塑造商务发展新动能。在政策方面，随着消费品以旧换新政策持续深入实施，促进服务消费高质量发展举措逐步推进，消费增长基础将进一步夯实、潜力空间加快释放。促进外贸稳增长若干政策措施的出台，将有助于许昌市更好地应对国际贸易形势变化，化解和抵御外部冲击带来的影响，服务外贸企业更好地稳订单拓市场。《全国统一大市场建设指引（试行）》《国务院办公厅关于促进政府投资基金高质量发展的指导意见》的相继出台，将推动商品和要素跨区域自由流动，给许昌市招商引资带来更大机遇。具体到全市，胖东来的火爆趋势仍在延续，将进一步带动住宿、餐饮、旅游等消费增长。发制品出口规模再次突破160亿元，支柱性作用依然明显，蜂产品、食用菌及其制品、卫浴陶瓷制品等特色产品出口稳步增长，外贸结构正在逐步优化，跨境电商新业态发展良好，将为稳定外贸注入新的动能。在招商方面，全市产业链招商的基础优势明显，电力装备、新材料、节能环保、发制品等产业集群具有优良的产业生态和丰富的企业资源，许继、平煤、胖东来等龙头企业引领作用显著增强。营商环境持续优化，市场开放度已进入全省前列。招商机制逐步完善，大员招商、全员招商氛围浓厚，为全市项目招引带来较大利好。

四 2025年许昌市商务发展的对策建议

2025年是"十四五"规划收官之年，也是为"十五五"良好开局打牢基础的关键之年，做好全市商务工作意义重大。要以习近平新时代中国特色社会主义思想为指导，持续贯彻落实党的二十大和二十届二中、三中全会精神，认真落实党中央、国务院，省委、省政府和市委、市政府决策部署，围绕服务全市"两融五城四跃升"的高质量发展大局，立足商务工作"三个重要"定位，用好国内国际两个市场两种资源，更好统筹发展和安全，大力提振消费、全力稳定外贸、聚力扩大招商，为服务全市经济社会高质量发展贡献更多商务力量。

（一）持续大力提振消费

以建设品质消费标杆城市为引领，综合施策，推动消费市场稳中向好。一是实施大宗消费提档行动。继续实施汽车、家电、家居、电动自行车等换新政策，新增净水器、洗碗机、电饭煲、微波炉4类家电产品以旧换新，实施手机、平板、智能手表等数码产品购新补贴，在补贴流程、风险防控上再优化，提升消费者参与换新的便利度、获得感。二是实施品质消费提升行动。大力开展打造诚信优质消费环境行动，继续提升商超、住宿、餐饮等行业经营水平，培育更多高品质商品和服务供给的"胖东来式"企业。全面推进县域商业体系和一刻钟便民生活圈建设，再创全国县域商业"领跑县"。三是实施特色消费培育行动。持续培育老字号品牌，组织第三批市级老字号评选，举办非遗老字号嘉年华系列活动。开展"一店一策"改造，培育"小而美""专而精"特色店铺，鼓励消费业态升级。开展美食推荐和餐饮名店、名吃、名师评比活动，弘扬许昌特色美食文化。四是实施新型消费提速行动。升级打造县级电商直播基地，举办专题讲座、技能大赛，增强"直播+电商"市场活力。五是实施消费氛围营造行动。全年搭建"4+N"活动框架，即结合季节特点推出四大季度主题活动，通过商文旅融合、市县联动、政企协同等方式，开展200场以上促消费活动，形成全年消费品牌活动矩阵。

（二）着力完善开放平台功能

学习借鉴其他地区自贸试验区经验做法，大力开展先进改革经验复制推广工作，挖掘、宣传一批全市创新举措和实践案例，加速释放改革红利。实施"跨境电商助力许昌优势产业带出海"行动，"一个产业带一个推进方案"推动传统企业转型升级。支持有条件的县（市、区）建设跨境电商园区，适时申建省级跨境电商示范园区。建好用好跨境电商综试区线上综合服务平台，更好地服务跨境电商企业。拓展保税物流中心业务，在精准服务发制品企业的基础上，引进快递物流等重点企业和渠道商，面向东南亚市场开展大宗贸易业务，探索开展跨境电商"1210""9610"等新业务模式，扩大业务规模。

（三）全力增强外经贸发展动能

一是稳住外贸基本盘。加强对美国加征关税的形势研判，加强对外贸企业指导，最大程度规避贸易风险。精选行业类展会，分类定向做好展会信息发布，以RCEP成员国、共建"一带一路"国家和地区为重点，优选推荐一批重点境外展会，加力开拓中亚、拉美等新兴市场，组织外贸企业参加日本大阪世界博览会、中国—拉美企业家高峰会、中国国际供应链促进博览会、中国进出口商品交易会、中国国际高新技术成果交易会及中国—东盟博览会等国际性展会，扩大贸易伙伴和市场份额。二是挖掘外贸新增长点。认定一批市级外贸综合服务企业，进一步增加外贸综合服务企业数量，提升服务质量，为全市中小企业发展提供更大助力。发挥中国国际贸易促进委员会、外贸综合服务企业作用，采取"贸促会+外贸综合服务企业+出口潜力企业"服务模式，多部门联合开展产业出海促进行动，培育电力装备、建筑机械、小型农业机械、食品农产品等产业新的出口增长点。举办跨境电商对接会、选品会、交流会等，促进跨境电商与制造业、传统外贸融合发展。三是全面做好惠企服务。采取"业务推介会+重点企业走访"的形式，强化产业调研、经贸信息推送、惠企政策宣传，提高企业出口信心和积极性。发挥稳外贸促发展"5+2+N"会商机制作用，及时破解企业市场开拓和经营难题。用足用好外经贸专项资金，加大对企业境外参展、境外专利申请、商标注册、管理体系认证、产品认证等支持力度，提升拓展海外市场能力。四是有序扩大对外投资合作。鼓励电力装备、新型建材、农产品深加工等产业积极融入共建"一带一路"，更高质量参与RCEP国家交流与合作。依法依规开展对外投资备案，提升行政服务质量。指导境外企业合规经营，守住安全风险防范底线。

（四）大力提升招商引资质效

进一步完善招商政策体系，探索建立统筹协调机制，推动形成全市招商引资"一盘棋"的工作合力。突出产业链招商，紧盯电力装备、新能源汽车及零部件、硅碳新材料、循环经济、低空经济、人工智能等重点产业链群，聚焦主要链条、重要节点、关键技术，在现有"四图谱六清单"基础上完善招商图谱，实现按图索骥、精准招商。务实开展招商活动。一方面，用好国家、省级活动平台，积极争取专项活动承办，做好城市和产业宣传推介工作，促进资源对接，寻求项目合作。另一方面，办好许商大会，组织长三角、京津冀、粤港澳大湾区等发达地区招商考察活动，着力推进一批重点项目。优化项目服务体系，完善台账化管理。对"三个一批"、重大招商活动上的签约项目，建立清单台账，进行跟踪推进，通过"周跟踪"通报等方式，加强要素保障和提高问题解决效率，切实推动项目早履约、早开工、早达效。强化全要素保障，继续动态梳理全市闲置土地、可利用或在建标准厂房及水、电、气等信息，建立全市招商引资要素信息库，精准匹配要素保障与项目需求，推动项目快启动、快建设、快投产、快见效。

参考文献

《全国商务工作会议在京召开》，中国政府网，2025年1月12日，https：//www.gov.cn/lianbo/bumen/202501/content_6998057.htm。

《政府工作报告》，许昌市人民政府网站，2025年2月27日，https：//www.xuchang.gov.cn/zt/010051/010051003/20250227/d499b911-5d47-4312-8844-a6bcda055ce7.html。

B.40
2024~2025年漯河市商务发展回顾与展望

刘剑　张天伟[*]

摘　要： 自2024年以来，面对外部压力加大、内部困难增多的严峻形势，漯河市商务系统坚持稳中求进工作总基调，完整准确全面贯彻新发展理念，主动服务和融入新发展格局，坚定不移推进招商引资，稳步扩大制度型开放，推动消费从疫后恢复转向持续扩大，巩固外贸外资基本盘，奋力推动商务工作高质量发展，为推进中国式现代化建设漯河实践做出积极贡献。2025年，漯河市商务系统按照市委、市政府和省商务厅工作要求，精准把握发展形势，坚定信心和决心，久久为功，以更高的标准、更扎实的举措、更坚决的行动，高质量完成"十四五"规划目标任务，为实现"十五五"良好开局打牢基础。

关键词： 招商引资　对外开放　对外贸易　促进消费　漯河市

一　2024年全市商务工作回顾

2024年，全市商务系统按照市委、市政府和省商务厅工作要求，紧紧围绕现代化漯河"三城"建设，站位全市发展大局，按照"单项工作争第一、整体工作创先进"要求，全力以赴拼经济，抓重点、破难点，商务事业发展取得明显成效。

---

[*] 刘剑、张天伟，漯河市商务局。

（一）2024年漯河市商务发展主要指标完成情况

1. 引进资金

2024年，全市实际使用外资3802万美元，居全省第3位。

2. 对外贸易

2024年，全市货物进出口额为63.6亿元，规模居全省第14位，同比下降7.7%，增速居全省第13位。其中，出口额为37.5亿元，规模居全省第17位，同比下降21.5%，增速居全省第15位；进口额为26.1亿元，规模居全省第11位，同比增长23.4%，增速居全省第4位。

3. 社会消费品零售总额

2024年，全市社会消费品零售总额为838.1亿元，增长6.7%，高于全省平均水平0.6个百分点，居全省第6位。

（二）2024年主要工作开展情况

1. 招商引资成效显著，为"奋勇争先"注入了新动力

新签约亿元以上项目208个，总投资额达998亿元，其中超10亿元项目有39个，国内外500强、行业百强、上市公司投资项目有43个。新设外资企业11家，实际使用外资3802万美元，居全省第3位。市委书记、市长等市领导带队赴长三角、珠三角、京津冀、川渝等地区开展"双招双推"活动6场次，与漳州、淮安等"食品名城"深化对接交流，推动合作共赢；赴法国、意大利等国家和地区开展经贸交流，促成与荷兰路易达孚、马来西亚棕榈油等达成合作意向。"六职"招商高效推进，2024年谋划的102个项目全部实现签约，履约98个、开工91个，签约率、履约率、开工率分别达到100%、96%、89%。成立驻京津冀地区、粤港澳大湾区、长三角地区3个市级驻外招商联络中心，40个驻外招商机构拜访商协会及企业近4000家，摸排线索1200余条。成功承办全省第十四期"三个一批"主会场活动，为"三个五百亿"项目提供了强有力的支撑。

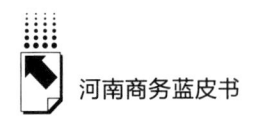

2. 开放水平不断提升，为"奋勇争先"拓宽了新赛道

高水平举办第二十一届中国（漯河）食品博览会，首次设立"主宾国""国家馆"，27个省份、8个国家和地区的1304家企业参展，其中国内外500强、跨国公司、知名品牌企业有166家，现场交易和线上线下意向采购额达489亿元，签约项目67个，总投资额达340.1亿元。组团参加第七届进博会、全球豫商大会、第十三届中部博览会等高层次经贸活动27场次，对接招商线索328条，成功承办2024河南与跨国公司合作交流会食品产业园圆桌对接会。开放通道扩容升级，漯河港货物吞吐量达305万吨，同比增长72.6%，漯河进口肉类指定监管场地通关进口肉96批次，货值达2271万元。漯河经开区首次进入全国40强，临颍经开区、舞阳经开区居全省先进位次。漯河食品国际合作产业园完成产业规划编制，基础设施加快建设。

3. 对外贸易不断发展，为"奋勇争先"增添了新活力

外贸规模持续提升，香肠出口规模全省第一，发制品、罐头、肠衣出口规模全省第二。外贸主体持续壮大，有进出口实绩企业292家，净增39家。外贸结构不断优化，肉类进口额为15.9亿元，同比增长25.7%。"新三样"之一光伏产品首次出口印度尼西亚，新增二手车出口备案企业3家。跨境电商快速发展，企业总数达到102家，交易额达41.05亿元，同比增长7.54%。组织双汇、南街村等79家企业参加广交会、泰国食品展、俄罗斯国际食品展等，达成意向成交金额超10亿元，帮助65家企业申请政策资金620万元，小微企业出口信保投保率为53.5%，居全省第1位。积极发展跨境电商，全市新引导18家传统企业拓展跨境电商业务，总量达到102家。全年跨境电商交易额达41.05亿元，同比增长7.54%。

4. 消费促进扎实推进，为"奋勇争先"激发活力

扎实开展以旧换新活动。积极争取、发放国家和省级消费品以旧换新资金2.05亿元，扎实组织开展以旧换新活动，带动消费13.2亿元。创新消费场景。2024年第一季度市财政投入2000万元，发放零售、汽车、家电以旧换新消费券，直接带动消费2.18亿元。完善县域商业体系。改造舞阳、临颍10个乡镇商贸中心和2个乡镇农贸集市。舞阳县获评全国县域商业"领跑县"，漯河市成为全省第 2 个全国县域商业"领跑县"全覆盖地市。加快发展首店经济、品牌经济，引进星巴克、万达广场等国际国内知名品牌。积极推广电商应用。全市限额以上单位通过公共网络实现的商品零售额同比增长 81%，占全市限额以上单位零售额的比重为 10.5%，拉动全市限额以上单位零售额增长 5.5 个百分点。扎实开展企业入库纳统。2024 年商贸企业入库纳统达到 208 家，促进消费提质增效。持续提升冷链物流影响力。5 家冷链物流企业进入全国冷链物流百强，其中，漯河双汇物流、河南大象物流连续 11 年上榜，冷链物流企业增长至 480 余家。

二 2025年商务工作重点

2025 年，漯河市商务系统认真落实市委、市政府和省商务厅工作要求，坚持稳中求进工作总基调，完整准确全面贯彻新发展理念，服务和融入新发展格局，以更高的标准、更扎实的举措、更坚决的行动，坚持"四个聚焦"，扎实推动全市商务事业高质量发展。

（一）聚焦招大引强，推动招商引资新突破

1. 抓实"双招双推"

积极开展"双招双推"活动，围绕向北对接京津冀、向东融入长三角、向南挺进粤港澳大湾区和海南自由贸易港、向西连通成渝地区双城经济圈，扎实开展进重点地区、重点国家、重点展会、重点商协会、重点企业年会等"五进"活动，精准对接优势产业、招商线索和人才资源，推介漯河城市和名优产品，不断提升漯河的知名度和影响力。围绕发展首店经济、首发经济，招引轻奢、高端品牌项目 20 个以上。

2. 抓实"六职"招商

紧盯 2025 年全市谋划总投资 599 亿元、102 个"六职"项目，压实"六职"干部责任，实行台账式管理、专班化推进，以钉钉子精神抓落地。紧盯 2024 年未履约的 4 个项目、未开工的 11 个项目，推动项目快速落地建

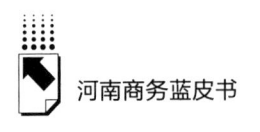

设。强化过程管理，每月开展"四查四看"行动，做好项目落地跟随服务、跟进解难、跟踪问效。

3. 抓实市场化招商

积极组建招商项目前期研判团队、产业专家咨询团队、重大项目谈判团队。加快组建3家市级招商公司和县区专业招商公司，引导招商公司规范化、专业化运营。深化委托招商，新签约2~3家具有良好信誉、较强招商组织能力的第三方招商公司，综合运用"基金+股权"、流量思维、代加工等招商模式，加大市场化招商力度。

4. 抓实供应链招商

围绕双汇、正大、卫龙、颐海国际等23家产业链"链主"企业的供应链，开展穿透式分析，梳理年采购额超5000万元的外地供应商名录，突出关键原材料、核心零部件、设备服务等环节，按"技术匹配度—成本竞争力—落地可行性"三个维度筛选目标企业，市县联动、"一企一专班"对接，全年力争推动20家供应链企业本地化布局。紧盯梳理出的双汇集团36家、加多宝集团16家供应商，"按图索骥"精准对接，对已有投资意向的供应链企业——广西神冠胶原生物集团有限公司加大对接力度，争取项目早日落地。

5. 抓实科技招商

认真落实"把河南食品科创园打造成全国食品创新高地、发展实验室经济"的要求，以科学家资源为纽带，推动"智力链—创新链—产业链"深度融合。积极构建科学家资源"全景图谱"，建立"院士—长江学者—国家杰青—青年科学家"四级资源库。创新"科学家+"招商模式，实施科学家领衔招商计划，通过"科学家IP+龙头企业+链式招商"模式，吸引上下游配套企业落地。加快食品科创园建设，推动路易达孚、抱朴生物、大树食品等企业尽快入驻孵化中心。建立"5+N"创新平台和漯河籍在外科学家名录，深耕科学家资源，推动科技成果从实验室走进生产线，实现"漯河制造"向"漯河创造"的蝶变。

6. 抓实园区招商

按照"把食品国际合作园区打造成国际食品名牌名企汇集区、发展品牌经济"要求，锁定全球食品100强、国内食品100强和细分领域隐形冠军企业，建立知名食品企业全景图，加大知名品牌企业招引力度。加强与中国食品工业协会、中国商业联合会、中国包装联合会、荷兰食品谷等机构对接，聘请跨国食品企业高管、国际咨询机构专家担任"招商顾问"，拓展招商渠道。

（二）聚焦更高水平开放，打造经济发展新增长极

1. 打造高水平开放平台

高水平办好第二十二届中国（漯河）食品博览会，加强食品展览、美食体验双线联动，布展国家馆10个以上，参展外资企业不低于50家。拓展肉类口岸、双汇冷链保税仓等开放平台功能，扩大西班牙、南美肉类进口规模。加快临颍县辣椒公共型保税仓申建，引导辣椒加工企业开展保税物流、加工贸易等进出口业务。发挥漯河食品国际合作产业园高水平开放平台作用，实施食品跨国公司招引计划，招引一批知名食品外资企业，打造更高层次外资集聚地。

2. 深化与"一带一路"和RCEP国家经贸交流与合作

持续巩固全市赴欧洲、中亚及新疆等地合作交流成果，推动重点任务逐一落地，打通出口中亚、东盟和欧洲贸易市场通道。加强与霍尔果斯口岸、阿拉山口口岸、钦州港和乌鲁木齐市的战略合作，引导企业组团到共建"一带一路"国家和地区与RCEP国家开展经贸对接，加强与东南亚、中亚、欧洲等地区经贸合作。深化与马来西亚豫商联合会、白俄罗斯河南商会等共建"一带一路"和RCEP国家商协会合作，积极开展境外招商推介活动，推动更多共建国家企业来漯投资。

3. 推动开发区提档升级

推动经开区开展对外交流合作，加大招商引资力度，积极承接产业转移，培育优势产业集群。推动漯河经开区在国家级开发区考评中位次稳步提升，冲刺三十强，支持临颍、舞阳经开区争先进位。支持河南（漯河）食品国际合作产业园发展飞地经济，扩大食品产业规模。

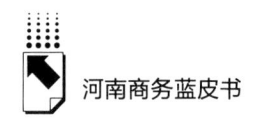

（三）聚焦外贸提质增效，加快提升贸易综合水平

1. 扩大外贸主体规模

动态调整进出口额在 1000 万元以上重点企业清单，新增进出口实绩企业 20 家以上，培育进出口额在 5000 万元以上重点企业超 15 家，全市新招引进出口头部企业、平台企业 10 家以上。

2. 加快贸易回流

摸清企业异地出口底数，逐一对接河南金大地化工有限责任公司、漯河市新旺化工有限公司等企业，"一企一策"拿出方案，推动漯河籍企业家创办的外贸企业、货物、数据"三回流"，力争全年贸易回流突破 3 亿元。

3. 拓宽贸易渠道

做好外贸企业组织、货源组织，开行中欧班列 1~2 列，畅通豫桂东盟国际物流通道。深化与马来西亚豫商联合会、白俄罗斯河南商会等境外商协会合作，用好中国食品工业协会、中国商业联合会、中国食品土畜进出口商会资源，拓展出口通道。

4. 加快食品企业出海

组建食品出口工作专班，开展食品进出口专题培训，攻克食品出口认证、标准、报关等难题，帮助企业做好外贸第一单，实现进出口零的突破。组织企业参加国外展会，指导中大恒源、优润食品、开小差等企业开展境外商标注册、产品认证，卫龙等重点企业开展海关 AEO 高级认证，加快食品出海步伐。引导有实力的企业设立 1~2 个跨境电商海外仓，推动 20 家以上传统企业拓展跨境电商业务，全市跨境电商交易额突破 36 亿元。

5. 开拓国际市场

建立境内外重点展会清单，组织企业参加广交会、进博会、日本东京健康食品配料展览会、法国巴黎食品饮料展等展会，做好赴日韩、东南亚、欧洲等参展筹备工作，借助省商务厅开展的"千企百展"拓市场行动，推动更多漯河产品"走出去"，全年组织 100 家企业参加境内外展会 20 场以上。

（四）聚焦提振消费，多点发力焕发消费新活力

1. 培育消费新场景

万达广场与市民之家、城市展览馆、博物馆、奥特莱斯联动，将其打造为高品质城市新商圈。出台餐饮业高质量发展支持政策，编制美食企业图谱，开展"美食主播来漯寻味探店""吃播漯河"等活动，引进绿茶餐厅等知名餐饮企业。推动漯湾古镇、河上街积极争创省级步行街，持续推进"十品百店"建设，打造小而美、专而精的特色店铺，培育老字号企业20家以上。大力发展品牌首店经济，通过在漯首发新品、举办展会、企业年会、新闻发布会等活动，加快各类品牌首店在漯集聚。

2. 打造"食全食美 漯在其中"区域公共品牌

坚持线上线下一体发展，整合优质食品资源，构建高标准选品体系，探索在郑州、北京、上海、广州、深圳等地开设品牌店，组织参加展会6次以上，推动豫中南数字产融平台高效运营，实现营业收入3亿元以上。推动漯河名优产品进入正大优鲜、卜蜂莲花、双汇连锁店、中石化易捷等销售网络。

3. 办好促消费活动

用足用好国家加力扩围实施消费品以旧换新政策，争取补贴4亿元以上，带动消费26亿元以上。研究出台《漯河市关于促进餐饮业高质量发展的实施方案》。在零售、餐饮领域发放政府消费券，以真金白银"点燃"消费市场。利用"五一""十一"等节假日，提前筹划各类促消费活动，全年开展活动50场以上，营造节日"烟火气""热闹劲"，以商圈"火"带动消费"热"。全力以赴抓好商贸消费。利用春节、元宵等，拟组织开展年货大集、汽车下乡等促消费活动20余场；组织25家电商企业参与"2025全国网上年货节"活动，在豫中南产融平台"漯在其中"小程序上开设年货专区，加大电商促消费力度。

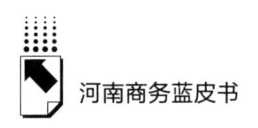

参考文献

《全国商务工作会议在京召开》，中国政府网，2025年1月12日，https://www.gov.cn/lianbo/bumen/202501/content_6998057.htm。

《2025年漯河市政府工作报告》，漯河市人民政府网站，2025年3月3日，https://www.luohe.gov.cn/zfxxgkpt/fdzdgknr1/zfgz/zfgzbg1/content_1004127。

B.41
2024~2025年三门峡市商务发展回顾与展望

段甲历 詹艺*

摘 要： 2024年，面对复杂严峻的发展环境，三门峡市商务局在市委、市政府的坚强领导和省商务厅的精心指导下，坚持稳中求进工作总基调，聚焦高质量发展首要任务，突出抓好扩开放、引项目、稳外贸、促消费等工作，商务运行总体向好。本报告在分析2025年严峻复杂形势的基础上，提出2025年三门峡市商务工作将持续贯彻落实党的二十大和二十届二中、三中全会精神，大力提振消费、全力稳定外贸、聚力扩大招商，为全市"两融五城四跃升"的高质量发展大局贡献更多商务力量。

关键词： 高质量发展 提振消费 稳定外贸 扩大招商

一 2024年三门峡市商务发展情况及特点

2024年，全市商务消费市场态势良好，社会消费品零售总额同比增长6.2%，增速居全省第12位，其中限额以上企业零售额居全省第8位。开放环境优化提升，入选省委改革办红榜案例1项；对外承包工程完成营业额13.88亿美元，规模居全省第2位；外派劳务625人次，规模居全省第5位。招商引资扩量提质，实际到位省外资金521.6亿元，同比增长3.1%。对外贸易承压趋稳，进出口总额为233.3亿元，同比增长1.0%，规模居全省第

---

* 段甲历、詹艺，三门峡市商务局。

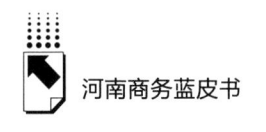

5位，增速居全省第6位；服务贸易总额为9402万美元，规模居全省第4位；跨境电商交易额为76.2亿元，同比增长8.7%。

二 2024年采取的主要措施

（一）全力促进消费提升

一是以旧换新成效显著。推进"政府搭台+企业让利+银行低息+保险折扣"模式，推动银行、保险公司等金融机构，降低汽车销售贷款利率、首付比例及保险费用。比亚迪等企业举办了汽车试乘试驾活动100余场。市、县两级广泛开展促消费政策进社区、进乡镇、进集会宣传活动，做到了家喻户晓。2024年，全市消费品以旧换新共受理申请8.15万笔，发放补贴1.75亿元，带动消费超10亿元。同时，出台本市再生资源回收行业五年发展规划及规范再生资源回收企业网点经营行为实施意见，推进再生资源体系建设，全市建成区回收网点覆盖率达100%。二是丰富促销活动形式。2月开展汽车促销活动，补贴车辆700余辆，拉动消费1.1亿元。举办第二届电商直播大赛和双十二电商节，达成交易额1.2亿元。引进星巴克、鲍师傅等品牌首店。三是加快培育新型消费。推动成立电商工会、妇联以及家政妇联，促进电商经济、家政经济发展。组织企业参加"网上年货节""双品网购节""数商兴农庆丰收"等电商促消费活动，带动消费5.6亿元。举办豫晋陕黄河金三角地区放心食材调味品推介会，评选十大名宴、十大地方特色宴席。

（二）着力推进开放建设

一是开放平台提质发展。制定自贸试验区联动创新区年度实施方案，组织召开自贸试验区联动创新区、省级外贸转型升级基地专题推进会。优选13个先进典型案例在全市复制推广。创新的税费业务异地跨区域办理事项入选省委改革办红榜案例，被省委刊物《工作交流》196期刊发。推动三门峡市至青岛市乡村振兴"五定"班列常态化运行。二是持续扩大对外贸易规模。组织全省 RCEP 政策解读暨商事认证业务（三门峡）培训会，召开中亚中东市场业务交流会，参加进博会、广交会等。出具原产地证书 645 份，同比增长 60%。推动中原黄金冶炼厂实现进出口额约 150 亿元（其中加工贸易额为 10 亿元），占全市进出口总额的 64.3%，起到"压舱石"的作用。引进爱为群进出口贸易公司。指导兴隆混凝土有限公司与乌兹别克斯坦等签订 1.87 亿元的成套工业化房屋建造平台出口合同。促进外贸外经协同发展，水电十一局等企业出口设备超 10 亿元。三是持续推进外经发展。完善风险评估机制、项目审查机制等，指导水电十一局、灵宝黄金等企业以共建"一带一路"国家和地区为重点，精准"走出去"，本市外经项目累计超 100 个，分布在 40 多个国家和地区。

（三）奋力推动招商提质

一是加强项目发布。围绕三门峡市"8+6"产业集群和 12 条重点产业链开展招商项目谋划，优选 189 个在商务部网站、中国贸促会网站等集中发布。二是搭建招商平台。在香港、澳门、郑州、上海、深圳、乌鲁木齐等地举办推介会。组织举办外企服务日暨外商投资政策宣讲会，坚定企业投资信心。三是狠抓项目落地。建立招商动态周通报机制，持续推进邀商考察、项目签约等。2024 年，各县（市、区）累计对接 677 次，其中"走出去"76 次。举办 5 期"三个一批"活动，签约项目 98 个，总投资额达 542 亿元，注册外资企业 2 家。

三 2025年商务发展形势分析

2024 年，商务工作形势依然复杂严峻。从外部来看，各地拼经济你追我赶，都在抢赛道、抢项目，居民就业增收面临压力，捂紧"钱袋子"。从内部来看，三门峡市知名品牌少、知名度不高，融入全国统一大市场的着力点不足。招商项目少、规模小，外贸结构还需优化。但是，我国经济基础稳、优势多、韧性强、潜能大，长期向好的支撑条件和基本趋

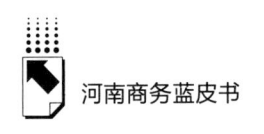

势没有变。三门峡市高水平对外开放格局逐步形成。新材料产业推进会等招商品牌愈加响亮。政府搭台、企业唱戏的促消费模式更加成熟。整体上，商务发展面临不少挑战，但也有诸多机遇和有利条件，持续发展后劲充足。

四 重点任务

（一）大力提振消费，推动创造高品质生活

一是抓实以旧换新。落实落细中央、省级消费促进政策，优化补贴审核发放流程，释放内需潜力。组织开展银企对接活动，推动金融机构为参与活动企业提前授信、保持低息。同时，完善市县乡村四级回收体系，确保建成村有回收点、乡（街道）有中转点、县有分拣中心、市有精深加工企业。二是提升消费载体能级。市、县两级全年活动累计不低于150场。重点围绕本地产品开展促消费活动。申建省级商贸流通试点城市、汽车流通消费改革试点城市。推进县域商业体系示范县及一刻钟便民生活圈建设。支持每个县（市、区）至少打造1个特色商业街区。支持黄北六街坊特色商业街区项目、黄河金三角食品加工及仓储物流配送中心项目落地。组织渑池神宝床垫等申请河南老字号。在全市举办全省"豫鉴美食"启动仪式。推进湖滨区建成省际区域消费中心。支持湖滨区创建省际区域消费中心城市。三是促进电商消费。举办第三届电商直播大赛以及电商节活动，打造三门峡电商直播品牌。发展壮大市、县两级电商产业园。指导三门峡电商直播基地、天鹅甄选等申请省级直播电商基地。支持金渠文创、寺河山苹果等电商品牌扩大经营范围，申请5个省级"小而美"电商特色品牌。

（二）加强部门联动，扩大高水平对外开放

一是推进自贸试验区联动创新区建设。坚持聚焦国家、省级自贸试验区政策改革措施、先进经验，6月和12月各优选一批案例进行复制推广。

同时，不等不靠，敢于创新，进一步挖掘本市独创性经验做法，争取评为省级典型案例。二是推进开放平台建设。每月组织召开开放强市专班工作会，联合发改、海关等部门，持续推动进口铁路运输铜精矿监管通关模式试点，积极争取扩大试点口岸，降低中原黄金冶炼厂铜精矿进口成本；积极与海关总署等上级部门沟通对接，推进三门峡保税物流中心（B型）报批进度；推动出口危化品"批次检验"试点改革，支持陕州区化工园区有序扩大试点范围。三是充分发挥开放通道优势。到2025年底，推进铁建冷链物流园项目投资建设；推动豫西煤炭储备基地项目试运行；推动绿色智慧农产品冷链物流中心项目开工建设；推动三门峡铁路综合枢纽物流园项目启动一期345亩用地招拍挂程序和二期建设；推动三阳物流园项目签约；推动河南路港大宗商品物流有限公司与浩吉铁路协商用地问题，促进三门峡煤炭储备铁路物流园项目建设；开行三门峡至青岛黄岛乡村振兴"五定"班列等。四是加强对外投资。深化与共建"一带一路"国家和地区合作，围绕黄金、水泥、化工、电解铝等行业，支持水电十一局、路桥集团、灵宝黄金等通过承包工程、直接投资、股权并购等方式，到东南亚、中亚、非洲等地开展基础设施建设等，推动全市优质装备、适用技术、标准输出。

（三）抓实重点项目，高质效推进招商引资

一是聚焦产业招商。围绕全市"8+6"产业集群和12条重点产业链，加强项目谋划，力争全年通过商务部网站、中国贸促会网站等发布招商项目500个。推动联合中原黄金冶炼厂、宝武铝业等链长企业，围绕上下游配套，扎实做好延链补链强链。以招商提质，助力全市打造材料新城和高端制造之城，围绕装备制造，主动对接郑州航空港区，积极融入西安、郑州比亚迪供应链，扩大全市汽车配套产业产能，打造汽车零部件生产基地。围绕新材料，主动对接河南鸿昌电子有限公司等企业，招引半导体等高端产业项目，促进全市产业升级；对接江苏宁达环保股份有限公司、广东豫粤金属有限公司等单项冠军企业，精准招引高纯材料产业项目，做强新材料产业链。

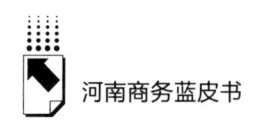

二是聚焦招大引强。实施百企引育行动，完善大员招商制度，坚持招商动态周通报，聚焦围绕国内外500强企业、行业龙头企业等，每年对接洽谈项目100个。推动每个县（市、区）培育1个50亿元及以上项目。三是打造招商品牌。坚持围绕新材料、高端装备制造等产业，紧盯日韩、中亚五国、港澳、珠三角和长三角等地区，持续举办专题招商对接活动，打造"投资三门峡"招商品牌。同时，强化驻外机构的招商引资功能，保持与外地各企业、商会和协会的沟通联络。四是优化招商方式。完善招商图谱，推进精准招商。综合运用以商招商、科技招商、资源招商、委托招商、飞地招商等多种方式招商。联合财政部门、投资集团等，探索构建政府投资基金体系，打造"引导性股权投资+社会化投资+天使投资+投资基金+基金管理"的多元投资体系。

（四）优化外贸结构，促进贸易高质量发展

一是加强企业服务。坚持每季度召开三外企业座谈会，会同相关部门做好物流、通关、退税、外汇、金融等服务保障工作。加强国际性展会推荐，帮助企业提升国际知名度，抢抓订单。二是加强主体培育。支持外贸外经协同发展，推动水电十一局、路桥集团等扩大机电设备出口规模。支持四季丰、鸿丰果蔬等企业扩大干鲜瓜果、浓缩果汁出口规模。支持中原黄金冶炼厂、国投金城等扩大加工贸易规模。支持爱为群、启航出口二手车。同时，做好进口贴息、中小开、中信保等申报工作。力争2025年，新增20家以上有进出口实绩的企业，进出口额在10亿元以上企业达到3家、亿元以上企业达到8家。三是扩大服务贸易。支持水电十一局、路桥集团、康泰资源建筑劳务等扩大传统服务贸易规模。联合文旅等部门，加强对外文化贸易企业培育，支持仰韶科技公司、弘焱文化传播公司参加"千帆出海"行动。探索推进"数字赋能·AI驱动"战略，大力发展以数字经济为核心的新业态与新模式，助力数字贸易发展。

参考文献

《全国商务工作会议在京召开》，中国政府网，2025年1月12日，https://www.gov.cn/lianbo/bumen/202501/content_6998057.htm。

《2025年三门峡市政府工作报告》，三门峡市人民政府网站，2025年4月7日，https://www.smx.gov.cn/4087/617046912/1925341.html。

B.42
2024~2025年南阳市商务发展回顾与展望

郭天盾[*]

摘　要： 2024年，南阳市商务系统贯彻落实党的二十届三中全会精神和中央、省委经济工作会议精神，认真落实省商务厅各项决策部署，紧紧围绕"五聚五提"工作要求，迎难而上、主动作为，立足"消费促进年"发展主线，全力扩开放、促消费、稳外贸，交出了一份稳中有进、提质增效的新答卷，商务发展保持良好态势，为全市经济持续回升向好做出积极贡献。

关键词： 扩开放　促消费　稳外贸　惠民生　南阳市

一　2024年南阳市商务发展指标完成情况

2024年，南阳市社会消费品零售总额为2553.29亿元，同比增长6.2%，高于全省平均增速0.1个百分点，高于全国平均增速2.7个百分点；货物贸易进出口额为167.3亿元，降幅逐季收窄，外贸基本盘逐步稳定；对外直接投资额为1.16亿美元，增长191.0%，规模居全省第3位；服务贸易完成3715.3万美元，增长14.2%。

---

[*] 郭天盾，南阳市商务局。

二 2024年主要工作举措及成效

（一）对外开放提质增效

以开放平台建设为抓手，稳步推进制度型开放，积极培育壮大主体队伍，助力企业开拓国际市场，千方百计稳外贸、促发展，外贸韧性不断增强，开放平台提质升级。中国（河南）自由贸易试验区南阳联动创新区建设顺利推进，远程异地评标"双盲"模式入选河南省自贸试验区第六批最佳实践案例。成功开通运行俄铝进口中欧班列，中国（南阳）跨境电子商务综合试验区连续3年获全国评估"成效较好"等次，会同南阳市司法局、南阳市工商联等部门探索出台全国第二部《企业合规管理体系要求和指南》地方标准，"自贸试验区+综保区+跨境电商综试区+外贸升级基地"的政策叠加优势进一步凸显。全年为外贸企业申请支持资金2900余万元，出口退税资金池、"外贸贷"持续助力企业发展，分别为企业发放退税周转金8054万元、为企业授信3126万元。

（二）促消费、惠民生成效显著

坚决落实扩内需、促消费重大部署，深入开展"消费促进年"活动，制定实施《南阳市区域性消费中心城市建设方案（2024—2025年）》，成功举办2024年河南省"豫鉴美食"餐饮促消费系列活动启动仪式暨南阳市第六届烹饪技能大赛、酒饮品巡展、南水北调中线工程通水十周年南阳名优产品展等一系列促消费活动；持续开展"惠享南都"促消费活动，市、县两级发放消费券1515万元，拉动资金逾1.7亿元，获得2023年度省级促消费奖励资金500万元。以旧换新工作全力推进。全市建立"5+5"工作机制，成立5个工作专班，高速高效开展政策宣传、业务培训、审核发放工作。在工作过程中，资金拨付率、资金使用量始终保持全省前三。2024年全市补贴资金总量超6.38亿元，已全部兑付至消费者，拉动消费超40亿元，惠及消费者30.79万人，南阳市消费能级稳步提升，消费活力持续释放。

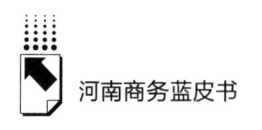

（三）项目建设量质齐升

坚持"项目为王、招商为要"的理念，坚持不懈抓增量、上项目，夯实发展之基。南阳市入围全省综合特色商业街提升城市，争取专项资金2800万元，摩根特色商业街、文化宫东街特色商业街提升改造工程列入全市2024年十大民生实事，快速推进实施。摩根吾悦广场、居然之家南阳旗舰店、宛城万达广场顺利开业，高新吾悦广场稳步建设。唐河、桐柏、淅川、新野县域商业建设项目加快实施，内乡、邓州荣获全国第二批县域商业建设"领跑县"，示范县数量、领跑县数量、补贴资金均居全省前列。普洛斯项目顺利落地，豫资海元、丰树物流、海富智慧电商产业园、京东（邓州）物流港等重点项目进入招商和试运营阶段。成立南阳市物流与供应链协会，西峡龙成物流成功获评5A级物流企业，5A级物流企业首次实现零的突破，全市A级以上物流企业达到48家，数量稳居全省第2位。入选全国再生资源回收体系建设试点城市，南阳市商贸流通业发展基础进一步夯实，现代商贸流通体系建设取得新进展。

三 2025年商务发展形势分析

2025年是实现"十四五"规划目标任务的收官之年、"十五五"谋篇布局之年，也是进一步全面深化改革、服务融入全国统一大市场建设的重要一年。从国际来看，世界百年变局加速演进，全球经济复苏乏力，贸易保护主义抬头，产业链重构加速，地缘政治风险上升，跨国投资规模整体萎缩。从国内来看，内需增长动能不足，就业增收面临压力，消费者捂紧"钱袋子"，传统消费增速放缓，各地拼经济你追我赶，都在抢赛道、抢项目，区域竞争日趋激烈。从南阳市来看，外贸进出口的多极支撑局面还未形成，消费市场的潜力有限，商务工作将面临严峻挑战。同时，商务面临很大机遇：RCEP持续深化，"一带一路"纵深推进，全国统一大市场加快建设，新质生产力加速培育，消费升级、产业数字化释放新空间，新业态和新模式蓬勃发展；全省区域协同发展机制完善，产业链补链强链需求迫切，将塑造商务发展新动能。南阳市区位优越、物产丰富、市场潜力巨大，在服务融入全国统一大市场建设中大有可为。"建强副中心、打造增长极、奔向新辉煌"发展战略的实施，自贸试验区联动创新区、商贸服务型国家物流枢纽、区域消费中心的加快建设，将推动制度型开放战略深入实施、高水平对外开放格局加速形成、政策红利叠加释放。

四 2025年工作重点

（一）聚焦国家商贸服务型物流枢纽，推进商贸流通与服务体系不断完善

一是构建城乡融合的现代商贸流通体系。实施降低全社会商贸物流成本专项行动，积极申报现代商贸流通体系试点城市，推动城乡商贸流通融合发展、建设生活必需品流通保供体系、完善农村商贸流通体系、加快培育现代流通商贸骨干企业、完善城乡再生资源回收体系，加快唐河、桐柏、淅川、新野、邓州、内乡等县域商业体系建设项目实施，补齐县域商业基础设施短板。

二是打造智慧物流生态综合体。积极与菜鸟科技、怡亚通供应链、共生科技等行业领军企业对接，力促其参与物流园区建设运营，高标准推进社旗县电商物流园项目、中国邮政南阳邮件处理中心项目建设。同时，依托豫资海元和市交投集团，探索建立市级智慧物流信息平台，提升物流市场效率与治理水平。

三是加快电商产业创新发展。实施数字消费提升工程，加大品质电商培育力度，持续推进"抓大、扶中、育小"精准培育行动，优化100家重点电商企业培育策略，鼓励电商企业与电商平台、服务企业深度合作，争创省级跨境电商示范园区与孵化平台。举办产业带扬帆出海系列论坛峰会，加强与跨境电商平台、外贸综合服务企业合作，推进卧龙电商产业

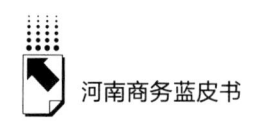

园、梧桐树（电商）产业园建设，推动光学元件、纺织服装、食用菌、仿真花等产业出海。

（二）聚焦区域性消费中心，推动消费与特色产业链协同发展

一是加力扩围消费品以旧换新。积极推进消费品以旧换新政策落实，落实好扩领域、扩品类、扩规模的要求，力争更新汽车4万辆、家电60万台。优化补贴审核发放流程。进一步压缩审核周期、加快补贴兑现进度，力争在20个工作日内完成受理、审核、发放，进一步提升消费者参与换新的便利度、获得感。严格规范管理，加强资金统筹使用，科学把控工作节奏。会同相关部门加强监管，禁止挤占挪用资金，及时清退违法违规企业。通过以旧换新工作，完善内贸流通监测体系，形成长效机制。

二是增加高品质服务供给。推进标志性商圈建设。探索建设首发经济集聚区，积极发展首发经济，吸引区域首店、旗舰店入驻，开展首秀、首演、首展。推动各县（市、区）步行街、商业综合体等业态升级，打造品牌消费集聚区，完善一刻钟便民生活圈。建好消费载体。鼓励错位发展、差异发展，推进高新吾悦广场、三顾里商业街、五里堡喜邻旺农批市场建设，持续对摩根吾悦广场、文化宫街、内乡县衙步行街和邓州宋金商业街实施提升改造工程，引导特色业态集聚发展。

三是培育消费热点。实施提振消费专项行动，扩大"惠享南都"覆盖领域，办好线上线下促消费活动。加力支持零售、住宿、餐饮等民生消费扩容提质，确保市县两级促消费财政资金实现高质高效运用。开展直播带货活动，丰富应用场景，培育新型消费，有效激发消费活力。市县两级加强联动、精心谋划，商文旅体展融合、吃住行游购贯通，线上线下协同，务实开展各类促消费活动，打造特色促消费品牌，将更多活动流量转化为消费增量。

四是做强特色产业链。抓住服务融入全国统一大市场的难得机遇，延伸、壮大、做强酒饮品、玉石产业链，借力赊店老酒品牌优势，发展酒城、酒镇、酒街、酒展等新业态，多点发力推进玉石产业大师化、精品化、标准

化、规模化发展。推动餐饮与老字号协同发展。组织开展餐饮技能大赛及"名店、名吃、名厨"评定，推动宛菜出宛、出豫，融合餐饮与文旅产业，提升美食文化软实力。推动老字号"返老还童"。深入开展老字号嘉年华系列活动，组织老字号企业参展参会，推动老字号进商超、进商业街、进市场，力争新增省级老字号5~7家，再培育30家以上南阳老字号。

（三）聚焦对外开放高地，推进对外开放与外贸外经提质发展

一是进一步做强开放平台。推进河南自贸试验区南阳联动创新区建设。实施自贸试验区联动创新区提质增效专项行动，精准复制国家、省制度创新成果及改革试点经验，围绕卧龙综合保税区与高新开发区功能布局精准发力，完善开放平台功能。主动对接CPTPP、DEPA等国际经贸规则，积极在优化内外贸拼箱业务、深化药食同源商品进口通关便利化改革、升级出口退税服务等领域大胆探索、先行先试，持续加大跨境电商、保税加工、离岸贸易等外向型产业引进力度，着力培育新的增长点。加力推动跨境电商综试区和零售进口试点城市建设。做好电商赋能产业发展的大文章，建立线上线下融合、境内境外联动的营销体系，巩固壮大一批跨境电商龙头企业和优势产业园区。

二是优化开放型经济发展环境。完善"外贸贷"及出口退税资金池管理机制，探索设立外贸发展基金，加大金融机构对中小微外贸企业的支持力度。支持企业探索跨境电商、市场采购贸易等新业态，引导企业积极开展海外仓业务。鼓励海成物流、陆港供应链等企业增强退税、融资等能力。常态化开行中欧班列和南阳—宁波港铁海联运，推动实现南阳—连云港铁海联运。

三是协同主体培育与市场深耕。实施外贸主体培育行动，重点监测卧龙综保区和全市进出口亿元以上企业，协助出口管制企业纾困解难，鼓励飞龙汽车部件股份有限公司、河南众德集团有限公司等企业投身新能源汽车领域，支持河南盛达专用车辆有限公司、河南亿翔专用汽车有限公司等专用车制造企业扩大整车出口规模，推动牧原实业集团有限公司猪肉出口，培育河

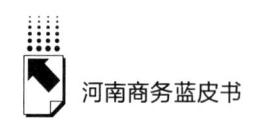

南仓鼠优车汽车贸易有限公司、卧龙电气集团股份有限公司等外贸骨干企业，扩大二手车出口规模。支持内贸企业外向转型，发布新设外贸企业信息，定期发布外贸企业资讯并组织开展孵化行动。实施国际市场开拓行动，聚焦欧洲、东盟等区域发布展会信息，组织内外贸企业参加广交会、服贸会、进博会、链博会等知名展销会，开展企业与外贸转型升级基地抱团参展及出海活动，力促超150家次企业参与境内外展会。

四是加强对外协作与服务贸易。引导龙头企业在海外合理布局投资项目，加快飞龙泰国汽车零部件项目、西保俄罗斯冶金材料项目和宛西制药新加坡制药项目建设步伐，支持浙减意大利中意工业园区和乌兹别克斯坦安集延纺织园区发展，打造品牌境外经贸合作区。大力推动高新区省级服务外包园区品质升级，强化中医药服务出口基地建设，整合各方资源搭建综合性公共服务平台，拓展国际合作交流网络，推动服务贸易创新升级。

参考文献

《全国商务工作会议在京召开》，中国政府网，2025年1月12日，https：//www.gov.cn/lianbo/bumen/202501/content_6998057.htm。

《2025年南阳市政府工作报告》，南阳市人民政府网站，2025年2月27日，https：//www.nanyang.gov.cn/2025/02-27/943575.html。

B.43
2024~2025年商丘市商务发展回顾与展望

段云泉 雷小锋 杨飞 王奥杰*

摘　要： 2024年，商丘市商务系统在市委、市政府坚强领导和省商务厅的精心指导下，聚焦建设"对外开放桥头堡、枢纽经济新高地"，统筹推进稳外贸、稳外资、促消费、强招商、扩开放等重点任务，商务运行总体实现量质齐升。2025年，商丘市坚持稳中求进工作总基调，完整准确全面贯彻新发展理念，立足商务工作"三个重要"定位，统筹用好国内国际两个市场、两种资源，千方百计扩消费促开放招项目，积极服务融入新发展格局和全国统一大市场建设，培育商务发展新优势，为谱写中国式现代化商丘篇章贡献商务力量。

关键词： 开放招商　消费促进　商务发展　商丘市

一　2024年商丘市商务发展指标完成情况

2024年，商丘市社会消费品零售总额为1679.6亿元，同比增长5.5%；外贸进出口额为69.0亿元，同比增长5.6%；实际利用省外资金979.2亿元，同比增长6.4%；新设外商投资企业17家，同比增长30.8%；对外直接投资600万美元，同比增长81.7%。

---

* 段云泉、雷小锋、杨飞、王奥杰，商丘市商务局。

二 2024年主要工作措施

（一）消费市场活力不断迸发

1. 惠民促销活动取得积极成效

加力实施消费品以旧换新，市、县两级商务部门成立工作专班，抽调精干力量，加大政策宣传力度，加快资金审核拨付，共发放补贴资金5.45亿元，直接拉动消费35亿元。汽车报废和置换更新申请2.5万辆，数量居全省第4位；家电补贴16.4万台，数量居全省第8位。围绕春节、"五一"、"十一"等重点节日举办促消费活动，如夏邑县投入财政资金250余万元，开展"龙行栗城·跨年钜惠"促消费活动，全市累计举办车展、家电展等110余场。

2. 商贸流通体系更加完善

县域商业体系建设步伐加快，柘城县、民权县、睢县、永城市4个示范县实施升级改造项目58个，夏邑县获批国家级县域商业体系"领跑县"、宁陵县电商直播中心获批国家级电商直播中心、永城市金博大购物广场获批国家级数字化商贸流通龙头企业。全面推广建设一刻钟便民生活圈，建设完成19个试点社区。组织参加哈密"豫见新疆"农特产品交易会、鹤壁农产品产销对接活动等，现场成交额达180余万元，达成意向交易额3.2亿元。

3. 电商带动能力持续增强

2024年，全市网络零售额为236.6亿元，居全省第3位。其中，农村网络零售额为151亿元，居全省第2位。全市新增电商应用主体328家，举办和支持电商直播活动21场，其中永城市举办活动12场；开展电商技能培训16场，培训从业人员5700余人次。夏邑县、虞城县网络零售额分别为49.2亿元、39.5亿元，居全省第6位、第7位。

4. 老字号保护发展实现突破

出台《商丘老字号认定管理办法（试行）》，评选认定31个品牌为首批"商丘老字号"，推荐23家企业进入河南老字号培育储备名录。皇沟获批第三批中华老字号，省级以上老字号数量居全省第2位。

（二）产业招商成效不断凸显

1. 招商活动成果丰硕

参加全省第十一至第十四期"三个一批"活动，签约项目139个，总投资额达1572.46亿元，3次被省通报表扬。参加2024全球豫商大会、河南与跨国公司合作交流会、中国中部投资贸易博览会等重大招商活动，签约项目5个，总投资额达46亿元。举办豫商经开区长三角汽车零部件产业园招商项目集中签约活动，现场签约10个项目，并与50多家企业达成初步合作意向。

2. 招商方式持续创新

研究制定《商丘市重点产业链招商路线图》，聚焦全市9大产业集群、24条重点产业链，明确招商引资重点区域、重点产业、重点企业。坚持整产业链、整产业园区、整产业集群招商，民权县阿斯贝拉制冷产业园、示范区长三角汽车零部件产业园、夏邑县汽摩配产业园等初具规模。开展"回归经济"招商，全市回归资金185亿元，完成率为154.2%。

3. 重点项目加速推进

建立2024年全市重点招商项目库，梳理筛选项目107个，总投资额达1320亿元。截至12月底，签约67个项目，签约率为62.6%；开工48个项目，开工率为44.9%。实行一名责任领导、一个服务团队、一套服务方案"三个一"工作法，抓好项目服务保障，加快项目落地建设。总投资275亿元的中煤电力永城"两个联营"示范项目、总投资100亿元的豫商经开区恒源通铝基材料产业园、总投资50亿元的民权县中城智能制造产业园、总投资50亿元的睢县温州奥康时尚新城项目、总投资50亿元的柘城县弘晶钻石珠宝首饰项目、总投资30亿元的虞城县圆通豫东区域总部暨智慧供应链科创园等一批龙头型、基地型项目顺利推进。

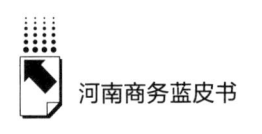

（三）开放发展态势不断巩固

1. 对外贸易逆势增长

2024年，全市外贸增速高于全省平均增速4.4个百分点，超额完成年度目标。积极培育外贸主体，全市有进出口实绩企业达370家。组织参加第135届、第136届广交会，商丘118家次企业获批展位220个，签署订单和意向成交额1.12亿美元。举办"潮起豫商·全球领航"跨境电商产业带商丘峰会，引导200余家企业入驻阿里国际站等跨境电商平台，促进外贸数字化发展。积极收集境外市场信息，向企业有针对性地推送国内外展会信息。2024年，全市共申报外经贸中小企业开拓市场项目资金和出口信用保险专项资金771.5万元，共惠及87家企业200个项目，助力开拓国际市场，坚定外贸发展信心。

2. 双向投资稳步发展

开展外商投资企业大走访活动，及时协调解决外资企业生产经营中的困难。印发《商丘市外商投资企业投诉工作办事指南》，参加河南与跨国公司合作交流会、中国国际投资贸易洽谈会等国家级、省级招商活动，强化对外推介，提升商丘对外知名度，全市新设外资企业17家，同比增长30.8%。指导服务民权县的河南香雪海冷链股份有限公司在坦桑尼亚设立分公司，开展制冷设备经营等业务；帮助梁园区的商丘神大起重机械安装工程有限公司在摩洛哥、沙特阿拉伯设立新公司，开展机械维修、设备租赁等业务，全市对外经贸合作水平进一步提升。

三 2025年商务发展重点

以习近平新时代中国特色社会主义思想为指导，全面贯彻党的二十大和二十届二中、三中全会精神，深入贯彻习近平总书记对河南工作的重要论述，认真落实中央、省、市决策部署，坚持稳中求进工作总基调，完整准确全面贯彻新发展理念，立足商务工作"三个重要"定位，聚焦"两高四着力"，实施"1+9"行动，统筹用好国内国际两个市场两种资源，千方百计扩消费促开放招项目，积极服务融入新发展格局和全国统一大市场建设，为谱写中国式现代化商丘篇章贡献商务力量。

（一）着力开展消费提振专项行动

1. 实施消费品以旧换新

落实汽车报废、置换更新政策，加快老旧车辆淘汰更新，加大新能源汽车推广力度，力争全年销售汽车10万辆，补贴4万辆，销售量保持在全省第一方阵。扩大家电家居以旧换新范围，将4类家电产品和3类数码产品纳入补贴范围，全年补贴50万台（套）以上。进一步压缩审核周期，加快补贴兑现进度，力争在20个工作日内完成受理、审核、发放，进一步提升消费者参与换新的便利度、获得感。

2. 积极培育消费热点

坚持商旅文体展融合、吃住行游购贯通，依据春夏秋冬四季消费特点，采取"4+N"模式，全市举办促消费活动100场次以上，实现"季季有主题、月月有活动、场场有精彩"，增强居民消费预期，挖掘居民消费潜力。积极发展首发经济、银发经济、夜间经济，培育数字、绿色、智能等消费热点。大力发展电商经济，促进电商与实体产业融合发展，推动"名街名店名吃名品上线、网红网店网商网城落地"。发展会展经济，推进商丘国际会展中心投用，以展促销带动商丘产品"走出去"。加大老字号品牌培育力度，支持皇沟、大有丰等老字号品牌创新发展，推动老字号焕发新活力。

3. 做强做优消费载体

改造升级商丘农产品中心批发市场、中原车城，建成投用吾悦广场、爱琴海购物公园等大型商业综合体，持续丰富港汇万达、五洲万汇商贸城消费业态，优化提升商丘古城、建业总部港、向阳路步行街等特色商业街区，打造"老城区、新商圈"消费体验高地，培育省级品牌消费集聚区1个。整合老旧市场资源，合理淘汰、搬迁、改造老旧市场，谋划建设新兴市场，推

动市场特色化、差异化、智能化发展,形成相互促进、协同发展的市场集群。学习借鉴胖东来商超的经营理念、服务模式,引导支持商超及购物中心"一店一策"改造,打造一批"小而美""专而精"的特色小店,以高品质服务激发消费潜能。

4. 完善流通体系

按照县域有中心、乡镇有节点、村村有站点的标准,健全三级物流配送体系,畅通工业品下乡、农产品进城双向流通渠道,争创全国县域商业体系"领跑县"1个。加快商业流通项目建设或提升改造,构建一县(市、区)一城市综合体的商业发展格局,形成辐射周边的区域消费体验中心。全面启动一刻钟便民生活圈建设工作,稳步推进市中心城区生活圈全域建设,其他各县(市)按照"因城施策、一圈一策"的原则,补齐基本保障类业态、发展品质提升类业态,力争2025年实现中心城区40%的社区达到高水平标准、90%的社区达到基本标准,县市城区70%启动一刻钟便民生活圈建设。

(二)着力开展招商提质专项行动

1. 优化招商推进机制

坚持全市招商引资一盘棋,发挥好招商部门牵头、统筹、指导、协调、服务作用,建立招商引资联席会议制度,用好多方联动、定期调度、服务督办等工作机制。持续跟踪落实市县党政主要领导洽谈项目、5亿元以上大项目,建立"双百"台账(即100个重点在谈项目、100个重点签约项目),建立动态管理和周汇总、月调度、季评定、年终总结机制。完善招商引资工作考核办法,优化赋分权重,细化激励措施。

2. 突出重点招商领域

立足资源优势和产业发展基础,突出链式招商,聚力招大引强、招新引高、招群引链,完善金融信贷、现代物流等配套服务,构建良好产业生态和完整产业链。围绕纺织服装制鞋、装备制造等传统产业,新材料、新能源汽车等新兴产业,低空经济等未来产业,实行"龙头企业开单、政企联动招商",选准目标重点企业,谋划招引项目,靶向开展建链延链补链强链,积极引进产业链上下游关键、薄弱、缺失环节。

3. 创新招商方式方法

紧抓产业转移重大机遇,把握新形势下招商引资新特点、新要求,研究实施招商"新打法"。深入开展"双招双引",坚持招才引智与招商引资同谋划、同部署、同推进,实现"引人才"与"招项目"的有效联动。深化与行业部门协作,发挥其产业研究优势,推动"产业研究+招商引资"融合。深入开展整产业链、整产业园区、整产业集群招商,持续推动以商招商、回归经济招商,探索基金招商、"飞地共享"招商、产业链选商等新路径。优化项目全流程服务,做好招商服务链条的前后贯通,全链条衔接一体化推进,提高招商项目落地率。强化项目统筹,防止重大项目招引"内卷"、无序竞争。

4. 用好节会交流平台

借助国家、省、市重大活动平台的广泛影响力,聚焦长三角、京津冀、粤港澳大湾区等重点区域,广泛开展招商推介、产业对接、项目洽谈等活动,不断拓宽招引半径。积极参加豫商大会、河南投洽会、跨国公司合作交流会等重大招商经贸活动,精心举办第十届中国·商丘国际华商节招商活动。依托县域特色节会品牌谋划举办产业链精准招商活动,招引落地一批投资规模大、支撑作用强、经济效益好的高质量项目。

(三)着力开展开放提升专项行动

1. 推动对外贸易稳中提质

落实稳外贸政策,建立进出口1000万元以上重点外贸企业信息库,实施精准帮扶,协调解决实际困难,稳定外贸基本盘。常态化开展外贸政策宣讲,帮助企业用好中小企业开拓市场、出口信用保险等外贸惠企政策。培育外贸新主体,大力招引生产型企业、跨境电商企业、外综服企业,增强外贸发展新动能。全面摸排间接进出口企业,指导开展自营进出口,争取外贸业务回流。加强共建"一带一路"国家和地区、RCEP国家等新兴市场开拓,组织企业参加广交会、进博会、服贸会、消博会和链博会等活动，广泛搜集提供各类经贸活动、境外重点展会信息，帮助企业找客户、增订单。大力发展跨境电商等外贸新模式新业态，推广"跨境电商+产业带"模式，绘制商丘跨境电商产业地图，培育跨境电商"源头工厂"企业10家，争取3家以上跨境电商企业进入全省跨境电商"源头工厂"名录。鼓励商丘和民权保税物流中心等企业扩大先进技术设备、关键零部件、原材料进口规模，优化进口产品结构。支持百易进出口（民权县）有限公司等重点企业自建跨境电商平台，培育跨境电商示范企业和公共海外仓。

2. 以更大力度吸引外商投资

落实《外商投资准入特别管理措施（负面清单）（2024年版）》，全面取消制造业领域外资准入限制措施，推进负面清单之外内外资一致管理。加强与京津冀、长三角、粤港澳大湾区等地区跨国公司沟通对接，支持开展境外招商活动，拓宽外资招引渠道，引导鼓励外资投向全市重点产业。优化外商投资环境，提升外资项目服务水平，加快推进新设及有望增资项目，争取项目早落地、外资早到位。认真贯彻执行《商丘市外商投资企业投诉工作办法（试行）》和《商丘市外商投资企业投诉工作办事指南》，畅通外商投诉渠道，保护外商合法权益。

3. 提升对外投资合作水平

积极组织参加国际投资洽谈活动，发现新项目、寻找新机遇。指导有实力、有能力的企业结合实际，加强与前沿国家和地区的技术交流、合作研发，通过海外并购、股权投资等方式吸收、引入先进管理技术和运营模式。鼓励农业企业赴境外开展农业种植、畜牧养殖和农产品加工贸易，支持电力、城建、地质勘探、矿产开发等优势企业承包境外工程。有序推动境外项目建设，带动相关技术、设备和产品出口，更好服务高质量共建"一带一路"。

参考文献

《全国商务工作会议在京召开》，中国政府网，2025年1月12日，https://www.gov.cn/lianbo/bumen/202501/content_6998057.htm。

《商丘市2025年政府工作报告》，商丘市人民政府网站，2025年2月17日，https://shangqiu.gov.cn/szf1/zfgzbg/content_268696。

B.44
2024~2025年信阳市商务发展回顾与展望

李林玉　张惠清　焦晨祥[*]

摘　要： 2024年，信阳市商务系统坚持以习近平新时代中国特色社会主义思想为指导，系统实施对外开放扩大、招商引资突破、对外经贸提质、消费促进增长、商贸流通赋能、电子商务挖潜、营商环境攻坚、安全稳定固基、机关建设提升"九大行动"，信阳市商务发展保持良好态势。2025年，信阳市将立足商务工作"三个重要"定位，大力扩开放强招商、促消费活流通、稳外贸稳外资，加快培育商务发展新动能，为全市经济社会高质量发展贡献商务力量。

关键词： 商务发展　招商引资　消费促进　信阳市

一　2024年信阳市商务发展情况及特点

在招商引资方面，2024年全市引进省外资金415.4亿元，增长16.0%；实际使用外资967万美元，新设外资企业13家。在市场消费方面，全市社会消费品零售总额为1423亿元，增长7.1%，高于全省平均水平1.0个百分点，居全省第3位。在对外合作方面，全市对外承包工程和外派劳务营业额为2163万美元，增长37.2%，高于全省平均水平17.9个百分点，居全省第4位；对外直接投资634万美元，增长315.0%，居全省第7位，均提前超额完成全年预期。

---

[*] 李林玉、张惠清、焦晨祥，信阳市商务局。

二 2024年采取的主要措施

（一）深挖优势，对外开放稳步推进

一是开放平台建设提速。全市两家经开区实际利用外资占全市总量的75%，潢川经开区连续3年居省级经开区考核第5位。启动开放创新联动区创建工作，科学规划区域范围，全力打造贸易便利化平台。二是开放形象持续提升。市领导先后赴马来西亚、澳大利亚等地开展境外招商，成功举办2024信阳—澳洲钢铁产业发展对接推介会等一系列招商活动，与澳大利亚工商业协会签署开拓国际市场和开展经贸合作协议；黄国粮业泰国贸易合作项目在河南—泰国经贸文旅推介会上顺利签约。三是营商环境更加优化。实施营商环境攻坚行动，推出三项创新举措、三项典型案例。大力推进政务服务便利化，创新成品油零售领域业务"集团化"审批模式，营商环境质效不断提升。

（二）多措并举，招商引资氛围浓厚

一是招商机制更加健全。全面落实"二分之一"工作法，市县主要领导带头招商，先后参与招商活动1785次、对接企业3066家。建立项目全周期服务机制，匹克、中亿丰等一批优质项目加快推进；科创储能、长园科技等项目纷纷落地；360、百度、爱奇艺等一批人工智能项目加快布局。二是项目招引更加有力。聚焦"6+11+N"产业体系，抢抓苏信合作机遇，大力实施"信商回归"工程，全年新签约招商引资项目410个、开工380个、完成投资347亿元。三是招商方式更加丰富。创新资本招商，与中金汇融、朴弘资本等专业基金公司共同研判、考察优质项目，羊山新区匹克北方基地项目单笔投资7亿元，为全市引入基金招商以来单笔最大投资。

（三）靶向施策，商务惠民有力有效

一是以旧换新加力推进。举办五大领域消费品以旧换新促消费活动超百

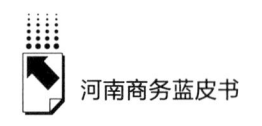

场，累计参与人数突破20万人次，发放补贴5.01亿元，带动交易额近39亿元。"家装厨卫焕新服务平台"在全省率先开发上线，家装焕新"信阳模式"多次被省级以上媒体报道。二是消费活动丰富多彩。坚持市县同步、政企联动，紧盯重要时间节点，全年谋划市、县、企多层级、全方位促消费活动385场次，"商文旅、游购娱、吃住行"多业态消费场景加速融合。三是流通体系健全。深入推进县域商业体系建设，争取中央专项服务支持资金715万元，成功承办商务部"千集万店"改造提升现场会，光山县入选首批全国农村电商"领跑县"；潢川县入选全国第二批县域商业"领跑县"。四是电商发展提质增效。依托大别山青创小镇和青创中心，引进一批以梦尔达、阿伟鲸选为代表的电商企业，吸引了一批以鸡公山酒业、艾尔康实业为代表的本土企业入驻，电商企业加快集聚。

（四）精准发力，对外经贸保稳提质

一是企业服务不断优化。实施外贸主体培育行动，出台《信阳市支持企业"走出去"行动方案》，全力支持企业拓市场、抢订单。创新推出外经贸项目资金"不见面申报"机制，争取中小开等资金287万元。二是市场开拓有力有效。组织全市优势企业、特色产品，抢搭会展经济"快车"，积极开拓国内外市场，第135届、136届广交会累计成交额达3.7亿元，创历史新高。三是外经工作稳步推进。深耕中韩雇佣制，探索建立"学院+基地+平台"劳务输出"信阳模式"，全力打造高端外派劳务培养基地，全年外派劳务增长34.3%，外派人数再创新高。

三 2025年商务发展形势分析

从宏观形势来看，商务发展仍面临较复杂的内外环境，在国际上，经济全球化进入震荡调整期，新质生产力进入加速生成期，贸易保护主义和地缘冲突叠加导致全球经济增长动能减弱。从国内来看，我国经济韧性强、潜力大、活力足，但内需尚未恢复、消费信心不足等问题亟待解决。全市经济虽呈现回升态势,但基础尚不稳固,复苏进程仍显曲折。

同时,商务发展存在新的机遇。国家稳经济政策持续加码,中部崛起、苏信合作、淮河生态经济带等重大战略叠加实施,为要素流动注入新动能;全市产业基础日益夯实,制度型开放深入推进,六大主导产业和11条重点产业链加速集聚,正成为培育新质生产力的重要引擎。豫东南高新区载体优势不断放大,项目建设、产业升级积蓄势能进入显效期。区位优越、交通便捷、劳动力资源丰富、市场潜力巨大,科技创新不断加强,营商环境持续优化,高能级开放平台积势蓄能。

四 对策建议

(一)扩开放,深化合作拓新局

一是强化平台建设。全力推进信阳经开区和潢川经开区申建自贸试验区信阳开放创新联动区片区。深化苏信园区合作,组织开展1~2次园区产业转移对接、主题招商和项目推介活动,积极推荐1~2家开发区申报省级开发区。二是提升开放能级。深度融入长三角一体化发展,加强与六安、黄冈对外开放、产业协同发展。加快航运基础设施建设、港口功能提升和临港产业发展,推动"公铁水空"多式联运。加强对外交流与合作,拓宽东欧、中东等国际经贸朋友圈。三是推动跨境电商发展。发展"跨境电商+产业带",培育跨境电商本土企业,带动优势产业和产品借助跨境电商走向国际市场。鼓励本土跨境电商企业设立海外仓,完善海外销售、跨境物流网络,增强核心竞争力。

(二)强招商,增强实效促发展

一是强化链群招商。引导链群就近配套,精准延链补链强链。绿色建造聚焦绿色建筑、生态家装、智能家居;绿色食品以茶、休闲食品、冷链食品、功能食品为重点。智能制造重点聚焦新能源装备制造。电子信息重点发

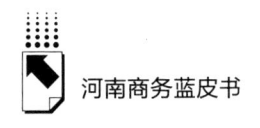

展新一代信息技术。生物医药聚焦招引药品上市许可持有人企业。二是发挥要素优势。围绕绿电优势招引人工智能垂直大模型等电力需求较大和需要绿电绿标的龙头企业；围绕水运物流和交通优势招引大宗商贸型和钢铁户外临港产业龙头企业；依托政策优势和豫东南高新区政策红利，招引新兴产业和未来产业；围绕基金保障招引优质新质生产力项目；围绕区位优势招引循环经济项目；围绕矿产农林资源招引新材料项目。三是创新招商方式。强化园区招商，用好"飞地"模式，降低要素成本。强化股权招商、基金招商，加强与中金汇融、朴弘资本等公司合作，引进一批高质量产业项目。强化以商招商，发挥龙头企业牵引作用、信商纽带作用，带动产业链上下游企业集聚。四是大力吸引外资。探索利润再投资转注册资本、土地保证金转注册资本等出资方式，提高实际利用外资水平。加强外资项目储备，力争全年储备项目30个。

（三）促消费，激发活力促经济

一是加力以旧换新。出台家装厨卫换新、电动自行车以旧换新实施细则，优化补贴审核发放流程，提升消费者参与换新便利度、获得感。二是创新消费场景。推动步行街、商业综合体等业态升级，支持浉河区胜利路步行街争创国家级示范步行街。持续开展绿色商场、诚信商场、平安商场创建。积极发展首发经济，推动首店、首发、首秀、首牌"四首"经济发展。三是扩大服务消费规模。提振餐饮、住宿消费，办好各类餐饮节会活动，提升信阳菜品牌知名度和影响力，力争实现餐饮消费额同比增长15%以上。发展社区生活服务消费，推进家政、理发、洗衣等生活服务集聚化、便利化发展，打造家政服务"信阳品牌"。

（四）稳外贸，优化结构强韧性

一是用好用足政策红利。用好外经贸发展专项资金，加快出口信用保险、中小开等项目资金申报和拨付进度，提高资金使用效益，推动全市外贸存量做活、增量做大、总量做优。二是拓宽外贸发展空间。利用"一带一路"和 RCEP 机遇，强化重点国家和地区经贸交流。梳理进出口潜力制造企业清单，引导企业积极参与进博会、广交会等境内外重点展会。三是加强外贸主体培育。完善百强企业联系机制，开展"一企一策"跟踪服务。扭转数据外流趋势，力争把"间接出口"转化为"直接出口"。实施外向型项目招引，力争引进1~2家知名外贸综合服务企业在信设立公司，提升外贸综合服务能力。力争全年新增30家以上进出口实绩企业。四是深化境外投资合作。抢抓"苏信合作"机遇，以信阳涉外—苏州英特科智能制造产业学院为抓手，推动信阳涉外劳务转型升级。加强中韩劳务合作，以信阳涉外职业技术学院为依托，建立"涉外职业教育+国外就业+回国创业"模式，打造"信阳劳务"品牌。

（五）畅流通，健全体系提效能

一是强化县域商业体系建设。以"千集万店"为切口，持续升级改造一批乡镇商贸中心、农贸市场，培育一批乡镇商业集聚区或乡镇商业中心。强化示范县项目和资金管理，加快项目建设，加大资金拨付力度。二是完善商贸物流体系。加快补齐冷链设施短板，新增建设一批农产品仓储冷藏保鲜设施建设项目，积极打造区域性冷链物流基地。推进农产品供应链体系建设，加强农产品供应链项目管理，加大项目储备力度；完善县乡村三级物流配送体系，推进村级商店与村级电子商务服务站点、村级寄递物流综合服务站（村邮站）多站合一、一网多用，提高综合服务能力。三是加强流通市场主体培育。启动"信阳老字号"评审工作，推荐全市企业评选"河南老字号"，争创"中华老字号"。四是完善再生资源回收体系。全面规范管理中心城区废品收购站点，探索构建再生资源回收网点、街道中转站、分拣中心、区域循环经济产业园四级再生资源回收体系。发展"换新+回收""互联网+回收"等新模式。

（六）兴电商，数字赋能拓市场

一是强化电商平台建设。构建以大别山青创中心电商小镇为龙头、各县

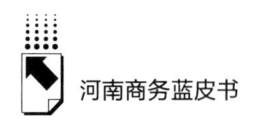

区电商园区为龙身、"一乡一品一主播"为龙尾的市县乡村"四级体系",争取示范创建,加快电商生态建设。二是着力加强市场主体培育。加大排查摸底力度,建立重点电商企业服务联系机制,积极引导电商企业入库纳库。积极招引电商龙头企业,搭建在外返乡电商创业平台,加大电商人才培养力度,壮大电商市场主体。三是大力举办电商活动。紧抓重要节庆节点,谋划开展一系列直播带货活动。发展"线上引流+线下消费"模式,组织开展产销对接、网货选品等电商系列活动。谋划举办"跨境电商+产业带"对接活动,延伸产业链,提升价值链。

参考文献

《全国商务工作会议在京召开》,中国政府网,2025年1月12日,https://www.gov.cn/lianbo/bumen/202501/content_6998057.htm。

《2025年信阳市政府工作报告》,信阳市人民政府网站,2025年2月12日,https://www.xinyang.gov.cn/2025/02-12/559382.html。

B.45
2024~2025年周口市商务发展回顾与展望

耿党恩　白新明　蒋金奖*

摘　要： 2024年，面对复杂严峻的形势和艰巨繁重的任务，周口市商务系统在省商务厅的精心指导和市委、市政府的坚强领导下，扎实推进制度型开放，着力稳外贸扩外资促消费，围绕产业抓招商，围绕率先建成农业强市建强县域商业体系，着力提升现代物流水平，强化电商赋能，商务发展保持良好态势，为全市经济高质量发展做出积极贡献。

关键词： 提振消费　招商引资　稳外贸　商贸流通　周口市

一　2024年周口市商务发展情况及特点

2024年，全市商务运行持续回升向好，社会消费品零售总额为2084.63亿元，增长6.7%；进出口总额为83.6亿元，增长0.2%；签约亿元以上项目345个，总投资额为1424.8亿元；实际到位省外资金780.4亿元，增长6.1%；实际使用外资完成1526万美元，总量居全省第7位；电子商务交易额为954.4亿元，增长37.3%；跨境电商进出口额为40.2亿元，增长22.9%；现代物流体系建设、乡村商贸服务体系建设、电商村创建转段提升等年度创建任务顺利完成。

---

* 耿党恩、白新明、蒋金奖，周口市商务局。

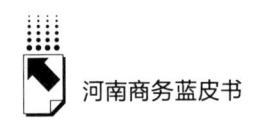

二　2024年采取的主要措施

（一）引强引优引链，推动招商引资提质增效

突出产业链精准招商，围绕"6+17+N"精准开展项目招引。全市纳入招商引资清单的制造业项目有126个，投资额为262.8亿元。坚持实施大员招商，落实"五职"领导招商责任制。全市"五职"领导新签约亿元以上项目113个，总投资额达749.6亿元。其中，投资10亿元以上项目有16个，总投资额达313.0亿元。深入实施亲情招商，持续擦亮"周商大会"招商品牌。第四届周商大会期间，对接洽谈项目61个，现场签约项目10个，总投资额达108.5亿元。市县联动实施"走出去""请进来"招商。全年共签约项目56个，总投资额为261.9亿元。借力重大经贸平台扩大对外合作。坚持招商常常有活动、月月有成效，紧盯长三角、京津冀、粤港澳大湾区等重点区域，举办"周口·县区"生物医药产业、印染纺织产业、新能源产业等系列产业推介活动40场。参加2024全球豫商大会、第十三届中国中部投资贸易博览会、第二十四届中国国际投资贸易洽谈会等重大展会主动对接招商。全市累计在各类招商活动中签约项目45个，总投资额为238.3亿元。持续深化"三个一批"活动。周口市累计举行4期"三个一批"项目签约活动，签约项目109个，总投资额为492.2亿元。

（二）持续提振消费，不断释放消费潜力

扎实开展消费品以旧换新，全市消费品以旧换新累计补贴5.5亿元。不间断开展促消费活动。全市筹措促消费财政补贴资金1730万元，举办大型促消费活动160余场次。持续营造消费氛围，打造"三川十馆·春会、夏集、秋赏、冬市"消费场景。举办首届伏羲文化旅游节、第三届周口荷花节、第二十届桃花节等特色活动。依托24个标志性商圈、21个特色街区项目、36个夜经济集聚区，持续拓展消费空间。大力发展直播电商、网红经

济。组织开展"网上年货节"系列电商促消费活动、"第六届双品网购节"活动、数商兴农庆丰收等活动。全市网络零售额达153.1亿元，居全省第7位，同比增长8.13%。

（三）稳存量扩增量，推动外贸规模结构稳中向优

持续落实外贸白名单企业服务官制度。对30家重点外贸企业进行服务跟踪，助力企业做大做强。2024年，全市30家重点企业完成进出口额53.02亿元，占全市进出口总额的63.42%。深入挖掘外贸新增长点，动员企业拓展进出口业务，全年新增有进出口实绩企业48家。积极组织企业参加贸易展会。组织24家企业参加第135届广交会，累计签订订单2.6亿元。组织29家企业参加第136届广交会，达成实际订单和意向订单3.8亿元。积极落实各类政策奖补项目资金。为30家企业申报2023年下半年95个开拓市场项目，补贴资金192.62万元。为37家企业申报2024年上半年104个开拓市场项目，申请补贴资金214.17万元。

（四）现代商贸流通持续助力农业强市建设

"市区县园乡站村点"现代物流体系提质增效。积极招引具有智能化云仓技术、智能物流配送体系、国内外物流网络的大型物流企业入驻运营。"市区"周口市多式联运国际物流港一期初步建成。现有"县园"提质升级。9个新建县级综合物流园正在加紧施工，"乡站""村点"全面改造提升。全市125个乡镇物流综合服务站、3098个村级物流服务点完成改造提升。电商村创建有力，带动农村经济增长。全市新增电商村501个。农村电商发展带动农产品上行成效显著，直播电商实现网络零售额61.6亿元。沈丘县《树立"三村"理念 增强"三力"能级》典型材料被商务部流通业发展司纳入全国县域直播电商中心案例集。乡村商贸服务体系建设全面提升。全市8个县（市）消费综合体、4个中心城区特色街区打造完成。9个县域副中心镇已打造提升型商贸中心，打造完成161条乡镇特色商业街、161个"乡镇商贸中心+电商园"综合体，有力拉动消费增长。稳步推进县

域商业体系建设。实施商贸物流改造提升项目70个，拨付资金3580万元。沈丘县、西华县荣获第二批全国县域商业"领跑县"。

三 2025年商务发展形势分析

2025年，是"十四五"规划收官之年，也是"十五五"谋划发展、进一步全面深化改革的重要一年。周口市国家区域中心港口城市建设步伐加快，高水平对外开放格局加速形成，区位优势、物产丰富、市场潜力巨大等优势加速释放。外贸基本盘稳定，保税物流、加工贸易占比逐步提升，新兴市场的开拓作用凸显。人口大市正逐渐成为消费大市，消费潜力正逐步释放，挑战和机遇并存。

2025年，全市商务工作继续坚持稳中求进工作总基调，完整准确全面贯彻新发展理念，把握商务工作"三个重要"定位，聚焦"两高四着力"，推动省、市2025年《政府工作报告》重点任务落地见效，推动消费规模持续扩大，巩固外贸外资基本盘，完善市场和流通体系，防范化解商务领域风险，积极融入服务新发展格局和全国统一大市场建设，为全市经济社会高质量发展贡献商务力量。

四 对策建议

（一）实施提振消费专项行动，加力激发消费潜能

一是大力开展消费品以旧换新。扩大以旧换新产品范围，优化申报流程，确保20个工作日将补贴资金发放到位。二是创新举办促消费活动。紧盯重大节日、大宗商品、餐饮、文旅等消费重点开展各类促消费活动，全年举办大型促消费活动100场以上。三是持续培育壮大消费新增长点。创新多元消费场景，持续丰富消费场景。推动五一路商业街、关帝老街、万达广场、荷花渡商业街等提升消费环境，促进餐饮、旅游、购物、文化演出等多

业态融合发展，打造品牌消费集聚区，促进首发经济发展。推进一刻钟便民生活圈建设。推动百货店和购物中心开展"一店一策"改造，培育"小而美""专而精"特色店铺100个，丰富电商消费业态。

（二）实施招商引资提质行动，构筑产业发展新优势

围绕做强主导产业，做大传统产业，引进新兴产业，布局未来产业，强化重大项目招引，推动招商引资模式创新、路径创新、机制创新，以招商新成效构筑产业发展新优势。一是坚持目标导向。全年新招引落地亿元以上项目不少于100个，各县（市、区）和周口临港开发区至少引进1个500万美元以上的外资项目。二是依托重大活动平台促签约。充分借助国家级展会平台和省级重要经贸平台，举办全市专题招商活动，推介优势资源和项目，力促合作达成。持续加强对全市"三个一批"活动签约项目及第五届周商大会签约项目跟踪落实。三是市县联动、部门协同。聚焦京津冀、长三角、粤港澳大湾区、成渝地区双城经济圈等重点区域，持续谋划开展"周口·县区"系列产业推介活动，精准招引一批补链延链升链建链项目。四是持续创新招商方式。优化数字化招商路径。搭建周口市产业链招商大数据平台。探索开展线上项目推介会、虚拟园区参观等活动，强化以商招商。五是提升平台招商能效。推动商水绿色印染示范产业园、沈丘绿色船舶制造产业园、临港生物化工园等高能级园区建设，推动周口临港开发区申创国家级经济技术开发区。

（三）实施外贸动能培育行动，加大外资引育力度

紧扣高质量发展主线，鼓励企业顺应新趋势、瞄准新产业、打造新品牌、培育新模式，加快全域跨境电商体系建设，培育贸易竞争新优势。一是加大政策支持力度。支持、鼓励外贸企业发展，实现稳规模、优结构、提质量。二是抓好重点外贸企业的生产运营。做好新设外贸企业服务，争取全年新增出口1000万元以上企业30家以上。三是积极组织企业参加各类展会。支持企业"走出去"，做好广交会参会工作，继续在中小企业国际市场开

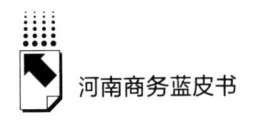

拓、出口信保项目资金申报、展会对接、出入境手续办理等方面做好服务，降低企业参展成本，鼓励企业开拓非洲、拉美、中东、东南亚等新兴市场。四是继续做好外贸企业服务和政策落实工作。争取实现出口500万美元以下企业信保覆盖面达到90%以上，推荐50家以上需要资金的优质企业与金融部门对接。积极争创全国内外贸一体化试点地区，做好内外贸一体化企业前期培育筛选和经验推广工作。五是全域推进跨境电商发展。探索"跨境电商+产业带"模式。培育壮大10家跨境电商源头工厂，推荐入选省级"源头工厂"名录。加快完善跨境电商生态链企业集群，形成跨境电商全流程产业链。六是加大外资项目招引力度，做好外资服务。发挥好招商专班的作用，加大与京津冀、长三角、粤港澳大湾区等重点地区、重点企业对接力度。推动各县（市、区）在谈外资项目签约落地，不断提升全市利用外资的规模和质量。

（四）实施商贸流通体系升级行动，积极融入服务全国统一大市场建设

以商务部等9部门印发的《关于完善现代商贸流通体系推动批发零售业高质量发展的行动计划》为牵引，加快完善现代商贸流通体系，推动批发零售业高质量发展，降低全社会物流成本。一是扎实推动县域商业体系示范县项目建设。积极申报第三批全国县域商业领跑县。组织改造乡镇集贸市场和农村便利店。督促已创建示范县加快项目实施和资金拨付，带动企业有效投资，持续改善县乡商业消费环境。二是统筹推进电商村培育与转段提升。每个县（市、区）再打造50个电商村，争创县域直播电商中心1个，并给予资金扶持。持续开展电商村"转段提升"工作，每个县培育千万级电商村3个。加强已创建电商村动态管理，支持农村电商高质量发展。三是开展"市区县园乡站村点"现代物流体系建设提升行动，提升服务水平，降低全社会物流成本。四是开展乡村商贸服务体系建设行动，持续完善以市区大型商业综合体、县城区域消费中心、乡镇消费中心、乡村幸福大家园为核心的商贸服务体系，培育商贸重镇，每个县域副中心镇至少打造1个提升

型乡镇商贸中心。五是持续开展成品油流通市场专项整治行动，进一步规范成品油流通秩序，促进成品油市场健康发展。六是促进商贸流通企业升规入统。持续推进全市加油站、大型商超、老字号、餐饮企业升规入统。推动参与消费品以旧换新活动达到入库条件的企业（单位）应入尽入。推动符合条件的电商企业尽早升规入统，补齐限上电商企业数据短板。七是推动黄淮农产品大市场提档升级。推动黄淮农产品大市场变革经营模式，积极拥抱新质生产力，提档升级，补齐平台流通短板，提高区域农产品流通体系首位度，赋能农产品流通发展。

参考文献

《全国商务工作会议在京召开》，中国政府网，2025年1月12日，https：//www.gov.cn/lianbo/bumen/202501/content_6998057.htm。

《2025年周口市政府工作报告》，周口市人民政府网站，2025年3月12日，https：//www.zhoukou.gov.cn/page_pc/zwgk/jcxxgk/zfgzbg/articlefbc7e30c098e4baeafb95fa78298c481.html。

B.46 2024~2025年驻马店市商务发展回顾与展望

钟平 戴垣名[*]

摘 要： 自2024年以来，驻马店市商务局在市委、市政府的正确领导下，以习近平新时代中国特色社会主义思想为指导，直面全球市场需求疲弱、地缘冲突、贸易摩擦、汇率变动等因素叠加带来的诸多不确定性风险，强担当、勇作为、坚定信心、迎难而上、不懈奋斗，高效统筹发展与安全，开放招商稳中有进，内贸流通稳中向好，商务工作取得新成效。

关键词： 强担当 促消费 稳外贸 驻马店市

一 2024年驻马店市商务局发展情况及特点

（一）消费市场

驻马店市社会消费品零售总额实现1288亿元，同比增长7.5%，增速居全省第2位，高于全省平均增速1.4个百分点。

（二）招商引资

全市实际到位省外资金420.1亿元，同比增长9%。签约亿元以上项目522个，总投资额达3606.33亿元。

---

[*] 钟平、戴垣名，驻马店市商务局。

（三）对外贸易

全市进出口总额为59.6亿元，同比下降24.2%。

（四）使用外资

全市新设外资企业21家，实际使用外资488万美元。

（五）对外贸易提质增效

驻马店市培育一批有进出口实绩的企业，户外休闲用品产业集群发展态势良好，外贸结构更加稳固。

（六）招商引资提质增量

招大引强成效显著，政策引领精准招商，一批大项目、好项目纷纷落地。

通过"梯度促销"政策组合拳，形成"政策补贴撬动（汽车消费补贴1.44亿元）+数字赋能提质+城乡联动扩面（县域商业体系示范县3个）"的促消费格局。梁祝不夜城等特色步行街被纳入省级示范培育，老字号品牌矩阵扩容至市级5家、省级8家。

确山县、西平县被商务部评为全国县域商业"领跑县"，创新"县域商业综合体+冷链物流中心+村级服务站点"三级体系，典型经验被商务部收录《全国县域商业"领跑县"案例集》。

二 2024年采取的主要措施

（一）多维度构建消费提振系统

政策工具箱精准发力。创新设计"三重补贴+两类场景"（汽车家具家电补贴、城乡消费券、企业让利补贴，线上直播电商、线下主题商街）立体促消费网络。全市累计投入财政资金5400万元，撬动消费逾30亿元，其

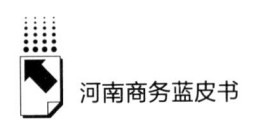

中电子消费券发放实现县（市、区）全覆盖。数字化转型成效显著。本土电商崛起，驻马店市成功举办电商产业发展推进会暨直播大赛，培育乡土主播136名，小微企业线上转化率提升至42%。推动实体零售智慧化改造，乐山商场等大型商超实现"线下体验+线上下单+即时配送"全链路数字化。专业市场升级。建设区域性农产品数字交易平台，正阳花生、泌阳香菇等特色产品线上交易量增长3倍。

（二）系统性推进外贸提质工程

实施"6大产业链集聚、30家龙头培育、200家中小企业孵化"工程，建立海关AEO认证培育库（入库企业38家），组织20家企业121次参与广交会等重点展会，泰普森等企业获得独家客户资源。开行中欧班列（驻马店）11列，打通郑州空港联动通道，时效较传统海运提升50%。开放平台能级跃升。争创自贸试验区联动创新区，保税物流中心业务规模突破18亿元，"跨境电商综试区"方案通过省专家评审。

（三）立体化重塑招商体系

构建"九大产业集群—重点链主企业—核心技术目录—配套需求清单"四位一体产业链招商导航系统，促成中化集团合成气等52个"链核"项目落地。资本招商新范式建立。设立30亿元产业引导基金，采用"基投联动"模式，撬动中信建设等48亿元股权投资，推动协鑫光电等战略性新兴项目投产运营。绿色竞争力培育。在全国首创"碳关税应对服务中心"，为38家出口欧盟企业建立碳足迹数据库，助力恒都食品预制菜产品获法国乐福零碳认证。

三 2025年商务发展形势分析

（一）外部环境"三重压力"叠加

地缘政治矛盾激化。美欧供应链"去风险"加速，俄乌冲突外溢效应持续，红海航运危机常态化或致物流成本再增15%。国际经贸规则重构。欧盟碳边境调节机制（CBAM）与美墨加协议（USMCA）原产地规则更新，对企业合规能力提出更高要求。全球资本流动趋紧。美联储加息周期或延续至第三季度，日元、欧元持续贬值或引发新兴市场资本外流。

（二）内生增长面临"双重挑战"

房地产深度调整影响建材类产品消费，预制菜等新兴消费培育需3~5年，新能源汽车下乡政策红利面临边际递减。高素质外贸人才缺口超3000人，跨境支付等现代服务业配套滞后，科技型外资项目竞争力不足。

（三）战略机遇期的"两大窗口"

东部地区劳动密集型产业加速西迁，驻马店作为豫南重要节点城市可承接产业链延伸。RCEP深化实施带来区域贸易增量空间，对标CPTPP规则推进政务流程再造可形成制度红利。

四 对策建议

（一）多措并举促消费，抓好促消费专项行动

一是推进消费品以旧换新工作。要进一步优化方案、流程，重点支持汽车报废更新和置换更新、家电和电动自行车以旧换新、家装厨卫"焕新"。《河南省商务厅 河南省发展改革委 河南省财政厅关于实施河南省2025年汽车、家电及数码产品领域有关消费补贴政策的公告》发布，进一步做好消费品以旧换新加力扩围的宣传工作，营造浓厚氛围，提高消费者和企业的参与度、积极性。加强人员、设备、资金等要素保障，进一步优化资金审核兑付流程，从申请审核到资金发放全流程时间按要求控制在20个工作日以内。

二是培育消费新业态。在打造消费热点、丰富消费载体等方面持续发力，培育"夜间经济""流量经济""老字号国货潮品"等消费新增长点，加快推

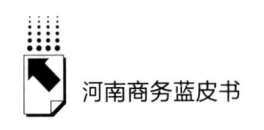

进消费升级、产业壮大。大力推动老字号传承创新发展，积极开展驻马店老字号的培育评选工作，对品牌影响力大，具有良好口碑和历史传承的具备老字号资质的品牌和文化企业进行挖掘，鼓励其争创"河南省老字号"。

三是筹备电子消费券发放活动。谋划市区消费券发放活动，市财政筹措资金400万元、驿城区筹措资金400万元、开发区筹措资金200万元、中国银联协调工商银行等金融机构配套资金100万元，合计1100万元。在市中心城区组织开展驻马店市电子消费券发放活动，投放领域包括商超、餐饮、住宿、加油等。各县（市、区）也要积极谋划2025年电子消费券发放活动，引导商家加大批发、零售、餐饮、住宿等优惠力度，持续释放消费潜力。

四是积极开展促消费活动。认真落实国家、省相关促消费政策，制定全市促消费措施，牵头组织商贸流通协会、龙头企业举办一系列促消费活动，折扣充足、让利实在，让群众得到实惠、商家提高销量，进一步提振市场信心，激发全市消费市场活力。

五是深入推进县域商业体系示范县建设。进一步挖掘农村消费潜力，积极打造县域商业体系建设"先行区、示范区"，2025年，力争打造1个全国县域商业"领跑县"。围绕县域商业体系建设目标任务，各县要尽快补齐商业基础设施短板，升级改造一批商贸中心、大中型超市、集贸市场等，拓展餐饮、亲子、娱乐等消费新业态，打造乡镇商业集聚区。加快完善贯通县乡村三级的物流配送体系，建设改造一批县级物流配送中心和乡村快递物流站点。加快县域商业数字化转型，推动农村传统商贸企业拓宽线上线下营销渠道，整合现有县乡村电子商务服务网点，拓宽农村产品上行渠道，提高农村电子商务应用水平。

六是大力推动电商及跨境电商发展。积极开展2025年"双品网购节""电商直播大赛"等电商活动，着力打造驻马店市产品品牌、提升产品品质。组织参加2025年全球跨境电子商务大会，交流学习跨境电商企业优秀经验，支持有意愿的电商企业开拓跨境电商业务，做好"跨境电商+产业带"建设。

（二）积极作为稳外贸，大力培育外贸发展新动能

一是稳重点抓回流。建立2025年度进出口1000万元以上企业服务台账，动态掌握重点企业生产经营情况，通过服务专员与企业结对子，提升点对点服务实效。稳住龙头外贸企业，重点抓好泰普森、中集华骏、天方药业、骏化发展等企业对进出口的带动作用。紧盯平舆县、泌阳县、高新区等重点县（区）外贸业务回流，推动永强户外、恒都食品、保税物流中心等重点企业进出口数据回流。持续推进《稳外贸促回流工作方案》的贯彻落实，督导各县（市、区）回流工作开展，调动各县（市、区）开展回流工作的积极性和主动性。

二是快转型育基地。抢抓全市"9+15"链群行动契机，依托各县（市、区）主导产业，加快挖掘"新三样"、电子信息、汽车零部件等高附加值产品出口潜力，增强全市外贸产品竞争力。推动驿城区汽车及零部件、高新区生物医药产业、汝南县新能源电动车等做大做强，适时创建省级外贸转型升级基地。

（三）精准发力抓招商，助力"九大产业集群"建设

要转换招商理念，提升招商引资质效。大力发展资本招商、基金招商、股权投资招商、产业招商和平台招商等招商方式，推动平台公司向招商公司转型。搭建现代化的招商体系，建立"一个主导产业、一幅招商图谱、一名牵头领导、一支招商队伍"的"四个一"推进机制。全年开展招商活动76场次以上，力争招引10亿元以上项目65个以上。

一是围绕重点区域开展招商。纵深推进京津冀重点产业链招商。聚焦智慧岛、创新创业园区、新能源、算力基础设施、信息技术、高端装备、新材料、生物医药、健康产业、现代金融、产业互联网等重点产业链开展招商。依托长三角地区开展重大经贸活动。借助上海、杭州、南京等地的国际、国家级经贸活动平台，把握机遇主动作为，充分发挥大型经贸活动的"溢出效应"，力争把参展商变成投资商，把投资意向变成投资协议，

推动活动取得更大实效。提升粤港澳大湾区招商工作实效。按照招大引强、招新引优、招精引专的目标，围绕农产品精深加工、装备制造、生物医药、5G、新材料、新能源电池、电子信息、户外休闲产业，在粤港澳大湾区开展招商。

二是围绕重点企业开展招商。结合全市实际情况，按照央企、三类500强、主板上市公司、行业龙头企业分类，梳理一批重点企业清单。依托全市落地及在谈央企、上市公司，适时开展市级领导带队的央企、上市公司回访再对接专项招商活动，持续跟进，推进在谈项目早日签约。

三是围绕九大产业集群开展招商。重点开展产业链招商，挖掘龙头企业产业链资源。聚焦发挥链主优势，做好延链补链强链文章。

四是围绕现有客商资源开展招商。加强与行业商协会的合作，积极与中国食品工业协会、中国调味品协会、中国农业机械工业协会、中咨海外跨区域产业协作中心等协会和机构开展互动，联合举办行业商业活动，对接一批意向企业和产业项目。发挥驻马店籍在外人士优势，强力推进驻商回归工程，筛选重点目标客户群，建设驻商回归和返乡创业项目信息库。

五是做好全省季度综合排名工作。以《河南省招商引资工作季度综合排名暂行办法》为导向，认真研究各项排名指标，把握考核重点，对容易失分的短板弱项进行分析研究，对使用外资、省外资金、重大外资项目等开展重难点攻关行动，力争全市季度综合排名工作实现新突破。

六是做好"三个一批"活动签约项目工作。牢固树立"项目为王"工作导向，在持续、定期、常态化开展"三个一批"活动背景下，以签约一批战略性新兴产业和先进制造业项目为主线，以项目顺利落地开工、达产见效为目标，持续组织好全市"三个一批"签约活动，力求全市在全省"三个一批"活动中更加出彩。

七是加大招商引资考核力度。根据最新修订的《驻马店市招商引资项目管理办法》，建立单月监测、双月点评、半年会商、年终讲评机制，全面激发全市招商引资活力。

（四）深化服务增外资，推动引资项目提质增效

一是稳定外资规模，提高外资质量。全面贯彻落实各项稳外资政策，不断优化外商投资环境、提升外商投资便利化水平，在保持引资总量基本稳定的前提下，进一步优化利用外资结构，推动外资向高技术、高附加值、绿色低碳等领域集聚，引导外资投向先进制造业、现代服务业、数字经济等新兴产业，不断提高利用外资的水平和质量。

二是创新招商模式，加大招商力度。充分利用中央、省、市出台的一系列扩大开放利用外资政策，加之国家近日出台的重大战略决策"引导东部产业向中西部有序转移"，加大"走出去"力度，大力开展精准招商"敲门行动"，2025年全市要着力做好8场外资专题招商活动的筹办工作，推动更多更大外资项目签约落地。参加厦洽会、投洽会、跨国公司交流会等具有重大国际影响力的省部级展会，充分展示驻马店产业优势和投资环境，不断吸引高质量外资流入。

三是强化服务保障，优化营商环境。持续优化外资企业服务体系，营造市场化、法治化、国际化一流营商环境，全面贯彻落实外商投资法及其实施条例，保障外资企业国民待遇，强化稳外资政策宣传解读，为外资企业排忧解难，及时协调解决企业生产经营过程中遇到的困难，切实增强外资企业获得感，让外资企业进得来、留得住、发展好，共享市场红利。

（五）扩大开放建平台，提升开放能级和水平

一是持续实施制度型开放战略。深入落实国家和省委、省政府自贸试验区制度创新成果工作要求，积极做好先进经验的复制推广工作，继续推动中国（河南）自由贸易试验区驻马店联动创新区申建工作。切实优化营商环境、提升全市对外开放能力。

二是加快服务贸易创新发展。高标准对接DEPA、CPTPP、RCEP等国际准则，按照河南省自贸试验区2.0版建设要求，提升市场主体实质收益。全面落实国家跨境服务贸易负面清单管理制度，提升全市人才、技术、资

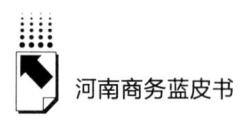

金、数据等要素的进出便利度。做好2025年服贸会的参会工作，组织重点服贸企业积极参会参展，推动确山小提琴等重点服贸产品参与河南省形象展。

参考文献

《全国商务工作会议在京召开》，中国政府网，2025年1月12日，https://www.gov.cn/lianbo/bumen/202501/content_6998057.htm。

《政府工作报告》，驻马店市人民政府网站，2025年3月3日，https://www.zhumadian.gov.cn/zwgk/zfxxgk/fdzdgknr/qtfdxx/zfgzbg/202503/t20250303_505931.html。

B.47 2024~2025年济源示范区商务发展回顾与展望

黄静静[*]

摘　要： 2024年，济源示范区坚持以习近平新时代中国特色社会主义思想为指导，坚决落实省、示范区决策部署，扎实推进制度型开放战略，持续提升开放招商质效，强力促进外贸外资稳定增长，全面提升消费能级，全区商务运行呈现稳中向好态势，商务高质量发展取得新成效。本报告回顾总结了2024年济源示范区商务工作情况，对2025年济源示范区商务发展进行了展望，并提出扩投资，强力提质招商；扩内需，大力提振消费；扩开放，全力稳住外贸等对策建议。

关键词： 高质量发展　提振消费　对外开放　济源示范区

一　2024年济源示范区商务发展情况及特点

（一）对外贸易

济源示范区进出口总额首次突破400亿元，达到456.7亿元，增长20.7%，总额和增速均居全省第2位。

（二）社会消费品零售总额

济源示范区社会消费品零售总额为218.9亿元，同比增长5.5%。

---

[*] 黄静静，济源示范区商务局。

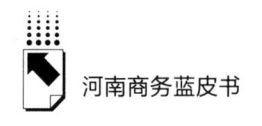

（三）利用外资

济源示范区实际使用外资429万美元，新注册外资企业4家，新注册外资企业数量创历史新高。

（四）利用省外资金

济源示范区引进省外资金285.1亿元，同比增长5.3%。

二 2024年采取的主要措施

一是对外开放加力提效。挂牌成立中国（河南）自贸试验区济源联动创新区，加强制度创新成果复制推广，形成"云签发"平台全面推广等5项特色经验和案例。济源首单TIR运输出口货物顺利出境，实现全程一次申报、一车到底、一证直达。

二是消费能级全面提升。加力推进汽车报废、汽车置换、家电等6大消费品以旧换新，争取中央、省级资金1.2141亿元，拉动消费6.37亿元。开展大型购车节、"三进"巡展等活动60余场。改造提升特色商业街区5条，新评选"济源老字号"4家，新增电商企业33家，新增批零住餐入库企业88家。加快时尚城市建设，积极发展首发经济，依托宝龙广场引进城市首店60余家，入驻品牌184个。自2024年12月20日开业以来，宝龙广场日均客流量4.5万余人次，日均销售额达100余万元。发挥宝龙广场服务专班作用，助推宝龙广场持续引流，拉动零售、餐饮消费增长。新增优生态科技中心人工智能机器人消费新场景，举办低空经济路演等特色活动30余场次，赛事经济、商旅文体融合新业态活力迸发。

三是招商引资纵深推进。2024年，济源示范区开展"走出去""请进来"活动960余批次，签约项目196个，总投资额为653.89亿元，其中投资10亿元以上项目16个。挂牌成立驻深圳、上海联络中心，成功承办全省第十三期"三个一批"签约活动。参加省级以上重大活动20余场次。举办全国青年企业家走进济源，以及深圳、长沙、上海、北京等专题招商推介活动10余场次。召开重大招商引资项目评察落地会商会、招商引资意向项目研判会、"三个一批"项目推进会等10余次，论证研判重大项目35个，投资30亿元的新一代智能手机精密制造、投资20亿元的绿色重卡智慧出行系统、投资10亿元的年产12万吨铝基新材料等项目成功引进。陕西海澜航空低空经济产业基地、纳米橡胶复合材料、优生态科技中心中原总部等新质生产力项目布局济源示范区。全区新注册外资企业4家，新注册外资企业数量创历史新高。

四是对外贸易持续发展。依托济源国家加工贸易产业园，对万洋集团有限公司、河南豫光金铅集团有限责任公司等龙头企业实行"一企一策"跟踪服务，巩固扩大加工贸易优势，全区加工贸易额增长19.2%。山立珠宝首饰供应链（济源市）有限公司作为全省首家白银加工贸易企业，出口首批加工贸易银首饰192.8万元，加工贸易业态更趋多元化。组织11家外贸企业参加广交会，交易金额为249万元。举办RCEP政策解读暨商事认证业务培训班，为外贸企业发放专项资金1000余万元。新增10家进出口实绩企业，新增出口商品103种，新增贸易伙伴17个。

三 2025年商务发展形势分析

当前，全国经济基础稳、优势多、韧性强、潜能大，长期向好的支撑条件和基本趋势没有变，超大规模市场的需求优势、产业体系配套完整的供给优势、科技人才加快集聚的创新优势更加明显。全国统一大市场建设提速，消费新业态、新模式不断涌现，消费市场保持稳步回升态势。随着战略叠加效应加速释放，政策措施"组合拳"持续显效，商务高质量发展的战略支撑更加有力，为增强外向型经济新动能、打造发展新优势带来新机遇。

2025年是"十四五"规划收官之年、"十五五"谋划发展之年。济源示范区商务局将以习近平新时代中国特色社会主义思想为指导，全面贯彻党的二十大和二十届二中、三中全会精神，全面落实省委"两高四着力"战略部署,按照示范区"愚公移山创新篇、四高四先做示范"发展目标和"1+4+N"工作布局,以推动高质量发展为主线,围绕更大力度提振消费和奋力扩大高水平开放两条主线,以实施制度型开放战略为引领,干字当头、加压奋进,在融入服务全国统一大市场建设上奋勇争先、展现作为,为全面建设社会主义现代化济源贡献商务力量。

四 对策建议

(一)扩投资,强力提质招商

一是统筹招商资源。强化开发区主阵地招商,产业链企业主体以商招商,探索国有投融资公司资本招商,抓好驻外机构前沿阵地招商,加强与专业招商机构、商协会、招商大使等沟通对接,统筹利用好全领域招商引资资源。二是抓实重大项目。围绕重点产业,谋划储备150个招商项目,滚动推进150个在谈项目,引进亿元以上高质量项目100个。加大低空经济、人形机器人、高端医疗装备、有色新材料、纳米材料、氢能及储能等制造业新领域新赛道招商力度,推动稀散金属产业园、区域性固废危废处置中心、低空经济产业园、工业富联F区医疗器械、纳米零碳橡胶产业园等项目取得突破。三是办好重大活动。组织参加2025全球豫商大会、第十五届中国国际投资贸易洽谈会、2025河南与跨国公司合作交流会等重大经贸活动,举办重点产业招商推介活动4场次以上。四是夯实招商基础。优化完善十大产业链招商图谱,更新细化重点区域主要城市主导产业清单,开展目标化、清单化精准招商。鼓励各单位选派优秀年轻干部,到招商一线全面锻炼,培养熟悉产业发展趋势、项目流程的专业化招商队伍。

(二)扩内需,大力提振消费

围绕打造"时尚济源",实施提振消费五项行动。一是实施消费品以旧换新加力扩围行动。落实国家、省推动消费品以旧换新扩领域、扩品类、扩规模政策，进一步压缩补贴审核周期、加快补贴兑现进度，确保审核率和拨付率居全省前列，最大限度发挥政策红利。二是实施新型消费提速行动。依托宝龙广场发展首发经济，培育"年轻力""文艺范"等时尚经济。积极发展商文旅体融合消费。鼓励发展商超同城即时配送等新型消费；成立电子商务和互联网协会，培育10家以上重点电商企业。三是实施服务消费培育行动。加强服务消费品牌培育，开展"济源老字号"评选，打造王屋山珍特色菜系及推广示范店。鼓励核心商圈和特色商业街区引进西餐店、下午茶等知名餐饮品牌，丰富高品质餐饮品类。四是实施消费载体提升行动。以宝龙广场为载体，积极培育省级品牌消费集聚区，打造游购娱"一站式"时尚消费新地标。以531铁路文创园、那些年小镇等为载体，培育商工文旅融合消费新场景。以5个街道及城区周边特色商业街（文化街区）提升改造为载体，发展多元化夜间消费新场景。以推进沁园省级一刻钟便民生活圈试点建设为载体，全面打造济水、北海、天坛、玉泉一刻钟便民生活圈，打造生活消费新场景。五是实施消费活动促进行动。围绕消费品以旧换新，开展消费品以旧换新启动仪式、新能源购车节、"三进"巡展等惠民活动。围绕新型消费，举办"小而美""专而精"特色店评选、青少年机器人竞赛、低空经济路演等特色活动。围绕"五一"、国庆等重要节日，举办网上年货节、达人探店、宝龙广场时尚潮玩等线上线下促销活动。围绕重点节气，举办清明会、小满会等传统民俗集会活动，全年举办各类活动100场次以上。

（三）扩开放，全力稳住外贸

一是培育经营主体。实施外贸主体培育行动，支持济源市阳光兔业科技有限公司出口欧盟，支持山立珠宝首饰供应链（济源市）有限公司等企业开展加工贸易，扶持济源蔬菜、花卉种子、白银饰品等特色出口产品实现新突破，力争全年新增有进出口实绩的企业10家以上，力争10亿元以上企业6家、亿元以上企业12家。二是开拓国际市场。扩大出口信用保险承保规模和覆盖面。支持企业参加进博会、广交会等重点展会，帮助企业提升国际知名度，抢抓订单。三是提升平台能级。支持复制推广自贸试验区典型案例

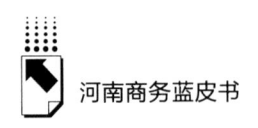

20个；总结一批首创性、独创性的案例，力争入选省委改革办红榜案例、全省最佳实践案例。加快申创国家级经开区。全力争取上级扶持资金，推进国家加工贸易产业园建设。

参考文献

《全国商务工作会议在京召开》，中国政府网，2025年1月12日，https：//www.gov.cn/lianbo/bumen/202501/content_6998057.htm。

《锚定"愚公移山创新篇、四高四先做示范"奋斗目标 为奋力谱写中国式现代化济源篇章作出新的更大贡献 市十五届人大五次会议开幕》，济源市人民政府网站，2025年3月27日，http：//www.jiyuan.gov.cn/zwyw/zwyw_22093/t974823.html。

B.48
2024~2025年郑州航空港经济综合实验区商务发展回顾与展望

杨清 梁隽昕 王啸钰[*]

摘　要： 2024年，郑州航空港经济综合实验区（以下简称"郑州航空港区"）在省委、省政府的领导下，以"制度型开放'中原特区'"为战略引领，统筹推进招商引资、产业升级、对外开放和制度创新，全力打造现代化国际化世界级物流枢纽，对外开放能级持续提升。2025年，郑州航空港区将聚焦全球产业链重构机遇，以"五链耦合"为抓手，围绕"五大定位""五大中心"，聚焦"两高四着力"，推动商务发展稳中提质，加快形成内陆开放型经济新高地。

关键词： 高水平开放　招商引资　产业发展　制度创新

一　2024年郑州航空港经济综合实验区商务发展情况及特点

（一）招商引资年度目标完成情况

2024年，郑州航空港区各招商引资主体完成新签约正式协议项目共计247个，签约金额共计1885.89亿元，其中新签约100亿元以上项目2个（豫信电科电子信息产业基地项目、郑州航空港高铁物流园区整体性一体

---

[*] 杨清，郑州航空港区招商工作部；梁隽昕、王啸钰，郑州航空港区综合科。

化开发项目),30亿元以上项目23个,10亿元以上项目21个;新开工项目165个,计划投资额为1246.77亿元。

(二)外贸指标完成情况

2024年全区进出口总额完成4094.42亿元,同比下降1.2%,降幅收窄1.9个百分点。进出口总额占全省的50%,占全市的74%;全年实际到位省外资金100.5亿元,新注册外资企业38家。

(三)消费指标完成情况

持续开展一系列促消费活动,实施消费品以旧换新工程,全力以赴完成社会消费品零售总额目标任务。积极开展海报、宣传页、网络视频、企事业单位显示屏、"消费品以旧换新进社区促消费大型宣传活动"等宣传推广。2024年,全区各项消费品以旧换新活动补贴金额达6115.86万元,收到超长期特别国债专项资金共计6000万元,完成拨付6000万元,资金拨付率达100%。2024年,全区社会消费品零售总额完成185亿元,增速为5%。

(四)跨境电商业务情况

2024年,航空港区跨境电商进出口业务完成1.66亿单,货值258.54亿元,比上年净增加92亿元,同比增长55.24%,增速领跑全省,其中出口业务取得重大突破,同比增长97.01%。

二 2024年采取的主要措施

(一)招商引资工作体系建设日益完善

创新招商引资工作机制,成立产业招商与服务领导小组,建立"领导小组+指挥部+区直部门(事业单位)+平台公司+招商服务局"架构,由产业招商与服务领导小组统一调度产业指挥部。自2024年6月以来,产业招商与服务工作领导小组办公室组织相关局委及产业指挥部，紧盯招商引资项目入区的关键环节，从项目谋划、线索收集、洽谈签约、项目选址、落地开工、竣工投产等环节入手，经过反复讨论、多次修订完善，形成"1+15+N"招商引资工作机制。"1"即招商引资项目入区流程图，"15"即目前已建立招商引资工作配套机制，后续，将根据招商引资工作的实际需求，持续对"N"进行补充、完善和优化，以构建一个具有系统性和可扩展性的机制。

（二）积极开展招商引资宣传推介活动

统筹规划全区招商引资宣传工作，通过借鉴国内外发达地区招商外宣机制，结合郑州航空港区战略定位和产业发展情况，设计制作招商宣传画册、折页以及宣传片，实现多语种宣传，与招商引资微信公众号、视频号、抖音号，共同搭建起集纸、微、网、频、端于一体的全媒体传播矩阵，打造"五位一体"智慧招商新格局，为投资者、企业家提供更便捷的信息获取渠道。全年"投资郑州航空港"新媒体矩阵对区内招商引资、政策解读、政务服务工作进行宣传，对外发布重大项目进展、特色产业及优质企业信息，预热招商引资活动、论坛展会等。

（三）对外开放工作持续推进

一是健全工作专班推进机制。印发相关工作方案，成立港资、台资、日韩、世界500强四个利用外资专班，建立完善利用外资目标考核评价机制。二是出台外资奖励政策。印发相关文件，发挥政策资金引导作用，增强企业投资信心。三是成立航空港区外贸工作专班。加强部门联动，全力稳住外贸基本盘，稳定产业链供应链，推动外贸高质量发展。协助比亚迪取得汽车出口资质，全年有2万台车出口，将拉动出口额约30亿元。同时新增4家二手车出口企业。四是服务入区企业开拓市场。组织企业参加中国进出口商品交易会、中国国际进口博览会、河南与跨国公司合作交流会、中国—东盟博览会等经贸活动，积极动员企业参加2024年越南国际农业展览会、第29届

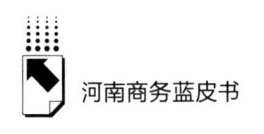

澳门国际贸易投资展会、2024年马来西亚槟城国际清真产品展览会等境外展会，助力企业开拓国际市场。

（四）跨境电商工作持续向好

2024年全力推动跨境电商产业进阶，业务创新亮点突出。在政策方面，出台跨境电商"17条"扶持政策与细则，激发跨境电商企业积极性，增强产业对市场的吸引力。在活动方面，组建郑州航空港跨境电商领域专家库，成功举办多场重磅活动宣传郑州航空港区跨境电商。园区建设稳步推进，重点项目有序开展，积极推进河南省跨境电商生态园、医疗器械跨境电商产业园、1688选品中心等项目建设。"跨境电商+产业带"模式成效初显。郑州航空港区率先实现TIR跨境公路运输的双向联通与常态化运营，创下全国首票TIR大件货物运输、全国首票TIR运输鲜切花业务等多项全国第一。

（五）认真做好自贸试验区基础设施建设工作

积极推动河南自贸试验区联动创新区建设，在88项试点任务中已有61项试点任务落地见效。同时，复制推广全国自贸试验区改革试点政策经验，印发相关方案并进行台账管理。此外，制度创新方面亮点众多，"航空货运电子信息化"创新案例入选国务院印发的自贸试验区第七批在全国复制推广改革试点经验，上报的空运进出境货物"区港直达直装"模式已通过商务部初审，跨境电商敏货空运全链条安全管控模式、创新综合保税区危化品联合监管模式等4项改革创新案例通过省自贸办评审，后续将在全国、全省复制推广。

（六）会展业发展初具规模

2024年，中原国际会展中心已举办展会活动10场，场馆面积为12.5万平方米，参展人数约13万人次，其中已举办1万平方米以上展会5场，符合港区重点产业优势展会2场，完成年度任务目标。为打造"国际临空会展名城"，推动会展产业与航空港区重点产业相融合，郑州航空港区已与英富曼集团、慕尼黑国际博览集团及汉诺威米兰展览等国际知名会展企业就展会合作初步洽谈，计划通过与国际知名会展企业合作办展或引入国际性会议的方式，注入国际性元素。

三 2025年商务发展形势分析

（一）发展机遇

一是政策红利叠加，"一带一路"倡议、中部崛起战略持续赋能；二是产业链重构窗口期，全球半导体、新能源产业转移加速，郑州"芯屏网端器"产业集群有望承接长三角地区、粤港澳大湾区溢出资源；三是枢纽经济扩容，RCEP全面生效、中欧班列提质扩面，叠加"四港联动"优势，物流枢纽向贸易枢纽转型条件成熟。

（二）风险挑战

一是外部环境复杂，全球经济复苏乏力，美欧技术壁垒加剧，外贸依存度高的电子信息产业承压明显；二是内生动力不足，外资项目储备不足，社会消费品零售总额增速低于全国平均水平，消费升级仍需加力；三是竞争加剧，成都、西安、武汉等内陆枢纽城市在临空经济、跨境电商等领域同质化竞争激烈。

四 对策建议

（一）创新招商引资思路举措

完善招商引资工作机制。一是压实招商引资责任。落实"一把手"招商，着力做好产业谋划、项目策划、招商计划。二是优化项目入区流程。探索实施"1+15+N"产业投资项目入区流程，强化部门协同，加强招商信息、招商项目、招商资源互联互通，提升工作效率。三是强化项目预审监管。对拟引进企业加大背景调研力度，摸准企业投资实力、项目科技含量、产出效益、市场前景等相关信息，做好项目引进前的预审和研判。坚持以"强度论英雄、产值论英雄、亩均论英雄"为指引，结合招商政策，从项目用地、能耗指标、产业准入、亩均效益等方面对项目可行性逐一进行评审，全面论证项目的可行性，提高预审项目质量。

（二）全力以赴稳外贸

一是抓大扶小保存量。重点关注龙头企业，监测跟踪新增企业，抓规模、抓重点，确保实现稳存量、扩增量。二是抢抓机遇增订单。借助跨境电商、国际展会等平台，助力企业拓展市场渠道。三是强化企业服务，与企业建立常态化的沟通机制，及时掌握项目动态，针对企业反映的难点问题，摸清症结，逐一研判解决。四是加强外贸政策支持。大力培育外贸综合服务企业，支持海外仓建设，发挥好政策资金引导作用。持续落实各项省市外贸支持政策，为外贸企业发展提供政策保障。

（三）坚定不移扩外资

一是积极开展招商推介活动。积极谋划面向京津冀、长三角、粤港澳大湾区等重点区域的招商推介活动，主动对接省、市商务部门，参加境内外重点经贸活动，积极搭建境外招商网络，做好委托招商工作。二是强化服务，盘活存量。走访重点外资企业，为企业（项目）在土地、注册登记、外汇开户等方面提供专业化优质服务。同时，针对外部制裁导致资金无法到位的企业，加强跨部门协调，探索合法合规的资金流转渠道，确保项目顺利推进。三是加强跨部门协调。各部门协调推进营商环境优化工作，持续深化"放管服"改革。提升服务项目建设能力，深化投资项目审批制度改革。

（四）打造国际临空会展名城

依托会展服务，持续开展以商招商。着力办好第三届全国职业技能大赛、中国（郑州）重型机械装备展览会、中国（郑州）冶金新材料展览会。谋划全国农机展、全国药机展、全国秋季糖酒会等大型国家级流动展落户；积极参加国际交通技术与设备展览会、全球可持续交通高峰论坛、福布斯 U30 年会等国际性活动。聚焦国际龙头，推动英富曼集团、汉诺威米兰展览、慕尼黑国际博览集团等知名会展企业落户。全年计划举办展会超过 25 场（面积超 60 万平方米），其中举办国际性活动不低于 1 场，国家级活动不低于 2 场，航空港区特色产业活动不低于 5 场，全区会展业生态体系初步形成。

（五）建设"网上丝绸之路"数字贸易新引擎

积极引进境内外知名电商平台，鼓励其在郑州航空港区设立区域性总部、运营中心、集货仓，支持菜鸟、京东、唯品会等电商企业提升综保区内仓储设施的运营效率，谋划引入抖音航空港区直播基地、新谷集团直播电商产业园、中国邮政跨境电商生态产业园、希音国际跨境电商中原总部、亚马逊中部电商办公室等项目，稳定扩大跨境电商规模，创新升级"跨境电商+产业带"模式，建立"前店后厂"运作体系，集聚河南优势好品，助力豫品出海。引入跨境电商企业 50 家，建设产业园区 3 个，交易规模突破 280 亿元。

（六）做好促消费工作

重点围绕引导新企业入库这一增长点开展工作。一是培育限额以上企业，在现有商贸流通企业中挖掘培育一批营业额达到限额以上标准的企业。二是加大招商引资力度，争取引进更多连锁便利店，继续深化与优信集团的战略合作，与优信集团开展二手车合作。加快对接赛力斯集团，推动 AITO 问界用户中心项目落地郑州航空港区。同时对接河南中福汽车销售有限公司，引进奔驰、奥迪、埃安、理想等汽车 4S 店。三是紧跟省市促消费相关政策，努力办好促消费活动。例如，第六届"醉美·夜郑州"消费季系列活动、"中秋、国庆"促消费活动等。

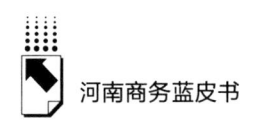

参考文献

《全国商务工作会议在京召开》,中国政府网,2025年1月12日,https：//www.gov.cn/lianbo/bumen/202501/content_6998057.htm。

《2025年郑州市政府工作报告》,郑州市人民政府网站,2025年2月13日,https：//www.zhengzhou.gov.cn/news1/9067796.jhtml。

社会科学文献出版社

皮 书

智库成果出版与传播平台

❖ 皮书定义 ❖

皮书是对中国与世界发展状况和热点问题进行年度监测,以专业的角度、专家的视野和实证研究方法,针对某一领域或区域现状与发展态势展开分析和预测,具备前沿性、原创性、实证性、连续性、时效性等特点的公开出版物,由一系列权威研究报告组成。

❖ 皮书作者 ❖

皮书系列报告作者以国内外一流研究机构、知名高校等重点智库的研究人员为主,多为相关领域一流专家学者,他们的观点代表了当下学界对中国与世界的现实和未来最高水平的解读与分析。

❖ 皮书荣誉 ❖

皮书作为中国社会科学院基础理论研究与应用对策研究融合发展的代表性成果,不仅是哲学社会科学工作者服务中国特色社会主义现代化建设的重要成果,更是助力中国特色新型智库建设、构建中国特色哲学社会科学"三大体系"的重要平台。皮书系列先后被列入"十二五""十三五""十四五"时期国家重点出版物出版专项规划项目;自2013年起,重点皮书被列入中国社会科学院国家哲学社会科学创新工程项目。

权威报告・连续出版・独家资源

皮书数据库
ANNUAL REPORT(YEARBOOK) DATABASE

分析解读当下中国发展变迁的高端智库平台

所获荣誉

- 2022年，入选技术赋能"新闻+"推荐案例
- 2020年，入选全国新闻出版深度融合发展创新案例
- 2019年，入选国家新闻出版署数字出版精品遴选推荐计划
- 2016年，入选"十三五"国家重点电子出版物出版规划骨干工程
- 2013年，荣获"中国出版政府奖·网络出版物奖"提名奖

皮书数据库　　"社科数托邦"微信公众号

成为用户

登录网址www.pishu.com.cn访问皮书数据库网站或下载皮书数据库APP，通过手机号码验证或邮箱验证即可成为皮书数据库用户。

用户福利

- 已注册用户购书后可免费获赠100元皮书数据库充值卡。刮开充值卡涂层获取充值密码，登录并进入"会员中心"—"在线充值"—"充值卡充值"，充值成功即可购买和查看数据库内容。
- 用户福利最终解释权归社会科学文献出版社所有。

社会科学文献出版社 皮书系列
卡号：216915961533
密码：

数据库服务热线：010-59367265
数据库服务QQ：2475522410
数据库服务邮箱：database@ssap.cn
图书销售热线：010-59367070/7028
图书服务QQ：1265056568
图书服务邮箱：duzhe@ssap.cn

法律声明

"皮书系列"（含蓝皮书、绿皮书、黄皮书）之品牌由社会科学文献出版社最早使用并持续至今，现已被中国图书行业所熟知。"皮书系列"的相关商标已在国家商标管理部门商标局注册，包括但不限于LOGO（ ）、皮书、Pishu、经济蓝皮书、社会蓝皮书等。"皮书系列"图书的注册商标专用权及封面设计、版式设计的著作权均为社会科学文献出版社所有。未经社会科学文献出版社书面授权许可，任何使用与"皮书系列"图书注册商标、封面设计、版式设计相同或者近似的文字、图形或其组合的行为均系侵权行为。

经作者授权，本书的专有出版权及信息网络传播权等为社会科学文献出版社享有。未经社会科学文献出版社书面授权许可，任何就本书内容的复制、发行或以数字形式进行网络传播的行为均系侵权行为。

社会科学文献出版社将通过法律途径追究上述侵权行为的法律责任，维护自身合法权益。

欢迎社会各界人士对侵犯社会科学文献出版社上述权利的侵权行为进行举报。电话：010-59367121，电子邮箱：fawubu@ssap.cn。

社会科学文献出版社